Josette Féral, *Ariane Mnouchkine und das Théâtre du Soleil*

# ARIANE MNOUCHKINE
# UND DAS THÉÂTRE DU SOLEIL

Herausgegeben von Josette Féral
Mit Photographien von Martine Franck

Alexander Verlag Berlin

Le Conseil des Arts | The Canada Council
du Canada | for the Arts
depuis 1957 | since 1957

La publication de ce livre a été rendue possible grâce à l'aide financière du Conseil des Arts et du Comité des publications de l'Université du Québec à Montréal.

Die Übersetzung wurde ferner unterstützt im Rahmen des Förderprogramms des französischen Außenministeriums, vertreten durch die Französische Botschaft in Berlin.
Cet ouvrage, publié dans le cadre du programme de participation à la publication, bénéficie du soutien du Ministère des Affaires Etrangères, représenté par le Service culturel de l'Ambassade de France à Berlin.

Herzlicher Dank für Hilfe, Ratschläge und Mitarbeit gilt Marie-Christine Biebuyck, Katharina Broich, Julia Faißt, Martine Franck, Christin Heinrichs, Sophie Moscoso und Josef Zobel.

Alle Gespräche mit Ariane Mnouchkine und ihren Mitarbeitern, die in der deutschen Ausgabe veröffentlicht sind, wurden in einem Zeitraum von zehn Jahren geführt.
Die ersten Begegnungen fanden zwischen 1991 und 1994 in der Cartoucherie statt. Aus ihnen ergaben sich die Texte, die auf den Seiten 14 bis 30 veröffentlicht sind, sowie das Protokoll des Lehrgangs auf den Seiten 37 ff. Das Gespräch mit Sophie Moscoso (Seite 131 ff.) fand ebenfalls 1992 in der Cartoucherie statt. Zwei Jahre später, 1994, erfolgte die Begegnung mit Schauspielschulen in Montréal, anläßlich des Atriden-Gastspiels des Théâtre du Soleil in Canada. Die jüngsten Gespräche wurden zwischen 1997 und 1999 geführt. Sie ergaben sich aus den Begegnungen mit den Mitarbeitern, die seit vielen Jahren im Théâtre du Soleil tätig sind. Sie fanden ebenso in Paris statt wie die Gespräche mit den aktuellen und ehemaligen Schauspielern. Auf den Seiten 120 ff. folgt unter dem Titel »Die zweite Haut des Schauspielers« ein letztes Gespräch mit Ariane Mnouchkine, das 1998 geführt und 1999 für die deutsche Veröffentlichung überarbeitet wurde.

Umschlag: Alexander Wewerka, unter Verwendung von zwei Photos von Martine Franck.
© by Alexander Verlag Berlin 2003
Alexander Wewerka, Fredericiastr. 12, 14050 Berlin
www.alexander-verlag.com
info@alexander-verlag.com
Alle Rechte vorbehalten
Satz Alexander Verlag Berlin/Ariane Afsari
Druck und Bindung: Dimograf
Printed in Poland (January) 2003
ISBN 3-89581-043-6

# INHALT

# DANKSAGUNG

Ein Buch, so einfach es auch sein mag, ist selten das Werk eines einzigen allein. Dieses hier ist keine Ausnahme. Ich möchte allen danken, die von fern und nah – und derer sind viele – dazu beigetragen haben, diese Gespräche möglich zu machen.

Mein Dank gilt zunächst den heutigen und ehemaligen Mitgliedern des Théâtre du Soleil (Liliana Andreone, Sophie Moscoso, Pierre Salesne, Sarah Cornell), die mich stets herzlich empfangen haben. Ihre Großzügigkeit und Bereitschaft haben diese Recherche zu einem begeisternden Unterfangen gemacht.

Dank sei auch den Mitarbeitern, die das Prinzip dieser Gespräche akzeptiert haben: Hélène Cixous, deren anregender Text sich in die Tiefen des dramatischen Schreibens begibt; Jean-Jacques Lemêtre, Guy-Claude François und Erhard Stiefel, sowie den Schauspielern – den aktuellen: Juliana Carneiro da Cunha, Myriam Azencot, und den ehemaligen: Georges Bigot, Simon Abkarian, Lucia Bensasson – des Ensembles. Sie haben sich auf diese Begegnungen eingelassen und ihre Wege noch einmal aufgerollt, die sie zum Soleil geführt haben. Dank an Arnold Wesker, der mit Hilfe seines Tagebuchs jene Augenblicke wachruft, die er während der Inszenierung von LA CUISINE, 1967 vom Théâtre du Soleil aufgeführt, erlebt hat. Und Dank sei auch Georges Banu, der einen prägnanten Überblick bietet über eine Theaterlaufbahn, die seit 50 Jahren Geschichte schreibt.

Meine Dankbarkeit gilt vor allem Ariane Mnouchkine, die sich wiederholt und trotz ihres großen Arbeitspensums bereit erklärte, alle im Laufe der Interviews sich ergebenden Fragen zu beantworten. Ohne sie, ohne ihre Gegenwart, ohne ihr Glaube an das Theater wäre dieses Buch nicht entstanden.

Dank sei Alexander Wewerka, der die Idee zu dieser im Vergleich zur französischen Erstausgabe erweiterten Fassung hatte. Ohne seine konkrete Bitte, weitere Gespräche mit den Mitarbeitern Ariane Mnouchkines zu führen und seine Einladungen an Georges Banu, Arnold Wesker und Hélène Cixous Beiträge für dieses Buch zu verfassen, wäre die deutsche Ausgabe nicht von dieser Größenordnung.

Dank auch an Barbara Engelhardt, die die inhaltliche Erweiterung redaktionell betreute und zahlreiche Beiträge überarbeitete. So umfaßt die deutsche Version nicht nur große Teile meiner französischsprachigen Publikationen zum Théâtre du Soleil – *Rencontres avec Ariane Mnouchkine. Dresser un monument à l'éphémère* (XYZ, Montréal 1995) und *Trajectoires du Soleil* (Editions Théâtrales, Paris 1999) –, sondern zusätzlich die Beiträge von Hélène Cixous, Georges Banu, Arnold Wesker, Bernard Dort sowie die Gespräche mit Georges Bigot und Simon Abkarian. In dieser Form spiegelt das vorliegende Buch die zahlreichen Facetten der Arbeit im Théâtre du Soleil. Diese Arbeit ist eine Kollektivarbeit. Alle und jeder haben Anteil am Gesamten. Das ist, was dieses Buch zu vermitteln versucht.

*Josette Féral*

## Josette Féral
## EINLEITUNG

In der heutigen Theaterlandschaft ist Ariane Mnouchkine sicher eine der bemerkenswertesten Figuren des 20. Jahrhunderts. Sie hält im Pantheon des Theaters einen einzigartigen, beinahe mythischen Platz inne. Alle ihre Inszenierungen, die seit der Gründung der Compagnie vor fast 40 Jahren ganz bewußt eine begrenzte Anzahl nicht überschreiten, haben Epoche gemacht: Angefangen mit LA CUISINE von Arnold Wesker, 1967 vor 60.000 Zuschauern der erste große Erfolg des Théâtre du Soleil, bis zur jüngsten Produktion TAMBOURS SUR LA DIGUE, die kürzlich dem französischen und internationalen Publikum gezeigt wurde. Das Théâtre du Soleil ging innerhalb Europas auf Tournee, wurde aber auch nach Kanada, in die Vereinigten Staaten oder letzthin auch nach Japan, Korea oder Australien eingeladen. Gerade in Deutschland wurden zahlreiche Produktionen gezeigt. Nach der ersten Begegnung mit 1789 (Berlin, 1971) folgten Gastspiele in München, Essen und Recklinghausen mit MÉPHISTO, LES SHAKESPEARE, LES ATRIDES, LA VILLE PARJURE und LE TARTUFFE[1]. Nicht geladen wurden L'HISTOIRE TERRIBLE MAIS INACHEVÉE DE NORODOM SIHANOUK, ROI DU CAMBODGE, L'INDIADE OU L'INDE DE LEURS RÊVES, ET SOUDAIN DES NUITS D'ÉVEIL und TAMBOURS SUR LA DIGUE, also jene Inszenierungen, für die Hélène Cixous die Texte schrieb oder die »im Einklang mit ihr« verfaßt wurden[2].

Ob sie nun auf das klassische Repertoire zurückgriffen (Shakespeare, Aischylos, Euripides, Molière) oder auf Zeitgenossen (Wesker, Cixous), immer wurden die Arbeiten des Théâtre du Soleil mit Begeisterung aufgenommen – obgleich sich einzelne kritische oder reservierte Stimmen darunter mischten. Deren Ausnahmeerscheinung allerdings wirft nur ein noch helleres Licht auf den riesigen Erfolg, den die Compagnie beim Publikum hat. Dieser – über die Jahre nur wachsende – Erfolg ist ein populärer Triumph, obgleich der Begriff des Populären im heutigen Theater problematisch bleibt angesichts der Tatsache, daß nur einige Gesellschaftsschichten überhaupt ins Theater gehen.[3]

Dieser – ganz und gar verdiente – Erfolg aber läßt uns aufmerken, so wie er Mnouchkine in ihren Anfängen stutzig machte, als sie erkannte, daß das Konzert aus Lob und »überschwenglichen Kritiken« bezüglich der Uraufführung von LA CUISINE auf lauter Mißverständnissen gründete. »Doch hatte ich oft den Eindruck, nicht verstanden zu werden: Wie viele unter den Tausenden applaudierenden Zuschauern haben darin etwas anderes als ein ›Stück Leben‹ oder bestenfalls eine technische Arbeit gesehen und geschätzt«[4] Könnte es sein, daß Mnouchkine auch heute noch mißverstanden wird?

Urteilt man nach der Zuschauerzahl oder den Kritiken, scheint die begeisterte Zustimmung des Publikums zu Mnouchkines Theateransatz das Gegenteil zu beweisen. Diese weitverbreitete Begeisterung kaschiert dabei keineswegs hier und da Einschränkungen in bezug auf bestimmte Arbeiten, sogar Zurückhaltung seitens der Theaterwissenschaft, die noch keine umfassenden und tiefgründigen Studien über Mnouchkines Arbeitsweise und Ästhetik betrieben hat.[5] Mit diesem Buch soll diese Lücke gefüllt werden, um den Arbeitsansatz des Soleil und die Impulse für sein internes Funktionieren zu beleuchten. Wie viele andere Künstler, so vermeidet auch Mnouchkine, zu theoretisieren oder über ihre Kunst zu schreiben, um ihre ganze Energie der praktischen Arbeit mit den Schauspielern oder der Aufrechterhaltung der Truppe zu widmen. Deshalb sind diese Begegnungen, denen sie sich hier ausgesetzt hat, so bedeutsam. Mnouchkine ist in Theaterkreisen ein Vorbild geworden, ein Vorbild für die Gründlichkeit in der Arbeit mit dem Schauspieler, aber auch ein Rätsel für all jene, die nicht näher mit ihr zu tun haben.

Drei Aspekte des Théâtre du Soleil erklären diese Sachlage. Zunächst die Persönlichkeit von Ariane Mnouchkine selbst, deren einigender Kraft und Ausstrahlung es zu verdanken ist, daß sie seit fast 40 Jahren eine Truppe um sich scharen konnte, die ihre Theaterleidenschaft teilt. Die Ensemblemitglieder kommen alle aus unterschiedlichen geographischen und kulturellen Hintergründen und bringen einen kulturellen Reichtum ein, der das Leben an diesem Ort, der Cartoucherie, stimuliert und die Arbeit, wie sie auf der Bühne zu sehen ist, nährt. Man muß Mnouchkine selbst und der Stärke ihrer Inszenierungen jene Anziehungskraft zurechnen, die es für Schauspieler wünschenswert macht, mit ihr zu arbeiten und Mitglied der Compagnie zu werden. Deshalb fällt der Truppe auch solche Bedeutsamkeit zu, denn sie ist eine der wenigen auf der Welt, die trotz des Kommens und Gehens und der damit verbundenen strukturellen Veränderungen im Laufe der Jahre Bestand hatte. Mnouchkine hat erfolgreich eine Theatervision durchgesetzt, die auf Gründlichkeit und Recherche beruht und die den Schauspieler zum Herzstück macht, zum Angelpunkt ihrer Suche.

Dementsprechend ist dieses Buch ebenso auf die Gedankenwelt Mnouchkines, die das Ensemble am Leben hält, zugespitzt wie auf ihre Kunst, was die verschiedenen persönlichen und öffentlichen Gespräche zum Grundgerüst dieser Veröffentlichung macht. Sie beleuchten Mnouchkines Vorstellungen vom Spiel, ihre Arbeit mit den Schauspielern und darüber hinaus die Grundlagen, auf denen ihre künstlerische Praxis beruht. Dabei stellte sich heraus, daß die Ansichten Mnouchkines sich weder auf eine Theorie beziehen noch auf ein Vorwissen zurückgreifen, das sie im Laufe ihrer Deutungen entwickelt hätte. Sie entwachsen ihrer Praxis und der konkreten Arbeit mit dem Schauspieler. Diesen Schauspieler begleitet sie in der Arbeit am permanenten Entstehungsprozeß, der ihn auf der Bühne nicht losläßt. Sie arbeitet daran, ihm den Weg zu bereiten, seine Phantasie zu beflügeln und ihm unaufhörlich die Grundgesetze des Thea-ters in Erinnerung zu rufen: Zuhören, Bereitschaft, Vorstellungskraft …

Der zweite, in diesem Buch betonte Aspekt beruht also auf der Tatsache, daß alle künstlerischen Vorgehensweisen der Compagnie zeigen, wie sehr im Zentrum des Soleil der Schauspieler steht, ein Schauspieler auf der leeren Bühne (»eine nackte Hand, die die Schauspieler präsentiert«, beschreibt Mnouchkine sie auf einer der folgenden Seiten), die er sich anzueignen versteht und deren Gesetze er jeden Abend aufs neue zu finden versucht. Jene Grundgesetze, an denen Mnouchkine arbeitet und über die sie einmal sagte: »Sie sind so geheimnisvoll, so flüchtig! Einen Abend entdeckt man sie, und am nächsten Tag muß man sie von neuem suchen, weil sie verschwunden sind.« Diese anhaltende Suche nach den Gesetzen des Theaters, den Gesetzen des Spiels, denen sie in der Arbeit mit den Schauspielern unablässig auf die Spur zu kommen versucht, erklärt nicht nur Mnouchkines Wahl der aufgeführten Texte, sondern auch ihre ästhetischen Entscheidungen. Alle, die dem Théâtre du Soleil nähergekommen sind, können nur bestätigen: Die Kraft der Truppe, das Genie von Mnouchkine haben ihren Ursprung in dieser außergewöhnlichen Dynamik, die alle Kräfte der Truppe auf die Bühne lenkt, indem sie den Schauspieler auf den steinigen Weg der dauernden Wieder-Entdeckung der Theatergesetze führt, eines Theaters, dessen Bühne quasi heilig ist und in dem alles den Gesetzen der Präsenz verpflichtet ist.

Diese unaufhörliche Suche zeichnet nicht nur das Bild einer Künstlerin, deren künstlerischer Ansatz im heutigen Theater einzigartig ist, sondern spiegelt auch besser als andere Arbeitsweisen die Überzeugung einer Zeit, die den Schauspieler wieder ins Zentrum der Bühne stellt. Mnouchkine ist Erbin von Vilar und Lecoq, Bewunderin des orientalischen Theaters und dessen Techniken, von denen sie sich inspirieren läßt, und sie ist davon überzeugt, daß die Ausbildung zum Schauspieler in erster Linie über die Maske verläuft. Damit hat Mnouchkine einer ganzen Generation von

Schauspielern einen anderen Bezug zum Theater vermittelt, vor allem aber auch zur kreativen Arbeit, die den Aufführungen vorausgeht. Das hat uns dazu gebracht, mit einigen der Schauspieler zu sprechen, die im Soleil gearbeitet haben. Sie entwickeln in den folgenden Gesprächen jene Leitlinien, die die Arbeit am Théâtre du Soleil ausmachen.

Auch wenn das Théâtre du Soleil von der Idee des Kollektivs animiert wird, die der Compagnie Gestalt und Kraft verleiht, so bleiben im Inneren dieses Kollektivs die Arbeitsformen trotz allem immer individuell. Jeder muß zunächst an sich selbst arbeiten, bevor auf der Ebene der Gruppe sich überhaupt etwas ereignet. Aus diesem Grund haben wir mit ehemaligen und aktuellen Schauspielern lose miteinander verbundene Gespräche geführt, um gegenseitige Entsprechungen, aber auch Differenzen herauszufinden. Ausgewählt wurden dafür einige Schauspieler, die innerhalb der Truppe große Rollen innehatten: Georges Bigot, Simon Abkarian, Juliana Carneiro da Cunha. Myriam Azencot hat das Soleil während zwanzig Jahren lang begleitet und ist eine Art Gedächtnis der Truppe. Diese miteinander verflochtenen Betrachtungen begegnen sich und antworten einander.

Georges Bigot ist 1981 ins Théâtre du Soleil eingetreten und hat dort aufgrund seiner Rollen einen besonderen Platz eingenommen: Er war Richard II. im Shakespeare-Zyklus sowie ein bemerkenswerter Prinz Sihanouk in L'Histoire terrible mais inachevée de Norodom Sihanouk, roi du Cambodge. Simon Abkarian hat ebenfalls seine Spuren im Soleil hinterlassen. 1985 wurde er Mitglied der Truppe, wo er auf beeindruckende Weise die Rollen des Agamemnon und Orest im Atriden-Zyklus gespielt hat. Beide verkörpern sie große Momente des Théâtre du Soleil, und ihre schauspielerischen Darbietungen bleiben unvergeßlich. Beide haben die Truppe verlassen. Ihre Gespräche spiegeln die jeweiligen Entwicklungen wider, die sie im Soleil durchlaufen haben, und auch die Wege, die sie danach einschlugen.

Myriam Azencot und Juliana Carneiro da Cunha dagegen gehörten beide zum Zeitpunkt des Interviews zur Truppe. Sie waren zu unterschiedlichen Zeitpunkten zu ihr gestoßen: Myriam Azencot vor über zwanzig Jahren[6], Juliana Carneiro da Cunha vor mehr als zehn Jahren. Beide kamen von den »Atriden« an in allen Produktionen zum Einsatz und haben seit ihrer Ankunft in der Compagnie 1981 respektive 1990 wichtige Rollen gespielt: Juliana Carneiro hat vor allem die verzehrende Figur der Klytaimnestra in Les Atrides gespielt und Myriam Azencot den Aischylos in La Ville parjure. Sie geben beide einen sehr persönlichen Eindruck von ihrem Werdegang innerhalb der Truppe und von den Gründen, die sie dorthin gebracht haben.

Wir haben allen vergleichbare Fragen gestellt, um die großen Arbeitsprinzipien der Schauspieler im Soleil aus ihrer persönlichen Sicht herauszustellen. Ihr Blick spiegelt auf diese Weise die grundsätzlichen Fragen in Bezug auf das Spiel und die Ausbildung des Akteurs: Wie erlernt der Schauspieler Bühnenpräsenz? Wie wird die Energie definiert? Auf welche Weise öffnet man sich den Texten? Wie wird eine Figur geboren? Welche Rolle spielt die Musik im Entstehungsprozeß der Inszenierung? Aus welchen Inspirationsquellen schöpft die Spielweise? Welche Bedeutung haben die orientalischen Techniken für die Arbeit des Schauspielers? Wie macht man sich die Maske zu eigen?

Die Aussagen der einen korrespondieren und dialogisieren mit den anderen. Das überrascht nicht. Bestimmte Prinzipien des Spiels – jene Prinzipien, die Ariane Mnouchkine bei jeder neuen Arbeit wiederzuentdecken versucht – sind allen zu einer Art Meßlatte geworden, die es zu erreichen gilt, eine immer wieder zu beginnende Suche, ein alltäglicher Lernprozeß.

In all diesen Gesprächen zeichnet sich trotz der unterschiedlichen persönlichen Laufbahn eine gemeinsame Theatervision ab, die von der Persönlichkeit und den Gedanken Mnouchkines ausgesprochen geprägt ist. Keiner beschönigt die Tatsache, daß die Arbeit im Théâtre du Soleil hart und anspruchsvoll ist und das den Schauspieler manchmal teuer zu stehen kommt. Aber sie alle betonen auch, welche großen Glücksmomente die Arbeit an einer Produktion des Soleil ihnen beschert hat. Für einige macht diese vollkommene Spielbereitschaft, dieser feste Glaube ans Theater die Erfahrung am Théâtre du Soleil trotz aller unausweichlichen Opfer unentbehrlich.

Die Schauspieler sind umgeben von Mitarbeitern, die ihnen die notwendige Unterstützung in der schöpferischen Arbeit geben und mit ihren Künsten die verschiedenen Produktionen des Théâtre du Soleil prägen. Wir haben sie zu Wort kommen lassen: Hélène Cixous, Jean-Jacques Lemêtre, Erhard Stiefel und Guy-Claude François[7]. Einige arbeiten den Produktionen im voraus zu: Zunächst Hélène Cixous, deren Zusammenarbeit mit dem Théâtre du Soleil zu einigen der interessantesten Theatertexten geführt hat, die zeitgenössische Geschichte zum Thema machen. Guy-Claude François, dessen Bühnenarchitektur den Produktionen jenen Raum vorgeben, der die Vorstellungskraft überhaupt erst weckt. Erhard Stiefel, der mit seinen Masken die Recherchearbeit der Schauspieler sowohl unterstützt als auch herausfordert. Denn für Mnouchkine bedeutet, wie schon für ihren Lehrmeister Jacques Lecoq, das Erlernen des Maskenspiels eine der Grundlagen, die dem Schauspieler zur Bühnenpräsenz verhilft. Schließlich räumen wir Jean-Jacques Lemêtre einen besonderen Stellenwert ein, der seit mehr als zwanzig Jahren im Soleil eine ganz außergewöhnliche Arbeit innerhalb der Compagnie leistet. Er ist von Beginn einer Produktion an auf allen Proben gegenwärtig und begleitet mit seinen Musikkompositionen den Schauspieler nicht nur Schritt für Schritt auf der Bühne, sondern fördert sie auch in ihrer Recherche. Die Musik wird so zum Verbündeten des Spielers, indem sie ihn während der Proben inspiriert, ihm beim Erfinden der Figur hilft, ihm einen Rhythmus vorgibt, ein Tempo, das seinen Ansatz strukturiert und mit der Erzählung in ein Zwiegespräch tritt.

Der dritte Aspekt schließlich, der die Anziehungskraft des Théâtre du Soleil in der heutigen Theaterlandschaft ausmacht, entspringt der Tatsache, daß die von der Compagnie vermittelte Theatervision mit einem ernsthaften sozialen Engagement einhergeht. Auch wenn Mnouchkine diesen Aspekt ihrer Theatervision bewußt nicht betont, so bekräftigen ihre Aussagen regelmäßig die notwendige Verbindung zwischen Theater und Gesellschaft. In der Welt des Théâtre du Soleil impliziert die Entscheidung für das Theater nicht nur eine ästhetische Arbeit, sondern auch eine politische Arbeit, die eine bestimmte Perspektive auf die Geschichte und die Welt bedingt. So paradox es auch scheinen mag, so zieht sich dieses schon in den Anfängen der Compagnie offensichtliche Engagement in bezug auf die Geschichte – 1968 in *Eine Bewußtwerdung*, einem der ersten veröffentlichten Texte Mnouchkines – wie ein roter Faden durch das Gesamtwerk. Es bekräftigt die gesellschaftliche Funktion des Theaters nicht nur, sondern stellt sie als eine Notwendigkeit heraus.

Aus diesen Gründen haben wir Lucia Bensasson das Wort erteilt, die in den Anfängen des Soleil dabei war und – zusammen mit Claire Duhamel – auf Anregung von Ariane Mnouchkine die ARTA (Association de Recherche des Traditions de l'Acteur) gegründet hat, welche jedes Jahr zahlreiche Lehrmeister aus Asien und Europa als mögliche Vorbilder einlädt.

Ohne jeden Anspruch auf Vollständigkeit versuchen diese Gespräche dem Leser einen vielschichtigen Zugang zu ermöglichen, der ihn im Laufe der Wortmeldungen und Zeugnisse die Ansichten jener Künstler nachvollziehen läßt, die sich bewußt an diesem großen Abenteuer beteiligten. Dazu gehören auch Sophie Moscoso und Arnold Wesker:

Sophie Moscoso war über lange Jahre Ariane Mnouchkines Assistentin. Sie ist das lebende Gedächtnis des Soleil, hat alles mitverfolgt, alles notiert. Bis 1996 war sie unablässig an Mnouchkines Seite und dort unverzichtbar. Auch ihre Sichtweise schien uns notwendig. Aber auch Arnold Weskers

Zeugnis von seiner Begegnung mit Mnouchkine anläßlich der Inszenierung von La Cuisine bereichert diese Wortmeldungen und führt uns ganz zu den Anfängen des Théâtre du Soleil zurück.

Die Antworten, die wir erhalten haben, lassen uns besser verstehen, wie die Zusammenarbeit innerhalb der Compagnie vonstatten geht und welchen zentralen Platz Ariane Mnouchkine darin einnimmt. Daraus kristallisiert sich insbesondere das Bild einer Künstlerin, die in erster Linie um die Ausbildung der Schauspieler besorgt ist, und zwar eine Ausbildung im weitesten Sinne, die nicht nur das Erlernen von Bühnengesetzen beinhaltet, sondern vor allem einer Lebensmoral. Indem es auf diese Weise das volkstümliche Theater, das ästhetische Theater und die Askese des Schauspielers zusammenführt, stiftet das Theater Mnouchkines den Schauspieler und Zuschauer dazu an, dem Theater seine ganze Kraft und soziale Wirksamkeit zurückzugeben.

Hinsichtlich ihrer Inspirationsquellen und ihrer Stückwahl hat sich Mnouchkine allen Epochen der Literatur gewidmet (von Gorki zu Aischylos, über Euripides, Molière, Théophile Gautier, Arnold Wesker, Klaus Mann und Hélène Cixous), immer auf der Suche nach Autoren, deren Texte sie tief berühren und sie jene besondere Vision zum Ausdruck bringen lassen, die sie von der Geschichte hat und den Menschen, die diese machen. Eine Geschichte, die ihrer Meinung nach jeden einzelnen in die Pflicht nimmt einzugreifen. Daher scheinen die von der Compagnie getroffenen Entscheidungen für einen klassischen Stoff oder einen zeitgenössischen Text immer einem dringenden Anliegen zu entspringen. Es handelt sich um bewußt parteiische Wortmeldungen zu unserer Zeit und den die Menschen umtreibenden Leidenschaften. Auch der Atriden-Zyklus, ebenso wie der ihm vorausgegangene Shakespeare-Zyklus, war Teil dieser Sprache, die sich auf unsere Welt bezieht. Diese Texte wurden nur deshalb zu Stoffen des Théâtre du Soleil, weil sie eine uns heute berührende Sprache in sich tragen, die

Sprache der Meister, die es verstanden, »das Dunkel der Seele ins helle Licht zu stellen«. Diese Texte nähern sich dem Universellen an, und insofern dienen sie als Modell, eine Brücke zwischen Vergangenheit und Gegenwart zu schlagen.

Wie aber gelingt es, den Glutkern dieser Texte »überwältigend« zu machen? Wie ihnen Gestalt zu verleihen? Diese Fragen beschäftigen Mnouchkine als Regisseurin ebenso wie Hélène Cixous als Autorin, und diesen immer wieder von neuem angegangenen Fragen begegnet die Arbeit auf der Bühne jeden Tag.

Mnouchkine glaubt an die Universalität der Formen und Erzählungen. Ebendieser Universalität versucht sie in den ausgewählten Texten nachzuspüren, in den auf der Bühne entstehenden Figuren, in den erzählten Fabeln genauso wie im Spiel der Akteure. Aber obwohl sie an die Universalität der Formen, Leidenschaften und Naturen glaubt, so sucht sie sie doch nicht ausdrücklich. Im Gegenteil kristallisiert sich letztere aus der Arbeit am Stoff, am Konkreten selbst heraus: am Körper, an der Stimme, an der Sprache, am Raum. Sie entwickelt sich aus der Aufmerksamkeit für den anderen, für den Text, die Maske, die Situation... Mnouchkine besteht auf diese tägliche und sorgfältige Arbeit, die der Schauspieler erbringen muß, auf die körperliche Reibung des Schauspielers mit der Bühne. Die Universalität ist kein Selbstzweck. Sie wird erkennbar, wenn der Schauspieler die Stimmigkeit seiner Zustände, seiner Bewegungen, seiner Gesten gefunden hat. Und diese Stimmigkeit hat die Kraft des Evidenten.

Diese Suche geht mit einer kraftvollen Theatralität einher. Wer einer Aufführung des Théâtre du Soleil beiwohnt, ist zuerst von der Kraft der Figuren fasziniert, die sich gleichzeitig durch die Schönheit der Formen, die Sinnlichkeit der Stoffe und die Klarheit der Masken vermittelt. Die Figuren entstehen wie Archetypen, die ebenfalls Teil der Universalität werden. Sie präsentieren sich auf einheitliche Art, wie ein Block, ein Block aus Farben, Bewegungen, Rhythmen und Tönen. Ihnen ist eine bestimmte Redeform zu eigen, bevor sie überhaupt zu sprechen beginnen.

Die erste Berührung des Zuschauers mit dem Théâtre du Soleil verläuft also über die Kraft des Bildes, das genauso die Sinne wie den Geist anspricht. Das Ergebnis ist häufig von einer großen formalen Klarheit. In Anlehnung an die Lehre Artauds, der dem Akteur ein Spiel von der Klarheit der Hieroglyphen abverlangte, fordert Mnouchkine von den Schauspielern, »den Raum zu zeichnen«, damit der Zuschauer ein quasi sofortiges, intensives und umfassendes Verständnis von der Bühne bekomme. »Körper können nicht lügen«, pflegt Mnouchkine zu sagen. Ihr Theater ist zugleich körperlich und anspruchsvoll, exakt im Detail und in den Bewegungen des Ensembles und immer sehr schön anzusehen. Die Bilder und Worte werden zuerst durch die Augen wahrgenommen, durch die Konfrontation mit den Körpern, die sich als klare Linien im Raum abzeichnen, die, sobald sie die Bühne betreten, die Aufmerksamkeit und Vorstellungskraft des Zuschauers fesseln und ihn auf die Reise jenseits des Alltäglichen mitnehmen.

Mnouchkine ist unaufhörlich darum besorgt, daß die Suche nach der Form nicht nur Stil, sondern Antriebskraft ist. »Nur wenn man nach Perfektion strebt, erreicht man Schönheit«, sagt Mnouchkine. Die Inszenierungen des Soleil illustrieren dies. Es handelt sich nicht um eine formale Schönheit, sondern um die Schönheit der Formen, eine Schönheit, die sich über jene der Bilder vermittelt, der Körper, der Kostüme und der Farben, aber auch und vor allem über die Stimmigkeit der Gesten und die Präsenz der Schauspieler. Alles scheint notwendig. Nichts ist grundlos, nicht einmal die Schönheit selbst. Schließlich erschien es unabdingbar, allen diesen Gesprächen eine analytische Ebene hinzuzusetzen, die zwischen allen Inszenierungen des Soleil Verbindungen herstellt und damit gewisse Konstanten von Aufführung zu Aufführung verdeutlicht. So kristallisiert sich anhand der Beispiele ein in allen Produktionen unterschwellig vorhande-

ner ästhetischer und politischer Diskurs heraus, der über jene Produktionen hinausgeht, die erhellt werden sollen.

Georges Banu bietet einen Überblick der großen Ansatzpunkte Mnouchkines von den Anfängen bis heute. Daran schließen sich zwei Texte in bezug auf den Orient und das politische Engagement. Sie weiten den Horizont der in den Gesprächen eingenommenen Perspektiven und versuchen, die Hauptlinien zu verdeutlichen, mittels derer sich die unterschiedlichen Produktionen des Soleil verstehen lassen. Der erste Text konzentriert sich auf die Fragen des Interkulturellen und behandelt anhand des Shakespeare-Zyklus die Lesart, die sich aus dem Orientalismus des Soleil ergeben könnte. Der zweite Text bezieht sich auf das Verhältnis zum Politischen – als eine wesentliche Frage, um den Hintergrund einiger Entscheidungen des Soleil zu verstehen. Er geht also ebenso auf die Inszenierungen von 1789, 1793 und L'Âge d'or ein wie auf die jüngeren Produktionen: L'Histoire terrible mais inachevée de Norodom Sihanouk, roi du Cambodge; L'Indiade ou l'Inde de leurs rêves; La Ville Parjure ou le retour des Erinyes sowie Et soudain, des nuits d'éveil.

Überraschenderweise trat zutage, daß sich vieles, was hinsichtlich auf Produktionen, die unter einem bestimmten Ansatzpunkt bevorzugt behandelt wurden, gesagt wird, auch auf alle anderen Inszenierungen des Soleil anwenden läßt. Ein Beweis, wenn man denn will, dafür, daß diese Fragestellungen latent und kontinuierlich die Beweggründe der Truppe ausmachen. Sie verweisen auf feste Auffassungen, die Ariane Mnouchkine mehr als einmal bestätigt hat: die Bedeutung des Orients als Inspirationsquelle, das Bedürfnis nach Lehrmeistern und die Notwendigkeit, das Theater in der zeitgenössischen Geschichte zu verankern, um die vergangene zu beleuchten.

So wird dem Leser auf den folgenden Seiten ein kaleidoskopischer Blick auf all jene Aspekte geboten. Man geht den Gedankengängen Mnouchkines nach und ihren Theaterkonzeptionen. Man verfolgt aber ebenso die kollektiven und individuellen Werdegänge innerhalb der Truppe: die der Mitarbeiter und jene der Schauspieler. Im Laufe dessen werden die grundlegenden Fragen in bezug auf das Spiel der Akteure, auf die Dramaturgie, die Theatertheorie, die Geschichte, die Politik und Ethik behandelt.

Diese Beiträge machen deutlich, daß Ariane Mnouchkine zwar wie jedermann über Gewißheiten verfügt, diese aber nicht zum Dogma erhebt. Sie weiß nur zu gut, daß sie zerbrechlich sind und ein Windhauch sie umstieße. Die Schönheit, die »Grausamkeit« des Theaters liegt eben in der Flüchtigkeit der Gesetze, die man entdeckt. Einen Abend lang sind sie wahr, schon am Tag darauf entgleiten sie einem, und die Wege, die zu ihnen führen, sind nur schwer wiederzufinden. Darin liegt die Größe des Theaters und diejenige der Künstler, aber auch seine Endlichkeit.

»Eine Truppe beginnt immer mit einem Traum«, sagt Mnouchkine in der hier veröffentlichten Diskussion mit Schauspielschulen. Diesem Traum, der von Gründlichkeit und Arbeit bestimmt ist, nachzuspüren, ist Ziel der hier zusammengetragenen Texte. Mnouchkine führt uns anhand ihrer Inszenierungen eine organische Theatervision vor Augen, sehr visuell, reich an Farben und klaren Formen, die den Zuschauer verzaubert.

»Ich glaube an das Licht. Ich glaube an die Verzauberung. Ich glaube an die Anregung durch Schönheit, Licht, Hoffnung, Freude, Lachen, Tränen. Ich glaube an die Emotionen. Ich denke, daß sie die Vermittler von Gedanken sind und all das auch Vermittler von Leben ist. Es sind Transformatoren von Intelligenz«, so Ariane Mnouchkine. Die Geschichte des Soleil ist dafür täglich ein Beispiel.

*Aus dem Französischen von Barbara Engelhardt.*

Anmerkungen

1 1789 in Berlin 1971, Méphisto in Berlin 1980, Les Shakespeare in München 1983 und in Berlin 1984, Les Atrides in Berlin und Essen 1991, La Ville Parjure in Recklinghausen 1995, Le Tartuffe in Berlin 1996.

2 So die Wendung in den betreffenden Programmheften.

3 Seit L'Âge d'or erreichen alle Produktionen des Théâtre du Soleil mindestens 100.000 Zuschauer, mit Ausnahme von La Ville Parjure. Siehe Chronologie und Zuschauerstatistik am Ende des Buchs.

4 Und sie fügte dazu: »Aber das macht nichts. Auf die Oberfläche einer Aufführung zu reagieren ist eine Art Vorbereitung, in Zukunft tiefergehende Schichten wahrzunehmen.«. In: »Une prise de conscience«, zuerst veröffentlicht in *Le Théâtre*, I, Paris, Christian Bourgois, 1968.

5 Es gibt natürlich Studien, aber begrenzter Anzahl. Hier einige bibliographische Hinweise zu den wichtigsten Veröffentlichungen: *Travail théâtral*, Februar 1976: *Les Cahiers du CNRS, L'Âge d'or*, Paris, Christian BOURGOIS, sowie LABROUCHE, Laurence, *Ariane Mnouchkine: un parcours théâtral: le terrassier, l'enfant et le voyageur*, Paris, L'Harmattan, 1999; MULAT, Brigitte, *Le Théâtre du Soleil*, Cannes, Publications de l'école moderne française, coll. Bibliothèque de travail, no. 250, 1992; QUILLET, Françoise, *L'Orient au Théâtre du Soleil*, Paris; Montréal, L'Harmattan, 1999; AMSTUTZ, Roland, *Différent: Le Théâtre du Soleil. Textes et entretiens*, Lausanne, La Cité, 1976; COFMAN, Sarit, *Mnouchkine, Kantor, Brook: spacetime theatre arts*, University of Minnesota, 1992; JENEWEIN, Paul, *Das Théâtre du Soleil. Beispiel kollektiver Theaterarbeit: Ein Probenbericht*, Texte zur Theaterarbeit, Wien, Dramat. Zentrum Wien Augarten-Verlag, 1977; KIERNANDER, Adrian, *Ariane Mnouchkine and the Théâtre du Soleil*, Cambridge, New York, Cambridge University Press, 1993; ROCHER, Anne-Marie, *Les films d'Ariane Mnouchkine: une œuvre privilégiée pour l'étude des rapports entre le théâtre et le cinéma*, Montréal, Université de Montréal, 1998; SEYM, Simone, *Das Théâtre du Soleil: Ariane Mnouchkines Ästhetik des Theaters*, Stuttgart, J.B. Metzler, 1992; SPATARO, Giuseppe, *Ideologia e prassi in Ariane Mnouchkine e il « Théâtre du Soleil »*, Genova, Silver Press, 1987; WILLIAMS, David (dir), *Collaborative theatre: the Théâtre du Soleil sourcebook*, London, New York; Routledge, 1999, ill; Einzelne dem Théâtre du Soleil gewidmete Beiträge in: DELGADO, Maria M., *In Contact With the Gods? Directors Talk Theatre*, Manchester, Manchester University Press, 1996; KNAPP, Bettina Liebowitz, *French theater since 1968*, New York, Twayne, 1995; QUADRI, Franco, *Il teatro degli anni Settanta*, Torino, G. Einaudi, 1982, v. 1-2, ill.; SHEWRING, Margaret, *King Richard II*, New York, Manchester University Press, Series: Shakespeare in performance, 1996, ill., TEMKINE, Raymonde, *Mettre en scène au présent*, Lausanne, La Cité-L'Âge d'homme, 1977.

6 Myriam Azencot hat die Compagnie im Februar 2002 verlassen.

7 In diesem Überblick fehlt der wesentliche Beitrag, den die Kostümbildnerinnen Nathalie Thomas und Marie-Hélène Bouvet leisten, deren Kostüme das »kulturelle Vermächtnis des Théâtre du Soleil« ausmachen.

## Ariane Mnouchkine
# EINE BEWUSSTWERDUNG

Gleich zu Beginn: Warum macht man Theater? … Weil man Vergnügen daran findet, sich durch das Theater auszudrücken.

Anschließend fragt man sich: Worin liegt dieses Vergnügen, und welchen Weg soll ich einschlagen? Es geht nicht darum, sich zu rechtfertigen, das Vergnügen hat das nicht nötig, doch muß man wissen, was man tun wird, und eine Bewußtwerdung bewirken, die für einen selbst ebenso wertvoll ist wie für das Publikum.

Es ist mir ein Bedürfnis, zu den Leuten zu sprechen!

Es ist mir ein Bedürfnis, die Welt zu verändern … auch wenn dieser Ehrgeiz anmaßend wirkt und ich nur einen kleinen Tropfen Wasser dazu beitrage.

Die Welt verändern: Man kann auf die Politik nicht verzichten, da die Politik die Wissenschaft des Lebens ist. Etwas ist faul im Staate Dänemark; wie sollte man sich damit abfinden!

Allerdings habe ich, wenn ich LE SONGE D'UNE NUIT D'ÉTÉ inszeniere, nicht die Absicht, einer starren politischen Linie zu folgen. LE SONGE D'UNE NUIT D'ÉTÉ ist ein wildes, grausames Stück, das unmittelbar in das Unbewußte reicht und die Befreiung von allen Verboten vorführt … Die Pforten des Unbewußten zu öffnen bedeutet auch, auf der Welt etwas zu verändern …

Ich betrachte das Theater als Nahrung. Ich möchte, daß das Theater denen, die es machen, und dazu gehört auch das Publikum, Kraft verleiht. Seine soziale Funktion scheint mir insofern offensichtlich zu sein, als man aus einem schönen Schauspiel in seinen Meinungen bestärkt oder über Möglichkeiten aufgeklärt herauskommt, deren man sich davor nur undeutlich bewußt war.

Durch diese Auffassung unterscheide ich mich von der vorherrschenden zeitgenössischen Dramaturgie: Ich schließe

mich ihrer aggressiven Form nicht an … Ich denke, daß die Zuschauer auf die direkte Aggression reagieren, indem sie sie zurückweisen und sich in ihren Sitz zurücklehnen. Ich spreche allerdings nicht von denjenigen, die schon im voraus überzeugt sind und nur den ästhetischen Aspekt wahrnehmen. Als ich den STANDHAFTEN PRINZEN[1] in der Inszenierung von Grotowski sah, bewunderte ich vom professionellen Standpunkt aus die außerordentliche Arbeit, die Grotowski mit den Schauspielern vollbracht hatte. Ich befand mich jedoch nicht einmal in der Situation einer Voyeurin, ich distanzierte mich von etwas, was ich nicht hinnehmen wollte. Die Selbstzensur kann nicht geleugnet werden. Es ist unbedingt notwendig, sie zu berücksichtigen, will man sie überwinden. Doch kann man sich nicht einfach darüber hinwegsetzen … Man kann aber versuchen, sie außer Kraft zu setzen, indem man seinen Geist öffnet … LE SONGE D'UNE NUIT D'ÉTÉ habe ich in diesem Sinne inszeniert … ich hätte »dicker auftragen können« … ich hätte Puck völlig nackt auftreten lassen können (wir haben übrigens daran gedacht). Für mich ist Puck der Gott Eros; nicht der kleine Cupido, sondern Ausdruck der Virilität überhaupt … Gleichwohl wußte ich, daß wir die Nacktheit nach einigen Proben als normal angesehen hätten, aber das Publikum keine Figur sehen würde, die ihrem Wesen nach nackt ist, sondern nur eine gewagte Zurschaustellung. Ein Wagnis dieser Art interessiert mich nicht. Außerdem ist die Nacktheit auf der Bühne ein Pleonasmus, da die Schauspieler immer nackt sind, wenn sie sind, was sie sein müssen.

Ich bin mir vollkommen bewußt, daß mich meine Haltung (die sicher auf meine Selbstzensur zurückzuführen ist) von einer Arrabal verwandten theatralischen Form trennt, die mich berührt, fasziniert und stutzig macht, die ich aber nicht verstehe. Nun inszeniere ich aber nur Stücke, die ich zu verstehen glaube, und lehne den hermetischen Charakter ab, der die Grundlage dieser Schule ist. Ich liebe reiche Stükke, die unendlich vielschichtig sind … doch es ist schlimm, daß all diese Autoren und Regisseure die fünfzigste Schicht an die Oberfläche bringen! … Sie sagen: »Achtung, das ist schwer«, und darum verwenden sie eine hermetische Form. Das offensichtlich Ungewöhnliche finde ich zu wenig. Die verwendete Form muß verständlich sein, wenn man will, daß Gefühle und sehr Geheimes, sehr Geheimnisvolles aufgenommen werden, obwohl es vielleicht unterschwellig und unausgesprochen bleibt, dabei aber existiert.

Ich bewundere Arrabals Gedichte, ich bewundere die Welt von Gombrowicz … doch an wen wenden sie sich? Weder an mich noch an das Publikum, das ich erreichen möchte … Dieses Publikum – nennen wir es das volkstümliche Publikum – gibt es übrigens zur Zeit nicht. Es ist ein Ziel, das erreicht werden muß. Es stellt eine Menschenmasse dar, die seit Jahrhunderten vom Theater ausgeschlossen ist.

Dieses Publikum gibt es nicht, wie kann man es also heranbilden?

Was das Repertoire betrifft, so glaube ich an das politische Lehrstück nicht mehr als an das hermetische Theater … Eine gewisse Anzahl an Stücken besitzt vielleicht den Wert von politischen Meetings, doch können sich diese Stücke im Theater nicht durchsetzen, denn es fehlt das Vergnügen … Nun ist aber das Vergnügen wesentlich. Es ist schwierig, es Leuten zu schenken, deren Lebensweise ihre Auswahl an Regeln, nach denen sie leben, einengt, um so mehr, als wir alle, als ich mich an bürgerlichen Maßstäben orientiere: Ich habe niemals Hunger gelitten, ich bin nie am Morgen nach sechs Stunden aufgestanden, um in eine Fabrik zu hetzen … Am Gymnasium und an der Universität habe ich gelernt, zu analysieren, zu wählen usw. Wenn mich also bei einer Diskussion ein Arbeiter kritisiert und eine primitive, grobe Meinung vertritt, weiß ich, daß ich recht habe, doch ich weiß auch, daß er nicht anders reagieren kann.

Im übrigen sind Proletarier selten im Theater. Wer geht ins Theater? Die Klein- und Großbürger, die alten und neuen Bürger. Doch wenn man Volkstheater machen will, muß man sich an das Proletariat wenden … und das grenzt an Paternalismus und erweist sich als ebenso gefährlich, wie darauf zu beharren, den Leuten gegen ihren Willen Gutes zu tun. Denn dieses vom Theater ausgeschlossene Proletariat kommt gut ohne Theater aus und verlangt nicht danach, und es hat recht! Sein Bedürfnis nach Darbietungen wird vollkommen durch Kino, Fernsehen, Varieté und sportliche Veranstaltungen gedeckt … Da es das Theater nicht kennt, kann es kein Bedürfnis danach haben, und wenn man nach seinen Geschmacksrichtungen forscht, so stößt man auf Mittelmäßigkeit.

Wie kann man also dieses Bedürfnis hervorrufen und vor allem, wozu? …

Das Theater ist mehr als nur eine Darbietung; es muß eine soziale Funktion übernehmen, die darin besteht, den Horizont zu erweitern.

Wenn man das auf die Spitze treibt, könnte man sich fragen: Warum soll man daran arbeiten, den Hunger in Indien zu bekämpfen, die Hindus haben doch schon immer damit gelebt? … Die mittlere Lebenserwartung liegt in Indien bei sechsundzwanzig Jahren, warum sollte man das Leben dort verlängern wollen? …

Alles, was nicht zur Entfaltung der Menschen beiträgt, führt rasch zur Dummheit.

Dennoch wiederhole ich, daß es kein volkstümliches Publikum gibt. Das Problem besteht also nicht darin, seinen Geschmack heranzubilden, sondern dieses Publikum überhaupt erst zu schaffen, es ohne Demagogie ins Theater zu bringen. Seit zwanzig Jahren haben Männer wie Vilar oder wie Planchon eine enorme, effiziente Arbeit geleistet. Ohne sie würde man heute übrigens gar nicht von Volkstheater sprechen. Doch sind wir an einer Grenze angelangt, die auf die sozialen Strukturen und die Kriterien unserer Zivilisation zurückzuführen ist. Denn die Kunst im allgemeinen und das Theater im besonderen enthalten Elemente, die ihrem Wesen nach kostenlos, also in einem kapitalistischen oder sogar kommunistischen System absurd erscheinen, da dort die Begriffe Profit und Produktion entscheidend sind.

Ich bin versucht, wie Castro zu denken: Man muß die Basiskriterien verändern, die Kriterien, die an Geld gebunden sind. Durch das Theater werden sie aber sicher nicht verändert werden. Das Theater ist nur für diejenigen eine Antriebskraft, die es ausüben. Das Publikum findet dabei bestenfalls neue Kräfte.

Allerdings darf man sich nicht sagen: Da ich wahrscheinlich das Ergebnis dieser Entwicklung, dieser Revolution nicht erleben werde, gebe ich auf. Man muß seinen Wassertropfen dazu beitragen und alles, was möglich ist, ins Auge fassen.

Ich weiß nicht, was möglich ist.

Ich glaube wie Planchon, daß man den anderen Klassen den Zutritt zum Theater erschweren muß, um die Arbeiter ins Theater zu bringen. Es gibt auf alle Fälle eine scharfe Trennung des Publikums, und dies einzig und allein zum Vorteil der bürgerlichen Klassen. Selbst in den »Maisons de la Culture«[2]. In Frankreich jedenfalls bedeutet das Wort »Kultur« »bürgerliche Kultur«; das Volkstheater aber wendet sich an die, die diese Kultur nicht besitzen. Gewiß erzieht die »Kultur« die Intelligenz, die Sensibilität, sie bildet den Geschmack aus; aber nur in gewisser Hinsicht. Es gibt auch andere Formen der Intelligenz, der Sensibilität, die es zu erwecken … zu entfalten gilt.

Wir leben auf der Grundlage von Mißverständnissen. Und für mich ist der einhellige Erfolg von La Cuisine eines davon. Als ich die überschwenglichen Kritiken in bestimmten Zeitschriften las, war mir richtig übel, körperlich übel. Allerdings hätten mich durchweg schlechte Kritiken richtig krank gemacht … Doch hatte ich oft den Eindruck, nicht verstanden zu werden: Wie viele unter den Tausenden applaudierenden Zuschauern haben darin etwas anderes als ein »Stück Leben« oder bestenfalls eine technische Arbeit gesehen und geschätzt? Doch das ist nicht so wichtig. Wenn man auf die Oberfläche eines Stücks reagiert, so bedeutet das, daß man sich schon darauf vorbereitet, in Zukunft tiefere Schichten wahrzunehmen.

Man muß fähig sein, die Bedeutung des Publikums zu akzeptieren, ohne sich davon beeinträchtigen zu lassen: Ich kehre nicht um, ich kann es nicht, und ich will mit jeder Aufführung weiterkommen.

Leider bringt diese Vorgehensweise ein finanzielles Problem mit sich. Als wir Les Petits bourgeois, unser Stück, aufführten, verfügten wir über 300.000 alte Franc. Damals gelang uns eine akzeptable Arbeit. Für Capitaine Fracasse[3] brauchten wir das Doppelte. La Cuisine war noch teurer. Und plötzlich wendet sich das Blatt: Es ist nicht nur mehr Handwerk; Material, eine Verwaltung, Geld, viel Geld sind unbedingt notwendig. Weder für das Prestige noch für den Komfort, sondern einfach, weil wir vorankommen müssen und wir in einer Welt leben, wo sich alles ums Geld dreht. Außerdem gibt es im Theater bei einem Mißerfolg keine Rettung, die Stockschläge folgen augenblicklich; ich habe beschlossen, mit meinem Wassertropfen zu einer Theaterform beizutragen, die es eigentlich noch fast gar nicht gibt.

Doch habe ich nicht das Recht, diesem virtuellen Publikum alles zu opfern. Ich muß auf meine Schauspieler, Rücksicht nehmen. Ich habe nicht das Recht, sie noch lange ein Hundeleben führen zu lassen: Sie arbeiten wie die Wahnsinnigen für ein Gehalt, das im Fall eines Mißerfolgs gleich Null ist. Wir sind keine Fakire und leiden unter unserem System.

Was sollen wir machen? Uns in einem Nomadenleben in kurzer Zeit aufreiben? Uns in eine offizielle Organisation eingliedern und uns mit einer Vielzahl an administrativen Aufgaben belasten oder ein Schuldbuch akzeptieren, das uns nicht erlaubt, unsere Arbeit zu vollenden?

Was sollen wir machen? Konzessionen? … Man macht immer Zugeständnisse, man darf sich da nichts vorgaukeln … Gäbe es jedoch eine echte, anhaltende Solidarität zwischen den Truppen, die dasselbe Ziel im Auge haben, könnte jede ihre Möglichkeiten bestens ausnutzen.

Für das Publikum wie für den schöpferischen Künstler liegt das Wesentliche darin (und das ist so offensichtlich, daß es oft vergessen wird), daß die Aufführung gelungen ist.

*Aus dem Interview »Une prise de conscience«. In: Le théâtre, I, 1968. Cahiers dirigés par F. Arrabal. Ed. Christian Bourgois. Aus dem Französischen von Silvia Berutti-Ronelt.*

Anmerkungen
1 Theaterstück von Calderón
2 »Maison de la Culture«: »Haus der Kultur«, Einrichtungen, die vom Kulturminister André Malraux Ende der fünfziger Jahre gegründet wurden, um die Kultur einer möglichst großen Anzahl von Menschen zugänglich zu machen. (A. d. Ü.)
3 Theaterstück von Théophile Gautier.

*Photo: Ariane Mnouchkine bei den Proben zu* LE SONGE D'UNE NUIT D'ÉTÉ, *1968.*

## Georges Banu
### ARIANE MNOUCHKINE UND DAS VERTRAUEN INS THEATER

*Georges Banu unterrichtet an der Neuen Sorbonne und ist Autor zahlreicher Bücher sowie verantwortlicher Herausgeber mehrerer Sonderausgaben von Theaterzeitschriften, die sich besonders mit Inszenierungen des 20. Jahrhunderts und deren Protagonisten auseinandersetzen. Seine letzten Bücher beschäftigen sich mit den Beziehungen zwischen Theater und Malerei:* Le rideau ou la fêlure du monde *und* L'Homme de dos *(Edition Adam Biro). Er veröffentlichte im Alexander Verlag* Der Schauspieler kehrt nicht wieder [L'acteur qui ne revient pas] *und arbeitete an Peter Brooks Band* Wanderjahre *mit.*

*Von der Ferne in die Nähe*

Als Liszt über Beethoven schrieb, meinte er, daß über ihn zwar schon alles gesagt sei, dies aber nicht bedeute, daß auch alles schon gehört und verstanden wurde. Stößt man beim Lesen zufällig auf eine solche Überzeugung, so ermutigt sie einen, wenn man zögert, über einen vollendeten, vielbesprochenen Künstler zu schreiben, und man schöpft Hoffnung, noch einige nachträgliche Erkenntnisse über ihn ans Licht bringen zu können. Der Essay, den ich auf Vorschlag von Alexander Wewerka hier schreibe, stellt mich als Theaterbesucher einer solchen Schwierigkeit gegenüber. Doch jenseits aller Bedenken ist diese Herausforderung es wert, angenommen zu werden, um ein autobiographisches Theaterfragment wieder aufzusuchen, in dessen Zentrum sich der Theaterplanet Théâtre du Soleil befindet, der schon immer in mehr oder weniger deutlicher Weise von Ariane Mnouchkine geleitet wurde. Bei dieser Erforschung ist es notwendig, seinen Standpunkt zwischen Geschichte und Legende auf der Grundlage der persönlichen Erinnerung zu wählen.

Um zu erklären, warum das Publikum zu einer ihrer Inszenierungen weniger zahlreich kam, sagte Mnouchkine vor kurzem: »Unser Publikum ist gekommen und hat uns seine Brüder und Schwestern als Zuschauer hergeschickt, aber nicht die Cousins.« Seit Jahren genießt das Théâtre du Soleil einen großen Bekanntheitsgrad, dem die Mundpropaganda besonders zugute kommt, und diese beruht insofern auf gegenseitigem Vertrauen, als hier keinerlei Verdacht auf Strategie oder Manipulation aufkommt. Ein langer Brief, den mir eine Freundin aus dem Krankenhaus schrieb, soll mir hier als Einleitung dienen: Sie sandte ihrem »Cousin« in Bukarest von Paris aus eine Nachricht. Ans Bett gefesselt, beschrieb, zeichnete und schilderte sie auf vollgeschriebenen Blättern die Theateraufführung, die sie begeistert hatte und mit der die Legende des Théâtre du Soleil ihren Anfang nahm: 1789. So erfuhr ich, wie eine Gruppe passionierter Schauspieler den Sturm auf die Bastille erzählte, wobei die Zuschauer ins Geschehen mit einbezogen wurden, dabei entweder abseits auf den Rängen bleiben oder sich direkt unter die Revolutionäre mischen konnten. 1789 war weder ein Theaterstück noch ein Happening, sondern ein Ereignis, das das Theater destabilisierte, ohne es zu verleugnen. Es gab ihm hingegen die verlorene Freiheit der Jahrmarktsbühnen zurück, die auf der direkten Kommunikation begründet war. In ihrem Brief beschrieb meine kranke Freundin dieses noch nie dagewesene Theaterobjekt sowie die Erfahrung, unter deren Schock sie stand. Dank ihrer eindrucksvollen Schilderung ist es auch mir im Gedächtnis geblieben.

Allerdings war ich kein vollkommen uneingeweihter Empfänger, denn bevor ich die Nachricht aus dem Cochin-Krankenhaus erhielt, hatte ich Artikel in *Les Lettres françaises* gelesen, einer von Aragon geleiteten ausgezeichneten Zeitschrift der Kommunistischen Partei Frankreichs. Für uns, die wir im

Osten lebten, stillte sie unseren Durst nach Information. Ich erfuhr durch sie vom Auftauchen einer Truppe, die nach einem ersten Versuch mit Gorkis LES PETITS BOURGEOIS begann, sich mit dem Motiv auseinanderzusetzen, das ihre ganze Geschichte lang ihr bevorzugtes Thema bleiben sollte: dem *Theaterleben.* Mit CAPITAINE FRACASSE, ihrer zweiten Produktion, bestätigte die Truppe des Théâtre du Soleil den Reiz, den die Irrfahrten der Schauspieler und ihre berauschende Marginalität, aber auch das Ineinanderfließen von Leben und Fiktion auf sie ausübten. Als Mnouchkine später LES CLOWNS inszenierte, beschäftigte sie sich zufällig mit demselben Thema wie Fellini: Beide gaben in fast gleicher Art dieser vom Aussterben bedrohten Figur, die für alle Zeiten ein Appell an die Kindheit sein wird, ihre Melancholie wieder. Damit hatte Mnouchkine entdeckt, was für sie ein dauerhaftes Motiv bleiben sollte, nämlich die Vorliebe für Volksfeste und deren kleine Orchester, für die bunten Glühbirnen und die da und dort aufgehängten Girlanden, für diesen vergänglichen Augenblick gemeinsamen Glücks, ohne das es für sie niemals mehr Theater geben sollte.

Ein langer Essay von Emile Copfermann kommentierte LE SONGE D'UNE NUIT D'ÉTÉ, der im Cirque d'Hiver[1] gespielt wurde, denn das Soleil setzte sehr schnell seine Leidenschaft für Räumlichkeiten durch, die keine Theater, doch von einer Vergangenheit geprägt sind, die das Publikum spontan wahrnimmt. Das Soleil beruft sich nie auf eine Tabula rasa, sondern bringt die Theatergeschichte in den verschiedensten Formen ins Spiel. Ob es sich dabei um die Bretterbühnen der Jahrmärkte handelt oder um die Maschinen der griechischen Szenographie, um italienische Masken oder orientalische Gesten, ist nicht so wichtig. Mnouchkine baut ihre Arbeit nicht auf Diskontinuitätseffekten auf, sondern auf Wiederentdecktem und Wiederverwertetem. »Du mußt entdecken, du darfst nicht erfinden«, sagt sie oft zu den Schauspielern, und äußert damit eine Konstante, die sie nie widerrufen hat. Nach LE SONGE D'UNE NUIT D'ÉTÉ wurde LA CUISINE

von Arnold Wesker aufgeführt, einem Autor, der zu seiner Zeit oft gespielt wurde und den das Soleil dank Martine Franck entdeckt hatte: Der Ursprung dieses großartigen Erfolgs war eine Freundschaftsgeste. Sie kündigte bereits den wahren Affektivitätskult an, der für Mnouchkine zur Voraussetzung jeder Gemeinschaftsarbeit wurde. Die Auseinandersetzung mit diesem Text ohne Hauptrollen, der sich mit den zwischenmenschlichen Beziehungen in der Küche eines großen Hotels auseinandersetzt, entwickelte und bestärkte das ausgeprägte Gruppenbewußtsein, eine unwandelbare Gegebenheit des Théâtre du Soleil. Sie liegt ihm zugrunde, legitimiert und charakterisiert es.

In Paris angekommen, luden mich ältere Freunde in die Cartoucherie ein. Dort spielte das Soleil seit seiner Rückkehr aus Mailand, wo es auf die Einladung von Paolo Grassi hin sein legendäres Schauspiel 1789 uraufgeführt hatte. Während Paris von einem »roten Gürtel« umgeben war, in dem die Kommunistische Partei dominant war und sich die meisten linken Künstler niederließen, entwischte Mnouchkine dieser Topographie, um sich an einem Ort niederzulassen, an dem es keinerlei institutionelles, ideologisches Machtgefüge gab. Sie behauptete von Anfang an ihren Widerstand gegen jede Bevormundung sowie ihren Wunsch, im Geiste Fouriers[2] eine autonome Gemeinschaft von Theaterarbeitern zu gründen. Das Modell der Gemeinschaftsschöpfung findet in der Cartoucherie den ihm notwendigen, mit dem Soleil untrennbar verbundenen Rahmen, und das zu einer Zeit, in der die Truppe die Absicht hegt, Theater- und politische Projekte in freier Art zu verbinden. Die Cartoucherie kann in die Liste der utopischen Orte des 20. Jahrhunderts eingereiht werden. Sie ist eine Insel, deren Herrin Ariane Mnouchkine ist, ein unerschütterlicher Prospero. An diesem Ort traf ich Mnouchkine zum ersten Mal bei einem Fest des *Vereins der Freunde des Théâtre du Soleil.* Ich erinnere mich nicht mehr, ob es Ginnette oder Georges Marty war, die oder der mir sagte: »Du ißt an einem Tisch von 1793.« In diesem

Stück hatte sich die Erregung von 1789 in ein gemeinsames Nachdenken über die Schicksale der Revolution gewandelt: Von der Handlung zum Nachdenken über die Handlung, eine Abfolge, die das Soleil in diesen seinen beiden Gründungsstücken zu bewältigen beabsichtigte. Das Fest, an dem ich zu Beginn meines Exils teilnahm, entsprach dem Geist des Briefs, den ich aus dem Cochin-Krankenhaus erhalten hatte und veranlaßte mich, mich dem Soleil zu nähern. Als ich mich von den Tischen von 1793 erhob, hielt das Tageslicht im Inneren der Cartoucherie an, während es draußen seit langem Nacht geworden war. Die technische Entdeckung dieses falschen Tages, der von Mnouchkine so oft verwendet wurde, nahm einen zweiten, metaphorischen Sinn an: Das Theater hilft uns, das innere Licht zu erhalten, auch wenn uns Dunkelheit umgibt. Das Theatre du Soleil machte sich diesen Sinn immer zu eigen. »Das Theater ist die Kunst des Lichts« – ein vollkommen plausibles Glaubensbekenntnis für die Initiatorin des Théâtre du Soleil. Im Laufe der Zeit entwickelte Mnouchkine diese Entdeckungen der ersten Periode unaufhörlich weiter.

Ein Jahr später schrieb ich für ein von meinem Professor und Freund Bernard Dort herausgegebenes Werk einen ersten Essay über L'ÂGE D'OR, ein Schauspiel, bei dem die abendländische Tradition der Commedia-dell'arte-Masken mit den Techniken des orientalischen Märchens, besonders von *Tausendundeine Nacht* verquickt wurde. Auf den goldgelben Küsten der Cartoucherie zeichnete sich die Silhouette einer modernen Scheherezade namens Salouha ab, die uns von einer Erzählung zur anderen führte ... endlich betrat ich die Welt des Théâtre du Soleil wirklich, um sie nicht mehr zu verlassen. Ohne ihr Gefangener zu werden, hänge ich weiterhin an ihr. Genet hätte gesagt, wie ein »verliebter Gefangener«[3].

*Chorpraxis und Ethik der Anstrengung*

Seit ihren Anfängen hat sich Mnouchkine in dem Bedarf nach

gemeinsamem Ausdruck wiedererkannt, der den Theatermachern eigen ist. Zunächst versuchte sie, sich dem Théâtre Antique de la Sorbonne anzuschließen, doch fand sie schon damals als junges Mädchen sehr rasch die Energie und die Mittel, ihre eigene Gruppe ins Leben zu rufen. Ihre Aura muß unwiderstehlich gewesen sein, denn es gelang ihr, Jean-Paul Sartre, den Leitintellektuellen der sechziger Jahre, zu überzeugen, sich in einem Hörsaal der berühmten Pariser Universität für das junge, eben erst gegründete Ensemble einzusetzen. Ein solcher Erfolg ließ künftige Glanzstücke Mnouchkines, die es versteht, zu kämpfen, Gegner anzugreifen oder Verbündete zu finden, voraussehen: Wie jedem großen Regisseur mangelt es auch ihr nicht an strategischen Fähigkeiten.

Mnouchkine ist die Gründerin des Théâtre du Soleil. Diesen Namen wählte die Gruppe, um den damals geläufigen Abkürzungen wie S.F.I.O., C.F.D.T.[4] usw. zu entgehen. Somit zeichnete sich von Beginn an Mnouchkines Vorliebe für Wärme und Licht ab, die sie im Laufe der Zeit in allen ihren Formen abwandelte. Der gewählte Name kündet aber auch eine Ästhetik an. Ursprünglich sollte er der Liebe des französischen Films zur Natur entsprechen, allen voran Jean Renoir, doch in Wahrheit handelt es sich eher um eine universelle Weltsicht. Abgesehen von den Arbeitscharakteristika, die von Beginn an von einem ausdrücklich sonnigen Geist gekennzeichnet waren, kündete der gewählte Namen ein Beziehungssystem an, das erst mit der Zeit wahrnehmbar werden sollte: Die Truppe funktioniert gut und organisiert sich nach dem kopernikanischen Modell, bei dem die Planeten mit verschiedener Geschwindigkeit um die *Sonne* Ariane Mnouchkine kreisen.

Mnouchkine hat das Fundament zu einem Team gelegt, seine Funktionsweisen erarbeitet und seine Verwaltungsstruktur, eine Kooperative, demokratisch durchdacht: Sie ist der Ursprung all dessen. Doch alle stimmen darin überein, daß ihre Stärke gleichzeitig von ihrer Fähigkeit kommt, eine Gruppe zu stimulieren, sie kreativ zu machen und alle ihr zur

Verfügung stehenden Mittel zu entwickeln. Sie besitzt Vorzüge, die man in der Gruppensoziologie einem *leader effectif* zuordnet. Doch ist sie keinesfalls ein institutioneller Leader, da niemand sie ernannt hat, sondern ein Leader, der seine Autorität auf der vollkommenen Zustimmung der Gemeinschaft begründet. Anfangs konnte Mnouchkine die Energie der um sie versammelten Genossen aufgrund ihrer enormen Ausstrahlung entfalten, die jedes Infragestellen ihrer Anführerschaft ausschloß. Die Gemeinschaftsschöpfungen, deren Verfechter das Théâtre du Soleil war, nährten sich aus diesem organischen Gleichgewicht zwischen dem *leader effectif* und dem gesamten Team. Ein freiwillig angenommenes Machtsystem.

Später kam es zu Spannungen in der Gruppe, so daß einige Mitglieder mit ihr brachen, weggingen und sie in Frage stellten, doch dank Ariane Mnouchkines Fähigkeit, den Zusammenhalt zu gewährleisten, kam es zwar nicht zum Fortbestand des Teams, das sich veränderte, doch zum Fortbestand des Théâtre du Soleil als Theater-Produktionseinheit. Während Schauspieler in aufeinanderfolgenden Wellen das Theater verließen, verstand es Mnouchkine, das Team zu erneuern, gleichzeitig aber ihre engsten Mitarbeiter zu behalten: Guy-Claude François für die Raumkonzeption, Erhard Stiefel für die Masken, Jean-Jacques Lemêtre für die Musik, Hélène Cixous für den Text. Ariane Mnouchkine ist der *Axis mundi* des Théâtre du Soleil. Jenseits der inneren Krisen und der äußeren Bedrohungen gewährleistet sie die Langlebigkeit eines Teams, das wie der Ozean dem Wechsel von Ebbe und Flut ausgesetzt ist. Die Schauspieler kommen und gehen, und dennoch gibt Mnouchkine zu, daß sie auch heute noch jeder Bruch bedrückt. »Ich bin kein Maestro, denn ein Maestro ist teilnahmslos. Ich hänge weiterhin an den Leuten und kann nicht gleichgültig bleiben. Der Maestro steht über den Streitigkeiten, ich nicht.«

Ariane Mnouchkines Theater ist ein chorisches Theater. Von Anfang an war ihr Hang für den Chor offensichtlich.

Zwischen dem Lob der Gemeinschaftsarbeit und dem Bedürfnis nach einem Chor entsteht eine Wechselbeziehung: Das eine unterstützt das andere. »Jede Figur enthält alle anderen«, so wie sich jeder Schauspieler in den anderen wiederfindet. Da Mnouchkine von der Logik der Gemeinschaftsproduktion besessen ist, entwickelt sie eine theatralische Ausdruckform, in der die Bedeutung des Protagonisten oft vermindert, wenn nicht sogar ganz darauf verzichtet wird. Im Grunde ist sie nicht nur Leader der Gruppe, sondern auch die Koryphäe des Chors, den bei ihr jede Besetzung bildet. Sie ist eine Koryphäe, die jenseits der Rampe bleibt, eine für das Publikum unsichtbare Präsenz, die aber für die Schauspieler stets lokalisierbar ist. Die Chorform ist ein eingehaltenes Gelübde, das Mnouchkines gesamtes Theater betrifft.

Im Théâtre du Soleil entwickelte Mnouchkine eine wahre Ethik der Anstrengung, die ein unabkömmlicher Garant für die Dauerhaftigkeit des Teams und seine ständige Verbesserung ist. Die Arbeit, die hier früh am Morgen beginnt, um erst ziemlich spät zu enden, besteht sowohl aus den täglichen Aufgaben, die mit der Instandhaltung des Ortes und der Herstellung der Dekoration zu tun haben, als auch aus der hartnäckigen Suche nach einer theatralischen Form. Das Soleil macht aus dieser ständigen Konzentration das Wesen ihrer Identität, und wenn Ariane Mnouchkine in Interviews darüber spricht, wie sie die Schauspieler sieht, benutzt sie unentwegt Metaphern, die Mut und Ausdauer, Opferbereitschaft und Sehnsucht nach Gipfeln mit einschließen. Theater spielen bedeutet, »einen Berg zu besteigen«, sagt sie wiederholt, und diese Expedition erfordert »starke Waden« und das Bedürfnis nach »frischer Luft«: Es handelt sich um einen Aufstieg. Und Mnouchkine wird diese sportliche Auffassung, daß man Hindernisse nur durch seinen vollen Einsatz überwinden kann, nie aufgeben. Die Arbeit wird somit dem Abenteuer einer Bergbesteigung gleichgesetzt, bei dem der Leader die Funktion des Seilschaftführers innehat, das heißt, an die anderen gebunden ist. Manchmal wird die Metapher »horizontaler«: Bei der Arbeit ist es, »als wäre ich auf einem sehr glitschigen Ufer und würde versuchen, die Schauspieler mit einem Seil aus dem Treibsand zu ziehen; dabei muß ich aufpassen, nicht selbst auszugleiten.« Sie stellt sich immer an die Spitze und begründet ihre Aktion auf die Stärke einer Beispielhaftigkeit, die sie zum Gesetz erhoben hat: Sie leitet, sie führt, sie ist vorne, doch im übrigen darf sie nichts im Theaterleben von den anderen unterscheiden, nur gemeinsam können sie Fortschritte machen. Die Ethik der Anstrengung und die Chorpraxis gehören zusammen.

### Panoramaperspektive und formale Ansprüche

Mnouchkine zeigte von Anfang an ihren Hang zu weiten Horizonten und Bildern. Was ist bezeichnender als ihr Debüt mit Genghis Khan, dieser historischen Persönlichkeit, die durch ihre wilden, schwindelerregenden Ritte durch die unendliche Weite der Steppe berühmt wurde. Mnouchkine arbeitete damals bereits im großen Stil. Und später wurde dieser Hang dadurch bestätigt, daß sie immer eine Panoramaperspektive wählte, ob es sich nun um eine Gesellschaft, eine Epoche oder eine Welt handelt. Mnouchkine gibt den großen Kraftlinien und Machtmechanismen den Vorzug, kurz: allem, was man von weitem wahrnimmt und was das Auge überrascht, wenn es auf die Landschaft hinunterblickt. Sie ist unwiderstehlich von Gesamtansichten angezogen, die zwangsläufig eine Chorpraxis erfordern und die Gegenwart einzelner Wesen bis zum Verschwinden abschwächen. Im Théâtre du Soleil ist kein Platz für das persönliche Subjekt, für das mit sich selbst konfrontierte Wesen, denn es wird jedesmal von der Gesamtbewegung aufgesogen, von der Gruppenenergie mitgerissen und gewissermaßen vernichtet. Hie und da heben sich zweitrangige Figuren ab, ohne jedoch über das Stadium eines sozialen Wesens hin-

auszukommen. Sie sind darauf beschränkt, ihre Marginalität auszudrücken, während ihre Gegenwart die ausdrückliche Priorität der Menge gegenüber der Einmaligkeit bestätigt.

Mnouchkine bevorzugt den Blick aus der Ferne, der ein breites Panorama überschaut. Und ihr Theater nimmt immer die Maßlosigkeit einer Welt in Angriff, die sich die Verkleinerung und die Fokussierung versagt. Die Erfolge bestätigen diesen Trieb, das französische Volk von 1789 und 1793, die Schauspielertruppe von L'Âge d'or, die aufgeregten Höflinge in den Shakespeare-Inszenierungen, der Chor in Les Atrides, die Versammlung der Puppenspieler in Tambours sur la digue. Immer schwächt die Gemeinschaft die Abweichungen des Individuellen ab und versetzt es in einen mehr oder weniger undifferenzierten Mitgliedstatus zurück. Selbst wenn es die inszenierten Texte erfordern, wird der Protagonist immer einer Gemeinschaft zugeordnet, der er nicht entgehen kann, die auf ihn Druck ausübt und der er sich schließlich ergibt. War Richard II. nicht unaufhörlich vom unruhigen Chor der Höflinge umgeben? Zugunsten ihrer Neigung für das Epische opfert Mnouchkine jede Individualisierung ... Wird nicht sogar der schuldbeladene Doktor Garetta in La Ville parjure[5] vervielfacht, um dadurch die Schuld auf die gesamte Ärzteschaft zu übertragen. Hier ist weder für die Geheimnisse des Wesens noch für seine Autonomie Platz: In diesem Sinn könnte man sagen, daß das Théâtre du Soleil trotz seines epischen Ansatzes dem Romanhaften und all dem, was der Roman an Tiefe des wahrgenommenen, als einzigartig akzeptierten Wesens entwickelt, fremd bleibt. Mnouchkine haßt die Verengungen der Tiefe und zieht ihnen die Ausdehnung der Oberfläche vor. »Wir dürfen die Oberfläche des Wassers nie unter dem Vorwand trüben, es tiefer zu machen« – ein echtes Glaubensbekenntnis. Die Wahrheit befindet sich an der Oberfläche, deren deutliche Umrisse sowohl die Kontrolle durch den Schauspieler als auch durch die Inszenierung bekräftigen. Mnouchkine hat eine besondere Vorliebe für Zeichnungen, die abgrenzen und Körper immer wahrnehmbar machen: keine Verschmelzung oder Verwirrung. Die Gemeinschaft schlägt aber nie in Masse um: Sie stellt ein mittleres Element zwischen individueller Isolation und kollektiver Versammlung dar. Die Silhouette lindert die persönlichen Qualen und schützt gegen das Selbstvergessen in der Menge. Das erklärt zweifellos die Bedeutung, die der Linie beigemessen wird, und zwar der sichtbaren, deutbaren Linie dieser unterschiedlichen, bunten Silhouetten. In diesem Sinne könnte man sagen, daß Mnouchkine ein Programm annimmt, dessen brillantestes Beispiel Gauguin ist, denn wie er und die ihm ähnlichen Maler pflegt sie die Abgrenzung. Das Mnouchkinesche Theater verweist auf die Gemälde des Meisters von Tahiti.

Mnouchkine baut ihr Theater auf dem Kontrast zwischen der Weite des Blickfelds und der Präzision der Form auf. Die Panoramaperspektive bringt nicht den Verzicht auf Details mit sich, denn Mnouchkine bemüht sich, ihren Schauspielern die Liebe zum Detail beizubringen. Ihr Ziel besteht nämlich darin, die Panoramaperspektive wie die Details beizubehalten. Die Form wird zum Fundament eines Theaters, das sich mit dem Geschichtshorizont konfrontieren will. Sie ist im Théâtre du Soleil das beste Medium, denn sie erfordert sowohl das Erfassen der Silhouette als auch die Einhaltung einer strengen Zeichensetzung und die Erarbeitung einer klaren Syntax. Das Spiel muß sich diesen Erfordernissen unterordnen, um »die Linienführung der Handlung« zu verdeutlichen, sagt Mnouchkine mit einem Ausdruck, der ihr Bedürfnis nach Klarheit bestätigt. Fordert sie nicht von den Schauspielern, »die Linie« zu finden und immer nur eine Intention auf einmal zu spielen, sich von vorne zu zeigen und sich direkt ans Publikum zu wenden? Der Umriß dient dazu, »die großen Getümmel zu umreißen«, sagte der Philosoph und Ästhetiker Alain[6]. Im Soleil gibt es keinen Grund zur Unordnung, erklärt Mnouchkine, denn ihren beiden Modellen, dem orientalischen Schauspieler wie dem Volksschauspieler, »graut vor der Anarchie«. Auf der Bühne muß die in langen Arbeitssitzungen sorgfältig erarbeitete Linienführung berücksichtigt werden. Mnouchkine hat die Geduld der großen Zeichner.

Die Form ist hier gewiß verlockend, doch gleichzeitig zügelt, bändigt und lenkt sie die Energie. Nichts ist Mnouchkine fremder als der romantische Wildbach, der unterschiedslos heterogene Materialien mit sich führt. Sie sucht aus und eliminiert, um eine Form zu erarbeiten, der jeder drohende Exzeß fern ist. Die Form gewährleistet die Sicherheit. Doch wenn Brook sich bemüht, sie unsichtbar zu machen, so hebt sie Mnouchkine hingegen hervor und fühlt sich ganz von ihr angezogen. Sie ist davon überzeugt, daß das Theater jeden alltäglichen Ausdruck ablehnen muß, »um überlebensgroß« zu sein, und ihrer Meinung nach kann einzig die Entdeckung einer Form diesem Programm entsprechen.

Mnouchkine entwickelt eine Ästhetik des Gleichgewichts, die die drohende Unordnung aus dem Weg räumt und sich auf eine architektonische Ordnung beruft. Eine geordnete Leidenschaft. Eine streng kartographische Perspektive.

*Die Schönheit: Distanz und Verlockung*

Mnouchkine ekelt vor Schmutz und Abfällen: »Wir müssen aufräumen«, wiederholt sie bis zum Überdruß den Schauspielern, die dazu bestimmt sind, die täglichen Hausarbeiten zu übernehmen. Doch der Satz erhält einen anderen, ästhetischen Sinn, da auch die Bühne schon immer einer Sauberkeitsmoral untersteht. Ob sie in mehrere Spielstätten aufgesplittert ist oder nicht, sie muß immer rein sein, als wäre sie die Haut einer offenen »Hand, die die Schauspieler herzeigt«. Im übrigen ist das ganze Jahrhundert hindurch eine Tendenz erkennbar, in der die Regisseure der Ansicht waren, daß für eine Erneuerung des Theaters auch die Reinigung seines Raums notwendig ist, so daß er einen sakralen Charakter erhält. Die Metapher des Theaters als »Kathedrale«, »Kirche« oder »Kloster« taucht von Stanislawski und Appia über Craig und bis Copeau immer wieder auf. Wenn Mnouchkine von »Heiligtum« oder »Tempel« spricht, folgt sie der gleichen Richtung. Nur die Reinheit des Raums als ganzes erlaubt die Konzentration und fördert den Zugang zu einer Form. Für Mnouchkine liegt darin sowohl die Voraussetzung für das künstlerische Schaffen als auch der beste Kontext für dessen Aufnahme durch das Publikum. In diesem Sinne gesteht sie, daß ihr fremd ist, wovon so viele Regisseure angezogen sind: vom Reiz der Unordnung und vom Widerstand der Materie gegen eine ausdrückliche Form. Bei ihr erfährt die Materie immer eine theatralische Behandlung – im Gegensatz zu den Blutwellen, die zur Zeit die französischen und deutschen Bühnen überschwemmen, ist das Blut bei ihr nur ein rotes Band. Alles muß umgesetzt werden, eine nie widerlegte Regel! Als Zeichnerin fordert Mnouchkine ein weißes Blatt. Diese Forderung gilt für den Beginn und den Schluß, denn ihre Theateraufführungen lassen die Bühne nie schmutzig zurück, voll mit Überresten, die wie eine Spur auf dem Bühnenboden von einem verlorenen oder gewonnenen Kampf zeugen. Selbst in TAMBOURS SUR LA DIGUE ist das Wasser als eine metaphorische Figur zu verstehen und keineswegs als konkrete, physische Präsenz. Wo der Zeichenstift vorherrscht, ist kein Platz für die Unordnung der Elemente.

Seit den Shakespeare-Inszenierungen und der expliziten Begegnung mit dem Orient opfert das Théâtre du Soleil dem Kult der Schönheit. Für dieses Theater, das sich ganz unter das Zeichen des »Kunsthandwerks« gestellt hat, wird »schönes Werkzeug« unverzichtbar. Die bunte Pracht sowie die Sinnlichkeit der Stoffe, das flüchtige Gleiten der Seiden berauschen das Auge, wecken die Sinne und führen in ein magisches Anderswo. Gewiß ist das auf eine Vorliebe für das Orientalische zurückzuführen, für die seit Diaghilew und den *Ballets russes* immer ein dekorativer Rausch typisch war,

doch weist es noch weit mehr auf Mnouchkines bereits erwähnte aufstrebende Vision hin: So werden wir mitgerissen, bis wir uns »über der Welt, auf den Hochebenen« des Theaters befinden. Wenn das Theater sein »Lichtgewand« anlegt, ist seine Verlockung vollständig.

Brecht beobachtet in *Verfremdungseffekte des chinesischen Schauspielers*, daß in China sogar eine alte Frau, die ihren Verstand verloren hat, in alte Seidentücher gewickelt dargestellt wird. Er erklärt, daß es dabei nicht darum geht, uns in hollywoodscher Art etwas vorzugaukeln, sondern darum, eine Distanz gegenüber der Realität zu bewahren. Mnouchkine pflichtet Brecht bei, denn auch für sie geht es darum, die Distanz aufrechtzuerhalten und jede Annäherung und »Aktualisierung« zu fliehen. Die Schönheit wirkt als poetische Verfremdung. Sie schließt das Alltägliche aus und betont die Autorität der Regeln. Jenseits der Verlockung der Bilder besteht der Wunsch darin, eine Distanz zu schaffen, die nicht auf Klischees oder das Privatleben reduziert werden kann. Die Schönheit versetzt uns im Theater in andere Sphären. So schließt sich Mnouchkine Brechts Interpretation der chinesischen Schönheit an.

Alle Aussagen stimmen darin überein, Mnouchkine reduziere von ihren Anfängen an die Leseproben auf ein Minimum, um die Schauspieler rasch auf die Bühne zu bringen, wo sie improvisieren und ihre Interpretation suchen, indem sie sich mit Kostümelementen helfen. Dabei verwenden sie den unglaublich reichen Fundus des Soleil, als müßte man ausgehend vom fragmentarischen, abgenutzten, zerstückelten Alten immer Neues schaffen. Was bereits gedient hat, muß wiederverwertet werden. Das ist Mnouchkines Moral: Sie verwertet die Cartoucherie ebenso wieder wie sie die Schauspieler auffordert, alte Stoffe, nicht zusammenpassende Ärmel oder nicht mehr vollständige Hosen wieder zu verwenden. Das ermöglicht uns, ein Bild zu skizzieren, auf dessen Grundlage die Reise ins geheime Zentrum der Figuren beginnen kann. Während der Schauspieler das grausame Gesetz des Rollenaustausches ertragen muß, nähert er sich schrittweise der Figur, von deren skizzierter Silhouette er besessen ist. Die Arbeitsweise entspricht Meyerhold. Man glaubt, daß der Umriß und die Oberfläche den Schauspieler auf den Weg der Innerlichkeit führen, die Mnouchkine allerdings in Wirklichkeit kaum interessiert. Die inneren Geheimnisse begeistern sie nicht, sie will, daß das Theater Licht auf die Wesen wirft, die es darstellt und sie auch beurteilt. Das führt manchmal zu einem allzu rechthaberischen Ansatz, wo den Angeklagten jede Chance genommen wird und eine manichäische Auffassung herrscht, die Gute und Böse viel zu deutlich unterscheidet. Wenn Mnouchkine über eine ihrer Inszenierungen sagt: »Es gelingt mir nicht herauszufinden, wie ich die Schatten ins Licht rücken kann«, so stellt sie das Fehlen der Schatten fest sowie die ihrem Theater eigene Schwierigkeit, mit ihnen zu arbeiten. Da sie Nuancen und Ungewißheit haßt, trifft sie immer Entscheidungen. Alles muß klar sein. Das Soleil versagt sich die Ungewißheit des *Sfumato*. Die Schönheit ist eine Form des Lichts. Sie ist kompromißlos und unerbittlich.

## Eine ambientale Methode

Mnouchkine hat ihre Inszenierungen immer in Hinblick auf ein Publikum konzipiert, das in das Gesamtprojekt einbezogen ist. War sie nicht durch 1789 gemeinsam mit Luca Ronconi und seinem *Orlando furioso* die Vorläuferin erneuerter Beziehungen zum Publikum, die seitdem nicht mehr festgefahren sind, sondern fluktuieren? Die Unverrückbarkeit der alten Aufteilung Zuschauerraum/Bühne ist aufgehoben und macht einer bisher unbekannten Dynamik Platz. Der Zuschauer ist manchmal fern, manchmal nahe, befindet sich geradezu im Privatbereich[7] der Schauspieler und folgt ihnen, kurz, er ist ihr direkter Partner. Später – mit 1793 – mäßigt sich diese wechselseitige Aktivität, um den Zuschauern Gedanken über die Französische Revolution zu Gehör zu bringen. Diese Überlegungen werden von Männern und Frauen je nach ihren Sektionen geäußert. Es handelt sich darum, das Publikum jedes Mal in eine andere Situation zu versetzen, die keineswegs willkürlich ist, da sie von den Gegebenheiten des Stücks bestimmt wird. Bei L'ÂGE D'OR bestand das ursprüngliche Projekt darin, in den vier von Guy-Claude François errichteten Kratern gleichzeitig verschiedene Aktionen abrollen zu lassen, um dem Zuschauer die freie Entscheidung zu überlassen, in welcher Reihenfolge er sie sehen möchte. Doch schließlich kümmerte sich Salouha um das Publikum und führte es, ohne dafür immer ausdrücklich Motivationen anzugeben, von einem Raum in den anderen. Besonders gelungen war der erste Wechsel vom Saal, in dem für die stehenden Zuschauer die Episode der Pest in Marseille dargestellt wurde, ins Mittelschiff, in dem sich die Geschichte eines Harlekins der Moderne, das heißt eines maghrebinischen Arbeiters namens Abdallah, abspielte. Sein Schicksal wurde von der Truppe des Théâtre du Soleil mit Hilfe von Masken und Figuren der Commedia dell'arte erzählt. Doch eine Krise war bereits voraussehbar, und nach einem kurzen Aufschub mit MÉPHISTO, einer Bearbeitung des damals in Deutschland unveröffentlichten Romans von Klaus Mann, setzte sich wieder die frontale Gruppierung der Zuschauer durch. Und als Mnouchkine mit ihren Shakespeare-Inszenierungen endgültig zum Text zurückkehrte, rehabilitierte sie das Verhältnis, bei dem sich Schauspieler und Publikum gegenüber befinden. Das entspreche, wie sie erklärt, ihrem Wunsch, »die Augen der Schauspieler« zu sehen, die an die Rampe gehen, um sich an das nun wieder unbewegliche Publikum zu wenden.

Brecht behauptete, daß die erste Wahrheit im Theater darin bestehe, offen zu zeigen, daß es sich um Theater handle. Dieses Grundprinzip der Verfremdung hat Mnouchkine immer den Umständen angepaßt und abgewandelt. So können die Zuschauer im Soleil der Vorbereitung der Schauspieler beiwohnen, was auf Brecht zurückzuführen ist. Allerdings betrachtet das Publikum das Arbeitsambiente hier wie eine Landschaft mit Masken und Farben, Kostümen und Kopfbedeckungen. Es läßt sich von dem Recht auf Vertraulichkeit, das ihm die Truppe einräumt, ebenso faszinieren wie vom Reiz des »Vortheatralischen«, dessen Zeuge es ist. So gelingt es Mnouchkine, einen der Gebräuche akzeptabel zu machen, den die Schauspieler der Comédie Française bekämpft hatten: Die ursprüngliche Hausordnung erlaubte den Zuschauern dort nämlich, sich in die Künstlerlogen zu begeben. Allerdings fehlen in den Logen des Théâtre du Soleil alle äußeren Spuren der Aufführung wie Fotos, Telegramme und Talismane, die in gewöhnlichen Künstlergarderoben üblich sind. Und dadurch wirken die Künstlerlogen im Soleil ganz selbstverständlich wie ein Element der Vorstellung.

Ariane Mnouchkine und Guy-Claude François beziehen das Mittelschiff ganz in die Aufführung mit ein, denn rund um die Bühne und die Ränge werden etwa für LES ATRIDES Ausgrabungsstätten ausgehoben oder für SIHANOUK Hunderte kleiner Puppen aufgestellt ... der Raum umfaßt die Aufführung, und um Zutritt zu haben, überschreitet das Publikum Grenzen oder entdeckt visuelle Zeichen, die es in das jeweilige Ambiente versetzen. Die Effizienz dieser Lösungen ist nicht immer überzeugend, doch entsprechen sie dem Mnouchkineschen Projekt, den sichtbaren Komplex der Cartoucherie als Ganzheit zu behandeln.

Kaum kommt der Zuschauer vor dem Théâtre du Soleil an, entdeckt er auf den Mauern des Gebäudes den Titel des Stücks. Die dazu verwendete Farbe wird je nach dem behandelten Stoff ausgewählt. Sobald der Zuschauer das Innere des Theaters betreten hat, erwarten ihn Unterlagen, Karten und Fotos, die beweisen, welche Bedeutung das Soleil dem Informationsmaterial beimißt. Mnouchkine träumt nicht nur von gebildeten Schauspielern, sondern auch von einem Publikum, das über Kenntnisse verfügt, und so erleichtert sie

den unmittelbaren Zugang zu den Quellen. Jeder kann die Geographie des Landes, von dem die Aufführung handelt, den Stammbaum der Familien oder charakteristische Bilder ausfindig machen. Im Soleil entzieht man sich der pädagogischen Arbeit nicht, denn zu seiner Methode gehört auch die Bildungsarbeit. Der Zugang zu den Büchern ist nur ein erster Schritt auf dem Mnouchkine so teuren Weg zum »Fortschritt« des Publikums. Doch abgesehen vom informativen Zweck entspricht diese Vorgehensweise dem Wunsch, den Zuschauer in ein globales Umfeld zu versetzen. Und diese ambientale Einstellung erklärt auch, warum es ein Büffet gibt, an dem sich das Publikum mit Speisen stärken kann, die aus der traditionellen Küche der jeweiligen, von der Aufführung behandelten Kultur stammen. Der Empfang trägt zu einem angenehmen Klima bei, bringt aber auch das Werk mit seinen Wurzeln in Verbindung, und auf diese Weise gelangt das Publikum in eine andere Welt. Übrigens servieren die Schauspieler selbst und bestätigen dadurch, daß ihnen trotz der von der Bühne erforderten Anstrengung nichts fremd ist. Es kommt darauf an, dem Zuschauer immer nahe zu sein, wie Mnouchkine immer anwesend ist. Sie gesteht, daß sie jeden Abend vor der Vorstellung zittert, wenn sie das Tor öffnet: »Ist alles der Erwartung des Publikums würdig? Man muß sich um das Publikum kümmern.« Dieser umfassende Raumbegriff wurde schließlich zu einem Identitätssiegel des Soleil, da »der Ort dem Publikum hilft, den Berg zu besteigen« – eine andere aufstrebende Metapher von Mnouchkine.

Das Théâtre du Soleil geht selten auf Tournee, denn Mnouchkine hat nicht die Absicht, das Gesetz zu opfern, das sie sich zu eigen gemacht hat: das Gesetz des Theaters als einer Ganzheit, die Aufführung, Küche und Bibliothek mit einschließt. Die Tournee darf diese Vielschichtigkeit in keiner Weise beeinträchtigen, und wenn es das Budget erlaubt, so erinnert die Ankunft des Soleil im Ausland nicht an ein Jahrmarkts-Nomadentum, sondern an die eines ganzen Stammes.

Die ambientale Methode folgt jenseits aller ihrer Varianten einem einzigen Prinzip. »Findet Wärme«, sagte Mnouchkine von Anfang an. Alles muß warm sein! Das Publikum darf sich weder vernachlässigt noch überwacht fühlen. Fotos und andere Aufnahmen sind verboten, so daß der Ort eine Art dem Schauspiel vorbehaltener »Unterschlupf« wird, der dem Theater den Mut verleiht, sich der Besitzergreifung durch die Medien zu widersetzen. Die Utopie des Théâtre du Soleil ist geschützt, und dieser Schutz betrifft sowohl die Schauspieler als auch das Publikum, die durch dasselbe Ambiente vereinigt sind.

## Der »erweiterte« Schauspieler und der »überhöhte« Text

Ariane Mnouchkine beruft sich auf ein Bezugssystem mit zwei Ausgangspunkten: Sie interessiert sich sowohl für die niedrigen Formen – vom Volkstheater bis zur Commedia dell'arte – als auch für die edlen, und zwar besonders für das orientalische Theater. Die Bezugnahme auf zwei Ausgangspunkte, die man auch bei Meyerhold, Reinhardt oder Copeau findet, erlaubt es, jenseits von Status- und Beurteilungsunterschieden die Verbindung mit allen Traditionen wieder aufzunehmen, da diese durch eine Konstante verbunden sind: Der Schauspieler vergrößert dank alter Mittel und Körpertechniken das Feld seiner Möglichkeiten und widmet sich einer schrittweisen Erweiterung seines Könnens. Er zieht sich nicht in sein Inneres zurück, sondern entfaltet sich nach außen hin: Er ist ständig auf der Suche nach dem Sichtbaren und übernimmt Mnouchkines Prinzip, daß das, »was nicht körperlich ist, auch nicht theatralisch ist«. Das erfordert einen maximalen Einsatz der eigenen Ressourcen sowie der Theatermittel, die ebenfalls an dem Willen, über sich hinauszuwachsen, teilhaben. Mnouchkine träumt wie Barba[8] von einem »erweiterten« Schauspieler, und darauf begründet sich ihr Sinn für das Theatralische.

Für Mnouchkine hat das Natürliche keine Daseinsberechtigung auf einer Bühne, zu deren wichtigsten Forderungen es gehört, über das Alltägliche hinauszugehen. Alles muß umgesetzt werden. Und diese allgemein angewandte Umsetzung rückt das Theater in eine höhere Dimension: Das Ziel des Künstlichen besteht hier nicht darin, den Realismus in seiner Grundbedeutung in Frage zu stellen, sondern das Theater zu erheben und das Publikum bis zu seinen Gipfeln mitzureißen. Es handelt sich immer um einen Aufstieg, der manchmal damit zu bezahlen ist, daß jede Unreinheit, jeder Schmutz, aber auch die Sexualität im Théâtre du Soleil fehlen. Mnouchkine ist trotz ihres Bezugssystems mit den zwei Ausgangspunkten von einem Traum von Reinheit und Schönheit beseelt, die sie unentwegt anstrebt. »Dahin will ich das Soleil führen. Schönheit des Theaters, menschliche Schönheit.«

Als erstes Hilfsmittel aus der Vergangenheit hat sich notwendigerweise die Maske angeboten. Mit ihr wurde der Versuch unternommen, die Möglichkeiten des Schauspielers zu erweitern, so daß er über die traditionellen Mittel des abendländischen Schauspielers, der sich oft darauf beschränkt, »kostümiert Worte zu sprechen«, hinausgeht. Das fremde Ausdrucksmittel ist jedoch voll Energie, es verändert die Einstellung zum Spiel, seinen Umfang und seinen Aktionsbereich. So hat sich das Soleil durch die Masken und die daraus abgeleitete Improvisationsarbeit weiterentwickelt: eine Ausübung der Freiheit zur Erforschung aller Möglichkeiten. Die unvergleichlichen Masken, die Mnouchkines Laufbahn von den CLOWNS bis zu TAMBOURS begleiten, wurden von Beginn an von Erhard Stiefel geschaffen.

Wenn die Maske dem »erweiterten« Schauspieler als Sprungbrett dient, so reißt ihn die Musik mit zum vorgesteckten Ziel. Jean-Jacques Lemêtre arbeitet seit mehr als zwanzig Jahren mit dem Ensemble. Er findet oder erfindet Instrumente für sein Phantasie-Gamelan, durch das er mit der Bühne Dialoge führt und dessen unangefochtener

Meister er ist. »Die Musik bringt den Schauspieler bis an den Rand des Gesangs.« Auch auf diese Weise geht der Schauspieler also über die abendländischen Spielgewohnheiten hinaus. Nachdem er seine choreographischen Möglichkeiten entwickelt hat, befindet er sich im Zentrum einer Tonwelt, die zu seinem Partner geworden ist. Hier ist nichts dem anderen untergeordnet, womit Mnouchkine die Beobachtung von Sergej Eisenstein bekräftigt, für den das Typische des orientalischen Theaters darin liegt, daß es keinerlei Hierarchie kennt: Worte, Töne und Tänze sind gleich wichtig. Nachdem Mnouchkine dem Wort seine zentrale Bedeutung genommen hat, setzt sie den »erweiterten« Schauspieler ins Zentrum ihres Theater. Er verweist auf die asiatischen Modelle, kopiert sie aber nicht, sondern erfindet sie in ihrem Geiste neu. So vollbringt er durch seine Arbeit eine echte Artenkreuzung der asiatischen und europäischen Quellen. Da Ariane Mnouchkine und das Théâtre du Soleil diese asiatischen Quellen und ihre Prinzipien entdeckt haben, können sie es sich auch erlauben, einen Phantasieorient darzustellen. Er ist für sie unbedingt notwendig, denn im Namen ihrer Erwartungen müssen die äußerste Energieaufwendung und die einengende Form »im hellen Licht« zusammenwirken.

Der »erweiterte« Schauspieler entfaltet sich im Théâtre du Soleil nicht so sehr individuell als in der Gruppe. Die bereits erwähnte Chorpraxis erreicht in den Augenblicken ihren Höhepunkt, in denen die »erweiterten« Schauspieler gemeinsam auf die Bühne stürzen, um diese wie eine Zitadelle einzunehmen, oder abtreten und sie leer und ohne ihre überschwengliche Gegenwart zurücklassen. In diesen Auftritten und Abgängen, die wie echte szenische Ereignisse behandelt werden, erreicht auch die von Mnouchkine gepflegte theatralische Form des Übermaßes ihren Höhepunkt. Zwischen den beiden Polen herrscht eine Intensität, die manchmal so konstant ist, als würde sie einen Gebirgskamm entlangführen. Doch jenseits dieser Intensität nimmt der »erweiterte« Schauspieler der Shakespeare-Inszenierungen, der ATRIDES oder der TAMBOURS an jener »heiligen Furcht« teil, die den Griechen teuer war und ihn zum Mythos macht. Er gehört zur Legende des Théâtre du Soleil.

Im Théâtre du Soleil genießt der Text einen besonderen Status: Er wird nicht gelesen, er wird »überhöht«. Der »überhöhte« Text ist das Pendant zum »erweiterten« Schauspieler, der unbedingt epische Dichtungen braucht, in denen ein frischer Wind weht und die Leidenschaften aneinanderprallen. Das von Mnouchkine gebildete Schauspielermodell bestimmt die Wahl des Repertoires, und nur wenn alle einverstanden sind, erfüllt das *Soleil* seine Bestimmung. Im Grunde entscheidet es sich entweder für Werke, die ihm zusagen, oder der Autor beugt sich seinen Bedingungen – die Ästhetik des Soleil ist maßgebend. Hélène Cixous, die über eine besondere Intelligenz verfügt, entspricht diesen ästhetischen Anforderungen. Sie läßt den Text anschwellen, damit er dem »erweiterten« Schauspieler Stoff bietet.

Wenn die Bühne der Schrift Befehle erteilt, droht allerdings Gefahr: ein Übermaß an Theatralischem, allzu große Verständlichkeit, das Fehlen von Geheimnissen. Denn alles wird gesagt und gezeigt, man braucht nur der Fabel zu folgen. Doch im Gegensatz zu allen großen Texten erlaubt diese Fabel keine Weiterführung durch die Phantasie. Und dennoch haben sich Cixous und Mnouchkine als sehr subtile Interpretinnen der Ängste unserer modernen Welt erwiesen, denn es ist ihnen besser als allen anderen gelungen, diese Ängste zu erkennen und die Risse zu erfassen. Hatten sie nicht den Mut, den verführerischen Unruhestifter Norodom Sihanouk Richard II. gegenüberzustellen? Ja mehr noch: Als noch niemand die künftigen Kriege vorhersah, in denen sich Jugoslawien den Dämonen der Balkanfrage auslieferte, sprach man im Théâtre du Soleil anläßlich von L'INDIADE bereits von der Teilung, die leider auf Kosten ihres hohen symbolischen Sinns zu sehr in der Geschichte verhaftet bleibt. Europa lebt seit zehn Jahren unter ihrem Zeichen. Und erkannte man nicht in LA VILLE PARJURE im Motiv des vergifteten, infizierten Blutes den Ausgangspunkt der modernen Tragödie? Doch auch hier ruft der Wunsch zu urteilen die alten Dämonen des Manichäismus hervor, und angesichts der tragischen Schuld erscheinen uns die vorgebrachten Beweise zu explizit. Der »überhöhte« Text ist manchmal allzu lyrisch. Er versenkt die Vernunft unter Gefühlswogen oder einer sich selbst genügenden Schönheit. Der Körper kann Seelenzustände wiedergeben – und gewisse Körperhaltungen sind sehr beeindruckend –, doch manchmal taucht die Nostalgie nach dem nicht ausgesprochenen Wort auf. Tambours sur la digue bringen den Beweis dafür, denn die sichtbare Pracht überdeckt alles, und das mnemotechnische Siegel der Aufführung bleibt die neuerfundene Form und nicht der Bericht über die dunklen Intrigen am chinesischen Hof. Wie im Orient erinnert man sich an die Siege des Theaters und nicht an den Text. In diesem Sinne bestätigt Mnouchkines Methode die Worte Artauds, die sie so oft zitiert: »Das Theater ist orientalisch.«

Mnouchkine erklärt, daß sie schon immer von der Geschichte fasziniert war, doch ihr Theater ist schließlich auf die Seite der Legende geglitten und hat sich all dem zugewandt, was sie an uralten Überlieferungen und Traumhaftem mit sich bringt. »Es ist mir ein Bedürfnis, daß mir das Theater Geschichten erzählt, und zwar so, wie nur das Theater sie mir erzählen kann: legendenhaft und dennoch direkt ins Gesicht.« Mnouchkine interpretiert weder die

Schicksale der Welt noch die Geschichte, aber sie führt deren Erzählungen auf – mit dem für sie so charakteristischen Vertrauen ins Theater. Die Siege des Théâtre du Soleil und einige seiner Niederlagen sind darauf zurückzuführen.

*Georges Banu, 2002*

Alle Zitate in Anführungszeichen sind von Ariane Mnouchkine und stammen aus verschiedenen, im Laufe ihrer Karriere gegebenen Interviews.

*»Ariane Mnouchkine et la confiance au théâtre«. Originalbeitrag.*
*Aus dem Französischen von Silvia Berutti-Ronelt.*

Anmerkungen
1 Cirque d'Hiver = *Winterzirkus* in Paris. (Anm. d. Ü.)
2 Charles Fourier (1772–1837), französischer Philosoph und Wirtschaftswissenschaftler, der, ausgehend von einer Kritik der ungleichen Verteilung des Reichtums, die Idee eines Gemeinschaftslebens auf Grundlage der Gleichberechtigung proklamiert. (Anm. d. Ü.)
3 Genet, Jean: *Ein verliebter Gefangener. Palästinensische Erinnerungen*, Kiepenheuer & Witsch, Köln 1988. (Anm. d. Ü.)
4 S.F.I.O. und C.F.D.T. sind Gewerkschaften. (Anm. d. Ü.)
5 Text von Hélène Cixous. (Anm. d. Ü.)
6 Emile Chartier, genannt Alain (1868–1951), französischer Universitätsprofessor und Philosoph. (Anm. d. Ü.)
7 Gemeint sind die Künstlerlogen, in denen sich die Schauspieler des Théâtre du Soleil vor den Augen des Publikums umkleiden und schminken. (Anm. d. Ü.)
8 Eugenio Barba, Regisseur und Theatertheoretiker, Schüler Grotowskis. (Anm. d. Ü.)

## MAN ERFINDET KEINE SPIELTHEORIEN MEHR
### Ein Gespräch mit Ariane Mnouchkine

*Josette Féral: Ariane Mnouchkine, ich weiß auf Anhieb, daß Sie mir auf die erste Frage, die ich stellen will, antworten werden, es gebe keine Spieltheorie.*

Ariane Mnouchkine: Ich weiß nicht, ob ich Ihnen sagen werde, es gebe keine Spieltheorie. Ich weiß, daß *ich* keine habe, vielleicht weil ich noch nicht in der Lage bin, eine auszuarbeiten; vielleicht werde ich übrigens niemals dazu imstande sein, denn der Begriff einer Spieltheorie beinhaltet in der Tat eine niedergeschriebene Ausarbeitung der Spieltheorie und die Spielpraxis. Sagen wir, daß wir Regisseure und Schauspieler »die Praxis praktizieren« und nicht die Theorie. Ich glaube, es gibt wenn nicht eine Spieltheorie, so doch Gesetze, die seltsamerweise allen Spieltraditionen eigen sind. Der Ausdruck »Spieltheorie« erscheint mir nicht grundsätzlich falsch, doch er scheint mir immer etwas imperialistisch und anmaßend zu sein. Ich spreche lieber von grundlegenden Gesetzen, die man manchmal erkennt und die man bisweilen verliert und vergißt, denn nur die Praxis läßt ein Gesetz oder eine Tradition plötzlich wieder zutage treten. Ich antworte Ihnen also nicht, es gebe keine Spieltheorie, im Gegenteil, es hat zahlreiche gegeben. Was mich an diesen zahlreichen Theorien interessiert, sind selbstverständlich die grundlegenden Gesetze, die allen gemeinsam sind.

*In den sechziger Jahren existierten einige Spieltheorien, auf die sich jedermann berief: die von Brecht, von Artaud, von Grotowski zum Beispiel, und die einen wichtigen Augenblick der Theaterentwicklung darstellten. Einige dieser Theoretiker waren Praktiker, andere nicht. Artaud zum Beispiel ist nicht in der gleichen Weise ein Praktiker gewesen wie Brecht, auch wenn er sich im Theater versucht hat, auch wenn er für das Theater geschrieben hat. Andererseits hatte das, was er über das Theater sagte, hinreichend Sinn, um die Zustimmung einer ganzen Epoche hervorzurufen. Heutzutage stehen die in der Ausbildung befindlichen Schauspieler und Komödianten etwas mit leeren Händen da, weil all jene, die unsere geistigen Vorbilder waren, es nicht mehr sind.*

Es gab nicht nur sie. Diese Theoretiker gehörten zwar zu den größten, aber es gab nicht nur sie. Es gab natürlich auch Stanislawski, Meyerhold ... Und andere. In Frankreich zum Beispiel wurde absolut Grundlegendes geschrieben: von Copeau, Dullin, Jouvet. Wenn Sie sie wieder lesen, so werden Sie bemerken, daß es in den Schriften Copeaus Dinge gibt, die man bei Seami wiederfindet, und das ist interessant, bewegend, nicht etwa beruhigend, sondern »tröstlich«. Man sieht dann, daß Copeau das, was im 15. Jahrhundert in Japan gesagt wurde, im 20. Jahrhundert erneut sagte, und daß Brecht, so originell und ideologisch er auch sein mag, in den Augenblicken, in denen es ihm am wenigsten um das Aufstellen von Gesetzen ging, etwas ganz Traditionelles im asiatischen Theaters wiederentdeckte. Sie haben recht, ich würde keinen Unterschied machen zwischen einem Vordenker, der Praktiker ist, und einem Vordenker, der kein Praktiker ist, weil selbst Artaud nach dem, was man weiß, im Bereich der Praxis gescheitert ist, wahrscheinlich, weil er weder die körperlichen noch die geistigen Kräfte besaß, um das zu verwirklichen, was er wollte. Aber was er schrieb, ist der Praxis des balinesischen Theaters ganz nahe, er lieferte eine so starke theoretische Übersetzung von ihr, daß es fast Praxis ist.

*Artaud hatte so starke Einsichten, daß sie unserer Sensibilität, unserer Erwartung im Bereich des Theaters entgegenkamen, so daß er wichtig bleibt, auch wenn er keine Methode anbot. Stanislawski, Brecht, Artaud treffen sich in einem Punkt, nämlich darin, daß die Gesetze, die sie zu enthüllen versuchen, sich vor allem auf ein Bild dessen stützen, was der theatrale Akt seinem Wesen nach sein muß.*

Artaud und Brecht würde ich nicht auf die gleiche Stufe stellen. Artaud steht dem Grundlegenden näher als Brecht. Brecht hat die Gesetze eines bestimmten Theatertyps gegeben, von denen sich einige in allen Theatertypen wiederfinden. Ich glaube, daß Artaud die Funktion, die Aufgabe des Schauspielers tiefer gesehen hat ... weniger politisch und mehr metaphysisch.

*Man hat den Eindruck, daß die Theaterpraktiken im Orient wie im Westen allgemeingültig geworden sind, wenngleich die Techniken von einem Ort zum anderen verschieden sind, weil sie von den erwähnten grundlegenden Gesetzen geleitet werden. Welches sind diese Gesetze?*

Wollen Sie, daß ich von denen eine Bestandsaufnahme mache? *[Lachen]* Wie soll ich es Ihnen sagen? Sie sind so geheimnisvoll und zugleich so flüchtig. Bisweilen hat man den Eindruck, daß eine Probe damit verstreicht, sich an Gesetze zu erinnern, die man am Tag zuvor vollkommen zu kennen glaubte. Plötzlich gibt es während einer Probe kein Theater mehr. Ein Schauspieler vermag nicht mehr zu spielen, einem Regisseur gelingt es nicht mehr, einem Schauspieler zu helfen. Man fragt sich, warum, und man versteht es nicht. Man hat den Eindruck, die Gesetze zu beachten, und entdeckt auf einmal, daß man Wesentliches vergessen hat, wie etwa, in der Gegenwart zu sein. Ich glaube, daß das Theater für den Schauspieler die Kunst der Gegenwart ist. Es gibt keine Vergangenheit, keine Zukunft. Es gibt die Gegenwart, den gegenwärtigen Akt.

Wenn ich junge Studenten »nach den Methoden Stanislawskis«, wie sie sagen, arbeiten sehe, bin ich überrascht darüber, wie sehr sie manchmal »in die Vergangenheit zurückkehren«. Stanislawski spricht selbstverständlich von der Vergangenheit der Figur, woher sie kommt, was sie macht. Aber den Studenten gelingt es dann auf einmal nicht mehr, ganz

einfach in die Gegenwart, die gegenwärtige Handlung hineinzufinden. Wenn sie zurückkommen, sage ich ihnen immer: »Ihr tretet gebeugt auf, schwer von dieser ganzen Vergangenheit, während doch im Theater nur der Augenblick existiert.« Das größte geheimnisvolle Gesetz ist sicherlich jenes, das über dem Geheimnis zwischen Innerem und Äußerem, zwischen dem Zustand (oder dem Gefühl, wie Jouvet sagt) und der Form waltet. Wie soll man einer Leidenschaft Form geben? Wie sie äußern, ohne in die Äußerlichkeit zu verfallen? Wie kann sich die Autopsie des Körpers ... des Herzens vollziehen? *[Ariane Mnouchkine sagte »Körper«, ehe sie sich verbesserte und »Herz« sagte.]* – Mein Versprecher ist recht aufschlußreich, da man diese Autopsie mittels des Körpers macht. Man kann sagen, daß ein Schauspieler, der dieses Namens würdig ist, oder eine Schauspielerin, die dieses Namens würdig ist, eine Art »Autopsierter«, eine Art erstarrte Muskelfigur ist, wie man sie auf medizinischen Bildtafeln sieht. Seine Rolle ist es, das Innere zu zeigen.

Gestern war es sehr schön, es gab eine kleine Aussprache[1] mit Oberschülern aus dem Wahlfach Theater, alle sehr jung. Sie hörten nicht auf, mir die immer gleiche Frage zu stellen: »Wie kommt es, daß eine solche Emotion entsteht?« (Dies bezog sich auf einen Augenblick, wo Nehru sagt: »Ich habe Angst.«) Es war ein ganz junges Mädchen von kaum fünfzehn Jahren, das mir die Frage stellte, danach ein Junge. Daraufhin haben wir uns gemeinsam die Frage gestellt. Wie? Warum konnte ein junges Mädchen von fünfzehn Jahren, eine Französin, von einer besonderen Szene Nehrus plötzlich tief ergriffen werden? Und wir haben uns gesagt, daß es im Theater etwas Eigenartiges gibt: die Erinnerung an das Nichterlebte. So kann ein junges französisches Mädchen, das noch nicht viel erlebt hat, dank dem Theater und dem Schauspieler verstehen und erkennen, was es mit einem Mann von sechzig Jahren, der in einem Land mit vierhundert Millionen Einwohnern lebt, an Ähnlichkeiten hat, es kann seine Angst verstehen. Wir waren glücklich zu entdecken, daß Theater so ist, daß Theater sich in dem Augenblick ereignet, wo ein Schauspieler Unbekanntes vertraut zu machen vermag und, umgekehrt, Vertrautes (nicht das Alltägliche, weil das Alltägliche gerade »das im voraus Abgenutzte« ist) überblendet und tiefgreifend verändert. Wenn Sie mich also fragen, welches sind diese Gesetze? … Wenn ich sie immer und stets kennen würde, so würde ich mir das, was ich mir tagtäglich in der Probe sage, nicht sagen: »Also gut, was ist das Theater? Wird es uns heute gelingen, einen Augenblick Theater zu erfahren?«

*Über dieses Gefühl sprechen Sie vom Standpunkt des Schauspielers aus, aber dieses Gefühl, das der Schauspieler hervorbringt und mittels seiner Rolle projiziert, existiert freilich auch auf seiten des Zuschauers. Es sind zwei Gefühle, die sich begegnen.*
Das Gefühl ist in diesen beiden Fällen verschieden. Das indische Theater zum Beispiel bietet in dieser Hinsicht etwas sehr Schönes. Es gibt große theoretische Werke über dieses Thema. Natürlich gibt es Seami, aber es gibt auch ein indisches Buch[2], ein gewaltiges Werk, das die Theorie des gesamten indischen Theaters enthält. Darin findet man einige Gesetze, die ich für außerordentlich halte. Es gibt zum Beispiel zwei verschiedene Wörter, um das Gefühl von Schauspieler und Figur und dasjenige des Zuschauers, der diesem Schauspieler zuschaut, zu bestimmen. Mir scheint, als brächten einige westliche Schauspieler in ihrem Spielstil das, was ihr Gefühl sein und was in der Handlung sein sollte, und das, was das Gefühl des Zuschauers ist, durcheinander. Die guten Augenblicke sind die, wenn der Zuschauer, während der Schauspieler einen Moment der Begeisterung, des Glücks und des Lachens spielt, plötzlich Tränen in den Augen hat. Weshalb fängt man unversehens vor Freude oder Dankbarkeit zu weinen an?

*Weil man in jenem Augenblick die Genauigkeit dessen, was vor sich geht, die Wahrhaftigkeit des Augenblicks, den man miterlebt, wahrnimmt, unabhängig davon, was er ausdrückt.*

Genau, das Gefühl kommt vom Erkennen, von der Tatsache, daß es wahr ist.

*Dieses Erkennen ist nicht allein ein Erkennen des Inhalts, dessen, was gesagt wird, des Lebens, das da gespielt wird; es ist das Erkennen der Genauigkeit dessen, was auf der Bühne geschieht, wahrgenommen in der Leistung des Schauspielers. Gerade dies fasziniert einen im Théâtre du Soleil; meistens, ich sage nicht ständig, meistens treffen die Schauspieler das Richtige. In ihren Gebärden gibt es etwas, was auf der Notwendigkeit des Augenblicks, der Dringlichkeit beruht. Da ist ein solches Können, daß man sich sagt, die einzige Geste, die der Schauspieler in jenem Moment mit so viel Genauigkeit hätte machen können, sei diejenige, die er tatsächlich gemacht hat und die man gesehen hat. Dies führt uns zurück zu einem der Gesetze, die Sie vorhin angesprochen haben. Sie sagten, der Schauspieler müsse präsent sein. Achtung, ich habe nicht »präsent sein« gesagt, sondern »in der Gegenwart sein«. Der theatrale Akt spielt sich im Augenblick ab, und wenn er einmal vorüber ist, geht etwas anderes vor sich.*

*Ein aus dem Orient entlehnter Begriff, von dem man heute viel spricht und den Menschen wie Eugenio Barba bei ihrer Arbeit mit dem Schauspieler verwenden, ist die Präsenz des Schauspielers. Verwenden Sie auch diesen Begriff? Erscheint er Ihnen passend?*
Ich weiß nicht, wie ich einem Schauspieler sagen sollte, präsent zu sein. Was ich hingegen weiß, was ich mit dem Schauspieler zu machen versuche, ist, daß er in seiner Handlung, in seinem Gefühl, in seinem Zustand und auch in der Unbeständigkeit des Lebens in der Gegenwart ist. Das sind Lehren, die einem Shakespeare erteilt. Man fühlt bei ihm, daß man einen Vers in einem Mordszorn beginnen, diesen Zorn einen Augenblick lang vergessen kann, um nur fröhlich zu sein über etwas, was im Text ist, um in eine schreckliche Rachgier zurückzufallen, und all das in zwei Versen, das

heißt innerhalb weniger Sekunden. Die Gegenwart ist also übergegenwärtig. Es ist eine Gegenwart in der Sekunde. Was nun den Begriff der Präsenz des Schauspielers anbelangt, da … Es gibt Schauspieler, die präsent sind, und andere, die es weniger sind. Ein guter Schauspieler ist präsent. Das gehört mit zur Begabung. Es gibt keinen schlechten Schauspieler, der Präsenz hat, es sei denn, es handelt sich um schlechte Präsenz. Die Präsenz nimmt zu mit der Fähigkeit des Schauspielers, nackt zu sein.

*Wie helfen Sie dem Schauspieler, in der Gegenwart zu sein? Haben Sie eine Technik? Ist Ihre Methode eine Form des Zuhörens?*
Ich glaube, es gibt keine Techniken. Wahrscheinlich gibt es Methoden, und ich denke, daß jeder Regisseur eine hat, vielleicht eine unbewußte. Ich habe sicherlich eine, aber ich kenne sie nicht. Was Sie zuletzt gesagt haben, ist sehr wichtig: das »Zuhören«. Ich glaube, daß ich mich darauf verstehe. Ich will nicht einmal sagen, ich kann es, sondern ich höre den Schauspielern gern zu und schaue ihnen gern zu. Ich mache das leidenschaftlich gern. Es ist bereits eine Weise, ihnen zu helfen. Sie wissen, daß ich nicht müde werde, ihnen zuzuhören, ihnen zuzuschauen. Doch wie ich ihnen helfe, davon weiß ich nichts.

*Sie führen sie, Sie spornen sie an. Sie haben einmal gesagt: »Es geht darum, den Muskel der Phantasie des Schauspielers zu stärken.« Diese Nahrung, die sie seiner Vorstellungskraft geben, ist eine Form der Hilfe.*
Auf den Ausdruck »den Muskel stärken« erhebe ich voll und ganz Anspruch. Wenn ich mit ganz jungen Schauspielern arbeite, zum Beispiel in einem Lehrgang, ist eine der ersten Fragen, die ich ihnen stelle, die, welches ihrer Meinung nach der wichtigste Muskel des Schauspielers sei. Selbstverständlich denkt keiner an so etwas, und da sage ich ihnen: »Es ist die Phantasie.« Diesen Muskel gilt es zu stärken, daran wird gearbeitet; es ist gleichsam eine Wade.

*Wie?*
Durch Aufrichtigkeit. Durch Gefühle. Durch das Spiel, wirklich durch das Spiel. Nicht durch Erinnerung, an die glaube ich nicht. Es muß ihnen nach und nach gelingen, Visionen zu haben, visionär zu sein, das zu sehen, wovon sie sprechen, das zu sehen, wohin sie gehen, wo sie sind, den Himmel über sich, den Regen zu sehen, das Gefühl des anderen zu empfangen, an es zu glauben. Wir sind dabei, sehr ernsthaft und sehr ernst über Theatertheorien zu sprechen, aber die wichtigste Theorie ist letztlich, daß man glauben muß: an das, was man spielt, an das, was man ist, was man verkörpert, und man muß an das glauben, was der andere verkörpert, an seine Aufregung, an seine Kraft, an seinen Zorn, an seine Freude, an seine Sinnlichkeit, an seine Liebe, an seinen Haß, an was immer Sie wollen … aber man muß daran glauben. Und die Mißdeutung in bezug auf Brecht lag häufig in der Annahme, Brecht hätte gesagt, daß man nicht daran zu glauben brauche. Das hat Brecht niemals gesagt. Er hat gesagt, daß man nicht täuschen dürfe. Ich glaube, in der Arbeit des Schauspielers gibt es etwas, wodurch dieser nicht etwa in die Kindheit zurückfallen, sondern in die Kindheit eintreten, auf die überkommenen Bilder verzichten muß, die das Gegenteil von Vorstellungsvermögen, von Phantasie sind. Diese überkommenen Bilder sind Klischees, Krücken, und darin gibt es kein Gefühl.

*Doch diese Phantasie muß irgendwo Nahrung finden. Es genügt nicht, sich als Schauspieler zu sagen: »Ich werde daran glauben«, und schon glaubt er daran. Es muß noch andere Stützen geben, um ihm hierbei zu helfen.*
Es muß schon eine echte Situation geben; ich will nicht einmal sagen: einen Vorwand, da man weiß, daß dies in der Improvisation möglich ist, sondern es muß eine Theatersituation geben und den Ehrgeiz, eine Figur zu erschaffen. Es muß Erfindung, Entdeckung geben.

*Geht diese Arbeit an der Figur allein vor sich? In der Gruppe? Durch Diskussionen?*

Nichts geht jemals allein vor sich. Die Arbeit findet unmittelbar im Spiel statt. Was uns betrifft, so gibt es niemals, niemals die Arbeit am Tisch. Wir lesen das Stück einmal, und am nächsten Tag stehen wir bereits auf der Spielfläche. Die Schauspieler können beschließen, alle Figuren, die sie wollen, mehrere Wochen, mehrere Monate hindurch zu probieren. Es stehen ihnen ausrangierte Kostüme zur Verfügung, um sich zu verkleiden, und sie beginnen. Und wir spielen sofort. Theater braucht man vom ersten Tag an.

*Werden bestimmte Dinge von Anfang an festgesetzt? Behalten die Schauspieler das, was sie gespielt haben, im Gedächtnis, damit die während der Improvisation gefundenen Gesten, Haltungen, Situationen in den Proben beibehalten werden, oder ist es einfach eine Zeit des Erforschens?*

Es gibt eine Zeit des Erforschens, aber gute Dinge bleiben, wenn sie wirklich gut sind, wenn jedermann versteht, es geht hier um eine Selbstverständlichkeit. Es ist das, was Sie von der Genauigkeit der Gebärde, von der Offensichtlichkeit der Gebärde sagten. Es ist nicht die Gebärde, die bleibt, denn diese Dinge werden viel später fixiert, aber man weiß, daß diese Art von Geste zu dieser bestimmten Figur gehört, daß die Figur in etwa so ist. Dann entdeckt man etwas anderes. Denn das Gesetz, das uns als das wichtigste erscheint, ist, sich daran zu erinnern, daß alle Figuren, alle, eine vollständige Seele haben. Wir sagen auch, und das ist etwas dogmatisch, daß jede Figur eines Stücks alle anderen in sich trägt. Es gibt in Falstaff etwas vom Prinzen, im Sohn etwas vom Vater, im Bräutigam etwas von der Braut, etwas von der Braut in der Amme, etwas von der Amme in Juliette … Jedermann ist vollständig. Weil man sonst in eine Schieflage gerät – was uns mitunter passiert ist. Es gab Momente, in denen mir klar wurde, daß der Begriff »Arbeit an der Figur«, der Begriff »Figur« selbst sehr beschränkt sein kann und daß

man häufig eine Figur dadurch zum Ausdruck bringt, daß man sie begrenzt, anstatt sie im Gegenteil zu jemand Unbegrenztem zu machen, der stets überraschen wird. Natürlich gibt es typisierte Figuren, nur muß man stets über den Typus hinausgehen können.

*Machen Sie eine psychologische Untersuchung der Figuren? Ich frage Sie das, weil* L'Indiade *nicht den Eindruck vermittelt, die Figuren besäßen eine Psychologie. Man hat vielmehr den Eindruck, daß es Theaterfiguren sind, die als komplexe Theaterkonstrukte zwar mit viel Theatralik vorgestellt werden, aber ohne Alltagspsychologie. Sie sind wie Wappen. Sie befördern mehr Zeichen denn Psychologie.*

Wir vermeiden das Alltägliche lieber. Wir sprechen nicht von Psychologie, sondern eher von der Seele der Figuren. Jedenfalls haben sie Gefühle, Empfindungen. Sie frieren, haben Hunger, sind stolz, sie wollen Macht, wollen keine Macht, sie sind verbohrt. Sie haben alle ihre eigene Seinsweise, haben alle ihre eigene Welt. Boileau sagte: »Das Wahre kann manchmal unwahrscheinlich sein«, und das Wahrscheinliche ist nicht notwendigerweise wahr. In einem historischen Schauspiel spürt man es noch lebhafter. Das heißt, was geschehen ist, ist so. Es sind jene Figuren, die es erlitten oder gesteuert oder gemacht haben. Mit deren »Psychologie«, wie Sie sagen, haben die Ereignisse stattgefunden. Gleichwohl – da ist nichts zu machen – hat das Theater nicht die Aufgabe, Psychologie darzustellen, sondern Leidenschaften, das ist etwas ganz anderes. Es hat die Aufgabe, die Bewegungen der Seele, des Geistes, der Welt, der Geschichte darzustellen. Im Théâtre du Soleil bedeutet Psychologie Kritik. Wenn ich den Schauspielern sage: »Achtung, das ist psychologisch«, ist das eine Kritik. Sie wissen sehr gut, was ich sagen will: Daß es nicht stimmt, daß es langsam, kompliziert, narzißtisch ist. Im Gegensatz zu dem, was man glaubt, zieht einen Psychologie nicht zur Innerlichkeit; sie zieht einen zur inneren Maske.

*Im Westen gibt es nicht die Tradition der Gebärdensprache. Viele Regisseure suchen diese Tradition im Orient. Sie selber haben sich im Théâtre du Soleil von asiatischen Theaterformen inspirieren lassen. Was suchen Sie dort?*

Die orientalischen Theorien haben alle Theaterleute geprägt. Sie haben Artaud, Brecht und alle anderen geprägt, weil der Orient die Wiege des Theaters ist. Man sucht also dort das Theater. Artaud sagte: »Das Theater ist orientalisch.« Diese Bemerkung geht sehr weit. Artaud behauptet nicht, es gebe orientalische Theorien, die für das Theater interessant seien, sondern er beteuert: »Das Theater ist orientalisch.« Und ich glaube, Artaud hat recht. Ich sage also, daß der Schauspieler im Orient alles sucht: den Mythos und zugleich die Wirklichkeit, die Innerlichkeit und zugleich die Veräußerlichung, diese vielzitierte Autopsie des Herzens mit Hilfe des Körpers. Man sucht dort auch den Nichtrealismus, das Theatralische. Der Westen hat nur die Commedia dell'arte hervorgebracht – doch auch diese kommt aus Asien – und eine bestimmte Art von Realismus, der sich die großen Schauspieler entziehen. Es gelingt nämlich einem großen Schauspieler, ohne daß man genau verstünde, wie, persönlich nicht realistisch zu sein, auch wenn er an einem realistischen Theater ist. Es ist allerdings schwierig.

*Im Grunde genommen braucht das Theater Traditionen.*

Es braucht Quellen und Erinnerungen. Es muß umgepflügt werden, um ständig die Tiefen und Ursprünge ans Licht kommen zu lassen. Man kann schwerlich sagen, daß wir Traditionen brauchen. Die haben wir. Die Abstammungslinien existieren, und sie gehören uns voll und ganz, selbst jenseits der Grenzen.

*Wie wählen Sie Ihre Schauspieler aus?*

Ich treffe auf viele junge Schauspieler, die ins Théâtre du Soleil eintreten wollen. Da gibt es mehrere Auswahlverfah-

ren. Der Lehrgang ist ein solches Verfahren, aber er ist nicht das einzige, weil ich ihn nicht unter diesem Gesichtspunkt abhalte. Ich weiß nicht, wie ich die Schauspieler aussuche. Ich wähle Leute, die mich zunächst berühren. Leute, die mich menschlich berühren, ehe sie mich künstlerisch berühren. Leute, die mich bewegen. Ich mag die, deren Kraft, Unschuld, Einfallsreichtum, Fröhlichkeit, auch deren anspruchsvolles Wesen ich zu erahnen glaube.

*Passiert es Ihnen, daß Sie sich täuschen?*

Ja, aber nicht sehr häufig; meine Irrtümer sind allerdings schwerwiegend, weil es in einer Gruppe gravierend ist, sich zu täuschen. Mir ist es passiert. Wenn ich einen Fehler schnell genug bemerke, ist es nicht so schlimm, das läßt sich schnell regeln. Wenn der Vogel sich jedoch schon eingenistet hat, ist es schwerwiegender. Wir haben Augenblicke der Krise erlebt. Gleichwohl lassen sich meines Erachtens meine größeren Fehler in vierundzwanzig Jahren an den Fingern einer Hand abzählen. Es gab zahlreiche kleinere, zweitrangige Fehler. Es gab Leute, deren Platz wirklich nicht im Soleil war; doch diejenigen, die versucht haben, hier Schaden anzurichten, und ihn auch angerichtet haben, sind wirklich selten.

*Sie haben gesagt, es sei die Pflicht jedes Regisseurs, Workshops für Schauspieler zu veranstalten. Weil die Ausbildung unzureichend ist?*

Ja, es gibt eine Ausbildung, doch die ist unzureichend, wenn man die wirkliche Nachfrage sieht. Es gibt ein oder zwei gute Schulen, und die nehmen zwischen dreißig und vierzig Studenten pro Jahr an. Und selbst die Studenten, die die Schule durchgemacht haben, müssen danach weiterarbeiten. Wenn sie nicht spielen, verkalken sie.

*Warum bringen Sie Ihre Spieltheorien nicht zu Papier?*

Zunächst, weil ich nicht zur schreibenden Zunft gehöre, ferner, weil ich, ehrlich gesagt, glaube, daß über das Spiel bereits alles erschöpfend gesagt wurde. Jean-Jacques Lemêtre, unser Musiker am Théâtre du Soleil, antwortete jemandem, der ihn fragte, ob er Instrumente erfunden habe: »Man erfindet keine Instrumente mehr; man gestaltet einige um, man entdeckt einige wieder, aber man erfindet keine mehr. Sie sind alle erfunden worden.« Auf ähnliche Weise würde ich sagen, daß man keine Spieltheorien mehr erfindet. Das Problem ist, daß Spieltheorien wohl vorhanden sind, daß sie aber in dem Maße, wie sie zum Ausdruck gebracht werden, begraben werden. Mögen also die jungen Studenten Seami, Artaud, Copeau, Dullin, Jouvet, auch Brecht ... lesen. In denen ist alles enthalten. Das ist alles, was ich jenen sagen kann. Und mögen sie spielen. Mehr läßt sich nicht sagen.

*»On n'invente plus de théories du jeu«.*
*Aus dem Französischen von Hans-Henning Mey.*

Anmerkungen
1 Anläßlich der L'INDIADE-Aufführung.
2 Das Sanskrit-Werk des Schauspieltheoretikers Bharata (1. Jahrhundert n.u.Z.): *Nâtya sâstra (Nâtya Shâstra, Lehrbuch der Bühnenkunst)*, es wurde von M. Gosh in der »Bibliotheca Indica«, Kalkutta 1961–67, in zwei Bänden herausgegeben und ins Englische übersetzt. (A. d. Ü.)

IV

VII

## Josette Féral
# EIN LEHRGANG IM SOLEIL: EIN UNGEWÖHNLICHER THEATERUNTERRICHT

Die Schauspielkunst ist unter allen Berufen derjenige, bei dem die Ausbildung am schwierigsten zu erhalten und zu durchlaufen ist. Nach den Schulen und Konservatorien, die den Königsweg der künstlerischen Ausbildung darstellen, auch wenn ihr Unterricht in regelmäßigen Abständen beanstandet wird, kommen die Universitäten, die es seit mehr als zehn Jahren verstanden haben, praxisbezogene Unterrichtsprogramme zu schaffen (diese Feststellung gilt mehr für die amerikanischen und kanadischen Universitäten, deren Haushaltmittel ihnen gestatten, wirkliche Ausbildungsprogramme aufzustellen, als für die französischen Universitäten, die immer noch mittellos dastehen).

Neben diesen beiden Ausbildungsarten gibt es andere Wege, wie zum Beispiel Lehrgänge und Workshops, die einige Theatertruppen (wie die von Ariane Mnouchkine und Peter Brook) für ihre Mitglieder veranstalten, Lehrgänge, die sie bisweilen ausnahmsweise auch anderen zugänglich machen: Künstlern mit oder ohne Talent, mit oder ohne Zugehörigkeit zu einer prestigeträchtigen Schule, doch mit einem wirklichen Wunsch nach Schulung und Vervollkommnung. Für alle diese Schauspieler, die auf der Suche nach Leistungssteigerung sind, ist die Not groß. Auf dem Markt werden viele Lehrgänge angeboten, doch von unterschiedlichem Rang und Wert.

Unter den Lehrgängen mit sehr großem Zulauf gibt es solche, die nicht angekündigt werden, die nur Eingeweihten bekannt sind; Lehrgänge, deren Daten man Freunden mitteilt, ehe man sie bei den Verantwortlichen selbst überprüft. Zu denen gehört der Lehrgang, den Ariane Mnouchkine jedes Jahr anbietet. Er ist sehr begehrt und wird sehnlich erwartet. Bewerber aus der ganzen Welt melden sich in großer Zahl an, aber sie werden nicht automatisch angenommen. Ein Vorgespräch, das Ariane Mnouchkine führt, entscheidet

darüber, wen sie in den Kurs aufnimmt und wen nicht. Bei den zahlreichen Kandidaten (1988 etwa tausend) ist eine Auswahl unbedingt notwendig. Neben den Bewerbungsgesprächen, die sie allein führt, bestimmt Ariane Mnouchkine auch den gesamten Ablauf des Lehrgangs.

Während der wenigen Minuten der Unterredung wird nichts Grundlegendes gesagt. Es geht lediglich um die Gründe, weshalb jemand am Lehrgang teilnehmen möchte. Gleichwohl entscheidet sie sich am Ende dieser Gespräche für den einen und gegen den anderen Kandidaten. Wahrscheinlich hat sie eine Aufrichtigkeit, eine Sensibilität, eine Erwartung wahrgenommen, die manchmal den Ausschlag gibt. Die Kandidaten wissen oft nicht, was von dem dabei Gesagten letztlich zur Entscheidung führte.

Wir sind zweihundertzwanzig am Ende des Durchgangs und kommen aus zweiundvierzig Ländern. Zweihundert für einen Lehrgang, der sieben Tage, vielleicht zehn dauern wird. Denn unter den Lehrgangteilnehmern kursiert das Gerücht, es sei schon vorgekommen, daß Ariane Mnouchkine ihren Lehrgang um einige Tage verlängerte. Daher der Gedanke, sie werde es auch diesmal machen ... Alle hoffen darauf. Auf dahingehende Fragen antwortet Mnouchkine, sie wisse es noch nicht, es hänge von vielen Dingen ab, vor allem von uns Lehrgangteilnehmern.

*Regeln werden festgelegt*

Als ich am ersten Tag um zehn nach neun eintraf, hatte die Namensverlesung schon seit neun Uhr begonnen. Der Saal der Cartoucherie ist so voll wie bei einer Vorstellung. Ariane Mnouchkine verliest, unterstützt von Sophie Moscoso, die Namen und gibt jedem eine Anwesenheitskarte, die er im

Laufe der kommenden Tage braucht. Am Ende der Verlesung der zweihundertzwanzig Namen behält Mnouchkine die Zuspätgekommenen da, um sie abzukanzeln. Die erste Regel des Schauspielers sei Pünktlichkeit. Jeder, der noch einmal zu spät komme, werde aus der Liste gestrichen. Eine Warnung. Sehr schnell werden weitere Regeln aufgestellt: absolute Achtung vor den Masken und Kostümen, völlige Stille im Saal, aufmerksames Beobachten dessen, was auf der Bühne geschieht (das Lernen verläuft ebenso über den Blick wie über das Tun, daran erinnert Ariane wiederholt und mit Nachdruck); Verbot, während der Improvisationen etwas anderes zu tun; und die Pflicht, am Ende jeden Tages den Zuschauerraum zu reinigen. Trotz dieser Zwangsmaßnahmen gehen die Schauspieler während der Improvisationen aus und ein; die Kostüme landen regelmäßig jeden Tag, auf einen Haufen geworfen, auf der Erde; die Kursteilnehmer in den Sitzreihen schenken der Arbeit der anderen nicht immer die geforderte Aufmerksamkeit; das Aufräumen fällt einer Truppe von Freiwilligen zu, die den Saal jeden Abend für den nächsten Tag in Ordnung bringen. Nur die Masken genießen die Achtung aller. Das schwierige Erlernen eines Ethos! Mnouchkine ist empört. Verärgert und entmutigt angesichts solcher Laxheit und mangelnder Bereitschaft kündigt sie schließlich am dritten Tag an, daß sie den Lehrgang abbrechen werde, jeder könne nach Hause gehen: Das war wirklich ein sehr schlechter Anfang für den Lehrgang. Das Niveau ist dieses Jahr zu niedrig, niemand bemüht sich um eine wirkliche Zusammenarbeit; darüber hinaus spürt sie eine Feindseligkeit des Publikums gegenüber der Bühne, die der Arbeit nicht gerade förderlich ist. Mnouchkines Entscheidung wirkt auf die Teilnehmer wie eine eiskalte Dusche. Plötzlich mit etwas konfrontiert, was sie nicht vorausgesehen hatten, wachen sie auf und bemühen sich, Mnouchkine zu erweichen, die aber leistet Widerstand. Nach zweistündiger Diskussion wird endlich beschlossen, den Lehrgang doch wiederaufzunehmen. Aber wir haben alle verstanden: In den

Genuß der drei zusätzlichen Tage, auf die jeder insgeheim gehofft hatte, werden wir diesmal nicht kommen.

Mnouchkine sagt nicht, daß sie diesen Lehrgang kostenlos macht (von allen Lehrgängen, die veranstaltet werden, ist dieser der einzige kostenlose), aus Großzügigkeit, aus Liebe zum Theater und für die Schauspieler. Denn Ariane Mnouchkine ist sehr beunruhigt über die Zukunft des Theaterspiels, einer Praxis, die verlorengeht und die man unbedingt zu retten versuchen muß. Gleich zu Beginn wurde sie übrigens sehr deutlich: »Vielleicht gibt es unter euch zwanzig Schauspieler; wenn das der Fall sein sollte, so wäre das sehr gut. Wir versuchen also, gemeinsam zu spielen, und wenn es uns während dieser wenigen Tage gelingt, einige Minuten Theater zu erleben, nur einige Minuten, dann wäre das phantastisch.« Es stellte sich heraus, daß Ariane recht hatte: Während dieser sieben Tage, in denen jeder im Durchschnitt zwei Sketche in einer Gruppe improvisierte, konnte man allerhöchstens mit einer kleinen halben Stunde Theater rechnen, nur einer kleinen halben Stunde, aber einer intensiven und ungewöhnlichen kleinen halben Stunde. Diese halbe Stunde wurde nicht en bloc gegeben, sondern zerstückelt in Bruchteile von einigen Sekunden, manchmal von einigen Minuten, in denen die Zuschauer das Auftauchen einer Erzählung und die außergewöhnliche Osmose von Figur und Schauspieler miterlebten.

## Masken, die sehr gut reisen

»Ich möchte euch alle daran erinnern, daß dies ein Lehrgang ist. Sieben Tage, die wir miteinander teilen. Es ist kein Vorsprechen. Solange ihr auf die Bühne kommt, um euch zu zeigen oder *mich* zu zeigen, zeigt ihr nichts. Dies ist kein Prüfungslehrgang, dies ist ein Theaterlehrgang.« Diese Warnung, mit der Mnouchkine beginnt, ist wichtig. Die anwesenden Schauspieler, von denen einige zum zweiten, ja sogar zum dritten Mal einen Lehrgang mitmachen, wissen, daß Mnouchkine dabei bisweilen Schauspieler rekrutiert. So war es bei L'Indiade und bei Sihanouk. Einige machen sich also Hoffnung; andere nehmen nur teil aus Freude, dabeizusein und unter Mnouchkines unerbittlichem Blick zu lernen, einem auffallend intensiven und strengen Blick. Von der ersten Reihe aus verfolgt Mnouchkines alle, selbst die jämmerlichsten Improvisationen mit ganzer Aufmerksamkeit und großer Bereitschaft zuzuhören, wobei sie mit Entschlossenheit den Theaterfunken auszumachen sucht, wo immer er sich zeigt. Selbst wenn die Improvisationen geistlos aufeinanderfolgen, begegnet Mnouchkine der Arbeit des Schauspielers mit Achtung, wenn dieser den wirklichen Wunsch, schöpferisch zu sein, mit auf die Bühne bringt. Sie kann hart sein, sogar grausam, was am Anfang selbst die Kühnsten lähmt (»Es gibt hier nicht den kleinsten Ton«, sagt sie, ehe sie einen Schauspieler zum Verlassen der Bühne auffordert); und ihr Urteil ist immer gerecht, unnachsichtig, ihr Blick genau, ihre Aufmerksamkeit intensiv; sie sucht das Theater in all den Improvisationsstückchen, die ihr den ganzen Tag über vorgeführt werden (von neun Uhr bis siebzehn Uhr, mit zwei Kaffeepausen und der Mittagszeit als einzigen Unterbrechungen), in all den Gebärden, hinter den Masken nach dem Theater. Es kommt vor, daß sie eine Improvisation nach wenigen Sekunden abrupt abbricht, die Schauspieler zum Verlassen des Spielbodens auffordert, einem Schauspieler sogar verbietet aufzutreten, wegen eines Kostüms, das von mangelndem Respekt gegenüber einer Figur zeugt. Diese Augenblicke, die schließlich jedermann akzeptiert, weil sie niemals willkürlich sind, werden kompensiert durch bemerkenswerte Momente, in denen unvermittelt vor aller Augen ein Dialog entsteht zwischen Mnouchkine und einer Figur. Denn in den fruchtbarsten Augenblicken des Lehrgangs läßt Mnouchkine eine Gruppe oder einen einzelnen Schauspieler arbeiten, bei dem sie erkannt hat, daß er kurz davor ist, eine Figur zum Leben zu erwecken, indem sie ihm eine Bahn weist, seine Phantasie weit öffnet, ein schöpferisches Feuer in ihm entfacht, das ihm Kraft verleiht und ihn vorwärtsschleudert.

Wie es ihre Gewohnheit ist, läßt Mnouchkine die Schauspieler mit Masken arbeiten: Masken der Commedia dell'arte und balinesischen Masken, bei denen es sich im Laufe der Improvisationen zeigt, daß sie gut zusammenpassen und den gleichen Theatergesetzen gehorchen. So lernt man Pandeba, Rajissan und Pucci (während des Lehrgangs so getauft) kennen …

Mnouchkine sagte zu Beginn:

*Ich nenne euch nicht die Eigenschaften der Masken, sonst würde ich sie einengen. Einige haben Namen, andere nicht. Diese ist zum Beispiel Rajissan. Sie sind alle groß. Sie haben eine vollständige Seele. Verachtet sie nicht. Karikiert sie nicht, auch wenn sie keine Kultur haben. Im Gegensatz zu den Masken des Noh-Theaters, die so gut einbalsamiert sind, daß eine Begegnung mit ihnen nicht möglich ist, sind jene menschlich. Aber auch sie sind sakral. Diese da haben wir Punta genannt. Die andere hat Augen, sie tanzt. Sie ist sehr schwierig, sie hat keinen Namen. Die da ist Pandeba. Die Maske ist schwer, aber gebt acht, sie ist leicht, sie ist sehr leicht. Macht sie nicht einfältiger, als sie ist. Auch sie ist vollständig. Sie hat einen Hintern, ein Arschloch, und das müßt ihr entdecken. Ganz klar, das Allerbeste, was euch passieren kann, ist, eine zu lieben. Das heißt, sie wiederzuerkennen, sie zu kennen. Ihr werdet sehen, sie reisen alle sehr gut. Sie sind überrascht, aber passen sich sehr gut an. Bei den Masken der Commedia dell'arte ist es das Gegenteil. Sie brechen unter den Eigenschaften zusammen, sie sterben unter den Eigenschaften. Es sind alles Menschenwesen. Diese Masken sind aus Leder oder aus Holz. Sie sind sehr zerbrechlich. Erhard Stiefel hat sie gemacht. Ihr könnt euch vorstellen, was mit euch geschieht, wenn ihr eine kaputtmacht. [Lachen]*

*Damit es Theater gibt, habt ihr nur eine Sekunde*

Nach der Vorstellung der Masken und ihrer ersten Hand-
habung kommt die Teamarbeit: Wahl einer Figur, Ausarbei-
tung eines Handlungsschemas, Vorbereitung des Kostüms.
Mnouchkine hat ein Thema gegeben: die Besatzungszeit. Im
Vorjahr war das Thema die deutsche Invasion. Die Impro-
visationen drehen sich um Kollaboration, Widerstand,
Schwarzmarkt, Angst, Rivalität, Feigheit, Denunzierungen.
Den Schauspielern wurden alle Kostüme des Théâtre du
Soleil zur Verfügung gestellt, darunter die der Aufführungen
der Shakespeare-Stücke, von SIHANOUK und sogar die von
L'ÂGE D'OR und von 1789. Mnouchkine hat eine besonde-
re Vorliebe für Kostüme, und sie schätzt es sehr, wenn diese
lebendig, reich, genau und gut gearbeitet sind. Es ist diese
Vorliebe von ihr, die zur Pracht der Kostüme der Shake-
speare-Stücke führte, zu deren extremer Sinnlichkeit, zu der
Wärme der Kostüme von 1789 und dem Samt-, Lamé-, Bril-
lantenberg in ihren verschiedenen Aufführungen. Das
Ankleiden wird während des Lehrgangs zu einer wichtigen
Vorbereitungsphase, die es dem Schauspieler erlaubt, in die
Rolle einzutreten.

Die Schauspieler versammeln sich zu den Improvisationen aus Wesensverwandtschaft, um gemeinsam Handlungs-
abläufe auszuarbeiten. Eine Viertelstunde, eine halbe Stunde, manchmal eine dreiviertel Stunde des Sichabstimmens
für Improvisationen, die oft nur einige Minuten dauern. Das
ist zu lang, mahnt Ariane Mnouchkine häufig. Die Schauspieler neigen dazu, sich in dem Durcheinander einer kom-
plizierten Intrige zu verlieren auf Kosten der Arbeit an den
Details der Ereignisse und Zustände.

*Damit es Theater gibt, habt ihr nur eine Sekunde. Wenn ihr
auftretet, wird die Geschichte bereits erzählt. Ich möchte
sofort eine Figur sehen. Wo ist sie? Warum ist sie da? Die
Zuschauer haben bezahlt, sagt ihnen nicht: Warten Sie, daß*

*ich mich darauf einstelle. Wir, das Publikum, sind da, und
die da, die Figuren, wissen, daß wir da sind. Ich weiß, daß
du weißt, daß wir da sind. Und du weißt, daß ich weiß, daß
du weißt, daß … wir da sind und für sie da sind. Das genau
ist das Schwierigste.*

*Einige Grundregeln für Schauspieler*

Für die Schauspieler auf der Bühne wiederholt Ariane unaufhörlich dieselben Ratschläge, die zwar einfach klingen, aber
immer schwer umzusetzen sind.

*Für die Vorarbeit und das Handlungsschema:* Begnügt euch
mit drei guten Zeilen aus dem Vorwort. Das Ziel ist nicht,
an das Ende der Geschichte zu gelangen. Arbeitet gemeinsam. Was kann man ganz allein bei sich zu Hause machen?
Ganz allein, nichts. Man muß gemeinsam lernen. Hört euch
zu. Nehmt euch an. Ihr müßt die Dinge des anderen akzeptieren. Wenn er euch etwas vorschlägt, so nehmt es an. Und
wenn er etwas Gutes macht, dann ahmt ihn nach. Nachahmen bedeutet nicht plagiieren, es bedeutet anerkennen. Es
gibt im Orient Generationen, die nachgeahmt haben. Es
geht nicht darum, äußerlich nachzuahmen, sondern innerlich. Nicht das imitieren, was er gemacht hat, sondern das,
was er gewesen ist. Ist es euch unmöglich, in diesem Sinne
nachzuahmen, dann ist es euch nicht möglich, jemand anderes nachzuahmen, eine Figur nachzuahmen. Ihr müßt demütig sein, um in die Fußstapfen eines anderen zu treten.

Auch muß man Phantasie und Geheimnisse haben.
Habt ihr Geheimnisse? *[Lachen]* Es ist sichtbar, daß es in diesem Lehrgang keine Geheimnisse gibt. Es gilt, die Ausdauer
und Demut des Geheimnisses zu erlernen. Versucht nicht,
um jeden Preis originell zu wirken. Originalität ist mir
schnuppe. Lernt von den anderen. Wenn jemand etwas
Ordentliches macht, setzt es fort und bringt es weiter! Ver-

meidet es, euch im Gedanklichen zu verlieren. Sucht das Wahrhaftige, nicht das Realistische. Das Wahrhaftige ist nicht realistisch. Auf die Bühne zu treten heißt bereits, in einen symbolischen Ort einzutreten, wo alles musikalisch und stimmungsvoll ist.

*Für die Maske und die Rolle:* Die Masken sind da mit einem furchtbaren und unausweichbaren Anspruch. Das Kostüm wählt der Schauspieler aufgrund der Maske und der Figur. Die Maske ist keine Schminke. Sie ist kein Gegenstand unter anderen. Alles steht in ihrem Dienst. Sie denunziert euch sofort, falls ihr sie schlecht gebraucht. Ihr solltet der Maske nachgeben, sie wird niemals nachgeben. Deshalb gilt es, sie zu schätzen, sie zu lieben. Sonst ist es, als würdet ihr nicht bemerken, daß diese Masken eine Geschichte, eine Vergangenheit, Göttlichkeit haben. Anstatt zu ihnen hinaufzusteigen zu wollen, zieht ihr die Masken zu euch herunter, banalisiert ihr sie. Es gilt, zu ihnen zu reisen. Mit diesen Masken arbeitet man nicht nur so zum Spaß, irgendwie. Man arbeitet auch nicht mit einer beliebigen Maske. Die Beziehung zur Maske ist eine Größenbeziehung. Es sind Masken, die von weit her kommen, von einem anderen Kontinent. Das Theater ist ein anderer Kontinent. Es ist, als sollte das Theater zu uns kommen. Nein! Das Theater fühlt sich bei uns nicht wohl.

Wenn man eine Figur herbeiruft, kommt sie mit ihrer Welt. Sie ist vollständig. Die Figuren sind keine Funktionen. Bewahrt die Autonomie jeder Figur. Laßt um sie herum Luft. Kein hübsches Aussehen, keine Koketterie. Aber bringt keine absonderlichen und häßlichen Geschöpfe hervor. Es ist eine Sünde, nicht zu glauben, daß es in jedem Geschöpf Schönheit gibt. Ich will eine Figur sehen. Ich spüre, daß ihr hinter der Maske gerne eine Gebrauchsanweisung hättet. Nein!

*Für das Kostüm:* Vollendet eure Kostüme gut. Sie können eure Freunde sein. Sie sind eure Feinde, wenn sie schlecht gemacht sind, wenn sie nicht halten. Die Schädel müssen fertiggestellt, bedeckt und ohne Haare sein. Nackte Haut läßt sich mit Masken schwer verwenden. Hände, Füße wirken zu realistisch.

*Für das Spiel:* Sucht nach eurer kleinen inneren Musik, welche die Handlungen rhythmisch gliedert. Laßt die Phantasie zu euch kommen. Die Schwierigkeit dabei ist, im Tun alles geschehen zu lassen. Ihr befindet euch entweder in einem Tun, das euch hemmt, oder in einem Geschehenlassen, wo ihr nichts tut. Benützt eure Phantasie. Die Phantasie ist ein Muskel. Der entwickelt sich, der erweitert sich, der ernährt sich. Der Schauspieler ist ein aktives Sammelbecken, dies ist kein Widerspruch, sondern die Schwierigkeit. Er muß konkav und konvex sein. Konkav, um zu empfangen, und konvex, um zu projizieren.

Vermeidet es, euch ständig zu bewegen. Wenn ihr euch unaufhörlich bewegt, so sehe ich euch nicht mehr. Ihr müßt eure Pausen und euren Rhythmus finden. Die Pausen geben die Bewegung, die Zustände geben das Leben. Damit ich euch sehe, müßt ihr anhalten. Macht jeweils nur eine Sache. *[Dann zu einer Schauspielerin:]* »Was machst du? Du springst vor Freude, gut. Also spring, dann sprich, mach nicht beides gleichzeitig!« *[Zu einer anderen:]* »Du hast zweierlei gespielt: deine Verzweiflung und dein Mißtrauen. Es ist dir nicht gelungen, jeweils nur eine Sache zu spielen. Folglich hat man nichts gesehen. Führe deine Gesten zu Ende. Nimm dir die Zeit, alles zu Ende zu bringen. Keine stotternde Gebärde. Bring deine Pausen zu Ende.«

Vermeidet die Langsamkeit, die wie Tiefe aussehen möchte. Es ist häufig zu langsam, um richtig zu sein. Fallt nicht in die wahre Langsamkeit. Man muß diese Langsamkeit spielen, aber schneller. Die Langsamkeit ist ein Feind. Innerhalb weniger Sekunden bleibt nichts von der vorangegangenen Erleuchtung.

Vermeidet es, groß aufzuspielen, im Gedanklichen zu verharren. Leeres Gerede zeigt sich ebenso in den Gesten wie in den Worten. Vermeidet das Dekorative. Einige schätzen den hierfür erforderlichen körperlichen Einsatz nicht richtig ein. Schmückt eure Handlungen nicht aus, wenn ihr das Wesentliche nicht habt. Es kommen Leute, die bringen nichts mit. Es kommen andere, die bringen viel mit, und das ist schlimmer. Es ist Talmi. Fangt einfach an.

Du hast es so eilig *[sagt Mnouchkine einem Schauspieler]*, daß du uns etwas erklärst, anstatt es zu leben. Kommentiert eure Gesten nicht fortwährend. Das Publikum ist nicht dumm, es versteht. Du nimmst dir nicht die Zeit, um sowohl deinen Weg dorthin als auch deine Wut zu spielen. Du bist nicht in der *Gegenwart*. Du bist schon hier, und ich sehe nicht den Weg, den du gehst. Ich möchte deinen Weg kennenlernen, ehe du da ankommst.

Eure einzige Waffe ist die Handlung. Aber solange ihr nur im Tun verweilt, kann euch nichts zustoßen. Man braucht also Zustände, Präsenz. Der Zustand rechtfertigt die Handlungen. Das Wichtigste ist, daß man seinen Zustand entdeckt. Ihr braucht einen *reinen Zustand*, eine Reihe sehr reiner Zustände. Genügt es, an dem Zustand zu arbeiten? Wird deutlich, woran ihr glaubt oder nicht glaubt? Aber *glauben* ist das Wichtigste. Ihr glaubt, der Raum sei außerhalb von euch. Das ist falsch, er ist in euch. Ich kann den Raum nur aufnehmen, indem ich sehe, wie ihr ihn aufnehmt. Die Entfernung sehe ich nur durch euren Blick. Ihr seht vor unseren Augen. Wir sehen euch beim Sehen. Ihr müßt Seher sein. Das ist wesentlich.

Solange wir veranschaulichende, bildhafte Auftritte haben, kommt ihr nicht von der Stelle. Wenn ihr den Raum veranschaulicht, so gibt es keine Bühne, gibt es kein Theater. Man muß sehen, um zu glauben. Ihr wollt mittels der Intelligenz schaffen! Nein! Nehmt euch die Zeit, um einen Zustand zum Erblühen zu bringen.

Das Problem ist eine Beziehung zwischen Innerem und Äußerem. *[Danach zu einem Schauspieler:]* »Dir gelingt es nicht, diese Beziehung zum Ausdruck zu bringen, also be-

schränkst du dich auf kleine Dinge, anstatt den Mut zu haben, es uns zu sagen, statt Zeichen zu geben. Es sind die Zeichen, die Fragen stellen. Solange du zu einem bestimmten Zeitpunkt weder die Emotion noch deren Äußerung durch das Zeichen gefühlt hast, hast du es nicht gefunden. Verbirg dich nicht, enthülle. Man muß den Mut haben, zu offenbaren. Du bist bildhaft, anstatt metaphorisch zu sein, anstatt das Zeichen zu entdecken.«

Euer Problem wird es sein, euren Zustand zu übersetzen. Es ist ein Übersetzungsproblem. Das Theaterspiel ist eine Übersetzung. Etwas Immaterielles zu übersetzen, eine Emotion in einen Körper zu übersetzen. Dieses Gefühl findet durch den Körper hindurch statt. Der Schauspieler ist ein doppelter Übersetzer, denn seine eigene Übersetzung muß ebenfalls übersetzt werden.

## Die Maske stellt die wichtigste Schulung des Schauspielers dar

Im Laufe dieses Lehrgangs wird deutlich werden, daß die Maske die wichtigste Schulung des Schauspielers darstellt, weil sie keine Lüge erlaubt und alle Schwächen des Schauspielers enthüllt: den Mangel an Phantasie, mehr Wissen ums Machen als ums Sein, den Mangel an Präsenz, den Mangel an Zuhörvermögen. Sie enthüllt von Natur aus jede Selbstgefälligkeit, jede Schwäche. Dem Schauspieler, der nicht in sie eintritt und sie nur gebraucht, um sich zu verstecken, erweist sie einen Bärendienst. Sie kann hingegen erhaben werden und Theateraugenblicke von seltener Intensität erlauben. Hinter der Maske, dank der Maske und mit ihrer Hilfe tauchen Figuren auf, die von außergewöhnlichen Abenteuern überrascht werden. Zwar zwingt uns der Gebrauch der Maske eine bestimmte Spielform auf, die uns andere, weniger ausgeprägte Theaterformen nicht aufzwingen, aber es liegt auf der Hand, daß die hier geltenden Theaterregeln überall gelten und daß dies eine Ausbildungsweise ist, in die der Schauspieler nur nackt eintreten kann.

So werden im Laufe der Unterrichtsstunden bestimmte einfache Prinzipien unaufhörlich wiederholt, auch wenn ihre Anwendung schwierig bleibt: die Unterscheidung zwischen Leichtem und Einfachem, Dekorativem und Notwendigem, zwischen dem Schein und dem Vertrauen, dem Großen und dem Kleinen, der Einsamkeit und dem Zuhören, der Fortbewegung und der Handlung, dem Veranschaulichenden und dem Zustand, der Äußerlichkeit und der Veräußerlichung. Bestimmte Ratschläge, die Mnouchkine den Schauspielern erteilt, haben am Ende die Kraft von Maximen: das kleine wahre und genaue Detail finden; das Kleine suchen, um das Große zu entdecken; Fortbewegung nicht mit Ausdruck verwechseln, Apoplexie nicht mit Dynamik, Langsamkeit nicht mit Tiefe; die Positionswechsel um ihrer selbst willen im Theater ablehnen; nicht gegen die Maske spielen; während der Improvisation Unbeständigkeit hinnehmen und auf das, was man vorgesehen hat, verzichten können, um das zu ergreifen, was auftaucht. Doch vor allem betont Ariane unermüdlich, wie wichtig der Blick ist, den man auf die Dinge richtet, ein Blick, der lernt, der zuhört und der an die Notwendigkeit des Lernens durch Beobachtung erinnert. Die wichtigen Wörter sind »Zustand und Präsenz«; die Grundregeln des Spiels: die Genauigkeit im Dienst der Phantasie. Dem Schauspieler, den Mnouchkine als ein aktives Sammelbecken definiert und auf den sie einen wohlwollenden, jedoch unnachsichtigen Blick richtet, muß ein schauspielerisches Arbeitsethos entsprechen. Dies ist die Quintessenz des Lehrgangs.

Trotz zahlreicher Mißerfolge und seltener Erfolge ist dieser Lehrgang für alle eine phantastische Unterrichtsstunde in Theaterkunst. Mnouchkine erinnert zum Schluß daran, daß die Theatergesetze zweifellos existieren, es seien jedoch anspruchsvolle Gesetze, die sich uns wie Quecksilber entziehen. Während der Nacht verstecken sie sich, und am nächsten Tag weiß keiner mehr, wohin sie gegangen sind.

*»Un Stage au Soleil: une extraordinaire leçon de théâtre«.*
*Aus dem Französischen von Hans-Henning Mey.*

## EINE TRUPPE BEGINNT MIT EINEM TRAUM
### Öffentliches Zusammentreffen des Soleil mit kanadischen Theaterschulen[1]

Ariane Mnouchkine: Bevor wir mit der Aussprache beginnen, möchte ich doch die Schauspieler des Théâtre du Soleil vorstellen, die neben mir am Tisch und im Saal sind. Sie müssen um vier Uhr fort, um sich auf die Vorführung vorzubereiten. Nicht, weil sie die Nase voll haben *[Lachen]*, sondern weil sie zur Arbeit müssen. An diesem Tisch sitzen Duccio Bellugi, Brontis Jodorowski, Simon Abkarian, Nirupama Nityanandan und Juliana Carneiro da Cunha. Es sind die Hauptdarsteller. Es fehlt Catherine Schaub, die Koryphäe, die sich ausruht.

*Jean-Michel Lamothe, Fachbereich Theater der UQAM: Bei der Zusammenkunft in der Arena Maurice-Richard[2], zu der Sie sich letzten Donnerstag bereit erklärten, gebrauchten Sie eine sehr schöne Metapher, um die Beziehung des Theatermachers zu dem Werk zu beschreiben, das er zu verwirklichen versucht. Das Werk haben Sie mit einem Berg verglichen, den es zu ersteigen und nicht zu umrunden gilt. Welches sind Ihrer Ansicht nach die wesentlichen Eigenschaften, die ein Schauspieler in seiner Ausrüstung mitführen muß, um auf diesen Berg möglichst hoch hinaufklettern zu können? Und sind diese Eigenschaften angeboren, oder kann man sie durch den Beruf erwerben?*
Ariane Mnouchkine: Ich beginne mit dem Schluß: Sind diese Eigenschaften angeboren, oder können sie erworben werden? Ich glaube natürlich, daß es Begabung gibt. Es gibt Leute, die für das Theater begabt sind, andere, die für etwas anderes begabt sind. Man darf sich in seiner Berufung nicht irren. Ich glaube an das Talent. Aber selbstverständlich ist eine Begabung, die nicht gepflegt wird, eine Begabung, an der man nicht arbeitet, fast das Allerschlimmste. Ich glaube also, daß es vieles gibt, was man erwirbt. Aber die Tatsache zu leugnen, daß gewisse Schau-

spieler für das Theater wie geschaffen sind, hieße, die Wahrheit nicht sehen zu wollen.

Was muß nun ein Schauspieler in seiner Ausrüstung haben, um den Berg zu ersteigen? Mut. *[Lachen]* Außerordentlich viel Mut, Geduld und vielleicht das Verlangen nach Höhe. Und wenn ich vom Verlangen nach Höhe spreche, meine ich natürlich nicht das Verlangen nach Ruhm oder Glanz. Einen Berg besteigt ein Schauspieler oder eine Schauspielerin nur, wenn sie ein Bedürfnis nach Poesie haben, nach Größe, nach einem Hinauswachsen über sich selbst, letzten Endes nach dem Menschlichen. Denn was den Menschen auszeichnet, ist vielleicht das Bedürfnis, über sich selbst hinauszuwachsen. Ich weiß, daß diese Art zu reden nicht sehr beliebt ist. *[Lachen]* Also, man braucht kräftige Waden, kräftige Waden des Körpers natürlich. Das heißt einen möglichst freien, möglichst durchtrainierten Körper, aber auch kräftige Waden der Phantasie, das heißt, ein so freies und geschultes Vorstellungsvermögen wie möglich.

*Chantal Collin, Nationale Schauspielakademie von Kanada: Wenn der wichtigste Muskel des Schauspielers die Phantasie ist – denn an ihr wird gearbeitet, sie wird wie ein Wadenmuskel gestärkt –, kann dann der Regisseur dabei helfen, die Phantasie des Schauspielers anzuregen? Wenn ja, wie machen Sie das?*
Ariane Mnouchkine: Wahrscheinlich besteht der wesentliche Teil des Regisseurberufes darin, der Phantasie des Schauspielers Raum zu geben. Man muß ihr möglichst viele Türen öffnen und ihr vielleicht so viel Nahrung wie möglich geben. Wie ich es nun mache? Ich muß Ihnen gestehen, daß es mir stets sehr schwer fällt, zu erläutern, was ich mache, weil ich es nicht recht weiß und weil es von den jeweiligen Augenblicken abhängt. Man tauscht mit den

Schauspielern viele Bilder aus. Sie geben mir Bilder durch ihre Handlungen, durch das, was sie in den Proben vollbringen. Ich werfe ihnen auch Bilder zu. Ich schlage ihnen Welten vor. Und wenn das nicht geht, nichts bringt, so schlage ich andere vor. Und dann gibt mir manchmal ein Schauspieler etwas, und ich schwinge mich da hinauf. Dann versuchen wir alle beide zu galoppieren.

Ihre Frage ist insoweit eine gute Frage, als sie unterstreicht, daß es einem gelingen muß, die Phantasie zu berühren, was nicht heißt, daß man bloß die anarchische Spontaneität eines jeden anzuspornen braucht. Wenn ich hin und wieder auf dem Eis dieses Boulespiel[3] sehe, wo immer ein kleiner Mann dabei ist, der vor den Spielern die Bahn fegt, damit die Kugel durchrutscht *[Lachen]*, sage ich mir, daß unsere Arbeit ein bißchen dem ähnelt, daß wir daran arbeiten, das Bild durchzulassen. Laßt es durch! Laßt es durch! Es gibt ein Bild! Es gibt ein Bild! Laßt es durch! *[Lachen]*

*Charles Lafortune, Konservatorium für dramatische Kunst in Montreal: Bei uns werden Aufführungen oft auf eine bestimmte Art und Weise konzipiert: Der Regisseur kommt zum Beispiel und sagt: »Wir inszenieren das und das Stück auf die und die Art.« Die Schauspieler stimmen dem zu und geben dem Regisseur, was er verlangt. Ich würde gern konkret wissen, ob Sie es sind, die die Dinge im Théâtre du Soleil organisiert. Haben Sie von Anfang an ein sehr klares Bild von Ihrer Aufführung, oder baut es sich während der Arbeit auf? Haben Sie ein Vetorecht? [Lachen] Wie sieht Ihre Arbeit konkret aus?*
Ariane Mnouchkine: Wenn ich auf der Versammlung der Schauspieler und Techniker des Théâtre du Soleil einen Vorschlag hinsichtlich einer Aufführung mache, habe ich überhaupt keine Vorstellung. Ich habe Herzklopfen, fühle Unruhe, eine Art Liebe zu dem Werk oder zu der Gesamtheit der Werke oder Themen, über die ich mit den Schauspielern spreche. Was die Stücke betrifft, die danach von

Hélène Cixous geschrieben wurden, so hatte ich sie mitunter nicht einmal gelesen. Als ich sie den Schauspielern vorschlug, hatte ich gerade mal das Thema.

Es gibt also eine Art Liebe auf den ersten Blick. Es ist gleichsam ein Kontinent, den es zu entdecken gilt. Es gibt Leute, die aufs Meer hinaussegelten in der Absicht, einen Kontinent zu entdecken, und dann nicht Indien, sondern Amerika entdeckten. Ich habe den Eindruck, daß wir, wenn wir mit einem Werk beginnen, ins Blaue hineinfahren. Der Kontinent, den wir zu entdecken glauben, ist nicht der, zu dem wir gelangen.

*Charles Lafortune: Aber wenn man Amerika entdeckt, wenn man ans Ufer kommt, ist die Aufführung für Sie dann fertig? Oder arbeiten Sie weiter daran?*
Ariane Mnouchkine: Das kommt darauf an. Da wir uns den Vorteil, den Luxus gönnen, lange zu arbeiten, spüren wir irgendwann einmal, daß die Aufführung noch nicht ganz vollendet ist, daß wir jedoch jetzt das Publikum brauchen, um sie zu einem Abschluß zu bringen.

Es gibt unterschiedliche Fälle. Zum Beispiel gibt es Aufführungen, an denen wir weiterhin arbeiten, weil uns ein oder zwei Wochen gefehlt haben, um sie fertigzustellen, trotz der Zeit, die wir uns nehmen. Das haben wir zum Beispiel bei den drei ersten Aufführungen der Atrides (einschließlich der Iphigénie) so gemacht, die wir jetzt mehr als einhundertfünfzigmal gespielt haben. Wir versuchen dann weiterhin, sie zu vertiefen, aber nicht, sie zu verändern, oder nur ein ganz klein wenig. Es ist, als hätte eine Aufführung ihr Fleisch, ihre Natur angenommen, daß es fast einer Operation gleicht, wenn man ein Element verändert, und im allgemeinen verschlimmert man es.

Auch wenn man immer noch unzufrieden ist, es kommt ein Zeitpunkt, wo es zu spät ist, und dann ist es besser, die vorhandenen Unvollkommenheiten zu akzeptieren. Die gibt es in allen Aufführungen, sogar in den gelungensten.

Sie kommen in allen Stücken vor, selbst in den größten Meisterwerken. Schließlich haben auch Shakespeare und Aischylos es hingenommen, daß in ihren Werken Unvollkommenheiten bestehenblieben. Wenn die es gewagt haben, einige Schwächen zu akzeptieren, dann können auch wir uns mit einigen abfinden.

*Diane Dubeau, Fachbereich Theater der UQAM: Ich würde gern hören, was Sie über den Zustand der Präsenz, über das In-der-Gegenwart-Sein sagen. Ich glaube, daß Sie zwischen diesen beiden Begriffen einen Unterschied machen. Welchen Unterschied machen Sie, und kann man sagen, daß an der Präsenz gearbeitet werden kann?*
Ariane Mnouchkine: Ich glaube, ja. Wenn ich in der Arbeit sage, daß man nicht genug *in der Gegenwart* ist, hat das nichts zu tun mit dem, was Sie »Präsenz« nennen. In Frankreich sagt man: »Der und der Schauspieler hat Präsenz«, oder aber: »Der und der Schauspieler hat keine.« Hat er keine Präsenz, so heißt das, daß er kein Schauspieler ist. *[Lachen]* Das ist etwas sehr Unangenehmes, ein Schauspieler, der keine Präsenz hat. In Wirklichkeit ist das Abwesenheit. *[Lachen]* Ein Schauspieler, der handelt, das heißt, der spielt und in der Gegenwart ist, hat offenkundig Präsenz. Übrigens ist nicht er es, der Präsenz hat. Es ist die Figur, die in dem Augenblick Präsenz hat.

Deshalb mag ich folgenden typisch parisierischen Ausdruck nicht sehr: »Der und der Schauspieler hat eine tolle Präsenz.« Wenn er davon zuviel hat, ist das auch nichts, denn was macht man dann aus der Präsenz des Agamemnon? Von Präsenz zu sprechen ist daher bereits ein berufs- und verbandsspezifischer Jargon, der nicht zwangsläufig richtig ist.

Wir sagen: Das Theater ist hier, jetzt, wirklich, schnell. Das sind kleine Gesetze, denen man sich selbst unterwirft. Das Theater ist hier, das heißt, wenn es in Verona am Morgen der Heirat des X ist, dann ist es genau da, nicht woanders, nicht gestern.

Die jungen Schauspieler, die Stanislawski falsch gelesen haben oder denen man Stanislawski vielleicht nicht immer sehr gut beigebracht hat, stellen sich so viele Fragen, daß sie, wenn sie auf die Bühne treten, so vieles aus der Vergangenheit mit sich tragen, daß sie darüber vergessen, die Gegenwart zu spielen. In der Gegenwart sein heißt in der Gegenwart bei jedem Wort sein, nicht schon im folgenden Vers sein, nicht bereits in der folgenden Gegenrede sein, weil die folgende Gegenrede in Wirklichkeit noch nicht geschrieben ist.

Irgendwann stellten wir uns eine kleine gedankliche Übung: Wir wollten an jedem Stück so arbeiten, als wäre es für uns geschrieben worden, das heißt im Unbekannten, die absolute Entdeckung.

Um nicht bereits in dem zu sein, was man gleich sagen wird, oder in dem, was uns gesagt werden wird, denn man weiß es ja nicht, muß man *zuhören*.

Dies also heißt in der Gegenwart sein. Es ist unsere Methode. Wir sehen ein: Wenn man bei den großen alten oder modernen Texten nicht gegenwärtig ist, dann bleibt man global. Man versagt sich also unendlich viele Gefühle, die wir *Zustände* nennen.

Wenn man fünfzehn Verse von Aischylos oder fünfzehn Verse von Shakespeare liest, so merkt man, daß es gleichsam ein Gewitterhimmel ist, das heißt, es gibt einen Augenblick, wo Verzweiflung herrscht und dann plötzlich das Vergessen dieser Verzweiflung um einer gewaltigen Hoffnung willen, und auf einmal geht man in einen mörderischen Zorn über, und danach ist erneut die Verzweiflung da. Man muß völlig *in der Gegenwart* sein, um alles spielen zu können. Man spielt nicht zwei Gefühle auf einmal; man spielt sie manchmal sehr schnell, doch immer eins nach dem anderen. Das ist die Gegenwart.

*Diane Dubeau: Verbannen wir also das Wort »Präsenz«, und sagen wir »in der Gegenwart sein«. Meine Frage richtet sich an die Schauspieler: Sie spielen diese Aufführungen jeden Abend, und Sie spielen diese Aufführungen sehr lange. Haben Sie besondere Techniken, um sich vor der Vorstellung zu konzentrieren? Wie wenden Sie dieses In-der-Gegenwart-Sein an?*

Simon Abkarian: Von dem Augenblick an, wo man sich sagt: »Ich bin in der Gegenwart«, heißt das: »Ich bin nicht im Begriff zu spielen!« Natürlich gibt es etwas, was man weiß, nämlich, daß man nicht in vollem Ernst da ist. Ariane hat folgendes gesagt: Wenn man weiß, daß man auf der Bühne eine Ohrfeige bekommt, und schon dabei ist, zurückzuweichen, so ist man nicht in der Gegenwart. *[Lachen].*

*Annick Charlebois, Wahlfach Theater am Gymnasium Lionel-Groulx: Sie machen sehr wenig Arbeit am Tisch, halten sich nicht lange mit dem Lesen der Stücke auf. Sie versuchen, Psychologie, Realismus zu vermeiden. Wie stellen Sie es an, um an eine Rolle heranzugehen, wenn Sie die realistische Psychologie und das Lesen, mithin die Textanalyse, vermeiden? Wie erarbeiten Sie die Figuren?*

Ariane Mnouchkine: Nur weil wir nicht vierzehn Tage am Tisch arbeiten, wird das deshalb schon zum Gesetz. Diese Arbeitsweise ist wirklich sehr charakteristisch für das Théâtre du Soleil. Wenn wir sagen: »Man muß in der Gegenwart sein«, habe ich wahrhaftig den Eindruck, daß dies ein recht grundlegendes Theatergesetz ist. Doch wenn wir sagen: »Im Théâtre du Soleil macht man keine vierzehntägige Arbeit am Tisch«, ist das kein Gesetz. Warum machen wir diese Arbeit am Tisch nicht? Weil sie mich langweilt. Die Arbeit am Studiertisch langweilt mich. Und dann bin ich mir nicht sicher, ob sich der Regisseur oder der Bühnenautor zwei Wochen lang in einen Professor für Theaterwissenschaft verwandeln soll. Es gibt Leute, die machen das sehr gut. Außerdem haben die Schauspieler sehr schnell Lust, aufzustehen und zu spielen. Sie möchten spielen. Es ist freilich nicht so, daß wir, weil auf die Tischarbeit verzichten, nicht zu verstehen versuchen, was wir gerade machen.

Aber wir versuchen es auf dem Fußboden, auf der Spielfläche zu verstehen.

Die zweite Frage betrifft die Art und Weise, wie wir ohne Psychologie an eine Rolle herangehen. Wenn ich Sie nach den psychologischen Hinweisen in dem Text zur Beschreibung von Agamemnon fragte, so würde Sie das, glaube ich, in Verlegenheit bringen. Das heißt, wenn man sich Agamemnon, Iphigenie oder Klytaimnestra über ihre Psychologie zu nähern versucht, ist man gezwungen, diese Psychologie von A bis Z zu erfinden. Denn in dem Text gibt es nur Leidenschaft. Es gibt nur Ziele und Leidenschaft. Das gilt sogar für Euripides, den die Professoren einen psychologischen Autor nennen. Von der Figur des Achill abgesehen, ist der einzige psychologische Vermerk, den man über eine Figur finden kann, letztlich der, wenn Klytaimnestra von Agamemnon sagt: »Er ist ein feiger Mann, er hat zuviel Angst vor der Armee.« Hätten wir an Agamemnon einzig und allein aufgrund der Worte »er ist ein feiger Mann« gearbeitet, dann wären wir freilich zu einem seltsamen Ergebnis gelangt. *[Lachen]* Trotzdem stimmt es vollkommen: Agamemnon hat jene Art von Feigheit, die Feigheit der Helden, die Feigheit der Kriegsherren, das heißt, er hat Angst, seine Popularität zu verlieren. Ist das allerdings wirklich psychologisch?

Und dann, sind das Figuren? Seit einiger Zeit schon, genaugenommen seit L'INDIADE, spreche ich manchmal das Wort »Figur« aus, und jedesmal verbessere ich mich. Ich sage: »Nein, vergeßt das Wort ›Figur‹.« Denn letztlich ist man, sobald man das Wort »Figur« verwendet, ein bißchen rassistisch, das heißt, man grenzt aus. Man sagt: Eine Figur ist das, was nicht dies oder jenes ist. Doch man weiß es nicht. Und aus diesem Grund schränkt man seine Ausdrucksmöglichkeiten ein.

Ich habe den Eindruck, daß in einem großen Werk jede Figur fast alle anderen in sich trägt. Andernfalls hat man Leute, die nur Karikaturen sind, oder genauer gesagt, die beschränkt sind.

Juliana Carneiro da Cunha: In diesem Prozeß der Figurenerarbeitung sind das Schminken und Einkleiden wichtig. Sie nehmen an der Umwandlung teil, so daß man bereits verwandelt ist, ehe man zu arbeiten beginnt.

*Annick Charlebois: Wäre es richtig zu sagen, daß Sie an den Figuren von außen nach innen arbeiten?*
Ariane Mnouchkine: Nein, nein, das ist nicht so.

Juliana Carneiro da Cunha: Nein, weil die Figur, die man mit dem Kostüm erschafft, auch einem Bild, einer Vorstellung entspricht. Man schminkt sich nach einem Bild, einer Vision, die man hat. Und das spielt sich innerlich ab.

Ariane Mnouchkine: Man kann, glaube ich, nicht sagen, daß ein ausgearbeitetes Kostüm, wie es meiner Auffassung nach sein sollte – das heißt erforscht, so wie man alles übrige erforscht –, äußerlich ist. Die Schauspieler erforschen ihre Kostüme, wie sie, wie wir alles übrige erforschen. Ich glaube also nicht, daß das Kostüm äußerlich ist. Es gehört zum Innerlichen. Das Kostüm gehört zum Äußeren, wenn es zwei Tage vor der Premiere angeliefert wird nach einem Modell, das drei Monate vor der ersten Probe beschlossen wurde. Da, ja, da gehört das Kostüm zum Äußeren.

Aber wenn das Kostüm mittels alter Stoffstücke entstanden ist, wie wenn sich ein Kind nach und nach mit scheußlichen Sachen verkleidet, dann wird es innerlich.

Am Anfang sehen alle Schauspieler wie Steckrüben aus, es ist schrecklich. Wir haben Fotos von den Anfängen der Proben. Sooft wir sie sehen, lachen wir darüber. Aber am Anfang lachten wir gar nicht. In Wirklichkeit ist das Kostüm weder psychologisch noch äußerlich.

Was Juliana sagte, stimmt völlig. Es ist gleichsam eine Anrufung. Es ist eine Anrufung, um zu versuchen, alles so einzurichten, daß die Figur kommt, verweilt, eindringt. Zu einem bestimmten Zeitpunkt sind alle Mittel gut. Es gibt Augenblicke, in denen ich alles versuche, in denen die Schauspieler alles versuchen. Es sind die Augenblicke, in denen wir nicht mehr ganz richtig im Kopf sind. Und es ist normal, daß man angesichts großer Werke den Kopf verliert.

Und wir suchen überall. Nach einer gewissen Zeit, das ist sehr merkwürdig, finden wir es, und wir sagen uns: »Aber das hatten wir in der letzten Woche nicht gemacht.« Aber ja, wir hatten es gemacht, wenn auch nicht ganz so. Wegen dieser gewaltigen Abschweifungen war eine Kleinigkeit ausgefallen, die Kleinigkeit, die plötzlich etwas offensichtlich macht, was aber weder psychologisch noch äußerlich ist. Das ist so.

*Dominique Dupire; Fachbereich Theater der UQAM: Die Kostüme in ihren Vorführungen haben mir sehr gefallen. Ich möchte wissen, wie Sie zum endgültigen Kostüm kommen. Gibt es viele Elemente, die direkt von den Völkern um Griechenland herum übernommen wurden? Sind es authentische Kostümelemente, wie zum Beispiel die Gürtel, oder ist es eine Rekonstruktion aus dem Kostümatelier? Welchen Anteil hat der Schauspieler an der Erfindung seines Kostüms?*
Ariane Mnouchkine: Einen enormen. Der Anteil des Schauspielers an der Erfindung des Kostüms ist enorm, doch das Endprodukt ist selbstverständlich das Ergebnis der Arbeit von zwei Kostümschneiderinnen. Sie arbeiten wirklich zusammen. Und all die kleinen Dinge, die an dem Kostüm sind – denn die Kostüme sind alle ähnlich und zugleich alle verschieden –, das heißt ihren Gürtel, ihre Schürze, stellen die Schauspieler selbst her. Sie arbeiten das Kostüm aus.

Es gibt natürlich Einflußzonen. Ich hatte darum gebeten, daß es nichts Griechisches sein sollte, weil man nicht weiß, wie das in Griechenland war, und weil ich nicht mit Bettüchern dastehen wollte. Die Einflußzonen sind also Türkei, Persien, Indien … aber nicht Griechenland.

*Dominique Dupire: Ich habe eine sehr technische Frage: Verwenden Sie synthetische Stoffe oder nur natürliche Materialien?*

Ariane Mnouchkine: Sehr selten. Hier gibt es keine Kunstfasern. In den Shakespeare-Stücken gab es sie ein wenig. Von meiner Begeisterung kann ich Ihnen allerdings nicht berichten.

*Serge Ouaknine, Fachbereich Theater der UQAM: Vor fünfzehn Jahren haben Sie, Ariane, Henri Michaux zitiert, einen Dichter, den ich sehr mag. Ich erlaube mir, diese wenigen Zeilen Michaux' aus* EIN BARBAR IN ASIEN *zu wiederholen: »Nur die Chinesen wissen, was eine Theaterdarstellung (représentation) ist. Die Europäer stellen seit langem nichts mehr dar, die Europäer stellen alles vor (présentent). Alles ist auf der Bühne, alles und jedes, nichts fehlt, nicht einmal die Aussicht, die man von dem Fenster aus hat. Die Chinesen hingegen stellen das, was eine Ebene, Bäume, eine Leiter bedeutet, in dem Maße auf, wie man es braucht.« Ich stelle diese Worte Michaux' meiner Frage nach der Theaterausbildung voran: Alle interessanten Regisseure des 20. Jahrhunderts, alle Theaterpädagogen des 20. Jahrhunderts haben unweigerlich den Weg nach Asien, zum asiatischen Theater genommen – sei es nun Eisenstein, Meyerhold, Brecht, Artaud, Claudel, Grotowski, Barba, Brook oder Sie selbst –, was bedeuten würde, daß es nur in Asien eine seriöse Theaterausbildung gibt und daß die Menschen im Westen nicht wissen, was Theater ist, zumindest unter dem Gesichtspunkt der Schauspielerausbildung.*

*Meine erste Frage ist also: Von dem Augenblick an, da Sie orientalische Techniken der Schauspielerausbildung, wie das Kathakali, die Techniken des chinesischen Theaters, der Pekingoper, des Noh-Theaters einbeziehen, sind Sie gezwungen, die westliche Tradition zu zerstören – vor allem in Frankreich, wo es eine Texttradition gibt –, das Verständnis für Mimesis, für Inszenierung, für Aufführung zu zerstören? Kann man diese asiatischen Techniken in die Institutionen, in die Theater einführen, ohne die Institutionen: Konservatorien, Schulen, Universitäten, zu zerstören?*

*Meine zweite Frage richtet sich ebensosehr an Sie wie an Ihre Mitarbeiter: Ich habe die Beobachtung gemacht, daß die europäischen und nordamerikanischen Schauspieler diese Gebärdentechniken, diese Arbeit am Körper einbeziehen können, aber nicht die Arbeit an der Stimme? Warum nicht?*

Ariane Mnouchkine: Ich möchte mir nicht anmaßen zu behaupten, daß wir im Théâtre du Soleil die Techniken der orientalischen Theater verwenden, ganz einfach, weil die Schauspieler im Orient im Alter von sechs Jahren beginnen und weil es ein echtes jahrtausendealtes Wissen gibt, das von Augapfelübungen über Massagen bis zu den Zehen geht. Es gibt all das, was wir nicht machen.

Wir machen es nicht, weil wir nicht die Fähigkeiten dazu haben. Ich besitze jenes Wissen nicht. Ich möchte lieber das Wort nochmals gebrauchen, das Sie mir soufflieren, nämlich »den Weg, den Pfad«. Es ist in der Tat ein Weg, dem ich zu folgen versuche, dem wir zu folgen versuchen, weil ich glaube, daß die Kunst des Schauspielers orientalisch ist. Sie haben einen Text von Michaux zitiert, doch man könnte auch jenen Satz von Artaud zitieren, der ohne Umschweife sagte: »Das Theater ist orientalisch.«

Kann man diesen Weg gehen, ohne die Institutionen zu zerstören? Gerade, weil sich die Institutionen diesem Kurs so stark widersetzen, laufen sie Gefahr, von ihm zerstört zu werden. Wären diese Institutionen nicht so eingebildet *[Lachen]*, so aristokratisch – im schlechten Sinne des Wortes –, das heißt, so überzeugt, die Crème de la Crème zu sein, hätten die Studenten zudem ein bißchen Demut, dann könnten sie, glaube ich, auf sehr fruchtbare Weise diesen Weg beschreiten, ihn zumindest kennenlernen, wissen, daß es ihn gibt, wissen, daß sie ihn eventuell benutzen können.

Aber welche Tradition haben wir dem Orient entgegenzustellen? Würden Sie mir das bitte sagen! Der Westen hat die Dramaturgie, das ist wahr. Die orientalischen Theater haben recht wenige, sehr große Texte: es gibt das Ramayana, es gibt in Japan das Chikamatsu … Die asiatische Theaterkunst ist die Kunst des Schauspielers, des Tänzers, des Sängers. Im Gegensatz dazu haben wir seit den Griechen zahlreiche sehr großartige geschriebene Texte. Wir haben also diese Tradition des Geschriebenen, doch diese Tradition stellt sich der anderen nicht entgegen. Also, ja, ich glaube, daß es in Frankreich einen ethnozentrischen Widerstand gibt.

Ein junger Schauspieler des Théâtre du Soleil sagte mir, ein Freund von ihm, der unsere Aufführungen nicht mochte, habe ihm eines Tages gesagt: »Was ich sehen möchte, ist eine französische griechische Tragödie.« *[Lachen]* Er hat nicht unrecht. Das sagt alles. Das bringt es auf den Punkt. Er wollte eine griechische Tragödie, aber eine französische. Ihm erschienen wir also ein wenig wie Kanaken.

Was die Frage nach der Stimme und den Körper betrifft, so spreche ich nicht von Techniken, ich spreche von Arbeit. Es ist ein imaginärer Weg. Die Arbeit, die wir im Hinblick auf die Shakespeare-Stücke am Kabuki oder am Noh gemacht haben oder am Kathakali, ist schon eine Arbeit, gewiß, aber es ist auch eine imaginäre Arbeit. Und dann bemerkt man, daß die wesentlichen Gesetze in all diesen Theatern dieselben sind. Und man bemerkt, daß ein Schauspieler, der eine Maske der Commedia dell'arte besitzt, einem Schauspieler des balinesischen Topeng begegnen kann und daß sie beide zusammen auf der Bühne auftreten können, ohne ein Wort einer gemeinsamen Sprache zu sprechen. Sie können eine für sich und für das Publikum großartige Stunde verbringen, weil sie zu improvisieren vermögen, weil die Gesetze dieselben sind.

Hinsichtlich der Stimme war ich, wie mir scheint, weniger erfolgreich. Ich habe eine kleine Kritik gespürt …

*Serge Ouaknine: Ich will mich klarer ausdrücken. Ich habe fast jede Ihrer Aufführungen seit 1967 gesehen. Ich kann sagen, daß es bei Ihnen in der szenischen Gestaltung und in der Körperarbeit eine bewundernswerte, wirklich umwerfende Beredtheit gibt. Aber ich bin nicht immer überzeugt von der realen Verdichtung der Stimme, außer in bestimmten Augenblicken, wo es diese dunkle Seite gibt, wo die Stimmen weder Männer noch Frauen sind, wo sie weder tief noch hoch sind. Ich möchte wissen, ob in dieser Richtung daran gearbeitet wird oder ob es ein Wunder des Augenblicks ist, daß die Darsteller an etwas rühren läßt, was die Asiaten gut kennen und das Abendland nicht kennt?*

Ariane Mnouchkine: Ich würde lieber etwas später auf diese Frage antworten. Vielleicht bringt uns etwas dazu, daß wir mit dem Finger an den Kern des Problems rühren. Es ist weder ein Wunder – ich glaube, es gibt selbstverständlich immer ein Wunder, aber das kommt nach vieler Arbeit – noch eine geheimnisvolle, technische Arbeit an der Stimme, deren Geheimnis wir besäßen. Nein, es gibt den Augenblick, es gibt eine Begegnung, und darauf kommt alles an. Und ich meine, daß sich dies gewiß nicht ständig, die ganze Vorstellung hindurch, ereignen kann. Wir sind noch nicht groß genug, glaube ich.

*Renée Noiseux-Gurik, Wahlfach Theater am Gymnasium Lionel-Groulx: Ich hätte zwei Fragen. Die eine geht wahrscheinlich vielen der hier anwesenden jungen Menschen durch den Kopf. Welches sind Ihre Aufnahmekriterien? Welches sind die Möglichkeiten, bei Ihnen im Théâtre du Soleil aufgenommen zu werden? Die andere Frage betrifft ein Anliegen, das junge Bühnenbildner, die unter uns sind, sicherlich auch haben und das sie Ihnen vielleicht nicht stellen werden. Wie entsteht bei Ihnen ein Bühnenbild? Was passiert da? Wer entscheidet über die großen Probleme hinsichtlich des Raumes, der Verwendung von Sachen, über die gesamte technische Apparatur? Ist es eine Angelegenheit der gesamten Gruppe? Was die Kostüme betrifft, haben wir sehr gut verstanden, daß all das zusammengehen kann, aber im Fall des Bühnenbilds ist das etwas heikler und recht kompliziert.*

Ariane Mnouchkine: Im Fall der Kostüme beginnt alles wirklich mit der Arbeit der Schauspieler. Das Auftreten von

Nathalie und von Marie-Hélène[4] geschieht auf eine fast hinterlistige Art. Das heißt, am Anfang sind es die Schauspieler, die umhergehen, tastend, suchend, erfindend, und dabei viele unterschiedliche Dinge machen. Und nach und nach kommen beide, Kostümbildnerinnen und Schauspieler, zusammen.

Ob das bezüglich des Bühnenbilds anders vor sich geht? Gewöhnlich wird ein Vorschlag auf den Boden aufgezeichnet. Wir beginnen immer in dem leeren Probensaal, immer. Und bei Guy-Claude François[5] erlaubt man sich alles, was man will, auf dem Papier: Wasserbassins, Wasserfälle … alles, was man will. Und dann sage ich, im Laufe der Proben, zu ihm: »Weißt du, das brauchen wir nicht mehr, weil sie es gespielt haben. Also, da sie es spielen, ist es nicht mehr notwendig.«

Mit LES ATRIDES war das ein klein wenig anders. Wir haben auf einer leeren Bühne begonnen und uns zusammen mit Guy-Claude gesagt: »Warten wir ab.« Nach zweieinhalb Monaten Proben spürte ich, daß der Chor, so embryonal er in jenem Augenblick auch war, allmählich etwas brauchte, aber ich wußte noch nicht was. Zu einem bestimmten Zeitpunkt standen die Schauspieler des Chors an der Seite, und ich sagte mir: »Ja, aber sie brauchen jetzt eine Trennung; sie müssen abgesondert sein können.« Daraufhin hat man einen Pfahlzaun in den Probensaal gestellt.

Ich fühlte, daß der Chor nicht mehr weiterkommen konnte. Der Raum mußte klarer umrissen werden. Aber zwei Monate, zweieinhalb Monate lang genügte die leere Spielfläche völlig für unsere Arbeit. Danach entstand plötzlich das Bedürfnis nach einem anderen Raum, nach einer anderen Zone. Das hat sich so ergeben.

*Renée Noiseux-Gurik: Ich möchte meine Frage präzisieren. Wenn Sie bei der Durchführung einer Arbeit in eine Situation geraten, in der Sie spüren, daß Ihre technischen oder visuellen Kenntnisse etwas beschränkt sind, würden Sie sich an* *andere, außenstehende Personen wenden? Würden Sie Bühnenausstatter mitwirken lassen?*

Ariane Mnouchkine: Aber Guy-Claude François ist ein sehr großer Bühnenbildner! Er arbeitete fast von Anfang an bei uns. Er ist der Bühnenbildner des Théâtre du Soleil seit L'ÂGE D'OR. Und davor war er der technische Leiter. Aber er spielt nicht in der Aufführung mit.

*Renée Noiseux-Gurik: Ich war schlecht informiert, weil man mir gesagt hatte, daß alle Schauspieler stets an der vollständigen Erarbeitung einer Aufführung beteiligt sind.*

Ariane Mnouchkine: Ja, aber am Bühnenbild nicht. Sie beteiligen sich gemäß ihren Bedürfnissen. Manchmal stellen sie das Bühnenbild her. Was LES ATRIDES anbelangt, so waren sie allerdings dermaßen mit Arbeit überlastet, daß sie nicht allzusehr am Aufbau des Bühnenraums beteiligt waren. Ich glaube, daß die Beteiligung der Schauspieler an den Kostümen ungewöhnlich groß und unentbehrlich ist; ihre Mitwirkung am Raum ist weitaus geringer.

Wenn sie spielen, sehe ich nur eines: Fühlen sie sich wohl in dem Raum, oder fühlen sie sich dort unwohl? Sie können also signalisieren, daß sie dort, an einer bestimmten Stelle, etwas brauchten.

*Renée Noiseux-Gurik: Diese Erarbeitung ähnelt demnach ein wenig Brechts Arbeit mit seinen Mitarbeitern und ist, ein sehr langsamer Entstehungsprozeß, in den alles wirklich mit einbezogen ist.*

Ariane Mnouchkine: Ja, aber es dauert lange. Es dauert lange.

*Renée Noiseux-Gurik: Meine erste Frage war: Was muß man mitbringen, um im Théâtre du Soleil aufgenommen zu werden? Welches sind die Aufnahmekriterien?*

Ariane Mnouchkine: Die Aufnahmekriterien? Es fällt mir sehr schwer, auf diese Frage zu antworten, weil ich zwar glaube, daß es Kriterien gibt, ich sie aber selbst nicht kenne. Simon sagt, es sei bei jedem eine andere Geschichte. Ich weiß nicht, was dazu führt, daß ich zu einigen sage: »Also gut, versuchen wir es«, und zu anderen: »Also nein, nicht sofort, ein andermal.« Es geschieht wohl aus dem Gefühl heraus. Es gibt Blicke, die mich berühren, und andere, die mich weniger berühren. Es gibt Blicke, die mich hoffen lassen. Es sind möglicherweise noch keine sehr großen Schauspieler, aber es gibt Hoffnungen. Vielleicht ist da auch der Eindruck, daß sie tatsächlich Lust haben, einen Berg zu ersteigen. Wenn jemand wirklich Lust hat, einen Berg zu ersteigen, selbst wenn er ganz offensichtlich noch nicht die Mittel dazu hat, so ist das schon sehr schön.

Viel mehr kann ich nicht dazu sagen. Das soll kein Ausweichen sein. Aber bei den Aufnahmekriterien handelt es sich um etwas beinahe Körperliches, etwas, was in den Bereich der Sinnlichkeit, des Vertrauens, der Hoffnung, der poetischen Wahrnehmung gehört. Manchmal verliert sich das später. Etwas, was so bewegend, charmant erschien, verschwindet plötzlich. Man sagt: »Oh, là, là! Vielleicht habe ich mich getäuscht«, und dann: »Nein! Es kommt wieder, oder es kommt nicht wieder.« Ich kann nicht sagen, weshalb. Aber auf jeden Fall ist es weder ihr Lebenslauf, wie man sagt, noch irgendeine Auszeichnung für gute Leistungen, was meine Wahl bestimmt. Wir machen zwar auch Lehrgänge, und es kann passieren, daß es zu Begegnungen während dieser Lehrgänge kommt. Aber ich kann nicht behaupten, daß ich jemandem eine Zusage geben würde, der in einem Lehrgang auf Teufel komm raus etwas sehr Hinreißendes gemacht hätte. Es gibt Leute, die ins Théâtre du Soleil eingetreten sind, ohne daß sie im Lehrgang etwas Hinreißendes gemacht hätten.

*Serge Denoncourt, Wahlfach Theater am Gymnasium Lionel-Groulx: Ich versuche zu verstehen, wer bei Ihnen welches Anrecht auf was hat. Eine ganz dumme Frage: Sind Sie zum Beispiel negativ voreingenommen gegen einen ersten Preisträ-*

*ger des Pariser Konservatoriums, der bei Ihnen arbeiten möchte? [Lachen]*
Ariane Mnouchkine: Wenn mich jemand bittet, bei uns arbeiten zu dürfen, bin ich bereits positiv voreingenommen. Ich finde das immer schmeichelhaft, selbst wenn es jemand ist, der niemals gespielt hat. Was einen ersten Preisträger des Konservatoriums betrifft, so will ich Ihnen sofort sagen: Es hat noch nie einen ersten Preisträger des Konservatoriums gegeben, der mit der Bitte gekommen wäre, bei uns zu arbeiten. *[Lachen]*

Ich sprach vorhin von der Eitelkeit der Schauspieler, der Schauspielschüler gewisser Institutionen. Einmal bekam ich sogar die folgende ungewöhnliche Erwiderung eines Studenten der École de Strasbourg, der uns aufgesucht und, etwas ganz Außergewöhnliches!, darum gebeten hatte, mit uns arbeiten zu dürfen, und dem ich gesagt hatte: »Hören Sie! Ich mache in einem Monat einen Lehrgang, arbeiten Sie in diesem Lehrgang eine Zeitlang mit uns.« Dieser Student gab mir die folgende ungewöhnliche Antwort: »Aber ich habe doch schon die Schule absolviert!« *[Lachen]* Er hat die Schule absolviert, somit weiß er alles! Folglich braucht er keinen Lehrgang zu machen! Welche Rolle geben Sie mir, Madame Mnouchkine? Nichts, mein Lieber. So ist es! Also, ich bin nicht negativ voreingenommen, nicht im geringsten.

*Jean-Stéphane Roy, Wahlfach Theater am Gymnasium Lionel-Groulx: Ich würde gern wissen, welche Ausbildung Sie im Théâtre du Soleil geben. Worauf legen Sie den größten Wert? Wenn jemand kommt und sagt: »Madame Mnouchkine, ich habe Ihre Aufführungen gesehen, ich verehre Sie, ich möchte mit Ihnen arbeiten. Ich will nicht ›eine Rolle spielen‹, ich möchte arbeiten.« Ein feiner Unterschied. Was machen Sie in dem Fall? Sagen Sie ihm: »Ich mache nächsten Monat einen Lehrgang, kommen Sie dorthin«?*
Ariane Mnouchkine: Nein, ich sage nicht: »Ich mache nächsten Monat einen Lehrgang.« Ich sage: »Schreiben Sie

an das Théâtre du Soleil, und sagen Sie, daß Sie über die Lehrgänge auf dem laufenden gehalten werden wollen. Sie können drei Monate, sechs Monate warten … Zu gegebener Zeit benachrichtigen wir jeden; und danach finden Gespräche statt.«

Es finden Gespräche statt, weil es im allgemeinen sieben- oder achthundert Anfragen gibt. Ich kann nicht alle nehmen. Und dann wähle ich von diesen siebenhundert Personen hundert, manchmal mehr, für den Lehrgang aus. Und wir arbeiten ausschließlich mit der Maske.

*Martine Beaulne, Regisseurin und Schauspielerin: Ich möchte die Schauspieler fragen, warum sie am Anfang mit dem Théâtre du Soleil arbeiten wollten und welche Fragen das Spiel des Schauspielers nun, da sie dort arbeiten – aufgrund der so erworbenen Erfahrung und der dabei verrichteten Forschungsarbeit –, in ihnen auslöst? Was wollen sie noch gemeinsam lernen? Welche Dimensionen wollen sie erforschen?*
Ariane Mnouchkine: Man stellt sich ständig Fragen, aber es gibt Zeiten, die zum Fragen geeigneter sind. Es ist der Augenblick, wo man die Aufführungen schon seit geraumer Zeit spielt, wo man weiß, daß das Ende der Vorstellungen näher kommt und daß man etwas anderes vorschlagen muß. Auch weiß man, daß es der Zeitpunkt ist, zu dem einige kommen und andere gehen werden.

Diese tiefgreifende Veränderung geschieht immer am Ende eines Werks. Das ist ein Augenblick gewaltigen Fragens. Es ist nicht immer angenehm. Man kann sich die Frage stellen, ob man noch die Kraft zum Fortschreiten hat. Vielleicht sind diese Fragen narzißtisch, aber man muß sie sich dennoch stellen.

Ich frage mich zum Beispiel, wie lange es eine Truppe wie das Théâtre du Soleil aushält, gegen den Strom zu schwimmen, und ich spreche nicht von der materiellen Situation. Manchmal sehe ich uns wie Dinosaurier gegen den Strom einer gewissen sozialen Entwicklung schwimmen. Ich sage

mir, daß dies immer schwieriger werden wird. Ich frage mich, über welche Mittel wir verfügen. Diese Fragen stelle ich mir durchaus. Aber es gibt andere Fragen, die ich Ihnen gegenüber nicht einmal aussprechen möchte, weil sie zu intim sind oder zu angsterfüllt oder weil sie zu sehr in den Bereich der normalen Neurose von Schauspielern und Regisseuren gehören. Und dann sind da noch andere Fragen, welche den Fragen ähneln müssen, die sich sicherlich einige Lehrende unter Ihnen stellen, einige Autoren, einige Schriftsteller und Schauspieler, junge und weniger junge, die nach Höhe verlangen und denen man die Tiefebene predigt und die sich fragen, wo sie aufsteigen könnten.

*Mario Lejeune, Wahlfach Theater am Gymnasium Saint-Hyacinthe: Ich möchte von Ihnen etwas über die Schauspielerausbildung hören. Worin bestehen Ihre Lehrgänge, und womit fördern diese die Ausbildung des Schauspielers, des Komödianten?*
Ariane Mnouchkine: Nein, hören Sie zu, ich bin nicht gekommen, um meine Lehrgänge anzupreisen. Wir haben von diesen Lehrgängen gesprochen, weil mich alle fragen, was man tun muß, um daran teilzunehmen. In solchen Fällen gebe ich die Adresse. Es sind Lehrgänge. Ich meine, daß ein Regisseur es den Schauspielern schuldig ist, ihnen Unterricht anzubieten. So einfach ist das. Eines Tages haben wir uns gesagt: »Im Grunde verfügen wir über ein Werkzeug. Es gibt so viele junge Schauspieler, die über kein Werkzeug verfügen. Wer kann, sollte einen kostenlosen Lehrgang von vierzehn Tagen anbieten, neun Stunden pro Tag, acht Stunden pro Tag, und die jungen Schauspieler können kommen, um zu arbeiten.«

Was sie dort lernen? Sie lernen dort das, was sie zu lernen imstande sind.

Darüber hinaus hat Josette Féral in einem Artikel einen Lehrgang von A bis Z beschrieben.[6] Sie hat einen unserer Lehrgänge miterlebt, und sie hat ihn wirklich sehr genau beschrieben. Sie brauchen es nur zu lesen.

*Catherine Graham, Universität McGill: Meine Frage betrifft die Ethnozentriertheit. Ich schaue mir Ihre Aufführungen und das Programm an. Ich schaue mir die Namen an, und ich schaue Sie an: Sie kommen aus den unterschiedlichsten Kulturen. Ich frage mich, wie das bei der Inszenierung einer Aufführung vor sich geht. Mir scheint, Sie kommen mit verschiedenen Theatertraditionen, mit mehreren kulturellen Überlieferungen an. In* Les Atrides *hatte ich den Eindruck, vielen unterschiedlichen Traditionen gleichzeitig zu begegnen. Meine Frage ist im Grunde sehr einfach: Wie arbeiten Sie miteinander? Spielt sich alles nur in den Proben ab? Machen Sie zuweilen Workshops, um Ihre Erfahrungen miteinander zu teilen? Ich wende mich vielleicht mehr an die Schauspielerinnen und Schauspieler, um zu erfahren, wie Sie auf diese, wie mir scheint, sehr interkulturelle Arbeit reagieren: Bringen die Schauspieler des Soleil verschiedene Ausbildungen mit? Und wie teilen Sie das, was Sie mitbringen: Halten Sie hierfür Workshops ab? Geschieht es einfach dadurch, daß Sie die anderen beobachten?*

Simon Abkarian: In der Truppe gibt es nur Niru, die aus einem Land stammt, das eine Theatertradition hat. Sie kommt aus Indien, sie hat Bharatanatyam getanzt. Im Gegensatz dazu gibt es verschiedene kulturelle Horizonte. Duccio kommt aus Italien. Brontis kommt aus Mexiko, sein Vater ist Jude. Mein Vater ist Armenier. Juliana ist Brasilianerin. Es sind Kulturen, die sich begegnen. Im Théâtre du Soleil treten Sachen hervor, von denen wir nicht wußten, daß es sie gibt, und die wir uns erzählen. Die Workshops finden am Ende einer Probe bei Tisch statt, indem wir herumalbern, und da sprechen wir miteinander in der einen Sprache und antworten in einer anderen …

Auch auf der Bühne ereignen sich Dinge. Zum Beispiel macht Niru etwas, was danach Duccio spielt und was dann ihm gehört, auch wenn es von Niru kommt. Es gibt also den Austausch, ja, aber wir sagen nicht: »Hört zu, von siebzehn bis achtzehn Uhr machen wir Kulturaustausch.« *[La-*

*chen]* Zum Beispiel morgens, wenn wir um neun Uhr Kaffee trinken, trinkt Niru auf einmal auch ihren Kaffee. Ich spreche viel von Niru, weil sie in dem Augenblick oft sagt: »Heute morgen würde ich gerne Reis essen, wie man es bei mir zu Hause morgens tut.«

Ariane Mnouchkine: Was Simon erzählt und was völlig stimmt, ist, daß Niru tatsächlich sagt: »Ach! Es gibt keinen Reis«, und nach kurzer Zeit verspüre auch ich Hunger auf Reis. So geht das vor sich. Es kommt von der Durchlässigkeit, von dem Austausch. Im Grunde heißt Austausch empfangen wollen. Es bedeutet empfangen. Wenn man einen großen undurchlässigen Regenmantel anhat, gut geschlossen, sehr französisch, dann gibt es keinen Austausch, selbst wenn zehn Workshops pro Woche stattfinden!

Es ist die Art und Weise, dazusein, den anderen zu akzeptieren … Die Art und Weise, wie man mit einem Mal die Brasilianer oder die Portugiesen des Ensembles miteinander sprechen hört. Natürlich besteht eine Neigung dafür. Das rührt auch von der Liebe zum Spiel her. Es ist keine Arbeit. Das wollte Simon sagen. Es ist keine Arbeit, es ist das Leben. Aus dem Grund ist es schwierig, darauf zu antworten.

Simon Abkarian: Manchmal sagt man mir: »Welche Schule hast du durchlaufen? Was hast du im Théâtre du Soleil gemacht?« Eines Tages sagte mir ein Journalist, der die Aufführung besucht hatte: »Was hast du gemacht, bevor du Schauspieler wurdest?« Ich war überrascht, denn ich kam gerade aus der Vorstellung. Ich antwortete ihm: »Ich habe gelebt.« Das habe ich nicht gesagt, um eine interessante Antwort zu geben, es kam ganz natürlich aus mir heraus. Ich glaube, was wir im Théâtre du Soleil gemeinsam haben, ist, daß alle ein Erlebtes haben. Und dieses Erlebte teilen wir miteinander. Ich glaube, daß sich die schönen Dinge überall auf der Welt gleichen. Da sagen wir uns: »Schau, bei mir sagt man ›Blume‹ so, bei mir sagt man es so, bei mir ißt man so, mit einer Hand.« Wir sprechen vom Essen, von der Liebe, von vielen Dingen.

Juliana Carneiro da Cunha: Ariane hat gesagt, daß wir unsere Kindheit mit uns führen. Da wir viel über die Kindheit arbeiten, haben wir die Kindheit mehrerer Länder. Das ist sehr erfrischend.

Brontis Jodorowsky: Ich glaube auch, daß wir große Lust haben zu reisen. Es gibt Aufführungen, bei denen wir an bestimmte Orte reisen, und bei anderen Aufführungen reisen wir an andere Orte. Mir scheint, darin liegt das Vergnügen.

*Ein Student: Wie wählen Sie ein Stück aus? Wie erarbeiten Sie es? Wie verteilen Sie Ihre Rollen? Sehen Sie den und den Schauspieler in einer spezifischen Rolle, oder überlassen Sie es vielmehr dem Schauspieler, zu sagen: »Ich wäre mehr an dieser Figur interessiert; mir scheint, daß ich mich in dem Stück mit ihr wohler fühlen würde«?*
Ariane Mnouchkine: Ich mache die Rollenverteilung niemals im vorhinein. Niemals, niemals. Das würde nicht funktionieren. Seit sehr langer Zeit, wirklich seit sehr langer Zeit probieren alle Schauspieler alle Rollen aus, und das lange Zeit hindurch. Um ehrlich zu sein, das Programmheft mit der endgültigen Rollenbesetzung ist am Tag der Premiere nie fertig, so spät kommt es zur wirklich endgültigen Besetzung. Also alle probieren alle Rollen aus.

Allerdings gibt es auch Selbstverständlichkeiten. Es gibt Selbstverständlichkeiten, die, sofort, blitzschnell ins Auge springen. Andere dauern dagegen länger, viel länger. Manchmal ist das grausam, denn es kann einen Moment des Zögerns geben, bevor ich mich zwischen zwei Schauspielern oder zwei Schauspielerinnen entscheide, aber ich mache niemals eine Rollenverteilung.

Ich kann nicht behaupten, daß ich mir nicht sage: »Ach, das ist wahrscheinlich Soundso, der das spielen wird.« Es

kommt vor, daß ich mich irre. Zuweilen erlebe ich schöne Überraschungen, phantastische Überraschungen. Ich erlebe auch sehr schwer zu akzeptierende Enttäuschungen. Auf jeden Fall verteile ich die Rollen nicht, aber es sind auch nicht die Schauspieler, die sagen: »Ich werde die und die Rolle spielen.« Sie sagen alle: »Ich würde dies gern versuchen.« Und sie versuchen es alle.

Ihre erste Frage betraf das Werk. Wie wir unsere Stücke auswählen? Ich habe es, glaube ich, vorhin gesagt. Es gibt in bestimmten Momenten eine Art Liebe auf den ersten Blick. Dann gibt es während des Spielbetriebs eines Schauspiels einen Moment, wo man nicht weiß, was man danach machen soll. Es gibt einen Moment der Ungewißheit, der sehr beklemmend, aber gleichzeitig recht angenehm ist, weil man weiß, daß während dieser Zeit etwas, was man nicht kennt, heranreift. Und es gibt etwas, was sich aufzwingt, was uns wählt. Ich bin nicht sicher, ob wir es sind, die dieses oder jenes Stück auswählen. Ich glaube, in einem bestimmtem Augenblick sagt dieses oder jenes Stück: »Gut, jetzt bin ich die Prüfung.«

*Serge Denoncourt: Gibt es innerhalb der Truppe eine Hierarchie? Ich hatte den Eindruck, daß es in der Aufführung Schauspieler gibt, die ein Recht auf das Wort und die Rollen haben, und die anderen nicht. Ich habe den Eindruck, daß es in der Ausbildung bei Ihnen eine Art Etappe zu überwinden gibt, in der man zwar auf der Bühne sein kann, aber nicht sprechen darf. Hätte jeder das Recht gehabt, den Orest zu spielen? Waren alle im Rennen, oder gibt es Jahre der Ausbildung?*
Ariane Mnouchkine: Nein! Ganz ehrlich, nein! Jeder ist wählbar. Aber nicht jeder wird gewählt. Und wenn Sie sagen, daß es Etappen zu überwinden gibt, ist das sehr richtig. Es gibt Etappen zu überwinden. Man kann nicht behaupten, daß jedermann gleich ist, auf demselben Niveau ist. Es gibt, ganz richtig, die Vorstellung einer Ausbildungsmöglichkeit. Ich meine, daß man sehr viel lernt, indem

man einen Schemel herbeibringt. Catherine zum Beispiel, die die Koryphäe ist, hat im Théâtre du Soleil damit begonnen, daß sie einen Schemel herbeibrachte. Das heißt nicht, daß jeder, daß all jene, die Schemel herbeigetragen haben, als Koryphäe endeten. *[Lachen]* Sagen wir also, daß es nicht eine Frage des Anrechts ist. Ein Recht wird erworben. Wenn Simon den Orest spielt oder wenn Niru die Iphigenie oder die Elektra spielt, wenn Juliana die Klytaimnestra spielt, dann, ja, haben sie ein Recht darauf, da sie es nun einmal spielen. Aber ihre Rechte waren nicht im vorhinein einfach so festgelegt, jeder konnte alles versuchen.

*Serge Denoncourt: Was mich auf diese Frage brachte, ist, daß Simon zum Beispiel Orest, Achill und die Amme spielt. Und ich sagte mir, daß es bei Ihnen viele Schauspieler gibt, die sich sicher sehnlichst wünschten, die Amme zu spielen …*
Ariane Mnouchkine: Was insbesondere die Amme angeht, so will ich Ihnen sagen, daß selbst Simon in einem bestimmten Augenblick sehnlichst wünschte, daß jemand anders diese Rolle spielen würde. *[Lachen]* Und ich auch, das muß ich sagen!

Und zwar deshalb, weil es einen äußerst raschen Wechsel gab. Wir waren sogar gezwungen, zu einer kleinen List zu greifen, wir verlängerten den Chor um einige Verse, damit Simon Zeit hatte, sich umzuziehen. Wir wären alle wirklich, aufrichtig darüber erfreut gewesen, wenn es jemand anders gelungen wäre, die Amme zu spielen. Sie sprachen vorhin von Veto. In jenem Augenblick habe ich mich natürlich sehr unbeliebt gemacht, indem ich mich irgendwann zwischen Simon und einer anderen Person, der es nicht ganz gelang, für die schwierigere, aber schönere Lösung entschied. Ich glaube übrigens, daß es mir alle ein klein wenig übelnahmen, einschließlich Simon, weil der in jenem Augenblick soufflieren wollte. Doch es gibt immerhin so etwas wie die Achtung vor Aischylos und dem Publikum. Und nichts darf wichtiger sein als die Schönheit des

Werkes und die Achtung vor dem Publikum, nicht einmal die kleinen Demokratien innerhalb einer Truppe.

Wenn jemand anders die Amme gespielt hätte, so hätte das für einen reibungslosen Ablauf gesorgt und mir viel Ärger erspart. Aber nein! Was soll ich Ihnen sagen? Nein! Das muß dem Besten gehören.

Sie kennen den Satz von Brecht: »Die Erde gehört dem, der sie besser macht, die Dinge denen, die sie besser machen.« Also. Die Rollen gehören denen, die sie besser verkörpern. Aber nicht im vorhinein. So ist das! Es wird nicht alles im voraus beschlossen.

Meiner Ansicht nach ist es nicht richtig, wenn die Rollen tatsächlich schon bei der ersten Probe verteilt werden. Das hieße, nach einem System zu arbeiten, das es im Théâtre du Soleil nicht gibt.

Die Kehrseite der Medaille ist, wenn auf eine Glückssträhne plötzlich eine Zeit folgt, in der einem Schauspieler, dem während einer Aufführung alles zufiel, nun weniger gelingt. Ich akzeptiere das. Häufig akzeptiert aber der Schauspieler das schwerer.

*Aline Ouellet, Fachbereich Theater der UQAM: Ich würde gern auf die Frage nach der Auswahl der Schauspieler zurückkommen. Sie antworteten vorhin, daß Ihre Entscheidung von allen möglichen Faktoren abhängt. Ich sagte mir, daß Sie sehr intuitiv zu sein scheinen, aber in Wirklichkeit sicher wissen, nach welchen Kriterien Sie Ihre Leute auswählen. Wenn Sie uns einige Beispiele für die Gründe geben könnten, weshalb Sie fünf oder sechs Ihrer Schauspieler auswählten? Wir haben alle verstanden, daß man seelisch und körperlich stark sein muß, um zu Ihnen zu gehen, und daß man demütig sein muß. Aber sonst?*
Ariane Mnouchkine: Nein, aber glauben Sie denn, daß ich etwas verberge? *[Lachen]* Ich erinnere mich an Catherine zu jener Zeit, sie war anfangs ziemlich undurchschaubar, das heißt, sie war eine kleine junge Frau mit einem kleinen Haarknoten auf der Seite, die sich sehr gut bewegte, die

sehr athletisch war, die den anderen viel beim Ankleiden half. In dem Lehrgang[6], den sie mitmachte, war sie sehr dynamisch, sehr fröhlich. Sie machte nichts Großartiges. Sie machte eine sehr schöne Improvisation, aber davon abgesehen, nichts Außergewöhnliches. Ich wußte übrigens, daß sie zwei Jahre in Indien im Kalamandala verbracht hatte. Man muß mutig sein, um zwei Jahre in Südindien zu verbringen, in einem Dorf ohne Elektrizität. All das, um Kathakali zu studieren, und nicht, um als Tourist für einen Monat dorthin zu gehen. Und dann bat sie darum, in die Truppe eintreten zu dürfen; es war sofort ganz offensichtlich, daß Catherine jemand war, der das, was er zu tun hatte, gut machte, das heißt, daß sie ihre Arbeit sorgfältig durchführte, sehr gewissenhaft war. Es gab eine Strenge, selbst in den sehr einfachen Ausführungen – sie trug Schemel herbei, sie gehörte zur Dienerschaft Sihanouks –, da war eine Gewissenhaftigkeit, ein Feingefühl! Sie hatte die Feinheit der höfischen Diener jener Zeit erfaßt, und sie machte es mit Begeisterung, Verlangen und Freude. Das waren also die ersten Dinge, die mir an ihr auffielen. Gleichwohl besaß sie überhaupt keine Bühnensprache.

Es wäre leichter, Ihnen zu sagen, was mich entmutigt. Was mich am meisten, und zwar auf der Stelle entmutigt, ist die Ernüchterung, der blasierte Mensch, der Zyniker, derjenige, der sich nicht reinlegen läßt. *[Lachen]* Also da ist sofort das Nein da! Es ist, als würde man mir eine nasse Decke umlegen.

Ich suche nach einem Mitschwingen, nach Gläubigkeit, nach Leidenschaft, nach einem Bedürfnis! Ich brauche eine gewisse Religiosität, eine Beziehung zum Heiligen. Das ist es! Wenn jemand Gebärden machte, diese kleinen rituellen Gesten, die uns eigen sind, ohne daß sich etwas für ihn Wichtiges darin äußerte, so würde uns das die Freude am Heiligen, am Theater, am Ritual, an der Poetisierung des Alltags so sehr verderben, daß es mich in dem Augenblick nicht mehr inspirieren würde. Vielleicht brauche ich des-

halb auch die Kindheit. Habe ich auf Ihre Frage ausreichend geantwortet?

*Aline Ouellet: Ja, weil Sie die Dimension angeführt haben, die nicht genannt worden war und die man auf der Bühne sah. Die gesamte Anima ist darin. Es ist gut, daß Sie sie erwähnt haben, weil man sich auf eine Dimension zubewegen muß, die anders ist als die, die man sieht.*

*Ich habe eine zweite Frage. Man setzt Ariane Mnouchkine stets mit dem Théâtre du Soleil gleich, doch gibt es etwas, was ausgeschwärmt ist? Gibt es Schauspieler, die für einige Zeit dabeigewesen sind und dann woanders etwas gemacht haben? Gibt es irgendwo kleine Dinosaurierbabys? Ist das Théâtre du Soleil allein Ariane Mnouchkine?*

Ariane Mnouchkine: Es gibt Leute, die vom Théâtre du Soleil fortgegangen sind, um auszuschwärmen, um Truppen zu bilden. Sie haben es mit mehr oder weniger Erfolg oder Glück getan. Da ist Jean-Claude Penchenat, der das Campagnol gegründet hat; da ist Jean-Pierre Tailhade, der ganz allein Aufführungen macht, auch Philippe Caubère. Also, ja, ich glaube, es gibt Schauspieler, die im Soleil gewesen sind und die woanders Sachen machen. Es ist normal – ist es doch fast eine familiäre Erscheinung –, daß die, die fortgehen, in Opposition sind. Daraus erwächst ein Widerspruch. Die, die ausschwärmen, können also keine exakten Klone des Soleil sein. Hier gibt es keine Parthenogenese, sondern das, was sie machen, ist zwangsläufig vom Théâtre du Soleil geprägt, denn sie haben lange Zeit dort mitgespielt. Sie sind also in der Krise und nehmen das Anderssein für sich in Anspruch.

*Marie Ouellette, Fachbereich Theater der UQAM: Meine Liebe zum Théâtre du Soleil kommt von jenem magischen Wort, das Truppe heißt. In Quebec haben wir keine Truppen. Es gibt Theaterensembles, aber keine Truppen im strengen Sinn des Wortes. Ich würde gern etwas darüber hören, was die Truppe bedeutet, weshalb sie seit all den Jahren besteht, über den Beruf der Schauspielerin und des Schauspielers innerhalb der Truppe, über jene Sphäre, die die Truppe schafft. Und auch, was Sie von der Schauspielerführung im kommerziellen Bereich halten? Wie denken Sie über die Notwendigkeit, seinen Lebensunterhalt zu bestreiten, die den Schauspieler zwingt, im Fernsehen aufzutreten und Werbespots zu machen?*

Ariane Mnouchkine: Es scheint ganz klar zu sein, daß eine Truppe wie das Théâtre du Soleil mit einem Traum begonnen hat. Und die Truppe besteht weiter, weil es noch immer ein Traum ist. Dies bedeutet nicht, daß es für jeden derselbe Traum ist. Dies bedeutet auch nicht, daß es immer idyllisch ist. Mitunter ist es äußerst grausam. Ich spreche jetzt für mich. Ich habe nicht die geringste Ahnung, wie lange das Théâtre du Soleil Bestand haben wird. Ich weiß aber, daß das Theatermachen außerhalb eines Ensembles, das eine gemeinsame Suche miteinander teilt, für mich völlig unvorstellbar ist. Ich würde Theater nicht anders machen. Weil ich glaube, daß es die einzige Weise ist zu lernen, und ich habe Lust zum Lernen.

Ich würde gern bergsteigen. Den Berg ersteigen heißt nicht nur den Berg ersteigen, den jedes Werk darstellt, es heißt den Berg bezwingen, den das Theater, das Leben darstellen. Es ist also so, daß es ein Traum ist, und dieser Traum selbst ist eine Herausforderung, eine Prüfung.

Zu Ihrer zweiten Frage, was ich von Schauspielern halte, die Werbespots machen. Ich habe nicht das Recht, darauf zu antworten. Natürlich habe ich eine Meinung, doch was ich darüber denke, muß ich nicht öffentlich äußern, weil ich mich eben niemals in die Lage von jemand anders versetze. Was ich Ihnen sagen kann, ist, daß ich den Beruf wechseln würde, wenn es dazu käme, daß ich gezwungen wäre, meine Anforderungen aufzugeben. Ich würde etwas anderes machen, das ist ganz klar. Ich könnte nicht etwas machen, was nach meinem Dafürhalten kein Theater ist. Ich kann nicht über die urteilen, die die Lust zum Theatermachen schließlich dazu treibt, etwas zu machen, was mit Theater nichts zu tun hat.

Und mit all dem verbinden sich dann viele andere Dinge: das Verlangen nach Geld, das heißt, nach ein wenig Geld, das Verlangen nach Unabhängigkeit, zuweilen auch die Lust, die Führung einer Truppe zu übernehmen.

Es gibt verschiedene Einstellungen zur Kunst des Theaters. Das mindeste, was man sagen kann, ist, daß die Welt um uns herum die Truppe nicht begünstigt. Ich frage mich, wie lange dieser Zustand andauern wird, ob es nur eine Periode, eine Epoche ist oder im Gegenteil ein Zeitalter. Man erhebt den Individualismus heutzutage zum Wert an sich. Das kann Folgen haben. Doch ich glaube, für junge Männer und junge Frauen, die Theater machen wollen, wird der Traum stets lebendig bleiben. Es wird immer jemanden geben, der daherkommt und unverblümt verkündet: »Ja, aber ich, ich will das machen.« Dann also vorwärts! Es ist nicht möglich, daß alle scheitern. Es wird Leute geben, die eine Truppe bilden und durchhalten.

Aber es stimmt, zur Zeit ermutigt man die jungen Leute in Frankreich nicht, und man betrügt sie. Es ist ein wenig wie Pinocchio. Man geht mit ihnen in die Freizeitparks.

*Danielle Codogliani, Staatliche Schauspielschule von Montreal: Ich möchte wissen, wie ein Tag bei der Truppe des Théâtre du Soleil verläuft? Worin besteht die Arbeit? Welchen Platz nimmt das Spiel ein? Ich möchte gern wissen, was zwischen zwei Aufführungen vor sich geht. Ist da eine Leere, oder arbeiten Sie weiter? Und schließlich, wieviel Zeit verbringt ein Schauspieler ungefähr mit der Truppe des Théâtre du Soleil?*

Ariane Mnouchkine: Auf Ihre erste Frage, wie ein Arbeitstag aussieht, antworte ich: Das kommt darauf an. Während der Proben sehen die Tage ganz anders aus als während der Vorstellungen. Was also die Proben betrifft, so ist es ganz einfach. Wir sind zehn vor neun da. Wir trinken einen Kaffee, und um neun Uhr beginnen wir. Das heißt, es folgt das

Aufwärmen, das von den Aufführungen abhängt: entweder nur ein einfaches Aufwärmen oder – wie etwa für LES ATRIDES – Aufwärmen plus Tanz. Danach beschließen wir, an welchen Szenen an dem Tag gearbeitet wird, wer was in welchen Szenen versucht. Das Ganze manchmal in beliebiger Reihenfolge. Es bilden sich folglich die Teams mit den verschiedenen vorgeschlagenen Besetzungen. Die Schauspieler verkleiden sich – ich getraue mir nicht, Ihnen zu sagen, daß sie sich ankleiden, weil es noch nicht soweit ist. Sie verkleiden sich also, sie schminken sich, sie sehen aus wie Steckrüben oder Porree … Und wir fangen an zu proben.

Im ersten Probenmonat hören wir normalerweise gegen sieben Uhr auf. Und sehr bald hören wir gegen acht Uhr auf, danach gegen neun Uhr, darauf gegen zehn Uhr. Dann essen wir zu Abend. Und wir beginnen von neuem.

Ich habe Ihnen unsere Arbeitsweise bei LES ATRIDES beschrieben. In anderen Aufführungen allerdings helfen die Schauspieler beim Bau der Bühnendekoration oder bei anderen Dingen kräftig mit. Bei LES ATRIDES gab es jedoch so viel Arbeit, daß das nicht möglich war. Jede Stunde mußte den Proben gewidmet werden, so viele Schwierigkeiten hatten wir am Anfang. Wir arbeiteten häufig von neun Uhr bis Mitternacht. Für die vier Stücke haben wir insgesamt zehneinhalb Monate gearbeitet. Wir machten die ersten drei in siebeneinhalb Monaten. Wir haben sie sehr lange gespielt, denn wir konnten nicht mehr aufhören, da wir kein Geld mehr hatten und wirklich spielen mußten. *[Lachen]* Dann haben wir aufgehört. Nach Lyon haben wir drei Monate aufgehört, um LES EUMÉNIDES zu inszenieren. So geht das vor sich, wenn wir proben.

Wenn wir spielen, ist das ein klein wenig anders. Da die Vorstellung in Paris um halb acht beginnt, kommen alle zum Mittagessen gegen halb zwei oder zwei Uhr. Die, die Dienst haben, wie wir sagen – das heißt die Hälfte –, räumen auf, richten die Bar ein; die anderen, die in der entsprechenden Woche frei haben, kommen um vier Uhr, damit wir um halb

acht beginnen können. Sie kommen zum Aufwärmen zusammen. Für die Zuschauer wird eine Stunde vorher geöffnet, das heißt um halb sieben, und die Schauspieler sind ungefähr gegen halb sechs, viertel vor sechs in ihrer Garderobe.

*Michel Savard, Wahlfach Theater des Gymnasiums Saint-Hyacinthe: Jemand sagte vorhin, daß es hier in Quebec keine Theatertruppe gebe. Ich höre mit der Schule auf. Ich bin seit einigen Jahren Schauspieler. Wenn ich eines Tages eine Truppe ins Leben rufen möchte, wie geht das vor sich? Wie entsteht das? Wo fängt man an?*

Ariane Mnouchkine: Ich erzähle Ihnen einfach, wie es angefangen hat. Und zwar wie so häufig, mit einer Clique von Freunden. In diesem Fall gründete ich nach meiner Rückkehr aus England, als ich das begonnen hatte, was ich für mein Studium hielt, eine studentische Laienspielgruppe an der Sorbonne. Dort sind sich alle Gründer des Soleil begegnet, allerdings nur, um Laientheater zu machen. Es wurde eine Clique, eine Clique von Freunden, und wir beschlossen, daß wir gemeinsam Theater machen würden. Aber einige mußten ihren Militärdienst, andere ihr Studium beenden. Ich wollte eine große Reise nach Asien unternehmen. Wir haben das alles gemacht, und dann haben wir uns wiedergetroffen und das Théâtre du Soleil gegründet. Wir wußten nichts. Niemand wußte etwas.

Keiner von uns war Schauspieler gewesen. Alle hatten nur Laientheater gemacht. Ich selbst hatte keine Ahnung davon, was eine Inszenierung sein kann. So war das!

Ich glaube, es beginnt mit Liebe, mit Hoffnung. Es beginnt mit Begeisterung, mit Unverfrorenheit. Weil man doch einfach dreist sein muß. Und dann beginnt es vielleicht auch mit Leichtfertigkeit, denn wir wußten nichts. Und das führt uns zur Demut zurück, von der wir vorhin sprachen.

*Michel Savard: Es gibt aber oft auch ein finanzielles Problem.*
Ariane Mnouchkine: Ja. Wir brauchten damals drei Jahre,

um es zu schaffen. Wir hatten beschlossen, daß jeder neunhundert Franc einzahlen sollte, was viel war. Das entspräche heute fünftausend Franc. Und tagsüber arbeiteten wir dann, und erst am Abend probten wir.

Heute ist es zehnmal schwieriger, ein Ensemble zu gründen, als 1964. Ich würde nicht sagen, daß man uns damals zur Gründung ermutigte, aber es gab von seiten des Ministeriums eine gewisse Beachtung. Das Ministerium bewilligte zwar kein Geld, aber es gab da diese beiden eher düster aussehenden Herren, Monsieur Lerminier und Monsieur Deher, die sich alle Aufführungen ansahen. Diesen beiden Männern gegenüber empfinde ich größte Dankbarkeit, weil sie in die Vororte gingen und sich ganz gleich was ansahen. Sobald jemand eine kleine Aufführung machte, sah man Deher und Lerminier in ihrem Überzieher mit düsterer Miene daherkommen, und sie würden sich dazu äußern.

Heutzutage besucht keiner die jungen Anfänger. Keiner. Ehe sie sagen können: »Ich existiere«, brauchen sie viel Zeit und Energie.

Und dann gab es Leute wie Vilar, wie Paolo Grassi vom Piccolo in Mailand. Es gab Leute, die selber hinreichend inszeniert hatten, um niemanden zu fürchten. Und die es gern sahen, daß es uns gab. Und die auf uns achtgaben, die uns halfen, die uns, ich würde sagen, wässerten, damit wir gediehen, die uns ermutigten. Wir wurden sehr ermutigt, auch wenn wir unsägliche Schwierigkeiten hatten.

Da war ein Lächeln. Da war ein Auge, ein Ohr. Es gab nicht diesen Standesdünkel, der heutzutage vorherrscht.

*Ein Student: Meine Frage richtet sich an die Schauspieler. Ich würde gern wissen, wie Sie in Ihrer gestalterischen Vorgehensweise, die Aufführung hindurch, die Arbeitsbeziehung, Ihre Beziehung zur Regisseurin erleben. Wie hilft Ihnen die Arbeit der Regisseurin? Wie beteiligt sich Ariane Mnouchkine an Ihrer Arbeit?*

Simon Abkarian: Ich glaube zunächst, daß es eine Vertrauensbeziehung zwischen Schauspieler und Regisseurin gibt. Diese Vertrauensbeziehung stellt sich sofort ein. Es gibt eine gegenseitige Glaubwürdigkeit. Wir bringen uns auf einer Bühne in Gefahr, wir können sofort zerbrechen. Ein Wort oder eine brutale Gebärde würde genügen, um in tausend Stücke zu zerspringen. Dasselbe gilt auch für den Regisseur. Man neigt dazu, das zu vergessen. Wir arbeiten alle mit der Phantasie, der Regisseur ebenso wie wir.

Das beginnt mit dem Schauspieler, und man bereichert sich gegenseitig. Es geht um Empfänglichkeit. Es gilt auch, sich einzugestehen, daß man nichts weiß. Das heißt, daß wir alles vergessen, doch wir vergessen nicht, daß wir es vergessen. Und wir tauchen ein.

Als wir mit den Griechen angefangen haben – um davon zu sprechen –, haben wir ein Kostüm angezogen, wie Juliana sagte, haben uns geschminkt, wir haben den Text in die Hand genommen und haben angefangen.

Bei dem Schauspieler und dem Regisseur, die sich finden, gibt es einen animalischen Instinkt. Es entsteht ein heimliches Einverständnis. Es gibt Augenblicke, wo wir uns mit einem Blick verstehen. Das geht schnell, weil man zusammen in Aktion ist. Wir sind bei unserer Arbeit mit Ariane ständig im Einsatz, es herrscht gegenseitiges Vertrauen, was auch Gefahren birgt, da sich ja jeder dem anderen öffnet.

Brontis Jodorowski: Um das, was Simon sagte, fortzuführen, möchte ich noch auf etwas hinweisen: auf Arianes Blick, einen fordernden Blick. Sie sieht, daß ein Schauspieler eines Tages etwas sehr Gutes macht, und am nächsten Tag will sie wie ein Kind die Fortsetzung sehen. Sie will sehen, wohin das führt. Dann sagt sie: »Gestern war das sehr gut, und was ist jetzt? Können wir es verfeinern? Was können wir machen? Wie verbessern wir die Situation? Wie können wir tiefer eindringen? Wie können wir das Bild besser zeichnen? Wie können wir die Sache deutlicher machen?« Es stellt sich also eine Beziehung des Vertrauens und des Einverständnisses ein, und es entsteht insofern eine fordernde Beziehung, als Ariane die Meßlatte wie bei den Stabhochspringern immer ein wenig höher legt: »Du bist sechs Meter gesprungen. Gut! Wir werden sechs Meter fünf probieren.«

Nirupama Nityanandan: Ich möchte gern etwas hinzufügen. Wenn man mit Ariane arbeitet und sie uns eine Anweisung gibt, muß man den Mut haben, sie wörtlich zu nehmen, genau das zu machen, was sie verlangt, und nicht etwas anderes. Wenn sie also sagt: »Der alte Mann geht in den Palast zurück«, geht er zurück und macht nicht etwas anderes. Es ist so einfach, daß es manchmal erschreckend ist. Häufig hat man den Eindruck, daß Ariane spielt, wenn sie eine Anweisung gibt. Es ist, als wären alle Poren unseres Körpers ihr und den anderen Schauspielern gegenüber offen und aufmerksam.

Zum Beispiel, als ich mit LES ATRIDES begonnen habe, konnte ich tanzen, aber solange ich nicht wie jemand anders tanzte, vermochte ich es nicht. Es brauchte Zeit, damit ich das verstand, indem ich Ariane anschaute, auf das hörte, was mir Ariane sagte, indem ich Simon zuschaute, Catherine zuschaute. Man muß also ganz und gar bereit sein können, jemand anders zu sein.

Simon Abkarian: Während LES ATRIDES waren wir einer Belastungsprobe ausgesetzt wie selten zuvor. Ariane und wir. Ariane gab uns Anweisungen, und es funktionierte nicht. Sie sagte etwas anderes, was in die gleiche Richtung ging, aber anders, und es ging noch immer nicht. Manchmal schlichen sich Zweifel ein.

Ich sah nichts. Ich sagte: »Hör mal, Ariane, ich glaube, daß sie das nicht tun, was du ihnen gesagt hast.« Es gibt stets einen Augenblick, wo man sagt: »Wartet! Er macht nicht, was ihm Ariane gesagt hat.« Darüber diskutieren wir im allgemeinen: »Sie hat dir gesagt, daß du dies tun sollst, warum machst du es nicht?« – »Aber ich habe es gemacht.« – »Nein, du hast es nicht gemacht.« Man stellt fest, daß auf seiten der Schauspieler zuweilen Blindheit, Taubheit herrschen. Jemand kann noch so großartige Purzelbäume schlagen oder Dinge noch so gut formulieren, wenn es sich nicht auf natürliche Weise in die Aufführung einfügt, funktioniert es nicht.

Ariane Mnouchkine: Ich möchte folgendes hinzufügen. Wie Niru und Simon sagten, ist es in der Tat absolut unabdingbar, daß ein Schauspieler zu einem bestimmten Zeitpunkt die Anweisungen wörtlich nimmt, weil es die einzige Art und Weise ist, herauszufinden, ob sie gut oder schlecht sind. Ist eine Anweisung schlecht, so zieht man sie zurück.

Es gibt auch die entgegengesetzte Situation, wo ich keine Anweisung gebe. Es kommt nämlich vor, daß ich sage: »Ich weiß es nicht.« Das sagen zu können, ist eine Qualität, doch für die Schauspieler ist diese Ungewißheit manchmal sehr schwer zu ertragen. Es ist beklemmend. Und bei LES ATRIDES ist uns dies weiß Gott passiert.

Es gibt also zwei mögliche Situationen. Entweder wird eine Anweisung gegeben, aber nicht ausgeführt, nicht aus bösem Willen, sondern aus Unzulänglichkeit oder manchmal einfach infolge eines Ausrutschers. In einem solchen Moment können Zweifel aufkommen. Oder aber der Regisseur weiß es nicht. Er hat das Recht darauf. Und auch da nistet sich Zweifel ein. Was läßt in dem Augenblick die Maschine wieder in Gang kommen? Natürlich ein Schauspieler, der sich sagt: »Da wir es nicht wissen, versuchen wir dies. Nein! Das geht nicht? Versuchen wir dann das! Ach, sieh mal an!« Es ist vielleicht noch nicht das Richtige, aber es gibt uns das Theater zurück. Die Szene wird am Ende vielleicht nicht so gespielt, doch nach einem Morgen, nach einem Tag, einer Woche des Nichttheaters ist das Theater plötzlich zurückgekehrt. Und das macht wieder Mut. Man fängt mit guten Werkzeugen wieder zu suchen an. Man hört auf, mit einem Sieb graben zu wollen. Man nimmt einen Spaten. Und in dem Augenblick gräbt man. Und das funktioniert wirklich besser.

*Ein Student: Ich habe mich gefragt, welche Probleme für Sie durch die Verwendung des von Ihnen verfaßten Textes aufgetreten sind.*
Ariane Mnouchkine: Es gab mehrere Probleme. Zunächst gab es das Problem der Klischees, das heißt, wir haben uns gesagt: »Aischylos und Euripides haben dieses Stück für uns geschrieben.« Es ist leicht, sich dies zu sagen, wenn es zehntausend, hunderttausend Bücher über einen Text gibt, wenn dieser Text völlig unter Kommentaren, Klischees, möglicherweise Inszenierungen begraben ist. Wir hatten Glück, wir hatten keine Inszenierung gesehen, aber wir hätten welche sehen können. Es galt also, sich den Klischees zu widersetzen.

Das zweite Problem ist wie immer bei großen Texten ein Problem der Leichtgläubigkeit. Wir sagten uns wie Idioten: »Das ist ein sehr, sehr, sehr großer Text! Was soll das bedeuten?« Und man ist von dem »Was soll das bedeuten?« derart blockiert, daß man nicht sieht, daß das, was es bedeutet, ganz einfach da geschrieben steht. *[Lachen]* Ein Teil des Textes ist immerhin verständlich. Nun versteifte sich ein Teil von uns eine Zeitlang darauf, nicht zu verstehen, nur weil es so groß war! Es war dermaßen einschüchternd, daß wir nicht verstanden, was da geschrieben stand. Zu einem bestimmten Zeitpunkt haben wir uns dann gesagt: »Aber verflixt noch mal! Das ist Theater, und es wurde vor zwanzigtausend Menschen gespielt, unter denen es Gelehrte gab, aber auch Sklaven, Analphabeten, Leute, die kein Griechisch sprachen oder die es nur teilweise verstanden. Folglich sollte es uns doch gelingen, einen Teil zu begreifen.« Und da haben wir angefangen, erneut in der Gegenwart zu sein. Da hat es begonnen! Einfach so!

Da liegt das Problem. Bei den Shakespeare-Stücken gab es ganz ähnliche Momente. Man will »mehr« einsetzen, während in dem Text »zuviel« steht. Und man möchte sagen, daß es noch mehr ist. Soundso sagt: »Ich gehe ins Haus zurück«, und man fragt sich: »Was soll das bedeuten?« Das bedeutet, daß er ins Haus geht. Das muß man doch zugeben. So ist es! Und wenn der Diener nicht »Fremder« sagte, nun, so würde Achill zurückkommen und Agamemnon in die Fresse hauen. Aber da das nicht gut ist, kommt der Sklave und sagt »Fremder«. Und was bedeutet das, »Fremder«? Das bedeutet »Fremder«. Das bedeutet, daß Achill im Vergleich zu dem Sklaven ein Fremder ist. Gut. Das wär's. Das heißt das. Das genau ist das Problem. Man will intelligenter als Aischylos sein. Und dann wird man völlig schwachsinnig. *[Lachen]*

*Robert Reid, Fachbereich Theater der UQAM: Meine Frage richtet sich insbesondere an Simon. Ich habe* IPHIGÉNIE *gesehen.*
*Mir geht es um die Pantomime. In Ihrem Spiel habe ich bei den Auftritten und den Abgängen sowie nach Erwiderungen eine besondere Körperarbeit beobachtet, die mich an eine der Pantomime nahestehende Körperarbeit erinnert. Ich würde gern wissen, ob Sie die Körperarbeit oder die Pantomimenarbeit auf den Proben ausführen oder in Ihren Workshops. Wenn ja, wie läuft das ab?*
Simon Abkarian: Die Auftritte und Abgänge sind im Theater wesentlich. Jede Arbeit beginnt mit einem Auftritt. Wenn es keinen Auftritt gibt, gibt es kein Theater, und man kann die Szene nicht spielen.

Wir üben auch viel mit der Maske, arbeiten an den Pausen, denn eine Handlung unterscheidet sich von einer anderen durch ihre Pausen: eine Pause, eine weitere Pause. Aber es handelt sich auf keinen Fall um Pantomime, nein.

Ariane Mnouchkine: Ich glaube, daß es ein Mißverständnis gibt. Schon in der Art, wie Sie Ihre Frage stellen, zeigt sich, daß Sie in bezug auf unsere Arbeit ein wenig außerhalb stehen. Simon antwortet ganz einfach: »Ja, es gibt Pausen. Aber beim Abgang des Achill gibt es nicht eine Pause, es gibt vielleicht fünfzig.« Im Tanz gibt es keine Bewegung, wenn es keine Pause gibt. Die Kunst der Maske beruht also auf den Pausen. Wenn ein großer maskierter Schauspieler einen gefährlichen Sprung macht, so hat man den Eindruck, daß er während dieses gefährlichen Sprungs achtzehnmal anhält. Genau das ist die Qualität der Bewegung.

Ich verstehe, daß Simon auf Ihre Frage nicht zu antworten vermag, weil Sie ihm die Frage in einer Weise stellen, die im Gegensatz zu dem steht, wie er oder die anderen Schauspieler zu arbeiten versuchen. Simon erzählt Ihnen von der Genauigkeit. Er sagt Ihnen, daß, wenn Agamemnon oder Achill etwas zeigt, er sich wirklich in der Richtung davonmacht. Er bewegt sich wie ein Pfeil. Und er hält an. Hielte er nicht an, so gäbe es keine Bewegung. Sie sprechen von sorgfältigem Ausführen der Handlung, davon, pantomimisch oder statuarisch zu enden. Damit hat das gar nichts zu tun.

Wichtig ist, daß Simons und meine Antwort ganz klar ist. Sehr oft gibt es in den Lehrgängen mit jungen Schauspielern immer wieder einen Augenblick, wo ich sage: »Halt an! Nein! Halt an!« – »Ich halte doch an.« – »Nein! Nein! Halte wirklich inne.« Und im allgemeinen können zehn Minuten vergehen, ehe jemand wirklich unbeweglich ist.

Es fällt mir sehr häufig auf, daß die Schauspieler im Theater niemals innehalten. Sie sind immer unruhig, und folglich ist alles fortwährend durcheinander. Es gibt keine Zeichnung der Handlung.

*Robert Reid: Wenn Achill abgeht, wenn Simon abgeht, ist er in seinem Innehalten noch in Bewegung? Der Körper ist maskenartig zum Stillstand gekommen, doch ist der Schauspieler noch in Bewegung?*
Simon Abkarian: Ja, weil er irgendwohin geht. Man weiß, daß in diesem Augenblick das Ende des Achill gekommen

ist. Es ist sein letzter Abgang. Man sieht ihn nicht mehr in dem Stück. Was ich zu machen versuche, ist, mir vorzustellen, wohin Achill geht, bis zum letzten Augenblick, selbst wenn er unter den Garderoben verschwindet. Seine Reise geht in der Tat weiter, und es ist noch nicht alles zu Ende.

*Nancy McCready, Schauspielerin: Meine Frage bezieht sich auf das Maskenspiel. Wenn Sie eine Produktion machen und das Schauspiel mit Masken gespielt wird, wie arbeiten Sie mit dem, der sie herstellt, dem Maskenbauer? Zu welchem Zeitpunkt beschließen Sie, daß die Gesichtszüge feststehen? Zu welchem Zeitpunkt können Sie sagen: »Ja, das ist fertig«?*
Ariane Mnouchkine: Es gibt Masken, die manchmal darauf warten, auftreten zu können. Auch hier entspricht die Art, wie Sie Ihre Frage stellen, nicht unserer Vorgehensweise. Zunächst, weil wir mit jemandem arbeiten, der Erhard Stiefel heißt und Maskenbauer und Bildhauer ist. Er ist ein sehr großer Bildhauer. Er ist jemand, der eine Beziehung zu Masken hat, der eine ganz außergewöhnliche Begabung für Masken hat. In Wirklichkeit geht seine Arbeit nicht so vor sich, wie Sie es sagen. Er versucht nicht, die Maske als Abdruck eines Gesichts zu gestalten, ihr eine Psychologie zu geben. Ganz im Gegenteil.

Er schafft tatsächlich Masken. Natürlich macht er sie für die Aufführung, aber er weiß nicht, wenn er in seinen Lindenholzblock zu schnitzen beginnt, was daraus hervorgehen wird. Das ist für ihn gleichsam sein Kontinent. Das ist für ihn seine Seele. Und dann tritt eine Maske hervor. Er bringt sie uns. Und in dem Augenblick geht es darum, ob diese Maske einer Figur der Aufführung oder einem Schauspieler oder einer Schauspielerin der Aufführung begegnet.

Gott sei Dank kommt das vor! Aber oft gibt es Masken, die weniger stark sind als andere, genauso wie das auch in unserer Arbeit passiert. Es gibt bisweilen sogar Masken, die übrig bleiben, die noch immer darauf warten, aufzutreten.

*Nancy McCready: Behalten Sie alle Masken? Kommt es vor, daß sich die Maske ändert, daß Erhard Stiefel bis zum Abend der Premiere noch einmal andere Masken macht?*
Ariane Mnouchkine: Ja, aber er moduliert eine Maske nicht einfach so. Sie ist nicht aus Ton. Seine Masken sind aus Holz und hart und lassen sich daher in gewisser Weise nicht korrigieren. Die Maske tritt hervor oder tritt nicht hervor. Und danach gibt es eine umfangreiche Arbeit des Bemalens. Ich will damit sagen, es ist nicht so, als arbeitete Erhard mit der Maske, indem er mir sagte: »Hör zu! Ich habe eine Improvisation gesehen. Es wäre gut, wenn sie eine Hakennase hätte.« Nein! Das geht nicht so vor sich. Eine Maske hat ein Dasein, oder aber sie ist nicht gut. Es ist am Schauspieler, sich der Maske zu fügen, und nicht an der Maske, sich dem Schauspieler zu fügen.

*Robert Dion, Fachbereich Theater der UQAM: Ich interessiere mich persönlich sehr für »die Freude«, die es beim Spiel des Schauspielers gibt. Sie verweisen häufig auf die Kindheit. Sie sagen, der Schauspieler müsse in die Kindheit eintreten. Sie sagen sogar, er müsse wie ein Kind spielen, müsse König, Königin spielen. Ich frage mich, ob es diese Freude in so tragischen Stücken, so tragischen Werken wie* Les Atrides *gibt. Ist die Freude am Spiel, die Freude an der Kindheit in* Les Atrides *ebenso vorhanden wie zum Beispiel in* La Nuit des rois?
Ariane Mnouchkine: Ich bedaure, daß die Schauspieler nicht mehr da sind, um Ihnen zu antworten.[7] Offengestanden, ich glaube, sie würden Ihnen antworten, daß die Freude selbstverständlich genauso intensiv ist. Weil die Wollust des Leidens die Besonderheit der Tragödie ist. Aber im Grunde genommen können Sie die Frage auch sich selbst stellen. Empfinden Sie wirklich Freude dabei, sich so entsetzliche Geschichten anzusehen? *[Lachen]* Ja, offensichtlich. Die Schauspieler auch. Die Lust des Schauspielers ist es, anders zu sein, das Leiden des anderen zu erleben.

*Annick Charlebois: Um auf die Ausbildung des Schauspielers zurückzukommen, Sie sagen häufig: »Man lernt durch den Blick.« In Quebec lernt man eine Menge durch die Praxis.*
Ariane Mnouchkine: Vorhin sprach Simon von Nachahmung. Ich glaube fest an die Pädagogik der demütigen Nachahmung. Es ist eine durch und durch orientalische Pädagogik. Damit will ich sagen, daß der Anfang der Pädagogik, zum Beispiel des Topeng oder des Kabuki oder des Noh, die Nachahmung ist. Der Schüler folgt dem Meister und macht es genauso wie er.

Es ist für uns natürlich nicht die einzige Pädagogik, doch es gibt etwas, was wir gelernt haben, nämlich sich der Nachahmung nicht zu schämen. Nachahmen bedeutet nicht karikieren. Nachahmen heißt von innen heraus nachahmen.

Die Art des Gehens oder die Gebärde nachzuahmen genügt nicht, man muß auch das mit dieser Gebärde oder Gehweise verbundene Gefühl nachahmen. Wenn jemand eine Rolle versucht und die anderen Schauspieler sich dabei sagen: »Ach, wenn ich dann dran bin, muß ich versuchen, es so oder so zu machen«, so lernen sie nichts. Wenn sie sich wirklich anschauen, was da vor sich geht, wenn sie den anderen anschauen, kritiklos, ohne zu urteilen, mit der größtmöglichen Offenheit, dann machen sie Fortschritte.

*Michel Vaïs, Kritiker und Journalist von Radio-Canada: Auf der Pressekonferenz, die Sie bei Ihrer Ankunft gaben, stellte ich Ihnen eine Frage, auf die Sie sehr lebhaft antworteten und die die Unterstützung durch den Staat, die Regierung betraf. Ich möchte gern wissen, welchen Raum die Politik in der Truppe einnimmt. Diskutieren Sie untereinander große politische Fragen? Ist das wichtig?*
Ariane Mnouchkine: Das hängt von den Zeiten ab. Sie wissen, Émile Zola sagte, daß er das J'accuse nicht verfaßt haben würde, wenn er zum Zeitpunkt der Dreyfusaffäre gerade einen Roman geschrieben hätte. Das gestand er ein,

und indem er es eingestand, gestand er auch ein, daß sich der Künstler in einem schöpferischen Prozeß schützen muß. Daher glaube ich, wenn die Proben in vollem Gange sind, hat das Theater Vorrang. Während der Vorstellungen hat man mehr Zeit, sich für politische Anliegen einzusetzen. Es fügt sich allerdings, daß die Leute in der Truppe im großen und ganzen links stehen.

Dennoch gab es Konflikte, die die Gruppe spalteten, Dinge, die sehr ernst hätten werden können und die nur durch eine sehr lange Diskussion bereinigt wurden. Das betraf besonders unsere Reise nach Israel: Israel hatte uns eingeladen. Natürlich wurden wir von allen Seiten zum Boykott aufgefordert. Ich war der Meinung, daß man dorthin fahren sollte, vor allem, weil wir L'INDIADE spielten, das heißt, ein Schauspiel über die indische Teilung. Ein Großteil der Truppe war ebenfalls der Ansicht, daß wir hinfahren sollten, doch zwei oder drei Schauspieler waren strikt dagegen, die Einladung anzunehmen.

Das hätte also sehr unangenehm werden und hätte uns entzweien können. Es ließ sich gut beilegen. Beide Seiten haben einander zugehört. Es gab ein Zuhören. Ich muß erwähnen, was sich sehr zugunsten dieser Reise auswirkte: Die Araber, die seinerzeit in der Truppe waren, wollten hinfahren. Und das hat die Debatte besänftigt. Hätte es jedoch jemand Fanatisches in der Gruppe gegeben, so hätten wir eine sehr ernste Krise durchgemacht.

Es gab eine weitere sehr starke Spaltung wegen des Golfkriegs. Damals beschlossen wir, uns nicht von der allgemeinen Diskussion überrollen zu lassen. Es gab einige, die glaubten, daß man diese Diskussion führen müsse, andere, die meinten, daß man sie nicht zu führen brauche. Das war eine gespannte Lage.

Da unsere Meinung überhaupt nichts am Golfkrieg ändern würde, kam es zu einem Konsens, im Théâtre du Soleil nicht mehr darüber zu sprechen, weil es zu traurig, zu schmerzlich war. Und darüber hinaus hörten wir uns viel

dummes Zeug reden. Als wir bemerkten, daß wir alle viel Unsinn redeten und nicht mehr aufgrund von Wissen, sondern aufgrund von Meinungen funktionierten, sagten wir uns: »Also gut! Wir sprechen darüber abends in den Cafés, aber im Théâtre du Soleil hören wir auf, weil es keinen Zweck hat.«

Bleibt die Frage des Referendums[8] über Europa. Hierbei sind wir alle dafür und alle so sehr besorgt.

*Ein Student: Die Theatersprache des Orients stützt sich auf eine umfangreiche Kultur und eine Spiritualität, die ihre Wurzeln in der Meditation hat. Verwenden Sie die Meditation als Vorbereitungsphase auf die Konzentration und als Mittel, damit der Schauspieler präsenter ist? Nützt dem Schauspieler Meditation?*

Ariane Mnouchkine: Das ist eine individuelle Entscheidung. Ich weiß, daß Niru und eine Schauspielerin aus dem Chor häufig meditieren. Dafür ziehen sie sich an einen bestimmten Ort zurück. Ich bin persönlich nicht sehr stark im Meditieren. Folglich kann ich es natürlich nicht empfehlen. Dies ist etwas, was wir die Praktiken jedes einzelnen nennen. Jeder hat seine Praktiken, jeder hat sein eigenes Bedürfnis. Und es gibt das gemeinsame Bedürfnis. Es gibt Dinge, die für alle Pflicht sind: das gemeinsame körperliche Aufwärmen zum Beispiel. Wer vor dem Aufwärmen oder danach Meditation braucht, der meditiert. Wen es drängt, in der Küche einen Kaffee zu trinken und mit Leuten zu sprechen, denen er auf der Bühne nicht begegnet, der macht das. Wer Schlaf braucht, schläft. Wer Joga machen muß, macht Joga. Wer eine Zeitung lesen möchte, liest eine Zeitung. Wer Schach spielen möchte, spielt Schach.

*Ein Student: Das geht ja kunterbunt zu, ein demokratisches Verfahren.*

Ariane Mnouchkine: Nein. Das ist nicht demokratisch. Das

ist völlig pragmatisch. Ein Schauspieler weiß möglicherweise nicht, daß er meditiert, wenn er ganz allein in seiner Ecke einen Kaffee trinkt. *[Lachen]* Und wenn Juliana Schlaf braucht, so bedeutet das, daß sie Schlaf braucht. Das einzige, was nicht erlaubt ist, ist etwas, was die anderen stören würde. Wenn es jemanden drängt zu brüllen, na gut!, dann muß er auf die andere Seite der Cartoucherie gehen. *[Lachen]*

*Jimmy Fleury, Wahlfach Theater im Gymnasium Lionel-Groulx: Vorhin haben Sie gesagt, man müsse geistig sehr stark sein, um in die Truppe einzutreten.*
Ariane Mnouchkine: Das habe ich nicht gesagt. Das hat jemand anders gesagt.

*Jimmy Fleury: Sie haben das Wort »bescheiden, demütig« gebraucht.*
Ariane Mnouchkine: Auch das war ich nicht, aber ich bin damit einverstanden. Ich lasse es gelten.

*Jimmy Fleury: Es gibt niemand, der »bescheiden« auf die gleiche Weise gebraucht.* [Lachen und Applaus] *Ich möchte gerne wissen, was Sie darunter verstehen?*
Ariane Mnouchkine: Dann schauen wir einmal nach. *[Mnouchkine öffnet ein vor ihr liegendes Wörterbuch.]*

*Jimmy Fleury: Nein, mit Ihren eigenen Worten. Wie definieren Sie einen bescheidenen Schauspieler?*
Ariane Mnouchkine: Ich werde Ihnen sagen, was es bedeutet. »Bescheiden, demütig«. Warten Sie! Das interessiert uns überhaupt nicht … »Das bescheidene Veilchen … eine bescheidene Wohnung … das bescheidene Leben …« Nein, es gibt nichts Interessantes. Doch, hier ist das Gegenteil. Bescheiden ist das Gegenteil von arrogant und hochmütig. *[Lachen]* Für eine Truppe ist es notwendig zu wissen, daß man nichts weiß. Die kleine Anekdote, die ich über den

Studenten aus Straßburg erzählt habe, der mir sagte: »Aber ich habe die Schule doch schon absolviert!« Nicht wahr! Man muß wissen, daß es keine Schande ist, etwas nicht zu wissen; daß es im Gegenteil eine Schande ist, zu verbergen, daß man es nicht weiß; und auch dies, daß man im Theater Zeit braucht, ehe man wirklich sagen kann, man beherrsche eine Kunst. Eigentlich sollte man, wenn man eine Schauspielschule verläßt, nicht behaupten: »Ich bin Schauspieler.«

Man muß auch wissen, daß man ohne die anderen am Theater nichts leistet, daß alles durch den anderen gegeben wird. Daß man nichts leistet, wenn man nicht zuhört, daß man nichts leistet, wenn man nicht empfängt. Daß es stets sehr schwierig ist, zu wissen, wer in einer Aufführung was gegeben hat, woher was gekommen ist.

Und man muß wissen, daß man sich selbst auch nicht zeigt. Sie alle sind als solche ganz und gar hinreißend. Aber Sie, Sie allein auf einer Bühne, sind überhaupt nicht hinreißend.

Sie sind nur dann hinreißend, wenn Sie mit jemand anders kommen, von jemand anders beseelt, von jemand anders erfüllt sind, in jemandes anderen Dienst. Man sollte wissen, der bedeutende Herr ist doch Aischylos. Er ist es schließlich, der uns das tägliche Brot des Leibes, im materiellen Sinn des Wortes, und der Seele gibt.

*Claude Despins, Hochschule für Theater in Kanada: Es gibt etwas, was man zu vergessen scheint, wenn man häufig unter Theaterleuten, auch unter Studenten ist, daß es nämlich das Publikum ist, für das man arbeitet. Ich hätte es gern, daß Sie mir vom Publikum erzählen, was man für das Publikum tun muß. Muß man dem Publikum um jeden Preis gefallen?*
Ariane Mnouchkine: Während der Proben braucht man nichts für das Publikum zu tun. Während der Proben denke ich an das Publikum nur wegen zwei Sachen: Begreift man es? Versteht man es? Ich denke also nicht ans Publikum.

Acht oder zehn Tage bevor wir zu spielen beginnen, fange ich an, mit Schrecken daran zu denken. Wir beginnen wirklich an das Publikum zu denken, wenn wir uns mit Maria und Selahattin, die sich um die Bar kümmern, fragen: »Gut, was machen wir zu essen?« Also, man denkt nicht ans Publikum.

Ich glaube nicht, daß man dem Publikum um jeden Preis gefallen soll. Das ist nicht die Frage, die sich rechtschaffene Schauspieler und Regisseure während der Proben stellen. Die sagen sich nicht: »Wird das ankommen?« Sie sagen sich: »Gefällt mir das?«

Ich selbst kann als Kriterium nur mein Gefühl, meine Freude, mein Lachen, meinen Kummer nehmen. Das Wunder tritt ein, wenn mein Gefühl, meine Freude, mein Lachen, mein Kummer anschließend übereinstimmen mit dem Lachen, dem Gefühl, der Freude des Publikums. Zur Katastrophe kommt es, wenn es nicht übereinstimmt. Aber im Grunde ist es so, wie Conrad sagte: »Man kann mich kritisieren, aber wißt zumindest, daß meine Absichten rein waren.«

Man soll an das Publikum nur in Höflichkeitsformeln denken. Versteht es? Sieht es? Es gilt, sich ständig in die Lage zu versetzen, in der wir waren, bevor wir zu arbeiten anfingen.

Aber sonst, wenn eine Vorstellung beginnt, wenn wir die Türen für das Publikum öffnen, dann, ja! Bevor Sie, das Publikum, eintreten, findet nur eine ganz kleine Zusammenkunft der Schauspieler mit mir statt, genau bevor man die Türen öffnet. Wir sagen uns zwei oder drei Worte, und dann sage ich den folgenden rituellen Satz: »Das Publikum tritt ein.« Und das Publikum kommt herein. Es klingt nicht nur so, es ist auch so gemeint: »Achtung, der König tritt ein.« Das Publikum tritt ein.

Von dem Augenblick an, da dieser Satz ausgesprochen ist, muß alles vorbildlich sein. Es herrscht eine Feierlichkeit. Keine Steifheit, sondern Feierlichkeit. Es darf keine Kippe herumliegen.

Und das Publikum ersteigt selbst den Berg. Der Ort hilft dem Publikum, den Berg hinaufzusteigen. Außerdem zwingen wir das Publikum dadurch, daß die Plätze nicht numeriert sind, eine Stunde vor Beginn der Vorstellung zu kommen. Dahinter versteckt sich aber auch eine List, das Publikum soll diese Stunde haben, um sich vorzubereiten. Wenn man von ihm erwartet, daß es sich vorbereitet, dann sollte es selbstverständlich auch einen Ort dafür haben.

Dies ist auf einer Tournee nicht immer möglich. Sie müssen verstehen, daß die Spielstätte nicht genauso sorgfältig ausgestaltet sein kann wie in der Cartoucherie, wenn man eine so riesige wie die Arena einrichtet. Die Cartoucherie ist ein Ort ist, den wir besitzen, den wir prägen, den wir seit zwanzig Jahren bewohnen. Das heißt Achtung vor dem Publikum.

Ein Publikum ist wirklich eine Ansammlung der Menschheit in ihren besten Vertretern. Das ist selten. Es ist etwas Außerordentliches: sechshundert, siebenhundert oder neunhundert Personen, die Anstrengungen unternommen haben, um gemeinsam einen Text zu erleben, der in diesem Fall zweitausendfünfhundert Jahre oder zehn Jahre alt ist, das ist nicht so wichtig! Sie sind gekommen, um sich zu ernähren. Der Intelligenz Nahrung zu geben, den Augen, dem Herzen Nahrung zu geben. Also, es stimmt, daß das Publikum einen Augenblick lang stets besser ist. Es muß alles Erforderliche bekommen, um Fortschritte zu machen. Doch während der Proben darf man nicht ans Publikum denken.

*Claude Despins: Wenn man die Premiere erreicht und bemerkt, daß die Aufführung dem Publikum nicht gefällt, was macht man da?*

Ariane Mnouchkine: Das Publikum kann man nicht ändern, und man will möglicherweise die Aufführung nicht verändern. Man muß kämpfen. Wenn auch selten, so ist es doch vorgekommen, daß wir spürten, daß das Publikum nicht so mitmachte, wie wir erhofft hatten.

Hier zum Beispiel war die Premiere der ATRIDES nicht fröhlich. Und gleichwohl war es eine sehr schöne Vorstellung der IPHIGÉNIE, doch mit einem Publikum, das kalt blieb wie ein kalter Fisch.

Ich habe zu Marie-Hélène[9] gesagt: »Paß auf, die müssen sich daran gewöhnen.« *[Lachen]* Und offensichtlich hat sich das Publikum daran gewöhnt.

Ich weiß zum Beispiel, daß bei dem Schauspiel über Sihanouk der Anfang schwierig war. Die Leute wußten nicht recht, ob sie es mochten oder ob sie es nicht mochten. Wir wußten allerdings, daß wir es liebten. Und in dem Augenblick muß man standhaft bleiben. Man muß seine Aufführung verteidigen.

Wenn wir überzeugt sind, daß unsere Absichten rein sind und daß der Text, den wir verteidigen, der Mühe wert ist, so muß man allen Widerständen zum Trotz standhaft bleiben. Ich spreche nicht einmal von den Kritiken. Die braucht man nicht zu lesen. Aber beim Publikum muß man standhalten, man muß standhaft bleiben.

Dies vorausgeschickt, glaube ich, daß man einmal, zweimal, dreimal, viermal, fünfmal standhaft bleiben muß; geht es dann aber so weiter, sollte man sich doch Fragen stellen.

Man darf die Niederlage nicht zum glänzenden Erfolg hochstilisieren. Das heißt, man muß jede Sache einordnen können. Wie Gandhi sagte, »Sieg und Niederlage auf der Waagschale«, aber wenn der Zuschauerraum ständig leer ist, gibt es vielleicht kleine Dinge zu ändern. *[Lachen]* Vielleicht hat man vergessen, die Tür zu öffnen. *[Lachen]*.

*Dominique Daoust, Fachbereich Theater der UQAM: Vorhin haben Sie gesagt, daß Sie sich zwischen den Aufführungen fragen, welches die Zukunft der Truppe sei, und daß die Truppe gegen den Strom schwimmt, gegen all das, was sonst geschieht. Sie sprachen auch von der Liebe und der Poesie. Man macht Ihnen bisweilen den Vorwurf, Sie würden Schauspieler aller Nationalitäten nehmen, was das Verständnis mitunter erschwe-*

*re. Ich frage mich, ob dies zu Ihrer Liebe zur Poesie gehört, von jenem Strom zu berichten, in welchem sich all die Menschen begegnen, in welchem die Erde kleiner wird.*

*Hier kommen die Leute von überall her. Wir haben nicht alle den gleichen Akzent, doch man versteht sich. Die Welt entwickelt sich dahin. Es ist gleichsam eine Art Achtung vor dem Leben, Liebe zum Leben. Was antworten Sie den Leuten oder den Journalisten oder den Kritikern, die Ihnen diese mangelnde Homogenität vorwerfen, die das Verständnis des Textes erschwert?*

Ariane Mnouchkine: Ihre Frage umfaßt zweierlei. Wenn man mir dies hier sagt, sage ich mir: »Es ist der französische Akzent, der schwer verständlich ist. Es ist nicht notwendigerweise der Akzent von Niru oder von Simon oder von jemand anders.« Vorhin sagte mir jemand mit einem sehr starken kanadischen Akzent: »Es ist sehr schön, aber bei Ihrem Akzent ist das schwer zu verstehen.« Tatsächlich sprechen die Schauspieler jedoch mit sehr wenig Akzent, sehr, sehr wenig.

*Dominique Daoust: Also merken es die Leute in Frankreich weniger.*

Ariane Mnouchkine: Nein, in Frankreich bemerken sie eine Musikalität, aber keiner sagt, daß Niru schwer zu verstehen sei oder daß Juliana schwer zu verstehen sei. Daß nun so viele Nationalitäten in der Truppe sind, so ist das, glaube ich, deshalb, weil es ein französisches Theater ist und weil es das genaue Spiegelbild der französischen Situation ist. Ich hoffe sehr, daß das so bleiben und Frankreich trotz all seiner Dämonen weiterhin dieses offene Land sein wird, das es ist. Wir werden auf jeden Fall alles dafür tun. Es ist also das Spiegelbild einer Situation und nicht mein Wille, Leute aus der ganzen Welt zu haben, sind sie es doch, die kommen.

Sie kommen sicherlich aus Wesensverwandtschaft. Ich hole sie nicht herbei. Sie kommen nach Frankreich, und sie kommen zu uns. Und wir sind ein französisches Theater.

Also ist es ganz normal, daß es zu dieser Mischung kommt. Es ist unser Reichtum, und es ist auch der Reichtum Frankreichs.

*Christopher Picker, Fachbereich Theater der UQAM: Ihre Truppe hat eine dauerhafte Grundlage. Können die Leute nach Belieben weggehen und in die Truppe zurückkehren? Anders gesagt: Kommt es vor, daß Sie »einen Break machen«, wie man hier sagt, daß Sie eine Pause machen, innehalten, sich für eine gewisse Zeit von Ihrer Truppe entfernen, um dann zu ihr zurückzukehren?*
Ariane Mnouchkine: Ja, aber wenn ich mich entferne, dann nicht, um woandershin zu gehen. Ich entferne mich, um wieder etwas zu Kräften zu kommen. In dem Augenblick mache ich nicht etwas anderes. Ich mache es, weil ich entweder mit einer Übersetzung beginne oder an dem nächsten Projekt arbeite. Wie ich am Anfang sagte, trage ich mich nicht mit dem Gedanken, anders Theater zu machen als auf diese Weise.

Aber daß gewisse Schauspieler nach einiger Zeit etwas anderes brauchen, ist ganz klar. Dies führt gelegentlich zu Trennungen.

Manchmal kehrten Schauspieler zurück. Aber ich glaube, wenn man einmal fortgegangen ist, ist es äußerst schwer, zurückzukommen, und sei es auch nur aus finanziellen Gründen.

*Christopher Picker: Denken Sie an die Nachfolge, oder meinen Sie, daß sich die Nachfolge von selbst vollzieht?*
Ariane Mnouchkine: Die Nachfolge, ja, daran denke ich. Ich denke auch daran, indem ich mir sage, daß es gut wäre, wenn jemand anders ein Jahr lang meinen Platz einnähme. Das hätte schon geschehen können, aber wenn ein möglicher Nachfolger da ist, stellt sich meistens nicht nur die Frage nach dem Regisseur, sondern auch die nach dem Leiter der Truppe. Das ist der Moment des Ausschwärmens.

Von Philippe Caubère abgesehen, der den DON JUAN bei uns inszenierte, bevor er fortging, gibt es im Moment noch keinen, der inszeniert hätte. Aber das ist überhaupt nicht ausgeschlossen.

*Christopher Picker: Ist das »normale« Publikum, wie Sie es nennen, noch fähig, in einer immer mehr von Videoclips geprägten Zeit, in der das Bild Vorrang hat vor dem Wort, den Text, in der Aufführung Texte wie die von Aischylos, von Racine oder von Shakespeare zu verstehen?*
*Beim Lesen kann man nachlesen, einen Text wiederbeginnen, eine Antwort wiederholen, um sie zu verstehen zu versuchen, aber glauben Sie, daß das heutige Publikum, nach einer einzigen Vorführung, noch fähig ist, alles zu verstehen? Kann man auch heute noch die Magie Racines, die Musik der Verse Corneilles genausogut verstehen wie vor zweihundert oder dreihundert Jahren?*
Ariane Mnouchkine: Ich finde Ihre Frage erschreckend. Ich möchte Sie nicht kritisieren, doch daß Sie diese Frage stellen können, entsetzt mich. Sie zeugt bestenfalls von einer Sorge, schlimmstenfalls von einer solchen Verachtung des kulturellen Hungers, des Verlangens der Menschen nach Schönheit oder Einsicht, daß ich mir sage: Wenn man sich in diesem Raum derartige Fragen stellt, dann ist alles verloren. Denn wessen Schuld ist es, wenn wir nicht mehr fähig sind zu verstehen?

Also, das Publikum besitzt natürlich diese Fähigkeit! Das Publikum antwortet jeden Abend auf Ihre Frage. Sooft wir LES ATRIDES beginnen und sooft wir sie beenden, betrachte ich dieses Publikum, hier, in Toulouse, in Paris, in England und anderen nicht frankophonen Ländern, ich lausche, und ich höre das Schweigen. Und ich sage mir, daß das doch unerhört ist. In einer Zeit der, wie Sie selbst gesagt haben, Videoclips, der Mittelmäßigkeit, der totalen intellektuellen Faulheit, der totalen kommerziellen Werbung steckt man achthundert, neunhundert Menschen zwei

Stunden, zweieinhalb Stunden lang in einen Zuschauerraum. Sie lauschen dem Agamemnon, das heißt dem schwierigsten Stück auf der Welt. Sie hören ihm zu und weinen. Und danach wagt man es, sie so zu verachten, daß man sich fragt, ob sie noch fähig sind zu verstehen? Sie sind fähig, und wir sind es nicht!

*Christopher Picker: Ich habe mich vielleicht schlecht ausgedrückt. Ich wollte sagen, daß man in unserer heutigen Gesellschaft, in der das Bild immer wichtiger wird, die Dinge häufig sehr oberflächlich überfliegt. Die Leute neigen oft dazu, sich weniger zu konzentrieren. Es stimmt wohl, daß es viele Leute gibt, die Ihre Aufführungen ansehen, aber finden Sie nicht, daß es jetzt schwieriger ist, die Leute zu erreichen, als früher, zu einer Zeit, da es noch kein Fernsehen gab?*
Ariane Mnouchkine: Ich weiß nicht. Ich war vor zweitausendfünfhundert Jahren nicht da. Ich weiß nicht, wie das war. *[Lachen]* Alles, was ich weiß, ist dies, daß wir nicht zurückweichen dürfen. Wir müssen Widerstand leisten. So ist das.

Zu erfahren, daß es in Quebec weder Griechisch- noch Lateinunterricht an den Schulen mehr gibt, hat mich niedergeschmettert. In meinen Augen ist das eine Katastrophe. Und ich verstehe überhaupt nicht, wie ein Volk, das die französische Sprache verteidigt, Latein und Griechisch aufgeben kann. *[Applaus]* Das scheint mir ein Irrtum zu sein. Ich habe es kaum fassen können. Ich habe gesagt: »Wie? Die sprechen ständig französisch, und sie lernen kein Latein und kein Griechisch mehr?« Das ist ein sehr schwerwiegender Souveränitätsverzicht. Das ist der Verzicht auf die Sprachsouveränität, auf den Ursprung der Sprache, der Kultur. Aber verflixt noch mal, kämpft doch dafür! Anstatt zu sagen: »Sind die Leute noch fähig?« *[Applaus]*

*Christopher Picker: Genau das wollte ich sagen, weil man jetzt viel vom zeitgenössischen Theater des 20. Jahrhunderts, vom*

*Theater in Quebec spricht. Man möchte Quebec-tümlich spielen, man möchte 20. Jahrhundert spielen, man möchte das Theater der achtziger Jahre, der neunziger Jahre spielen. Wenn man jedoch von einem klassischen Text, von Corneille und Racine spricht, so heißt es: »Ach! Das ist nichts, das gehört der Vergangenheit an, das ist alt. Das interessiert uns nicht. Es ist nicht mehr zeitgemäß.« Doch Ihnen ist es mit der Inszenierung der Atrides gelungen, die Leute anzuziehen. Das wird immer schwieriger. Man bringt den Leuten nicht mehr bei, sich anzustrengen, sich auf ein Werk zu konzentrieren, über die Bilderwelt hinauszublicken.*
Ariane Mnouchkine: Quebec ist nicht allein in dieser Lage. Warum bin ich über diese Geschichte mit dem Latein und Griechisch so in Zorn geraten? Weil dieses Damoklesschwert auch in Frankreich über unseren Köpfen schwebt. Glücklicherweise hat man auf diese Lage reagiert. Aber hier ist es noch bedenklicher, daß dieser Unterricht aufgegeben wurde.

Sie sprachen vorhin von der Leichtigkeit. Es ist schon seltsam, daß man an Orten, wo so viel Jogging getrieben wird, kein intellektuelles Jogging macht! Vielleicht sind die Klassiker im Grunde gerade das. Sie sind intellektuelles Jogging.

*Raymond Naubert, Fachbereich Theater der UQAM: Ich möchte gern etwas über die Körperarbeit des Schauspielers erfahren. Sie haben vom Aufwärmen gesprochen. Gehört das Aufwärmen zur Vorbereitung der Aufführungen, oder praktizieren Sie es das ganze Jahr über? Welche Bedeutung messen Sie ihm bei? Wieviel Zeit widmen Sie ihm? Und soll man von Aufwärmen oder von Training sprechen?*
Ariane Mnouchkine: Wir praktizieren beides. Das heißt, jede Aufführung hat ihre eigene Art des Aufwärmens. Zum Beispiel gibt es für Les Atrides vor dem Tanz ein besonderes Aufwärmen, um die Schauspieler vor Muskelzerrungen zu schützen. Wenn die Schauspieler zwei Aufführungen

hintereinander machen und erschöpft sind, muß das Aufwärmen am nächsten Tag sanfter sein und mehr darauf ausgerichtet, neue Kräfte zu sammeln.

Wir haben andererseits gelernt, daß die Schauspieler den Zusammenhang spüren müssen zwischen dem, was sie machen, und der Aufführung. Wenn die Übungen, die sie machen, sehr interessant, sehr nützlich sind, aber in keinem offensichtlichen Zusammenhang mit der Aufführung stehen, so werden die Schauspieler ihrer schnell überdrüssig.

Ich achte also darauf, daß der Zusammenhang mit der Aufführung so klar wie möglich wird. Das ist nicht immer möglich. Man braucht zum Beispiel kein Tai-Chi, um einen Tschechow zu spielen. Die Schauspieler können das nicht, jedenfalls nicht bei uns.

Und dann muß man auch achtgeben, daß man sich nicht über die Natur des Aufwärmens täuscht. Es gibt Dinge, die falsch angewendet werden, zum Beispiel die asiatischen Kampfsportarten. Es ist nicht notwendig, daß jeder vor einem Säbel meditiert. Es gibt auch eine Menge Schwindel. Man muß also ständig aufpassen. Das Aufwärmen muß in Beziehung zum Bühnenspiel, zur Bühnenmetapher sein, man darf sich nicht für japanische Samurai halten.

*Serge Bisson: Wie haben Sie im Laufe Ihrer Karriere die Lage der Autodidakten aus eigener Erfahrung wahrgenommen? Diejenigen, die in vorgerückten Jahren und daher zu alt sind, können zum Beispiel nicht auf die eigentlichen Schulen gehen und können somit keinen formalen Unterricht erhalten.*
Ariane Mnouchkine: Ich vermag keinen Unterschied zu sehen. Es ist merkwürdig, Sie haben sofort gesagt, »diejenigen, die zu alt sind«, es gibt nämlich auch junge Autodidakten. In gewisser Weise kann man sagen, daß man immer ein wenig, aber niemals völlig Autodidakt ist. Denn sich völlig für einen Autodidakten auszugeben hieße im Grunde genommen, niemand hätte Ihnen jemals irgend etwas beigebracht. Ich hoffe sehr, daß das nicht stimmt.

*Joanne Simoneau: Ich habe nichts mit dem Theater zu tun. Ich weiß nicht, ob sich ein Schauspieler vor dem Auftritt in der Stille vorbereitet. Ich hatte Gelegenheit, AGAMEMNON zu sehen und auch die Vorbereitung zu beobachten. Ich muß gestehen, daß ich wie gebannt war von der Art und Weise, wie sich die Schauspieler in tiefstem Schweigen vorbereiten. Ich weiß nicht, wie lange sie dafür brauchen, ob es zwei oder zweieinhalb Stunden sind. Bereiten sich die Schauspieler der Truppe des Soleil stets in tiefstem Schweigen vor, ehe sie auftreten, unabhängig davon, um welches Stück es sich handelt? Bezieht sich das auf die Art, wie sich die Schauspieler vor 2.500 Jahren auf den Auftritt vorbereiteten?*
Ariane Mnouchkine: Die Schauspieler bereiten sich vor Einlaß des Publikums vor, und der ist eine Stunde vor Aufführungsbeginn. Die Schauspieler sind dann bereits in den Garderoben. Doch diese Zeit ist bei jedem Schauspieler anders. Es gibt einige, die sind langsamer, und die bereiten sich noch früher vor: Juliana zum Beispiel ist noch eine Stunde früher da, Simon erst eine dreiviertel Stunde vorher.

Sie bereiten sich, sagen wir, zwischen anderthalb und zwei Stunden vor der Aufführung vor. Merkwürdig ist, daß Sie sagen »in tiefstem Schweigen«. Das ist tatsächlich nicht der Fall. Sie sprechen miteinander. Aber es stimmt, daß sie sich in höchstem Respekt vorbereiten.

Sie hatten den Eindruck, in den Garderoben herrsche ein religiöses Schweigen. Es herrscht eine Art Schweigen. Aber wenn die Schauspieler sich etwas zu sagen haben, wenn sie Fragen haben, dann fragen sie. Ich will damit sagen, daß es kein Schweigegelübde gibt, doch es gibt möglichst wenig Geräusche.

Es gibt möglichst wenig »Unnützes«: unnütze Geräusche, unnütze Worte, und ich würde fast sagen: unnütze Gebärden und unnützes Hin- und Herlaufen. Was die Schauspieler aber zu tun haben, das tun sie. Müssen sie ein Glas Wasser trinken, so trinken sie ein Glas Wasser. Und wenn sie pinkeln müssen, dann gehen sie pinkeln. Und wenn sie sagen müssen: »Kannst du mir das leihen?«, so sagen sie es. Es stimmt freilich, daß ein Schauspieler einen anderen nicht fragt, ob er die Zeitung gelesen habe. Tut er das, so weiß er, daß es ein Fehler ist. Sagen wir so: Sie versuchen soweit als möglich, daß alles, was geschieht, alles, was gesagt wird, auf ihre eigene Vorbereitung und die des Publikums zielt.

So läuft das immer ab, aber die Atmosphäre kann jeweils eine andere sein. Die Stimmung der ATRIDES ist natürlich steifer als die Stimmung von L'INDIADE, wo die Schauspieler gleichsam das indische Volk waren. Es herrschte eine größere Zwanglosigkeit dem Publikum gegenüber, während es bei den ATRIDES gewissermaßen ignoriert wird.

*Joanne Simoneau: Ich hätte lieber das Wort »Sammlung« wählen sollen als »Schweigen«.*
Ariane Mnouchkine: Ja, das ist es. Sammlung, die brauchen sie.

*Serge Ouakine: Ich möchte auf die Frage nach der Stimme zurückkommen und Ihnen von zwei Erfahrungen erzählen.*

*Ein afrikanischer Schauspieler stieß eines Tages während einer Probe einen Schrei aus. In dem Augenblick des Schreies sah ich die Savanne, ich sah die Landschaft. Und ich habe ihn gefragt: »Hast du während des Schreis das Bild der Savanne gesehen?« Er antwortete mir: »Ja, ich habe sie gesehen.«*

*Ich sah anschließend eine Aufführung einer Truppe, die Sie vielleicht kennen, die von Roy Hart[10]. Sie bewegen sich sehr schlecht. Sie haben überhaupt keine orientalische Arbeit ausgeführt. Sie besitzen keine körperliche Gewandtheit, aber wenn ihre Stimme beschwörend spricht, sieht man. Man kann die Augen schließen, und es kommen Bilder.*

*Meine Frage ist nun: Können Sie sich ein Theater vorstellen, wo man sich nicht bewegt und die Bewegung sich über die stimmliche Dimension vollzieht und nicht über die Kalligraphie des Körpers?*

Ariane Mnouchkine: Ja, ich kann mir alles vorstellen. Doch was ich gern zustande bringen würde, ist beides. Ich sehe nicht ein, warum man auf das eine oder das andere verzichten soll. Und die Unvollkommenheiten, die Sie bei uns bemerken, sind nicht absichtlich da. Es ist nicht so, daß ich auf einen Aspekt verzichten will. Im Augenblick ist es uns noch nicht gelungen, alles zu machen.

Ich will nicht auf die Bewegung verzichten, und ich will nicht auf die Stimme verzichten. Ich will nicht auf den Text verzichten. Und ich will nicht auf die Musik verzichten. Ich will auf nichts verzichten. *[Applaus]*

*Chantal Collin: Um auf die Schauspielerausbildung zurückzukommen, ich möchte Ihnen gern eine Frage stellen. Was halten Sie von einem Hinweis wie: »Dein Spiel ist zu klein, ihm fehlt es an Umfang, an Weite?« Oder aber von einer entgegengesetzten Bemerkung: »Das fließt zu sehr über, nimm die Emotion zurück, nimm sie zurück, das muß kontrolliert sein?« Was halten Sie von diesen häufigen Bemerkungen gegenüber Schauspielern?*
Ariane Mnouchkine: Das kommt darauf an. Wenn es zu klein ist, dann ist es zu klein. Ich glaube nicht, daß ich es so formulieren würde, aber ich verstehe gut, was Ihr Regisseur sagen will.

Ich verstehe sehr gut, was »das fließt über« meint. »Nimm zurück« verstehe ich auch gut. »Kontrolliere, kontrolliere«: alles Dinge, die man sagt, wenn es zu schnell geht. Das bedeutet nichts. Aber »nimm zurück«, ja. »Komm zu dir zurück«, ja. Ich selbst sage das nicht, sondern ich sage: »Achtung, du verläßt deine Sphäre.«

*Ein Student: Ich möchte Ihnen eine letzte Frage stellen. Vorhin sagten Sie, der Text sei das Wichtigste bei dem, was Sie machen. Ich würde gern wissen, wie es kommt, daß in Quebec die Regisseure jetzt immer mehr im Mittelpunkt stehen.*

*Man sieht sich eine Inszenierung von André Brassard an, man sieht sich eine Inszenierung von Alice Ronfard an. Ich*

*habe zum Beispiel erfahren, daß Sie kommen, lange bevor ich wußte, welche Texte Sie spielen würden. Was halten Sie also davon, daß nach den Autoren, nach den Schauspielern jetzt die Regisseure solche Bedeutung gewonnen haben?*
Ariane Mnouchkine: Jeder ist einmal an der Reihe. *[Lachen]*

*Ein Student: Ja. Aber eine Aufführung, ein Stück, das Theater – das heißt doch, wie Sie vorhin sagten, vor allem: Man braucht die anderen, alles ist ein Ganzes.*
Ariane Mnouchkine: Ja, aber ist es im Grunde schlimm, daß Sie als erstes hörten, es sei eine Aufführung von mir? Ist es das, was zählt, oder ist es die Aufführung?

Und dann will ich Ihnen sagen: Was ich wichtig finde, ist, daß das Publikum ins Theater geht. Und daß es, wenn es dorthin geht, nicht nur eine Inszenierung von Ariane Mnouchkine sieht, sondern tatsächlich IPHIGÉNIE, AGAMEMNON, LES CHOÉPHORES oder LES EUMÉNIDES.

Worin ich mit Ihnen bis zu einem gewissen Grad übereinstimme – es bringt mich ein bißchen zum Lachen, wenn auf einem Plakat »Inszenierung Herr Dupont« mit genauso großen Lettern geschrieben steht wie der Titel des Stücks. Das fuchst mich. Ich sähe es gern, daß Molière in Großbuchstaben angekündigt wird und »Inszenierung« weniger groß dasteht. Vielleicht irren sich die Regisseure, weil sie zu oft gesagt bekommen, daß es so richtig sei.

Es ist wie bei den Schauspielern. Es ärgert mich auch, wenn ich »Dingsbums in …« sehe. Warum? Es sind die »Lächerlichen« in dem Sinne, den man dem Wort im 18. Jahrhundert gab.

Ich bekenne, meine Absichten sind rein.

»Rencontre publique du Soleil avec les écoles de formation: une troupe commence par un rêve«.
Aus dem Französischen von Hans-Henning Mey.

Anmerkungen
1 Dieses Zusammentreffen mit Ariane Mnouchkine fand am 6. November 1992 an der Université du Québec à Montréal (UQAM) statt. Organisiert wurde es durch den Fachbereich Theater mit Hilfe des Festival de théâtre des Amériques anläßlich der Vorstellung des Zyklus der ATRIDES in Montreal. Zu diesem Treffen kamen Ariane Mnouchkine und ungefähr fünfzehn Schauspieler des Théâtre du Soleil.
2 Hier wurde das Stück LES ATRIDES vorgestellt.
3 Es handelt sich um das Curling (Eisstockschießen).
4 Nathalie Thomas und Marie-Hélène Bouvet sind im Théâtre du Soleil mit den Kostümen befaßt.
5 Guy-Claude François ist seit L'ÂGE D'OR (1975) der Bühnenbildner und Ausstatter des Théâtre du Soleil.
6 »Ein Lehrgang im Soleil: Ein ungewöhnlicher Theaterunterricht«, LES CAHIERS DE THÉÂTRE JEU, Nr. 52, September 1989, S. 15–22, hier abgedruckt im Kapitel: »Ein Lehrgang im Soleil. Ein ungewöhnlicher Theaterunterricht«, S. 37.
7 Die Schauspieler mußten nach zwei Stunden gehen, um sich auf die Abendvorstellung vorzubereiten.
8 Es handelt sich um das Referendum über den Vertrag von Maastricht. In Frankreich stimmten einige Wochen später schließlich 51,05 Prozent der Wähler mit »Ja«.
9 Marie-Hélène Falcon, Leiterin des Festival de théâtre des Amériques und Organisatorin des Gastspiels des Théâtre du Soleil in Montreal.
10 Das Roy Hart Theatre ist ein Ausbildungszentrum in den Cevennen. Sein Begründer, Alfred Wolfsohn, beschloß in Deutschland zu Beginn des Jahrhunderts, die Grenzen der Stimme zu erforschen, indem er während des Krieges von 1914–1918 den »Lauten« von Sterbenden an der Front zuhörte. Einer seiner Schüler, Roy Hart, entwickelte Methoden und Techniken weiter, die in London und dann in Frankreich entdeckt worden waren.

## ICH HABE DAS THEATER ALS KAMPF GEWÄHLT
### Ein Gespräch mit dem Schauspieler Georges Bigot

*Georges Bigot war von 1981 bis 1991 Schauspieler am Théâtre du Soleil. In der Regie von Ariane Mnouchkine spielte er in* RICHARD II., LA NUIT DES ROIS *und* HENRI IV. *von Shakespeare, in* L'HISTOIRE TERRIBLE MAIS INACHEVÉE DE NORODOM SIHANOUK, ROI DU CAMBODGE *und* L'INDIADE OU L'INDE DE LEURS RÊVES *von Hélène Cixous sowie in* IPHIGÉNIE À AULIS *von Euripides,* AGAMEMNON *und* LES CHOÉPHORES *von Aischylos. Er brillierte in den Rollen von Richard II., Prince Hal (Henry), Sihanouk und Nehru. 1986 wurde er vom Kritikerverband Frankreichs als Bester Darsteller für seine Rolle des Prinzen Norodom Sihanouk ausgezeichnet.*

*Seit 1992 konnte man ihn in Jean-Paul Wenzels Inszenierung* FIGARO LÄSST SICH SCHEIDEN *von Ödön von Horváth sehen; in* LE GRAIN ET LA BALLE *von Samuel Beckett (Regie Stuart Seide),* LES NOUVEAUX BÂTISSEURS *von Mohamed Rhouabi (Regie Claire Lasne),* GERETTET *von Edward Bond (Regie Laurent Lafargue),* DER CID *von Corneille (Regie Declan Donnellan).*

*Seit 1993 gibt er an der Universität Bordeaux III Schauspielunterricht. Zusammen mit einem anderen ehemaligen Mitglied des Théâtre du Soleil, Maurice Durozier, inszenierte er 1993 dessen Stück* KALO. *Nach szenischen Lesungen von* ARMOR *von Elsa Solal (Villeneuve-lés-Avignon, Poitiers, Quimper), inszenierte er* DER STREIT *von Marivaux im Rahmen des Theaterfestivals »Les Chantiers de Blaye« (1994) in Frankreich und im Ausland. Seither führte er Regie in* AMBROUILLE *(Kollektivarbeit des Petit Théâtre de Pain),* LE RETOUR DE BOUGOUNIÉRÉ *von Jean-Louis Sagot-Duvauroux (2000), das auf Mali und in Frankreich gespielt wurde, und Tschechows* MÖWE *(2001) mit dem Actor's Gang Studio unter der Leitung von Tim Robbins in Los Angeles. Von 1996 bis 2001 leitete er das Theaterfestival »Les Chantiers de Blaye« in Süd-* *westfrankreich. Im März 2002 inszenierte er* SÉGOU FASSA *von Jean-Louis Sagot Duvauroux.*

*Josette Féral: Wie sind Sie zum Theater gekommen? Handelt es sich um eine Berufung, die Sie von Kindheit an verspürten?*

Georges Bigot: Diese Frage stelle ich mir momentan immer wieder: Was habe ich immer noch bei dieser enormen, herrlichen Schinderei zu suchen? Was hat sich in bezug auf den Drang zum Theater, den ich schon sehr früh empfunden hatte, geändert? Was bedeutet heute, mit vierzig Jahren, die Tatsache, daß ich trotz aller Fragen weitermache?

Anfangs fühlte ich mich in der Gesellschaft, in der ich lebte, nicht wohl. Daher hatte ich Lust fortzufahren, nach Indien zu reisen. Leider hatte ich aber die nötigen Mittel zum Reisen nicht, ich hatte nicht einmal das Nötigste. Ich erkundigte mich bei einer Stelle, wo man Jobs – zum Beispiel bei der Weinlese – finden konnte. Für die Weinlese war nichts mehr frei. Dagegen entdeckte ich ein kleines Plakat mit der Aufschrift: »Theatertruppe sucht Schauspieler, auch Anfänger.« So habe ich begonnen.

*Interessierten Sie sich damals schon für Theater?*

Ja. Ich interessierte mich sehr dafür, weil ich schon öfter im Theater war, und zwar dank einer Nachbarin, die ins Theater ging und mich meiner Mutter entführte, wenn ihre Freundinnen nicht mit ihr kommen konnten. So hatte ich mit zwölf Jahren LA CUISINE von Arnold Wesker in der Inszenierung von Ariane Mnouchkine gesehen. Die Aufführung faszinierte mich völlig. Ich glaube, daß die Katharsis der Griechen voll und ganz funktionierte: Ich war völlig begeistert, ich fühlte den Text, ich glaubte daran. Vielleicht hat mich das später dazu gebracht, mich fürs Theater zu entscheiden. Ich habe das Theater als Kampf gewählt, als einen Kampf »für« etwas, für das Verstehen, für das Leben, für die Intelligenz und gegen die Dummheit.

Mit neunzehn Jahren bin ich also zum Theater gegangen. Ich hatte Lust zu spielen, zu lernen. Ich begriff sehr bald, daß ich mich mit dieser Kunst tatsächlich auseinandersetzen würde. Ich »subventionierte« mich selbst, doch sagte ich mir: »Ich werde mit all diesen kleinen Jobs aufhören, bei denen man nur ausgenutzt wird, weil man jung ist, lange Haare und keine Diplome hat, und ich werde vom Theater leben.« Dieser Entschluß hat mich also gezwungen, Arbeit zu suchen. So habe ich meine Ausbildung fortgesetzt, wirkte aber gleichzeitig als Jungschauspieler in Fernsehserien mit. Und so wurde ich auch »Zusatzkünstler« an der Comédie-Française, das heißt, ich war dort Statist. Als ich zum ersten Mal in die Comédie-Française kam, betrat ich voll Bewunderung die Bühne eines so bedeutenden Theaters, doch ich war sehr bald enttäuscht. Manche Schauspieler und Regisseure waren wirklich auf der Suche nach etwas, aber gleichzeitig war die Institution so schwerfällig! Der Komfort tötete irgendwie das Theater. Diese Arbeit an der Comédie-Française diente dem Broterwerb, erlaubte mir aber gleichzeitig, Unterricht zu nehmen und Leute meiner Generation kennenzulernen, von denen einige vom Pariser Konservatorium kamen.

Ich bemühte mich wirklich, das Theater zu erleben, und da ich damals mit Freunden begonnen hatte, Musik zu machen, und zwar Rock 'n' Roll, suchte ich auch das Leben in einer Gruppe, die Arbeit in einer Truppe. Mit einigen Freunden, unter denen sich Carlos de Vitig Monterro befand, haben wir DISSIDENT IL VA SANS DIRE von Michel Vinaver im Keller des Cabarets *Chez Georges* aufgeführt. Später versuchte ich auch, ins staatliche Konservatorium einzutreten, doch ich kam nur in die zweite Runde. Aber Antoine Vitez, der in der Jury saß, schlug mir vor, als heimlicher Hörer in seine

Klasse zu kommen. Ich habe also seinem Unterricht sechs Monate lang beigewohnt. Seine Arbeit am Text und die Art, in der er die Schauspieler führte, war wunderbar, aber sehr frustrierend für mich, denn ich hatte nicht das Recht, an den Szenen mitzuarbeiten. Ich habe viel gelernt, jedenfalls theoretisch, da ich nicht die Gelegenheit hatte, diese Beziehungen zum Text auf der Bühne in die Praxis umzusetzen.

Als ich etwas später MÉPHISTO im Théâtre du Soleil sah, sagte mir eine Freundin, die in der Truppe spielte, daß Ariane am nächsten Tag mit einem Lehrgang beginne. Ich ging zu Ariane und sagte: »Eben hat man mir gesagt, daß Sie einen Schauspielkurs leiten werden. Kann ich an einem oder an zwei Tagen kommen und ein bißchen zuschauen?« Sie antwortete mir: »Nein, nein, du schaust nicht zu: du arbeitest mit!«

*Wie ist dieser Lehrgang abgelaufen?*
Was mich, und ich glaube, auch was Ariane betrifft, kam es zu einer künstlerischen Begegnung auf Grundlage einer gemeinsamen Auffassung, einer leidenschaftlichen Idee, die Kunst des Theaters innerhalb einer Truppe auszuüben. Und ausgehend von dieser Begegnung habe ich mir geschworen, mich in dieser Truppe zu engagieren, solange ich bei ihr blieb.

In dem Lehrgang ging es um die Improvisationsarbeit mit Masken und um die Commedia dell'arte. Davor hatte ich abgesehen von L'ÂGE D'OR nur sehr schlechte, eher karikaturistische Aufführungen mit Masken gesehen. Nun entdeckte ich, während ich der Arbeit anderer Kursteilnehmer zusah, die enorme Freiheit, die man durch das Spiel mit einer Maske erwarb. Als es mir zum ersten Mal gelang, das Wesen einer Maske zu erfassen, hatte ich selbstverständlich diejenige gewählt, die mir am nächsten lag. Ich war jung, also hatte ich mich für Harlekin entschieden. Ich begann, eine schöne Geschichte zu erfinden, in der Harlekin einen kleinen, wunderbaren Job gefunden hatte: Er sollte einfach nur Kühe melken. Doch dann würde er einen Stall mit fünfhundert Kühen betreten, die alle gemolken werden mußten. Als es soweit war, öffnete ich den Vorhang – aber ich sah keine Kühe: Ich sah ein Podium, eine leere Bühne und an deren Ende Sitzreihen mit dreihundert Personen, in deren Mitte Ariane saß. Tiefe Stille. Ich war wie gelähmt und fragte mich, was ich da mit meinem Karokostüm und meiner Maske vor dem Gesicht tue. Deshalb flüchtete ich mich, anstatt das Abenteuer zu wagen, in ein Klischee – das ich übrigens gar nicht kannte: Harlekin pflückt Blumen für seine Geliebte. Ariane unterbrach mich und fragte: »Was machen Sie, Harlekin?« Ich antwortete ihr, daß ich Blumen für Sylvia, meine Liebste, pflücke. Da sagte sie mir, ich solle die Blumen draußen pflücken, das sei interessanter. So endeten meine ersten Versuche in der Commedia dell'arte: mit Gänseblümchen!

Dann mußte Ariane fort und Erhard Stiefel, der Maskenbauer, übernahm die Leitung des Kurses. Sobald die große Ariane Mnouchkine den Kurs nicht mehr leitete, hörten natürlich fast alle Teilnehmer auf, und wir waren nur mehr an die dreißig. Somit war es schon leichter, auf den Teppich, auf dem die Improvisationen stattfanden, zu gehen. Die Masken waren da, man konnte sie berühren, man konnte Risiken eingehen: So begann ich zu improvisieren, mich zu verwandeln, anderswohin zu gehen, zu reisen.

Ich komme aufs Reisen zurück, denn ursprünglich ging alles von der Lust zu reisen aus. Ich begann, etwas zu erfinden. Dank der Maske war ich nicht mehr in einem Klischee gefangen, ich begann, frei zu sein, zu spielen, in einem Zustand des Spiels zu sein und innere Leidenschaften umzuwandeln, indem ich sie sichtbar werden ließ. Als Ariane zurück war, arbeiteten wir wieder mit ihr. Es kam damals wirklich zu einer Begegnung auf der Bühne; zum ersten Mal hatte ich das Gefühl, wirklich zu spielen. Und wunderbar war auch, daß ich entdeckte, daß es kleine Gesetze gibt, daß dies nicht dem Zufall zu verdanken war. So kam mit der Anwendung dieser kleinen Gesetze auch die Freiheit wieder.

*Um welche kleinen Gesetze handelte es sich?*
Ich glaube, damals ging es darum, konkret zu sein und daran zu glauben, was man spielte, was man sah; sich mitreißen zu lassen, aufnahmebereit zu sein, das Abenteuer zu wagen. Das Theater ist eben auch das: eine herrliche Lüge, die die Wahrheit sagt. Dank der Suche nach der Wahrheit findet man die Freiheit beim Spiel. Der Reichtum des Spiels, das Vergnügen am Spielen und die Begeisterung! Natürlich mußte man von dieser Freiheit Gebrauch machen und mit den anderen gemeinsam spielen. Diese Beziehung zum anderen ist auf alle Fälle das Wichtigste; zum anderen, das heißt zur Figur, die man selbst spielt, aber auch zum Partner und zum Publikum. Und innerhalb dieser Beziehung muß man die Gegenwart erleben.

*Und was brachte Ihnen Arianes Anwesenheit?*
Damals vertrat Ariane das Publikum: den Blick. Sie führte uns. Das Gute an Ariane war, daß sie sah, was der Schauspieler erreichen wollte, und daß sie ihn dorthin brachte. Das hatte etwas von einer Geburt an sich. Ich war ein ganz junger Schauspieler und merkte es genau, wenn sie mit den anderen arbeitete: Sie veranlaßte uns, das Spiel, die Spielmöglichkeit zu »gebären«. Sie war die Hebamme: Die Beziehung, die wir zu ihr hatten, war daher sehr stark.

*War ihr Blick auf das, was Sie hervorbrachten, gleichzeitig empathisch und kritisch?*
Wenn Ariane mit Schauspielern arbeitet, hat sie zu ihnen immer eine empathische, das heißt eine sympathische Beziehung. Sie ist von dieser Arbeit vollkommen besessen, es ist wirklich Besessenheit! Sie folgt dem Schauspieler, sie folgt allen Mäandern, die er durchmacht. Darin besteht ihre Arbeit der Schauspielerführung und darin liegt, wie ich sagen würde, auch ihr Glück, ihr Vergnügen und ihre Kunst, ihre Kunst als Regisseurin und Leiterin der Schauspieler. Das habe ich in dieser Zeit erfahren.

Zu Beginn des zweiten Kursteiles waren wir etwa vierzig Personen, die jeden Tag beisammen waren und Lust hatten, diese Energie beizubehalten. Zwischen den Personen bahnten sich zwischenmenschliche beziehungsweise freundschaftliche Beziehungen an: Das war mehr als nur ein Lehrgang. Wir hatten viel gemeinsam erlebt und unsere Leidenschaften mit dem anwesenden Team geteilt. Schließlich beschlossen wir, eine Truppe zu gründen. Ariane stellte uns einen Ort in der Cartoucherie zur Verfügung, und wir versuchten es. Aber leider wollte jemand, wie das immer der Fall ist, die Macht ergreifen, und es ging schief. Das Projekt ist gescheitert, doch all das hatte dennoch sechs Monate, wenn nicht ein Jahr gedauert. Etwas später beschloß Ariane, ihre Truppe neu zu bilden und neue Personen zu engagieren, da die Aufführungsserien von MÉPHISTO zu Ende gingen und viele Schauspieler die Gruppe verließen. Ich glaube, sie brauchte neue Energie und schöpfte sie bei uns. Einige von uns fanden sich also im Théâtre du Soleil wieder, als Ariane mit der Arbeit an den Shakespeare-Stücken begann.

Nach einem zweimonatigen Vorsprechlehrgang fragte mich Ariane, ob ich Mitglied des Théâtre du Soleil werden möchte, und ich nahm mit Begeisterung an. Dann begannen wir mit den Proben zu RICHARD II. Als wir einmal nach einigen Probenwochen beide in der Cartoucherie spazieren gingen, fragte sie mich: »Fühlst du dich wohl bei uns? Ich freue mich sehr, daß du da bist ... Ich hoffe, daß einer unter uns fähig ist, den Richard zu spielen.« Ich war sehr erstaunt, daß sie das zu mir sagte, denn ich dachte, daß sie längst wußte, wer unter den anwesenden großen Schauspielern der künftige Richard II. sein werde.

*Kannten sie ihre Arbeitstechnik damals schon?*
Dank des Lehrgangs und der zwei Monate Vorsprechen fühlte ich mich bei ihrer Art zu arbeiten wohl. Ich betrat die Bühne und hatte dabei keine Probleme, oder doch! Ich hatte Spielprobleme, doch abgesehen davon war ich erfinderisch.

Ich war nicht der einzige Erfinderische, wir waren ein Team. Gemeinsam mit Ariane erfanden wir eine Spielform. Sie schlug uns orientalische Bilder vor, und es war hochinteressant, mit Shakespeare in den Orient zu reisen!

*Der Vorschlag, »auf orientalisch zu machen«, kam von Ariane?*
Natürlich! Sie war wie immer auf der Suche nach künstlerischen Lösungen. Für sie war Shakespeare eine Schule, in der man lernen konnte. Sie führte uns mit ihren intuitiven und visionären Vorschlägen durch den Orient und durch Shakespeare, und wir waren erfinderisch. Wir haben zum Beispiel Filme von Kurosawa gesehen. Sie brachte auch Unterlagen mit, Kunstbücher etc., und all dieses Material löste bei uns etwas aus: Eines Tages sah ich zum Beispiel das Foto eines Kabuki-Schauspielers. Ich versuchte nicht wiederzugeben, was auf dem Foto war, doch es regte meine Phantasie an.

*Und es vermittelte Ihnen sicher auch eine Vorstellung von seinem Körper, denn die Haltungen der Kabuki-Schauspieler sind sehr frappierend.*
Richtig. Im Théâtre du Soleil drückt der Schauspieler seine Gefühle mit seinem Körper aus, indem er *sein* ganzes Instrument einsetzt: seinen Körper, seine Stimme und den berühmten Muskel, den Ariane uns entdecken ließ, den Muskel der Phantasie. Dabei wurden die Haltungen nicht unabhängig vom Text erarbeitet. Alles wird beim Improvisieren mit der »Partitur« in der Hand entwickelt, wie das zum Beispiel die Jazz-Musiker tun. Bei RICHARD II. erfanden wir einen bestimmten Code für die Auftritte, einen inneren Code, mit dem wir danach auch in LA NUIT DES ROIS und dann in HENRY IV. gespielt haben. Bei RICHARD II. führte das unbeabsichtigt zu einer Art Feierlichkeit. Da wir diesen Code erfunden hatten, konnten wir mit ihm spielen, gegen ihn verstoßen, ihn übertreten. Jedesmal, wenn wir gegen ihn verstießen, kam das dem Spiel, also dem Sinn zugute. Es ist wahr, daß wir mit Shakespeare zum gewünsch-

ten Ergebnis gelangt sind. Wenn wir dieselben Stücke jetzt aufführen wollten, würden wir es sicher anders machen, aber damals haben wir diese Stücke vollkommen verwirklicht, so wie Ariane sie sich vorgestellt hatte.

*Und bei dieser Formsuche beginnen einige Schauspieler mit einer Bewegung, die von den anderen nachgeahmt wird?*
Natürlich. Ich würde sagen, daß es in jeder Truppe Leute gibt, die stärkere »Antriebskräfte« sind als andere. Die Kostüme in den Shakespeare-Stücken sind ein gutes Beispiel: Am Anfang probierten wir in Kostümen, die aus dem Molière-Film stammten. Eines Tages zog ein Schauspieler einen Rock an, und das löste irgendetwas aus. Wir bemerkten sehr schnell, daß das funktionierte, und am nächsten Tag zogen sich alle Schauspieler so an: Alle wollten einen Rock ergattern! Wenn jemand eine gute Art, sich zu schminken, fand, so fragte ihn am nächsten Tag ein anderer: »Wie hast du das gemacht?« Der erste antwortete:« Hör auf, schau nicht her!« Man ist immer ein wenig stolz darauf, wenn man etwas gefunden hat, doch schließlich teilt man seine Erfindungen, selbst beim Spielen. Dieser Geist findet sich auch in Arianes Arbeit, das bedeutet, daß man, wenn es Schwierigkeiten gibt, darüber spricht, sich Fragen stellt, um herauszufinden, warum uns etwas nicht gelingt, um zu verstehen, was bei einer Szene auf Widerstand stößt. Wenn jemandem etwas gelingt, fragen ihn die anderen, was in ihm vorgegangen ist, damit auch sie es verstehen und es versuchen können. Aber natürlich gibt es Schauspieler, die sich mehr einbringen, und wieder andere, die es nicht tun.

*Ariane sagt den Schauspielern oft, sie sollen ihre Füße in die Fußstapfen derer setzten, die ihnen vorausgegangen sind.*
Das ist in unserer Gesellschaft nur schwer hinnehmbar. Es kommt zum Beispiel vor, daß Ariane einen Schauspieler, der nicht unbedingt die betreffende Rolle spielen wird, dazu einsetzt, für einen anderen, der in Schwierigkeiten ist, Klarheit

zu schaffen. Natürlich kann das den zweiten in seinem Stolz kränken, denn man zieht es immer vor, originell zu sein, etwas alleine zu erfinden.

Gleichzeitig ist aber das Innenleben des Schauspielers sehr wichtig. Ich werde nie wie ein anderer spielen, das ist sicher! Daher muß man es akzeptieren, seine Füße in die Fußstapfen von jemand anders zu setzen, um danach seine eigene Freiheit zu finden. Dann wird wieder ein anderer sich dessen bedienen und es sich aneignen. Wir waren mit dieser Suche konfrontiert. Im Théâtre du Soleil haben die Schauspieler eine ungeheure Lust zu existieren, und das ist gut so! Sie wollen ihre Kunst ausdrücken ... und ihre Frustrationen können ebenso stark sein wie dieser Wunsch. Manchmal hat das verheerende Folgen und ist äußerst schmerzhaft. Doch es ist Arianes Truppe: Sie inszeniert, sie hat ihre Vorstellungen, sie trifft manchmal mehr oder weniger geschickt ihre Wahl. Sie hat schließlich ihre eigene Beziehung zur Welt, und manchmal gibt es Leute, die sich darin nicht zurechtfinden oder ihre Art zu funktionieren nicht verstehen können. Manche Leute sind drei oder vier Jahre beim Théâtre du Soleil geblieben in der Hoffnung, als Schauspieler zu arbeiten, und haben an den Inszenierungen kaum teilgehabt. Es ist normal, daß sie nach all dieser Zeit etwas anderes erhofft hatten. Doch die Stärke des Théâtre du Soleil liegt darin, daß zu Probenbeginn tatsächlich ein Schiff abfährt und ein frischer Wind weht. Wenn man aber die Windrichtung nicht erfaßt hat, wird es sehr schwer.

Zum Beispiel machte ich persönlich bei den Proben zu Les Atrides nicht mehr so viele Vorschläge wie früher, da ich mich durch ein gewisses Bild von mir selbst etwas eingeengt fühlte. Ich wollte aus diesem Bild ausbrechen. Außerdem war die Truppe in einer Krise. Von etwa zwanzig Schauspielern waren nur fünf oder sechs Hauptdarsteller, die anderen spielten den Chor. Das sagte einigen durchaus zu, doch andere wollten mehr. Nach einem oder zwei Jahren verließ der Chor die Produktion – selbstverständlich nicht ohne

Trennungskrisen. Und diese Krisen waren manchmal um so heftiger, als sich die Leute mochten. So ist das Leben! Mir dagegen hat die Aufführung viel gebracht, auch wenn ich mich darin nicht wirklich entfalten konnte. Später habe ich verstanden, warum Ariane sich für diese Arbeit mit dem Chor entschieden hatte: um davon ausgehend LA VILLE PARJURE vorzubereiten. Eben wegen der Beziehung zum antiken Theater, zum Chor, zum Theater in der Stadt! Die griechische Tragödie ist ganz einfach, wenn man sich mit ihr befaßt und sich in sie hineinversetzt. Das Bühnenbild war eine Arena, in der jede Geste deutlich sichtbar war, ein Sammelbecken, um die menschliche Leidenschaft, einen seelischen Zustand oder einen Trieb zum Ausdruck zu bringen.

*Aber wäre es möglich, daß es anders funktioniert? Ich finde es schade, daß die meisten Schauspieler, die durch das Théâtre du Soleil groß geworden sind, die Truppe danach verlassen haben.*
Ich bin ganz mit ihnen einverstanden, doch daß wir das schade finden, ändert nicht viel. Jedenfalls gehörte ich ab einem bestimmten Zeitpunkt nicht mehr zur Truppe. Als ich dort eintrat, war ich ein ganz junger Schauspieler. Meine Generation war von der Arianes nicht zu weit entfernt, so daß ich keinen Altersunterschied merkte. Natürlich gab es einen in Hinblick auf Arianes Reife und Kenntnis des Theaters. Aber unsere Beziehung war partnerschaftlich, obwohl ich gleichzeitig ein Lehrer-Schüler-Verhältnis zwischen uns anerkannte. Nach und nach zeichnete sich eine andere Art von Beziehung mit Ariane ab, da sie die Person ist, die sieht, organisiert und entscheidet. Ich verstehe alle Probleme der Truppe sehr gut: technische und finanzielle Probleme, die Verwaltung eines Gehaltsaufkommens von sechzig Personen, die das ganze Jahr von ihrer Arbeit leben müssen, kurz: All das erfordert eine Unmenge an Entscheidungen. Und natürlich ist ein Kapitän notwendig, um diese Entscheidungen zu treffen. Aber leider gibt es Augenblicke, in denen Ariane bei Ausnahmezuständen vergißt, daß Absprachen nötig sind.

Einmal erhielt ich einen Arbeitsplan für fast ein halbes Jahr, ohne daß man mich um meine Meinung gefragt hatte, und das war der Tropfen, der das Faß zum Überlaufen brachte.

Diese Art der Organisation sollte uns – die Schauspieler – vielleicht beschützen, damit uns die furchtbare Welt, die uns umgibt, nichts anhaben kann. Doch schließlich fühlten wir uns nach und nach entmündigt. Abgesehen davon, daß wir auf der Bühne und bei den Proben anwesend waren, waren wir nur mehr Schauspieler. Ausschließlich bei großen Projekten, die ohnehin verwirklicht wurden, fragte uns Ariane nach unserer Meinung. Da sie eine Frau ist, die es sehr gut versteht, Dinge darzustellen, eine wunderbare Frau, die weiß, was sie will und wie sie es erreichen kann, ist es nicht leicht, ihr innerhalb der Truppe Widerstand zu leisten. Eigentlich wurden die wichtigen Entscheidungen immer als unvermeidlich, ja sogar obligatorisch hingestellt: Eine andere Alternative gab es nicht. Glücklicherweise wurde die Arbeit von Pausen oder Tourneen unterbrochen. Die Tourneen waren phantastisch für uns! Im Ausland fühlten wir uns wie im Urlaub. Wenn wir ein Jahr in der Cartoucherie gespielt hatten, war es für uns ein echtes Geschenk, nach Los Angeles, München, Berlin, Amsterdam und zu den großen Festivals auf Tournee zu fahren. Ich reise so gerne, ich lerne so gerne andere Menschen kennen!

*Was halten sie von der Dauer der Probenzeit am Soleil?*
Es handelt sich um eine Art Gebärzyklus, in dem Probenperioden und Bauperioden abwechseln. Früher nahmen alle, das heißt auch die Schauspieler, am Bau des Bühnenbilds und an der Instandhaltung des Theaters teil. Ich habe bei der Konstruktion aller Bühnenbilder mitgearbeitet, in denen ich gespielt habe, und das gefiel mir sehr. Auf einer Bühne spielen, die man gebaut hat, ist wunderbar, man kennt sie, sie ist etwas Konkretes!

Im Théâtre du Soleil kümmert man sich zu Beginn der Proben weder besonders um die Zeit noch um die Rolle, die man spielen wird: Man fragt sich vielmehr, wie man von der Welt erzählen wird, die man darstellen will. Man versucht nicht sofort, die Besetzung zu machen. Man geht immer von einer leeren Bühne, einem nackten Raum aus: einem weißen Blatt. Auf Grundlage des Spiels der Schauspieler und des Raums, den sie benötigen, entsteht das Bühnenbild. Alles entsteht aus der Phantasie. Alle Schauspieler nehmen an den Proben, aber auch an der Arbeit der anderen teil. Man arbeitet wie ein Chor. Zum Beispiel wußte bei den Auftritten in den Shakespeare-Inszenierungen jeder genau, wo er sich den anderen gegenüber befand und welche Bilder er vorschlug. Es war eine Art Bienenschwarm, der da auf die Bühne kam. Wir genossen alle das Bild, das wir gemeinsam hervorbrachten. Etwas gemeinsam erfinden, löst Begeisterung aus, die vielleicht nicht das Schöne hervorbringt – daß es schön ist, ist nur nebensächlich –, aber das Einfache. Und wenn ich das Einfache sage, so meine ich das Wesentliche.

*Machten Sie bei* Sihanouk *und bei den Shakespeare-Inszenierungen die gleiche Erfahrung?*
Das war noch wunderbarer! Ich hatte das Glück, eine so phantastische, lebende Figur wie Sihanouk zu spielen. Diese Produktion war die Uraufführung eines Stückes von Hélène Cixous, die damals zum ersten Mal mit Ariane arbeitete. Alle Elemente des Theaters waren dabei versammelt: eine Truppe, eine Regisseurin, eine Autorin, Schauspieler, ein Musiker und Techniker – und wir alle erzählten dem Publikum gemeinsam eine zeitgenössische Geschichte. Es war eine gute Zeit. Die Truppe war hervorragend, und alle waren zufrieden. In Hinblick auf die Dauer stellte die Vorstellung aber hohe Ansprüche an uns: Wenn wir am Sonntag die Gesamtversion spielten, schminkten wir uns zwar erst ab Mittag, kamen aber bereits gegen neun Uhr ins Theater. Zu Mittag kam das Publikum. Es gab eine einstündige und zwei halbstündige Pausen. Wenn ich die Bühne verließ, war es elf Uhr abend. Wir standen von ein Uhr mittags bis elf Uhr abend auf der Bühne.

*Das muß doch anstrengend gewesen sein?*
Es war phantastisch! Natürlich war es anstrengend, aber das war uns vollkommen egal!

*Jedenfalls war es für das Publikum phantastisch. Die Beziehung, die das Théâtre du Soleil mit dem Publikum unterhält, ist einzigartig.*
Als Schauspiel-Lehrling war ich sehr ergriffen, als ich las, was Jean Vilar über seine Beziehung zum Publikum geschrieben hatte. Bei Ariane fand ich diese Beziehung sofort wieder. Was sie sagte, war eine Fortsetzung seiner Definitionen: das Theater als öffentliche Einrichtung. Schon der Empfang des Publikums ist wichtig. Man muß wissen, daß alles für das Publikum und gemeinsam mit dem Publikum gemacht wird, sogar die Wahl der Projekte: Es geht nicht darum herauszufinden, was gerade in Mode ist, sondern man muß das in Angriff nehmen, was dringend erzählt werden muß. Was soll das Théâtre du Soleil erzählen, was erwartet das Publikum? Bei dieser Beziehung zum Publikum versuchen wir zu allererst, unsere Freude am Theater mit ihm zu teilen. Danach kann man auch über die leicht pädagogische Seite von Arianes Inszenierungen sprechen, die manchen stören mag: Plötzlich kommt es dabei zum Beispiel zu einer Art »Beschreibung der großen Machtmechanismen« (wie bei Sihanouk), doch das ist der Shakespearesche Code! Das Théâtre du Soleil hat eben eine epische Seite, die sehr wichtig ist. Sagen wir, daß das Publikum das Meer, der Ozean ist. Wenn wir nicht auf Tournee waren, plagte mich weiterhin meine Reiselust, aber ich tröstete mich und sagte mir, daß wir irgendwie doch auf Tournee seien. Wir blieben zwar am selben Ort, doch aus der ganzen Welt kamen Leute, die Aufführung zu sehen, und gemeinsam mit ihnen reisten wir nach Kambodscha, nach Indien, zu Shakespeare, zu den Griechen usw.

*Das Publikum ist davon begeistert, daß Sie sich in seiner Anwesenheit schminken. Und Sie als Schauspieler, wie finden Sie das?*

Ich fand das sehr richtig. Es gab Leute, die extra früher kamen, um den Vorbereitungen beizuwohnen, so daß ich den Eindruck hatte, daß wir uns gemeinsam auf die Zeremonie, auf das folgende Ritual vorbereiteten. Die Zeit verging, das Publikum kam herein und nahm Platz. Das war herrlich, es kam zu einer Art Osmose! Es war klar, daß hier Theater stattfand: Das Publikum war nicht von Konsumfieber erfaßt wie bei einem Autokauf.

Diese Vorbereitung geht mir manchmal ab, wenn ich in einer Künstlerloge bin, wo ich mich allein schminke, ohne so recht zu wissen, wer im Zuschauerraum sitzt.

*Was änderte sich außerdem für Sie, nachdem Sie das Théâtre du Soleil verlassen hatten?*
Als ich die Truppe verließ, begriff ich, daß ich wieder ganz von vorne beginnen mußte. Doch welche Richtung sollte ich einschlagen? Ich bin zwar weggegangen, aber doch nicht um zu verleugnen, was ich bisher gemacht hatte! An welche Tür sollte ich klopfen? Patrice Chéreau und Peter Brook? Ich nahm an einem oder zwei Castings teil und fragte mich, was ich eigentlich da suchte! Außerdem kann ich das gar nicht. Ich hatte eher Lust, im Film oder im Theater Geschichten zu erzählen, und zwar mit Regisseuren, die auch dazu Lust haben. Ich wußte nicht mehr, was es heißt, ein einsamer Schauspieler zu sein. Und da man am Théâtre du Soleil nicht besonders viel Geld verdient, mußte ich mich einfach über Wasser halten!

Zunächst traf ich zufällig Jean-Paul Wenzel in einem Café. Wir waren einander schon im Théâtre du Soleil begegnet, um eine Demonstration gegen den damaligen Kulturminister, François Léotard, zu veranstalten. Als wir uns in diesem Café wiedersahen, wollte er gerade FIGARO LÄSST SICH SCHEIDEN von Ödön von Horváth inszenieren und schlug mir die Rolle des Figaro vor. Das war wunderbar! Aber ich mußte mich dabei mit vielen Fragen über die Spielweise auseinandersetzen. Jean-Paul sagte mir, daß ich zu

viel spielte, zu viel zeigte, daß man nicht zeigen, sondern nur sehen lassen soll, während man bei Ariane alles zeigt. Ich mußte diesen Stil erst finden … Dagegen gefiel mir in dieser »vereinigten Truppe« (Leute, die sich zusammengeschlossen haben, um gemeinsam Theater zu machen), daß es doch eine gewisse Ethik gab, mit der ich mich identifizieren konnte. Ich spielte auch bei einer Stuart-Seide-Inszenierung von Beckett-Stücken mit. Beckett zu spielen, nachdem man Shakespeare gespielt hat, hieß von einem Extrem ins andere zu fallen. Aber die Arbeit war hochinteressant.

Dann bot man mir an, an der Universität Bordeaux ein paar Lehrgänge abzuhalten. Ich nahm an, und die Begegnung mit den Studenten hat bewirkt, daß ich geblieben bin. So bin ich nun seit mehreren Jahren Professor für Theater an der Universität Bordeaux III, wo ich Schauspielunterricht gebe. 1994 sollte ich für das Festival »des Chantiers de Blaye« in der Nähe von Bordeaux mit den Studenten eine Theateraufführung einstudieren. Ich akzeptierte, und wir spielten LA DISPUTE von Marivaux. In der Zwischenzeit trug man mir an, dieses Theaterfestival von Blaye zu leiten, und im Jahre 1996 habe ich die Leitung übernommen. Seit dieser Erfahrung mit LA DISPUTE bin ich zwar weiterhin als Schauspieler tätig, inszeniere aber auch.

*Was würden Sie als die grundlegenden Eigenschaften eines Schauspielers bezeichnen?*
Ich glaube, daß ein Schauspieler jemand ist, der die Fähigkeit hat, sich hinzugeben und zu agieren. In den Worten »sich hingeben« steckt das Wort »geben«, und diese Gabe, von der man spricht, ist vielleicht tatsächlich das Talent, eine Art Freigebigkeit. Das genügt natürlich nicht! Wie ein Maler muß man als Schauspieler eine Weltsicht haben und von ihr erzählen wollen, auch wenn man nicht weiß, wie. Das ist eine Frage der Lust.

Lust zu spielen, sowie sich und anderen Geschichten zu erzählen. All das hängt mit der Kindheit zusammen. Der größte Anspruch an einen Schauspieler liegt darin, diese Verbindung mit der Kindheit aufrechtzuerhalten. Mit der Zeit und der Reife erfaßt ihn eine Art Begeisterung für die Entschlüsselung des Menschlichen, in der seine Aufgabe besteht. Ein guter Schauspieler ist fähig, den anderen zuzusehen und ihnen gegenüber sensibel zu sein. Um fündig zu werden, muß man die Kontrolle verlieren. In unserer Gesellschaft will man immer alles kontrollieren, doch ich glaube, daß ein echter Schauspieler akzeptiert, die Kontrolle zu verlieren. Nicht vollkommen, sondern natürlich im Rahmen des Theaters – ich spreche hier nicht von Psychodramen oder anderem. Je mehr Erfahrung man hat, desto schwieriger ist es zu spielen, weil man schnell die bereits erforschten Wege einschlägt. Und um uns zu helfen, das zu vermeiden, haben wir ein wunderbares Mittel: den Muskel der Phantasie.

Schauspieler sein heißt, in der Gegenwart einem Publikum gegenüber schutzlos innerlich nackt sein und akzeptieren, sich von anderen durchdringen zu lassen: von der Figur, dem Autor, dem Partner, dem Publikum. Es bedeutet, »das Unsichtbare sichtbar« zu machen: die hinter den Worten versteckten Eisberge. Es bedeutet auch, zu empfangen und das Empfangene in einem Theater der Gegenwart wiederzugeben, das das Verb »sein« konjugiert. Mit jedem Mal muß man sich erneuern, an der inneren, intimen Reise teilhaben lassen und sie dem Zuschauer anbieten, damit er sich daran abarbeite und freue.

*»J'ai choisi le théâtre comme un combat«. Originalbeitrag.*
*Fassung und Übersetzung von Barbara Engelhardt.*

# EINER, DER GUT HINSCHAUT
## Ein Gespräch mit dem Schauspieler Simon Abkarian

*Simon Abkarian, der in Paris geboren wurde, verbrachte seine Kindheit im Libanon, bevor er 1977 nach Paris zurückkehrte. Nachdem er in einer armenischen Theatertruppe in Los Angeles gearbeitet hatte, studierte er traditionelle osteuropäische Tanzformen.*

*1985 trat er ins Théâtre du Soleil ein, wo er acht Jahre blieb. Er spielte unter anderem die Rollen des Achill, Agamemnon und Orest in* LES ATRIDES. *Später nahm er an* LE SONGE D'UNE NUIT D'ÉTÉ *teil und spielte die Titelrolle in* MACBETH *von Shakespeare zusammen mit Paul Golub. 1995 trat er in der Uraufführung von* BEAST ON THE MOON *von Richard Kalinoski in den Vereinigten Staaten auf wie auch in der Neuinszenierung 1996 durch Irina Brook in London. Für die französische Fassung (*UNE BÊTE SUR LA LUNE*) 1998 in Bobigny und im Théâtre de l'Œuvre wurde Simon Abkarian mit dem »Molière« für den besten Schauspieler 2001 ausgezeichnet. Außerdem spielte er in dem von Cécile Garcia Vogel inszenierten* KAUFMANN VON VENEDIG *im Pariser Théâtre de la Bastille.*

*1998 inszenierte Simon Abkarian zum ersten Mal selbst, Shakespeares* LIEBES LEID UND LUST. *Im Jahr 2000 setzte er* L'ULTIME CHANT DE TROIE *nach Seneca, Euripides und Aischylos für das Theater MC93 Bobigny in Szene.*

*Josette Féral: Welche Ausbildung hatten Sie vor Ihrem Eintritt ins Théâtre du Soleil und weshalb zogen Sie dieses Ensemble einem anderen vor?*
Ich hatte keine wirkliche Schauspielerausbildung. Ich habe mitteleuropäischen und, weil ich Armenier bin, kaukasischen Tanz studiert. Da ich im Libanon lebte, studierte ich auch viele orientalische Tänze. Aber über eine spezifische Theaterausbildung verfüge ich nicht.

Warum ich mich nun für das Théâtre du Soleil entschieden habe? Das ist eine lange Geschichte. Ich lebte in Los Angeles und hatte angefangen, mit einer armenischen Laienspielgruppe Theater zu machen. Ich kannte einen Schauspieler, Julien Maurel, der damals am Théâtre du Soleil arbeitete. Ein wenig kannte ich auch Georges Bigot und Maurice Durozier, aber wirklich nicht sehr gut. Sie kamen nach Los Angeles. Das war während der Shakespeare-Aufführungen. Und ich hatte Lust, sie spielen zu sehen. Es gefiel mir, aber ich habe mir nicht gesagt: »Genau das will ich machen.« Ich sagte mir: »Sieh mal an, das ist etwas anderes.«

*Also interessierte Sie die Art von Theater, die das Théâtre du Soleil machte?*
Es war etwas, was sehr viel mit Leichtgläubigkeit zu tun hat, mit der Kindheit, die noch nicht zu Ende war. Ich war dreiundzwanzig Jahre alt. Ich nahm an dem Lehrgang teil, den Georges Bigot in Los Angeles gab. Und das gefiel mir, weil ich bei der Arbeit mitmachte. Ich war kein Zuschauer. Ich war noch kein Schauspieler, aber ich war zumindest ein teilnehmender Anfänger. Wir arbeiteten mit Masken von Erhard Stiefel, den Masken der Commedia dell'arte. Und ich glaubte, mit dem Körper etwas Inneres zu verstehen. Daran werde ich mich immer erinnern. Als Georges die Masken vorstellte und sie mit den Händen sich bewegen ließ, war ich überrascht von ihrer »poetischen Geometrie«: eckig und zugleich im Inneren rund.

*Danach waren Sie bereit, nach Paris zu gehen.*
Das war kompliziert. Mit meinem libanesischen Paß waren Reisen damals für mich nicht leicht. Meine Papiere waren nicht immer in Ordnung. Da schlug Georges mir vor, zu

einem Vorsprechlehrgang ans Théâtre du Soleil zu kommen. Das tat ich. Und ich bin geblieben.

*Sie sind anläßlich von* Sihanouk *ins Théâtre du Soleil eingetreten. Dann folgten* L'Indiade *und* Les Atrides. *Warum sind Sie im Anschluß daran, nach insgesamt acht Jahren im Soleil, weggegangen?*
Weil ich den Wunsch hatte, mich umzusehen, wie es woanders läuft.

*Ist es schwer fortzugehen?*
Es ist schwerer, vom Théâtre du Soleil fortzugehen, als dort einzutreten.

*Man sagt auch, es sei danach schwierig, etwas anderes zu machen.*
Die Schwierigkeit setzt sich aus mehreren Aspekten zusammen. Es ist schwierig, weil es für einen Schauspieler, ganz gleich ob er das Théâtre du Soleil oder ein anderes verläßt, auf jeden Fall immer schwierig ist, Arbeit zu finden. Eine weitere Schwierigkeit hängt mit der Arbeitsform im Théâtre du Soleil zusammen, bei der man dem Schauspieler ein gewisses Aufgabengebiet überläßt. Man bezieht den Schauspieler mit ein. Dies beruht auf Arianes Vorstellung vom Theater und den Mitteln, zu denen sie auch greift und die sie bezahlt. Die Proben dauern acht Monate und werden auch bezahlt. Meiner Meinung nach war mein Gehalt nicht schlecht, aber verglichen mit einem Gehalt draußen werden wir schlecht bezahlt. Wenn man nun das Théâtre du Soleil verläßt, muß man sich umstellen, was eine Zeit dauern und fürchterlich sein kann. Denn sich umstellen bedeutet sich verändern. Und sich verändern heißt bisweilen im Gegensatz zu seiner Natur stehen …

*… Konzessionen machen.*
Schlimmer noch. Man kann sich sagen: »Ich werde es ausprobieren«, und sich auf etwas Mittelmäßiges einlassen, nicht auf eine mittelmäßige künstlerische Ebene, sondern eine mittelmäßige menschliche Ebene. Natürlich gibt es auch Aufführungen, an die man geglaubt hat und die in ihrer Qualität dann durchschnittlich sind. Es gibt eine Arbeitsform, der man verbunden bleibt, wenn man das Théâtre du Soleil verläßt. Wenn man ihr verbunden bleibt, so kann man darunter leiden.

*Und Sie sind ihr verbunden geblieben?*
Ja.

*Welche Aspekte des Théâtre du Soleil sind woanders schwerer zu verwirklichen?*
Daran zu glauben.

*An das Theater zu glauben, das man macht?*
Nein, zu glauben, wenn man spielt. Das heißt, zuzulassen, daß man daran glaubt.

*Wenn Sie Bilanz ziehen, worin liegt das Wichtige in der Arbeit am Théâtre du Soleil? Und was ist dort härter?*
Das Wichtige im Théâtre du Soleil liegt darin, daß es einem gelingt, Welten zu erschaffen. Es ist sehr schön, eine Welt erschaffen zu können. Zuerst tauchen wir alle in diese Welt ein. Manchmal gibt es dort kein Wasser, und man schlägt sich den Kopf wund. Dann geben wir etwas Wasser hinzu, um zu schwimmen. Wenn die Zuschauer eintreffen, betreten sie diese Welt. Sie betreten nicht nur ein Stück von Molière oder ein Stück von Shakespeare. Sie betreten eine Welt.

Was dort hart ist? Daß man, um im Théâtre du Soleil zu bleiben, bei guter Gesundheit sein und eine ziemlich starke Persönlichkeit haben muß. Man kann sehr schnell in eine Strömung hineingeraten, ohne recht zu verstehen, was da vor sich geht. Das heißt, man muß stets hellwach sein. Und man kann, wie überall sonst auch, sehr schnell einschlafen. Aber im allgemeinen ist Ariane da, um den Leuten kleine

X

XIII

Schläge auf den Kopf zu geben und sie wachzurütteln. Es gibt also nichts, was ein für allemal als gesichert gelten kann.

*In* Les Atrides *hatten Sie wichtige Rollen. Sie waren gleichzeitig Agamemnon, Achill und Orest und sogar die Amme. Ariane bemerkte dazu, es sei ein Augenblick gewesen, wo sie von der gesamten Truppe wegen dieser für sie unumgänglichen Entscheidung gehaßt worden sei: Ihre Darstellung dieser Figur sei die beste gewesen.*

*Myriam Azencot sagte im Hinblick auf* Les Atrides*, daß Sie auf Anhieb den richtigen Ton, die genaue Gebärde zu finden wußten, um die Figuren entstehen zu lassen. Es gelang Ihnen zu entdecken, wie diese außergewöhnlichen Menschen zu spielen sind. Und sie fügte hinzu: »Das ist vielleicht auf Simons Kultur zurückzuführen.«*
Vielleicht. Es stimmt, daß bestimmte Dinge im Libanon wie auch im Kaukasus kulturell gesehen noch sehr lebendig sind: seine Tochter zu töten beispielsweise. Es ist uns, zusammen mit Ariane, gelungen, unerträgliche Dinge sichtbar zu machen.

Die Verkettung der Blutrache konnte nicht überwunden werden. In der westlichen Welt ist es dem Fortschritt sozusagen gelungen, Zeit und Raum zu überwinden, woran ich persönlich zweifle. Allerdings gibt es etwas, was wir nicht im Zaum halten können: das Gesetz der Blutrache. Nichts ist geregelt: zwischen Israelis und Palästinensern; zwischen Tschetschenen und Russen; zwischen Armeniern und Türken, Griechen und Türken, Türken und Kurden, zwischen Serben und Bosniern.

*Sie standen aufgrund Ihres kulturellen Hintergrunds der Welt von Orest und Agamemnon, jener Verkettung der Blutrache, näher: Orest tötete seine Mutter, Agamemnon seine Tochter.*
Und auch der Klytaimnestra. Wir dürfen Klytaimnestra nicht übergehen. Die Begegnung mit dem Unheil geschieht durch Klytaimnestra, durch die Mutter.

*Was an der Gestalt des Agamemnon ins Auge springt, ist der priesterliche Aspekt der Gestalt, der durch das Kostüm, die*
*schwarze Maske verstärkt wurde. Man nannte dieses Kostüm »Simons Verzückung«.*
Das Kostüm entstand in der Zusammenarbeit mit Ariane und auch aus der Phantasie heraus. Wir haben uns viel mit dem indischen Theater, dem Kathakali abgegeben. Und diese Gestalt hat etwas Raubtierhaftes an sich. Ariane sagte immer: »Es muß nach dem Raubtier in der Arena riechen.« Man mußte die Mähne, die Brust, das Kinn, die Zähne, die schwieligen Hände riechen. Und hinter all dem auch einen Anflug von Zärtlichkeit.

*Diese Kostüme waren sehr schwer. Jede Schicht des Gewandes war sieben Meter lang.*
Die Kostüme beruhen auf einer sparsamen Gestik, einer gewissen Genauigkeit, ja, sie zwingen einen dazu. Es gab vor und während des Stücks viel Arbeit am Körper. Der Schauspieler muß sich fragen, wie er mit einem Kostüm von achtzehn, zwanzig oder zweiundzwanzig Kilo einen Sprung machen kann.

Diese Kostüme sind Trümpfe, auch wenn sie am Anfang einen Zwang bedeuten können. Für mich war das nie so, denn ich liebe das Aufeinandergeschichtete, sowohl das der Kostüme wie das der Gefühle oder der inneren Schichten der Seele. Ich liebe die übereinanderliegenden Dinge, wo man eins nach dem anderen aufdecken kann, um etwas anderes zutage zu fördern.

Ich weiß nicht, ob die Vorstellung von der Figur existiert. Meiner Ansicht nach läßt zunächst eine Situation die Figur entstehen und auch eine Silhouette, durch die der Mann oder die Frau erkennbar werden. Klytaimnestra hatte eine sehr eigene Silhouette. Agamemnon eine andere. Und der Chor wieder eine andere.

*Sprechen Sie von einer inneren oder einer äußeren Silhouette? Die beiden stimmen nicht notwendigerweise überein.*
Die Weise, wie man sich äußerlich bewegt, ist nicht notwendigerweise mit dem Inneren verbunden. Und trotzdem

steht die äußere Silhouette mit dem in Verbindung, was innerlich vor sich geht.

*Diese innere Silhouette, von der Sie sprechen, hängt mit dem Zustand der Figur, mit der Situation, mit ihren Leidenschaften zusammen. Gleichwohl haben Sie gesagt, daß Sie emotionslos auf die Bühne zu gehen versuchen und es die Bühne sei, die die Emotion hervorruft.*

Wenn ich an Gott glaubte und beten müßte, so würde ich ihn bitten, mir Dinge zu nehmen, und nicht, sie mir zu geben. Ich glaube, wir sind mit zu vielen Dingen belastet, als daß wir uns in einer Situation angemessen verhalten könnten. Wenn ich daher auf die Bühne komme, setze ich den Fuß auf, und es ist beinahe eine Beschwörung. Den Fuß auf die Bühne zu setzen verändert mich innerlich tiefgreifend und schärft meine Sinne.

*In* Au Soleil même la nuit, *einem Film über die Vorbereitungsarbeit für den* Tartuffe, *sagt Ariane den Schauspielern, daß sie gleich in die Feierlichkeit eintreten werden. Und in dem Moment, wo sie auf die Bühne gehen, sieht man sie alle, genau bevor sie die Stufen emporsteigen, stehenbleiben und sich innerlich sammeln wie in einem Ritual als Zeichen der Ehrerbietung vor der Bühne. Was drückt der Schauspieler mit diesem Ritual aus?*

Dieses Ritual hat mit L'Indiade begonnen. Ich weiß nicht, ob »Ehrerbietung« das richtige Wort ist. Ich würde lieber von dem Eintreten in einen anderen »Zeit-Raum« sprechen. Es ist ein Ort, der uns erlaubt, mit dem Publikum in Verbindung zu stehen, ohne die Zeit zu beachten.

*Ist dieser Ort ein sakraler Ort?*

Ich denke, ja.

*Sind Sie, wenn ein Stück entsteht, von dieser Arbeit ständig in Anspruch genommen, auch wenn Sie nicht auf der Bühne sind?*

Ständig. Selbst im Schlaf. *[Lachen]* Die Welt, die wir erschaffen, nimmt uns völlig in Anspruch. Und gerade das fehlt mir heute, wenn ich als Schauspieler woanders arbeite. Wenn ich spiele, möchte ich, daß man mir den Kopf unter Wasser drückt, möchte ich drei Monate lang in Atemnot sein. Das habe ich nur bei Ariane erlebt.

*Sie erwähnten vorhin die für den Schauspieler notwendige Arbeit am Körper. Wie sieht Ihr persönliches Training und Ihre gemeinsame Arbeit aus?*

Im Soleil gibt es beides, die persönliche und die gemeinsame Arbeit. Und jeder hat seine Begabungen, sein Talent. Es gibt Leute, die gefährliche Sprünge ausführen können. Andere beherrschen den Spagat. Hier liegt nicht das Problem. Das Problem ist, es muß uns gelingen, daß uns der Körper im Rahmen des ihm Möglichen gehorcht. Es geht darum, durch keine Anspannung behindert zu sein, während man spielt. Alles zur Verfügung zu haben, um eine Gebärde in Poesie verwandeln zu können.

Um dahin zu gelangen, wählt jeder einen anderen Weg. Manche betreiben Kampfsportarten, andere meditieren, andere lassen sich anschnauzen. Wir machen auch zusammen Aufwärmübungen. Die Körper sind nicht gleich. Es ist also stets etwas, was ausgehandelt werden muß.

*Sie haben vorhin vom Orient gesprochen. Welchen Anteil hat der Orient an dieser Welt?*

Er ist ein Vorbild, weil dieses Theater – das Noh, das Kabuki, das Kathakali – die Kunst des Schauspielers bis zum Äußersten treiben konnte. Dieses Theater konnte es fertigbringen, daß im Spiel nur das Wesen der Figur erscheint.

*Wie haben Sie Ihre Kenntnisse über das orientalische Theater erworben?*

Durch Hinschauen. Ich bin einer, der gut hinschaut. Einem Schauspieler oder einer Schauspielerin, die im Theater einen

Bären spielen soll, empfehle ich, sich einen Bären anzuschauen. Der Bär kann sich auf der Bühne sehr schnell in einen Affen, einen Löwen, in ein Zwitterwesen verwandeln. Nun ist aber ein Bär etwas ganz Bestimmtes. Und dieses ganz Bestimmte ist etwas Besonderes. Mich faszinieren diese Kleinigkeiten. Natürlich geht es nicht darum, einen Bären nachzuahmen, sondern sich selbst mit einem Fell vorzustellen und den inneren Rhythmus eines Bären zu verstehen. Ich will keine Gesetze verkünden, will nicht verkünden, was man tun muß oder nicht tun darf. Aber ich glaube, es ist wichtig, gut hinzuschauen.

*Wer waren Ihre Vorbilder für Ihre großen Rollen: für Agamemnon, für Orest?*
Mein Vater, mein Großvater und auch meine Onkel. Alle Schnurrbärtigen in meiner Familie. Der Schnurrbart war wichtig. Er entspricht einer inneren Haltung. Er ist nicht irgendein Ding, sondern ist Sinnbild für eine ganze Welt. Orest steht Klytaimnestra zu nahe. Ohne Klytaimnestra hätte ich ihn nicht entstehen lassen können. Orest mußte seine Mutter töten, um nicht länger ein Jüngling zu sein und zu einem Mann werden zu können. Es ist eine unmenschliche Tat und gleichzeitig die Tat, die ihn zum Mann werden läßt. Jeder sagt ihm: »Du bist kein Mann! Du bist kein Mann!« Er tötet seine Mutter und wird zu einem Mann. Doch er bereut seine Tat. Manchmal ist es besser, ein Junge zu bleiben. Man darf nicht die Mutter töten. Ich stimme überhaupt nicht mit der Freudschen Theorie überein, die behauptet, alle Söhne möchten ihren Vater töten. Das gilt vielleicht für die westliche Welt. In der orientalischen Welt spielt sich das allerdings wirklich anders ab. Aus diesem Grund gibt es übrigens viele Länder, in denen die Psychoanalyse nicht existiert. Es gibt einen anderen Ausweg, um bestimmte Dinge vermeiden zu können.

*Sie erwähnten, als Sie von Ihrer Arbeit sprachen, daß Sie auf der Bühne versuchen, nichts zu machen, möglichst wenig zu machen. Das auf der Bühne zu praktizieren ist sehr schwer, wenn nicht unmöglich.*
Es ist nicht ganz und gar möglich, es stimmt im Absoluten. Allerdings ist es etwas, was auch im Leben vorkommt, und nicht nur im Theater. Man ist stets besorgt, man fragt sich, wie man auf der Bühne sein wird. Wenn man nun aufhört, sich um sich selbst Sorgen zu machen, und wenn man dem anderen zuhört, so wird es möglich.

*Wie sieht Arianes Hilfe für den Schauspieler bei diesem Vorgang aus?*
Indem sie sagt: »Höre ihm zu! Sei Zuschauer! Überlege nicht! Höre zu! Empfange! Reagiere auf das, was er sagt, nicht auf deine Vorstellung! Höre auf ihn! Leg dir die Antwort nicht zurecht, ehe du die Frage gehört hast. Du darfst nicht recht haben. Auf der Bühne hast du nicht recht oder unrecht. Du mußt dasein. Um dazusein, mußt du den anderen wirklich empfangen.«

*Wie gelingt es dem Schauspieler, diese Anweisungen in die Praxis umzusetzen?*
Indem er den Mund hält. Indem er schweigt und Bewegungslosigkeit, innere und äußere, wagt. Bewegungslosigkeit bedeutet nicht das Nichts. Die innere Bewegungslosigkeit, die innere Stille ist übrigens sehr erschreckend. Ich will mich gar nicht auf mystische Pfade begeben; doch ich glaube, für den Schauspieler ist es sehr wichtig, zu schweigen, auf das zu horchen, was vor sich geht, und auch auf sich selbst zu horchen. Wir sind gewohnt, in einem bestimmten Rhythmus zu sprechen. Es ist unser Rhythmus. Die Leute sprechen immer schneller.

So daß man, wenn man in einen anderen Rhythmus eintritt, zu weinen anfängt, gerührt ist. Man tritt in der Tat in die Sphäre des Theaters und der Dichtung ein. Plötzlich gibt es einen inneren Widerhall, der sowohl den Schauspieler wie auch den Zuschauer berührt.

Im Theater gibt es übrigens einen Moment, den ich liebe, der selten eintritt, doch wenn er eintritt, dann ist es herrlich. Es ist der Moment, wo das Stück zu Ende ist. Man geht ab. Und hin und wieder entsteht da eine Stille. Der Staub legt sich, die Zuschauer verharren vierzig Sekunden lang, ohne zu applaudieren. Um genau dieser vierzig Sekunden willen bin ich Schauspieler. Dieser Raum zwischen dem Publikum und den Schauspielern ist ein magischer Raum. Es herrscht Stille und eine gemeinsame und vollständige Bewegungslosigkeit. Wenn jemand applaudieren möchte – er tut es nicht, denn er spürt, daß sich etwas ereignet.

*Haben Sie eine persönliche Technik entwickelt, um jeden Abend in diesem empfänglichen Zustand zu sein? Während der Proben wird er durch die Arbeit unterstützt. Aber von der Probe zur Vorstellung oder von einer Vorstellung zur anderen verändert sich der Kräftehaushalt des Schauspielers.*
Er verändert sich, doch die Arbeit in der Zeit vor der Vorstellung, während der Proben, hat Humuserde geschaffen. Der Wald ist da. Er ist gepflanzt. Und ich glaube nicht, daß es große Abweichungen gibt. Natürlich gibt es eine zuweilen günstige Weiterentwicklung. Hin und wieder kommt es auch zu einem Verfall. Von dem Augenblick an, da etwas existiert, trägt es auch den eigenen Verfall in sich. Deshalb arbeiten wir mit dem Publikum, wenn wir spielen. Deshalb auch arbeiten wir mit Ariane und sind ständig mit Nachbesserung beschäftigt.

Wir versuchen, das Schauspiel lebendig zu halten, um den Schauspieler daran zu hindern, es sich bequem zu machen. Mir kommt folgendes Bild von dieser Arbeit mit Ariane in den Sinn: Wenn man ans Théâtre du Soleil kommt, spannt Ariane ein Seil in die Luft, wie für Seiltänzer, und dann sagt sie: »Geh.« Und man versucht zu gehen und fällt hin. Einige Zeit später beginnt man dann zu gehen. Und noch etwas später tanzt man am Ende sogar. Die Gefahr kommt mit dem Tanzen, weil dann zuviel Leichtigkeit herrscht. Und verfügt man über zuviel Leichtigkeit, so vergißt man den Raum zwischen Seil und Boden. Nun ist aber Ariane ständig anwesend, um den Schauspieler an diesen Raum zu erinnern, um ihn an die Gefahr zu erinnern, um keinen Eindruck von Bequemlichkeit aufkommen zu lassen. Dieses Gefühl der Bequemlichkeit zerstört die Kunst des Schauspielers. Ich spreche nicht davon, sich zu geißeln. Es geht vielmehr darum, die Dimensionen der Sphäre in der wir uns befinden, von neuem zu durchmessen und immer wieder zu durchmessen. Das ist sehr wichtig.

*Die Arbeit des Schauspielers ist es auch, eine Form zu finden. Immer deutlicher tritt eine dem Théâtre du Soleil eigene Form zutage. Wie kommt es zu dieser Inszenierungsarbeit?*
Durch die Gemeinschaftsarbeit und durch Äußerungen, durch Worte des Autors. Ariane hat eine Vorstellung, die sie vorschlägt, die sie darlegt, die sie im Laufe der Arbeit enthüllt. Bei SIHANOUK gab es die Khmer. Die Khmer haben eine sehr eigenartige Daseinsweise. Sie sind sehr weich und feminin. Anstatt zu versuchen, die Figuren zu entdecken, ging es darum, das zu entdecken zu versuchen, was Kambodscha ist, was die Kambodschaner sind. Ich bin nicht in Kambodscha gewesen. Ich habe es durch Bücher entdeckt, durch Kambodschaner, denen ich begegnete, und durch das Theater. Das Schöne am Theater ist, man kann reisen, ohne ein Flugticket zu kaufen. Bei L'INDIADE war das etwas anders. Ich fühle mich bereits – und hier spreche ich für mich – Indien recht nahe, vor allem Nordindien, weil alle diese Völker durch das Hochland des Kaukasus zwischen Iran und Indien gezogen sind. Ich fühle mich ihnen körperlich und morphologisch recht nahe. Die indische Welt wurde durch Wörter, durch Gebärden, durch innere Haltungen wiedergegeben. Die Zeit ist in Indien nicht die gleiche wie in Frankreich. Die Lüge hat nicht den gleichen Wert und die Wahrheit auch nicht. Und was man hier einen Philosophen nennt, ist dort ein Weiser.

All das geschieht auf der Bühne und kommt durch extreme Zuneigung und extreme Liebe, durch extreme Gewalttätigkeit und extremen Haß zum Ausdruck. L'INDIADE war die Welt des Extremen. LES ATRIDES übrigens auch. Es war eine ungeheure Intrige, die schließlich eine Familie zerstörte, eine von den Göttern gewollte ungeheure Intrige.

*Im Théâtre du Soleil dauern die Proben oft lange. Sie werden als Luxus angesehen.*
Das ist toll. Es ist ein Traum. Für L'INDIADE nahmen wir uns fünf oder sechs Monate Zeit. Für SIHANOUK sieben. Die Cartoucherie ist hierfür ein ausgezeichneter Ort. Ich liebe es, mich in diese Welt einzuschließen und den Kopf nicht mehr herauszustrecken. Wenn ich eine eigene Bühne hätte, so würde ich mich noch immer einschließen, ich würde mir allerdings eine Hintertür offen halten. Ich würde zum Beispiel in Gymnasien spielen. Ariane macht einen Durchlauf für die Techniker. Das ist ihr Ritual. Und ich würde auch das weiterentwickeln: Es sollte jemand mit sachkundigen Augen die Arbeit betrachten. Ich würde nicht auf den schicksalhaften Fälligkeitstermin der Premiere warten. Sooft ein Publikum anwesend ist, zeigt sich etwas. Das Publikum täuscht uns nicht.

*Haben Sie schon einmal aufgrund der Reaktion des Publikums etwas geändert?*
Ja, zum Beispiel in L'INDIADE. Es gab eine Szene, in der Georges mich schlug. Und die Leute brachen in lautes Gelächter aus. Selbst wir auf der Bühne mußten fast lachten, weil es wirklich sehr komisch war. Daraufhin sagte Ariane: »Gut, wir werden diese Szene ändern, weil das wichtig wird.« Zusammen mit dem Publikum gibt es immer eine richtige und natürliche Weiterentwicklung.

*Ariane sagte einmal, der Schauspieler müsse darauf achten, nicht zu stark zu kreieren. Was genau bedeutet das?*
Das gehört zu der Geschichte vom Seil und bedeutet, daß man in einem bestimmten Augenblick auf einem Seil einen Purzelbaum schlagen oder einen Spagat machen kann und daß das nicht notwendig ist. Es wird zu Virtuosität anstatt zu etwas Wesentlichem. Es muß einem gelingen, eine nüch-

terne Haltung zu wahren, und man muß sich zwingen, sich von seinem Talent nicht hinreißen zu lassen. Denn Talent reicht bei weitem nicht aus, um Schauspieler zu sein.

Talentierte Leute sind häufig makellos, ohne Bruchstelle. Nun sind es aber gerade die Brüche, die am interessantesten sind. Virtuosen sprechen mich im Grunde nicht an.

*Weshalb?*
Weil es ihnen gelingt, wie dem Fuchs und seinem Kumpanen, der Katze, Pinocchio mit Talent zu ergreifen und ihm Eselsohren wachsen zu lassen. Ich habe keine Lust auf Eselsohren. Tatsächlich nutzen sie ihr Talent schlecht, und das hindert sie daran, über das Talent hinauszugehen. Sich zu sagen, daß es sehr wohl Talent gibt, ja, daß aber die Arbeit, die Suche nach dem Unbekannten, bleibt, mit den Instrumenten, die uns bekannt sind. Was ich sagen will, ist folgendes: Wir haben Instrumente, die wir kennen, um Dinge zu entdecken, die wir nicht kennen. Und häufig beschränkt sich das Talent auf Bekanntes.

*Welchen Rat würden Sie heute mit Ihrer reichen Erfahrung einem Schauspielanfänger geben?*
Ich denke, man muß daran glauben. Man muß leichtgläubig sein. Und wenn er eine Wahl zu treffen hätte, so würde ich ihm raten, seine Familie zu entdecken. Er muß ein Strickmuster finden, sich in etwas, was Leute machen, wiedererkennen. Wenn er Lepage sieht und ihn das verwandelt, dann muß er mit ihm zusammentreffen, muß mit ihm sprechen, oder er muß vor seinem Fenster Purzelbäume schlagen. Oder aber er muß versuchen, etwas zu schaffen, was dem ähnelt. Er sollte sich lieber für Engel entscheiden als für Meister. Es sind Gesichter, Empfindungen. Man muß begreifen, was es an Engelhaftem in dem Menschen gibt, mit dem man in Kontakt steht. Das ist, was bleibt. Es ist ein Flügel, der über das Gesicht streicht.

»Un bon regardeur«. Erstveröffentlichung.
*Aus dem Französischen von Silvia Berutti-Ronelt.*

## EIN BERUF FÜR DEN AUGENBLICK
### Ein Gespräch mit der Schauspielerin Myriam Azencot

*Myriam Azencot erhielt ursprünglich eine Ausbildung in klassischer Literatur sowie eine juristische Ausbildung. Von 1962 bis 1964 besuchte sie die »École moderne de théâtre et de cinéma« in Nizza sowie verschiedene Lehrgänge. Dem Théâtre du Soleil schloß sie sich 1981 für* RICHARD II. *an (Herzogin von Gloster) und nahm an allen Theaterabenteuern teil, angefangen mit* L'HISTOIRE TERRIBLE MAIS INACHEVÉE DE NORODOM SIHANOUK, ROI DU CAMBODGE, *in der wichtigen Rolle der Samenol; es folgten* L'INDIADE OU L'INDE DE LEURS RÊVES, LES EUMÉNIDES, LA VILLE PARJURE OU LE RÉVEIL DES ERINYES, TARTUFFE, ET SOUDAIN, DES NUITS D'ÉVEIL, TAMBOURS SUR LA DIGUE.

*Sie verkörperte Aischylos in* LA VILLE PARJURE, *Madame Pernelle in* TARTUFFE *und Madame Gabrielle in* ET SOUDAIN, DES NUITS D'ÉVEIL *sowie den Großen Intendanten und den Mönch in* TAMBOURS SUR LA DIGUE.

*Josette Féral: Wie sind Sie an das Théâtre du Soleil gekommen?*
Ich glaube, daß mein Weg dem der anderen gleicht. Ich bin ganz einfach im Anschluß an einen Lehrgang an das Théâtre du Soleil gekommen. Damals lebte ich nicht in Paris. Ich arbeitete in Compiègne in einem Kulturzentrum. Ich hatte von den Lehrgängen gehört, die Ariane veranstaltete. Ihre Arbeit kannte ich nicht. Ich hatte nur MOLIÈRE gesehen. Die Person Ariane selbst lockte mich aufgrund dessen, was ich von ihr gehört hatte.

Ich ging zu einem Lehrgang, der besonders lang, ergiebig und schön war. Er dauerte fast zwei Monate. Das war 1979. Ich entdeckte eine Welt für sich. Ich war wie ein Kind vor dem Weihnachtsbaum. Und da sie MÉPHISTO spielten, war ich beinahe jeden Abend dort. Ich weiß nicht, wie oft ich dieses Stück gesehen habe.

Nun war der Lehrgang sehr schön, er ging zu Ende, und ich arbeitete dort weiter, wo ich war. Dann ging ich fort und ließ mich in Paris nieder. Ich machte es wie alle. Ich schaute mich überall um. Und drei Monate später fand ich eine Nachricht auf meinem Anrufbeantworter: »Also, wir machen an dem und dem Tag, zu der und der Stunde eine Lesung von LA NUIT DES ROIS. Kannst du dasein?« Selbstverständlich konnte ich dasein!

Es kam zunächst zu einer natürlichen Auslese. Da die Arbeit hart war, man nicht rauchen durfte und eben doch Disziplin herrschte, verließen uns einige Leute schon nach kurzer Zeit. Die Anhänglichsten blieben und arbeiteten. Am Ende waren wir nur noch etwa dreißig. Dann gab es einen zweiten Vorsprechlehrgang. Bevor sich Ariane in die Shakespeare-Stücke stürzte, wollte sie sicher sein, daß sie die Mitarbeiter hatte, die sie brauchte. Danach wurde eisern an den Shakespeare-Stücken gearbeitet.

Ariane plante damals, LA NUIT DES ROIS nur mit Frauen zu besetzen. Das Projekt kam nicht zustande, aber ich blieb im Boot, doch gespielt habe ich erst später. Ich trat an die Stelle einer Schauspielerin, die fortging, Lucia Bensasson, die eine der Alten des Soleil war. Sie spielte die Herzogin von Gloster in RICHARD II. So wurde ich in die Shakespeare-Stücke mit aufgenommen.

Danach kam SIHANOUK. Ich spielte in L'INDIADE. Dann kamen der Film LA NUIT MIRACULEUSE und LES ATRIDES. Hier passierte ein wenig das gleiche wie bei den Shakespeare-Stücken, das heißt, ich erhielt erst beim dritten Stück, den EUMÉNIDES, eine Rolle. Darauf folgten LA VILLE PARJURE und TARTUFFE.

*Sie waren bei* LES ATRIDES *am Anfang nicht vorgesehen?*
Doch! Ich war vorgesehen, aber Sie wissen doch, wie die

Proben bei uns verlaufen. Jeder versucht alles. Jeder stellt alle seine Entdeckungen an der Rolle den anderen zur Verfügung. Und der Beste setzt sich durch. Bei LES ATRIDES war dieses Vorgehen sehr hart. Es führte zwar zu großartigen Aufführungen, war aber auch für alle eine Zeit fürchterlichen Leidens. Zunächst deshalb, weil es sich ja schließlich nicht um ein beliebiges Stück handelte.

Von dem Augenblick an, wo Aischylos oder Euripides auf der Bühne sein sollen, das heißt nicht ein Abklatsch oder eine Lesung des Aischylos oder des Euripides, von dem Augenblick an, wo Sie der größten Schwierigkeit bei der Inszenierung dieser Dramen, dem Chor, nicht geschickt aus dem Weg gehen wollen, wo Sie ihn nicht auf eine Person reduzieren, auf einen rezitierenden Herrn mit Schlapphut in einer Ecke, wagen Sie sich an den Himalaja heran, ohne Eispickel, ohne Ausrüstung, ohne irgend etwas, nur mit dem Glauben. Ariane tat, was sie immer tut: Sie ging das Problem sehr beherzt an. Wir begannen mit dem Problem des Chors: Wie sollte man ihn wiedergeben? In der Antike wurde der Chor gesungen, psalmodiert, moduliert, doch ihn auf diese Weise zu spielen kam nicht in Frage, denn das hätte Jahre der Vorbereitung in Anspruch genommen. Da Ariane das gar nicht erst in Erwägung zog, mußte eine gleichwertige Alternative gefunden werden. Das war die Musik und dann der Tanz. Auf jeden Fall war es unmöglich, sich die Tragödie ohne Musik vorzustellen. Die Chöre wurden im wesentlichen getanzt, was sehr hart war, vor allem für mich ohne spezielle Tanzausbildung.

Und dann stießen wir uns an der Dimension dieser Figuren, die nicht wirklich Figuren sind. Es gibt in der Tragödie gewissermaßen keine Figuren. Es sind Statuen, Archetypen. Daß man in anderen Aufführungen gespielt hatte, bedeutete plötzlich nichts, war keine Hilfe. Jedesmal ist ein erstes Mal. Und wenn es ein erstes Mal von solcher Dimension ist, fehlt einem manchmal das notwendige Format. Was mich betraf, so passierte genau das. Ich stieß mich an der Dimen-

sion des Spiels. Ich war noch nicht dazu bereit – man muß die Dinge nennen, wie sie sind. Ich konnte erst in den EUMÉNIDES bei dem Stück mitmachen.

*Wie ist es einigen der Schauspielern gelungen, diese Dimension zu erreichen?*

Einige hatten sie von Anfang an. Weshalb? Ich denke, daß es eine Frage der persönlichen Geschichte, des Erlebten ist. Jemand wie Simon Abkarian spielte alles: Agamemnon, die Amme, Achill, Orest. Er spielte während der Proben alles. Er spielte sogar die Klytaimnestra, weil wir keine Klytaimnestra fanden. Warum schaffte er das? Warum schaffte es jemand wie Nirupama Nityanandan, die Iphigenie zu spielen, dann die Kassandra und schließlich eine Koryphäe? Ich glaube, es ist eine Frage der persönlichen Kultur. Wenn ich Kultur sage, dann meine ich das im weitesten Sinne. Simon ist Armenier, ein Emigrant. Er trägt jenes Armenien wie ein Brandgeschoß im Herzen. Es ist ein Volk mit Sinn für Legenden. Er trug die Dimension der Sagen und Legenden in sich. Da Niru Inderin ist, die viel Bharatanatyam getanzt hat, und da der Hinduismus in enger Bindung zu den Mythen steht, half dies, glaube ich, den beiden. Ich behaupte nicht, daß es ausreicht, aber ich denke, daß es eine Hilfe für sie war.

Klytaimnestra trat sehr spät in Erscheinung. Es war Juliana. Wir hatten sie eingeladen, nachdem sie Ariane bei einem Lehrgang aufgefallen war. Alle hatten sie übrigens bemerkt, weil sie eine phantastische Schauspielerin ist. Ariane hatte es mit Dutzenden von Klytaimnestras versucht. Sie alle waren nicht das, was sie wollte. Als wir also Juliana noch nicht gefunden hatten, mußten wir dennoch an den Szenen arbeiten. Da spielte Simon die Klytaimnestra.

*Erklärte oder analysierte Ariane in einer vorausgehenden Arbeit den Text?*

Weil die Übersetzungen, mit denen wir zu arbeiten versuchten, ihr nicht zusagten, hat Ariane die Texte neu übersetzt, mit der Folge, daß wir unsere Texte häppchenweise bekamen. Im allgemeinen empfiehlt sie uns zu Beginn einer Inszenierung Bücher und ähnliches. Es gibt ziemlich viele Kulturbanausen in der Truppe. *[Lachen]* Daher die Lektüreempfehlungen. Wir lesen in der Tat viel, selbstverständlich zunächst die Werke und dann die Sekundärliteratur. Jeder bildet sich, so gut er kann. Es gibt keine Diskussionen über das Werk selbst. Wir gehen sofort auf die Bühne! Wir führen die Lesung der Stücke durch, und am nächsten Tag stehen wir geschminkt und kostümiert auf der Bühne.

Wir improvisieren am Text, über den Text, den wir aber nach und nach aufgeben, in dem Maße, wie wir ihn uns einverleiben. Ariane will nicht, daß wir ihn auswendig lernen, womit sie völlig recht hat, weil man Mechanismen lernt: Man lernt Intonationen. Man lernt Gekünsteltes. Der Text dringt hingegen beim Improvisieren in den Körper ein. Wir greifen den Text nicht Szene für Szene auf, wir beginnen in beliebiger Reihenfolge mit Szenen, die wir auswählen. Wir denken gemeinsam nach. Dann sagt der eine: »Ich hätte Lust, diese Szene zu spielen«, und ein anderer meint: »Ich hätte auch Lust, diese Szene zu spielen.« Wir setzen uns zusammen und arbeiten miteinander, wobei wir die Rollen völlig frei auswählen.

*Der Vorgang ist identisch mit dem, was während der Lehrgänge vor sich geht.*
Durchaus. Es ist dieselbe Arbeitsmethode, außer daß es während der Lehrgänge um Themen geht, die entweder von Ariane angeregt oder von den Leuten gemeinsam gefunden werden. Wenn wir eine Inszenierung beginnen, ist das Improvisationsthema bereits durch den Autor gegeben. Das ist der einzige Unterschied.

Was die eigentliche Arbeit des Schauspielers anbelangt, so schlagen wir im Laufe der Improvisationen Dinge vor, zu denen uns der Text anregte, Zustände, Situationen. Und so-

bald Ariane etwas entstehen sieht, drängt sie auf mehr. Und dann kommt es. Oder es kommt nicht. Es widersteht, zerreißt. Wenn es klappt, ist es herrlich. In der Improvisation werden Steine verlegt. Jeder von uns verlegt einen Stein, auf dem derjenige, der die Szene aufgreift, laufen und weitergehen kann und einen weiteren Stein verlegt. Auf diese Weise wird die Szene, das Stück aufgebaut.

*Wenn man so arbeitet, gibt es da nicht Augenblicke der Angst?*
Ach! Es gibt nur das! *[Lachen]*

*Es muß Momente geben, wo man den Eindruck hat, daß es zu keinem Ergebnis führt.*
Nicht in dieser Hinsicht besteht die Angst, denn wir haben zu Ariane absolutes Vertrauen. Zwar gibt es Augenblicke, wo man in der Arbeit auf eine unvorhergesehene Schwierigkeit stößt. Wir sind alle da, kratzen uns am Kopf, und Ariane sagt als erste: »Mein Gott! Wir finden es nicht. Was soll das bedeuten?« Ich weiß persönlich, daß sie es finden wird. Folglich bin ich nicht sehr beunruhigt. *[Lachen]* Aber man muß die Fäden lösen, entwirren helfen. Jeder sagt, was er denkt: »Wir sollten es so machen. Könnten wir es auf diese Weise versuchen? Haben wir nicht das vergessen?« Es sind kurze Augenblicke, in denen wir diskutieren. Normalerweise diskutieren wir sehr wenig. Alles löst sich in der Arbeit, auf der Spielfläche auf. Und die Augenblicke der Angst sind Augenblicke persönlicher Angst.

Sie müssen verstehen, man beginnt eine Arbeit, ohne zu wissen, ob man dabeisein wird. Wenn man in der Arbeit Glück hat, wenn man diese oder jene Figur entdeckt, dann sagt man sich: »Es geht. Ich finde etwas heraus. Ich komme voran. Ariane wird mir etwas geben, etwas zukommen lassen.« Es gibt dann Augenblicke, in denen man Lust hat, diese oder jene Figur zu spielen. Und dann spekuliert jemand anderes darauf. Es gibt unter uns zwar keine Konkurrenz, doch wünscht man sich natürlich, schöne Rollen zu spielen.

Daher kommt es zwangsläufig zu Enttäuschungen, Ernüchterungen. Das ist das Härteste! Wenn man mit Schauspielern außerhalb des Soleil spricht, ist es in ihren Augen das Schrecklichste. Sie fragen sich, wie man proben kann, ohne zu wissen, ob man spielen wird. Nun, es ist hart, doch man gewöhnt sich daran.

Ariane weiß, daß es Augenblicke gibt, wo jeder sie haßt, wo man sie erwürgen möchte. Das ist sicher, und das ist normal. Das Theater ist immerhin eine sehr leidenschaftliche Arbeit, und nicht nur im Soleil! Freilich renkt sich am Ende alles immer wieder ein, weil nur das Theater entscheidet. Und die Liebe zu Ariane kehrt stets zurück.

*Sie sind 1981 ins Théâtre du Soleil eingetreten. Sie waren fünfunddreißig Jahre alt. In welchem Alter kommen die Schauspieler in der Regel ans Théâtre du Soleil?*
Sie kommen meistens sehr jung. Ich bin wirklich eine Ausnahme. Im Théâtre du Soleil muß man sehr jung sein, denn das, was verlangt wird, erfordert großen körperlichen Einsatz. Wir arbeiten viel. Es ist ermüdend, und man braucht viel Ausdauer. Es ist also von Vorteil, jung zu sein. Wir haben sehr lange Proben. Ariane pflegt zu sagen, das sei unser einziger Luxus.

Es ist ganz normal, daß die Proben lange dauern, da es sich bei den Schauspielern meistens um Anfänger handelt, die zuvor überhaupt nicht oder nur wenig gespielt haben – und wenn sie gespielt haben, gibt Ariane nicht eher Ruhe, als bis sie ihnen das schon Gelernte ausgetrieben hat, um ihnen etwas anderes beizubringen. Außerdem hat sie für halbfertige Produkte absolut nichts übrig.

Die Dauer der Proben hängt von den Stücken ab und beträgt durchschnittlich etwa sechs Monate. Und wenn es sich um eine Reihe von Stücken handelt, wie die Shakespeare-Stücke oder LES ATRIDES, so inszenieren wir zunächst eins. Und während wir dieses Stück spielen, proben wir das zweite.

Diese Lösung ermöglicht uns, unseren Lebensunterhalt verdienen zu können, und garantiert, daß ein klein wenig Geld für das Theater und für uns hereinkommt. Es ist eine gute Lösung, aber man muß eben die Abendvorstellung gewährleisten und tagsüber noch proben. Also, es ist anstrengend.

*Sie gehören zu den Schauspielerinnen, die am Soleil geblieben sind, was recht ungewöhnlich ist. Warum sind Sie geblieben? Ist es nicht für alle ermüdend, immer wieder Schauspieleranfänger einarbeiten zu müssen? Wäre es nicht wünschenswert, mit Schauspielern wie Ihnen zu arbeiten, die lange bleiben?*
Das Théâtre du Soleil ist nicht nur Theater, es ist das Leben. Wenn Sie die Frage Ariane stellen sollten, so würde sie Ihnen natürlich mit Ja antworten. Sie hat oft von ihrem Traum gesprochen, von dem keiner weiß, ob sie ihn noch hat, denn sie muß sich darüber im klaren sein, daß er unerfüllbar ist. Aber ihr Traum wäre es gewesen, daß im Théâtre du Soleil alle Altersstufen vertreten sind, besonders unter den Schauspielern; denn das wäre die ideale Zusammensetzung einer Truppe: Schauspieler, unterschiedlichen Alters, geeignet für unterschiedliche Rollenfächer, auch wenn dies ein Ausdruck ist, den sie nicht mag, denn sie behauptet, so etwas gebe es nicht. Ihr Traum ist es, eine Familie zu haben, in der jedes Alter vertreten ist, um über ein möglichst reiches Repertoire, möglichst vielfältige Erfahrungen und Erlebnisse verfügen zu können. Und dies durch das »natürliche Altwerden« innerhalb der Truppe, wenn ich mich so ausdrücken kann. Offensichtlich ist das sehr schwierig.

Warum? Hier sind alle Schauspieler der Welt bereit, eine große Arbeitsbelastung auf sich zu nehmen. Aber zu unserer Theaterarbeit kommt eine andere Arbeitsbelastung hinzu. Das, was wir die Arbeitsbereiche nennen. Keine riesige Arbeit. Es geht darum, den Ort für das Publikum vorzubereiten. Das heißt, die Toiletten zu säubern, unter Umständen in der Küche zu helfen, die Bar herzurichten, den Empfang vorzubereiten, die Sitzreihen in Ordnung zu bringen, die Bühne zu putzen, die Regieassistenz der Aufführung zu übernehmen;

Proben, Nachbesserungen, die Reparatur der Requisiten, die Vorbereitung der Tourneen, Reinigung der Garderoben, Zusammenstellung der Sachen, der Kostüme, der Musikinstrumente, die ganze Abreiseorganisation. Wir müssen uns nicht ständig um all diese Dinge kümmern, aber es kommt vor.

Und es gibt all das, was parallel zum Theater läuft, was nicht Theater ist, aber zum Leben des Théâtre du Soleil gehört. Es gibt stets tausend Sachen, für die Ariane kämpft. Wir werden nicht gezwungen, mit ihr zu kämpfen, weil es eine vollkommen private Frage ist, eine Frage der inneren Überzeugung. Wenn es nicht um die Einwohner von Mali geht, geht es um Europa. Wenn es nicht Europa ist, dann Bosnien, AIDA[3] und so weiter. Es gibt immer etwas.

Um nun auf Ihre Frage zu antworten: Warum ich geblieben bin? Ich habe sehr schmerzvolle Zeiten durchgemacht, die der Shakespeare-Stücke und die der ATRIDES, in denen ich nur durch glückliche Zufälle mitmachen konnte. Ich probte, aber ich spielte nicht. Und das war sehr hart. Ich wollte mindestens zweimal weggehen. Ich sagte es Ariane, und jedesmal hielt sie mich zurück.

Und sie sagte mir, ich solle Geduld haben. Sie hätte nicht unrecht. Aber nach LES ATRIDES ging ich tatsächlich weg. Ich bin neun Monate fort gewesen und habe viel gemacht, zum Beispiel an der Comédie-Française gearbeitet. Und dann ging ich, da ich Geld brauchte, für eine Halbtagsarbeit ans Soleil zurück. Ariane begann einen Lehrgang für LA VILLE PARJURE. Und es geschah, was geschehen sollte. Jedesmal wenn ich ins Büro ging, sah ich die Schauspieler bei einer Improvisation. Ich schaute den Improvisationen zwanzig Minuten lang zu. Daraufhin haben Ariane und ich miteinander gesprochen, und ich kehrte zurück. Und das war richtig so.

Ich interessiere mich nicht für irgendein Theater. Mich interessiert das Theater, das Ariane macht. Das bedeutet allerdings nicht, daß ich nur mit ihr arbeiten kann. Angesichts dessen, was ich sehe, frage ich mich: »Aber wäre ich denn gern in dieser Aufführung?« Die Antwort fällt oft negativ aus. Und nach fünfzehn Jahren entstehen Bindungen, die nicht allein beruflicher, sondern auch menschlicher, gefühlsmäßiger Natur sind. Dennoch hat man alle drei Monate Lust, Ariane umzubringen. *[Lachen]* Aber ich glaube, daß wir gute Arbeit machen, daß wir im Théâtre du Soleil Qualitätsarbeit machen.

Ich habe Lust, diese Arbeit zu machen. Wie lange noch? Wie lange werde ich die Kraft dazu haben? In LA VILLE PARJURE habe ich mir diese Frage gestellt. Ich habe mich gefragt, ob das »Endprodukt« wirklich die Leiden wert ist, die man während der Proben, während der Vorstellungen ertragen muß. Lohnt sich das? Die Antwort ist, daß ich noch immer da bin. Werde ich nun lange hierbleiben? Ich weiß es nicht. Mir scheint, das hängt von der Kraft ab. Wenn man älter wird, sehnt man sich – es ist ein wenig dumm, so etwas zu sagen – nach einem Rhythmus, sehnt sich nach einem Leben, das nicht ausschließlich den Proben und den Vorstellungen gewidmet ist. Im Alter von fünfzig kann man sich nicht mehr an allem beteiligen, weil man sich sorgt, unter diesen Umständen die eigene Verantwortung in der Aufführung nicht mehr erfüllen zu können. Mit zwanzig übernimmt man alles gleichzeitig. Und je mehr man auf sich nehmen muß, um so glücklicher ist man. Das trifft auch auf die Arbeisbereiche zu.

*Kann die Existenz dieser Arbeitsbereiche für Schauspieler abschreckend sein?*

Es genügen drei Tage im Théâtre du Soleil, um zu verstehen, wo Sie sind. Wenn nicht, dann ist es ganz einfach: Sie gehen von selbst wieder. Ariane und die Älteren haben Geduld und warten ab. Es geht nicht darum, die Leute vor den Kopf zu stoßen, es ist mehr eine Lehrzeit. Aber man merkt sofort ganz genau, ob jemand mitmacht, sich auf die Gepflogenheiten einläßt oder nicht. Glauben Sie wirklich, daß die Arbeitsbereiche etwas sind, was selbst ich, die ich seit fünfzehn Jahren hier bin, gern mache? Nein! *[Lachen]*

*Es gibt keine anderen Möglichkeiten?*
Aber ja doch, möglich wäre, Leute dafür einzustellen, was fünf, sechs oder acht Gehälter zusätzlich bedeuten würde: und das ist unmöglich.

*Es ist also ein finanzieller Grund, nicht allein ein ideologischer.*
Zunächst ist es tatsächlich ein ideologischer, weil in dem Theater, so wie Ariane es versteht, jeder alles macht, wie in einer Art Genossenschaft. Seit fünfunddreißig Jahren verfolgt Ariane eine Utopie, das Théâtre du Soleil. Entweder Sie gehen auf ihren Traum ein, oder Sie gehen weg. Sie können für einige Zeit auf diesen Traum eingehen und ihn dann aufgeben, weil Sie keine Kraft mehr haben oder weil Sie sich nach einem anderen Traum sehnen. Eine Zeit lang finden Sie im Soleil Nahrung, und nach einiger Zeit finden Sie sie nicht mehr. Sie glauben, daß Sie an diesem Ort aufgehört haben, sich zu entwickeln, daß er Ihnen nichts mehr geben wird.

Es ist sehr hart, weil das Leben des Soleil während Ihrer Abwesenheit weitergeht wie auch Ihr eigenes Leben und die beiden sich nicht notwendigerweise in die gleiche Richtung entwickeln. Weil die Truppe nicht mehr die gleiche ist, weil Ariane nicht mehr die gleiche ist, auch wenn sie noch immer unumstößliche Grundsätze hat. Und ich behaupte, auch Ariane braucht als Regisseurin geistige Nahrung. Woher bekommt sie ihre Nahrung? Unter anderem von den Schauspielern. Und wenn es dieselben Schauspieler sind … Zu sehen, wie die Schauspieler Fortschritte machen, bereitet ihr Freude, und das bedeutet natürlich Nahrung für sie. Aber ich behaupte, daß sie auch neue Gesichter braucht. Es ist ganz normal, daß eine Regisseurin neue Dinge, neue Augen, neue Fragen braucht.

Es ist wahr, daß einige der Schauspieler, die das Théâtre du Soleil verlassen haben, das Theater geprägt hatten: Philippe Caubère, Jean-Claude Penchenat, Joséphine Derenne, Anne Demeyer, Gérard Hardy. Als wir eintraten, waren wir bereit, die Fackel weiterzutragen, ihnen zu folgen. Und sie gingen tatsächlich fort. Wir waren sehr traurig. Ich war traurig, weil ich sie nicht als Leitfiguren erleben konnte.

*Bedauerte auch Ariane deren Ausscheiden?*
Natürlich war sie traurig! Doch in gewisser Weise ist es für Ariane anders, weil das Théâtre du Soleil ihre Angelegenheit ist. Sie ist noch immer da, steht auf der Brücke desselben Schiffs; und hinter ihr verändert sich die Mannschaft. In der ersten Zeit, als ich da war, ertrug Ariane nicht, daß Leute weggingen. Wegzugehen bedeutete, sie zu verraten. Sie hat sich niemals damit abgefunden. Sie mag das noch immer nicht; doch ich glaube, sie hat jetzt begriffen, daß sie sich auf jeden Fall daran gewöhnen muß.

*Die Schwierigkeit rührt daher, daß Ariane ein Theater entwirft, das man gern mit ihr identifiziert. Auch wenn die Schauspieler die treibenden Kräfte dieses Theaters sind, sind sie weniger bekannt.*
Das stimmt, aber es ist nicht die Hauptsache. Es ist unvermeidlich, die Besten haben das stärkste Verlangen sich durchzusetzen. Stets sind es junge Männer, denn ihr Ego ist riesengroß. *[Lachen]* Ich, ich, ich!

Die Hauptsache ist, in schönen Stücken, in einem schönen Theater, inszeniert von einem genialen Regisseur, schöne Rollen gut zu spielen. Und übrigens, es stimmt gar nicht, daß uns die Leute nicht kennen. Es gibt Leute, die mich auf der Straße, in den Cafés ansprechen. Aber wenn man freilich mit dem Gedanken in das Théâtre du Soleil eintritt: »Mein Name wird in Feuerlettern auf dem Plakat stehen«, dann sollte man nicht dorthin gehen. In Feuerlettern auf dem Plakat steht nicht einmal Ariane. Man macht hier keine Medienkarriere. Dafür kann man als Schauspieler aber Glücksmomente erfahren wie nirgendwo sonst.

*Ich würde gern von* La Ville parjure *sprechen, ein Stück, das die Zuschauerräume nicht füllen konnte. War der Text dafür verantwortlich?*

Das ist möglich. Hélène Cixous hat einen eigenen Stil. Sie hat einen Stil, den ich persönlich großartig finde, nicht nur deshalb, weil sie eine Freundin ist, sondern weil ich als Schauspielerin die Nahrung beurteilen kann, die sie uns Schauspielern gibt. Ihr Text ist unerschöpflich reich an Bildern. Doch mit zeitgenössischen Stücken ist es immer schwieriger.

Also zunächst einmal war es der zeitgenössische Text. Dann erwähnten einige die Länge. Aber es war nicht die erste lange Aufführung im Théâtre du Soleil. Persönlich glaube ich, es lag hauptsächlich am Thema – es stand den Menschen vielleicht zu nahe. Vielleicht hatten sie keine Lust, daß man mit ihnen darüber spricht. Das Problem ist, daß all die Menschen, die mich nach der Vorstellung ansprachen, ganz begeistert waren. Gleichwohl bedaure ich zutiefst, daß das Stück nicht die Zuschauer gefunden hat, die es verdient hätte, denn es ist ein großes Stück.

*Sie hatten in* La Ville parjure *eine wichtige Rolle. Sie sagten vorhin, daß Sie in allen Stücken des Théâtre du Soleil bei den Proben alle Rollen versuchen. Wie vollzog sich in* La Ville parjure *diese Begegnung zwischen Ihnen und der Figur, die Sie verkörperten?*
Sagen wir so, beim Arbeiten selbst machen wir Fortschritte. Ich glaube, ein anderes Geheimnis gibt es nicht. Sogar als ich in den Atrides nicht spielte, als ich bei der Musik war oder nur in den Euménides mitspielte, lernte ich dazu. Ich lernte, indem ich die Aufführung anschaute, sie mit allen Poren meiner Haut einatmete, allein indem ich sie jeden Abend sah. Beim Schauspieler gibt es so etwas wie die Arbeit des Blicks. Wahrscheinlich hatte ich etwas verstanden, was in La Ville parjure zum Ausdruck kommen konnte. Ich neige dazu, meine Begegnung mit der Figur des Aischylos zu den Geheimnissen des Theaters zu zählen. Denn erklären kann ich es nicht.

Wir nahmen uns also, die Figur und ich, an der Hand und hielten gemeinsam durch. Oder genauer gesagt: Sie nahm mich an der Hand. Ich habe keine Erklärung, außer daß ich ein klein wenig besser verstand, was es heißt, zu spielen, Schauspieler zu sein, und das wurde bei dieser Figur ganz sinnfällig. Zudem war es das Zusammentreffen der von Hélène verfaßten Figur mit einer von mir während eines Lehrgangs in der Improvisation gefundenen. Die beiden haben sich in der Tat gegenseitig durchdrungen. Anfangs war Aischylos eine männliche Figur. Und dann wurde daraus Frau Aischylos. Ariane bestand darauf, sie sagte: »Wenn du einen Mann spielst, wirst du optisch nicht überzeugen.« Das Ergebnis war: Frau Aischylos. Ich persönlich glaube, daß es ein »Mensch« ist, der sein eigenes Leben gelebt hat.

Zu Anfang, als Hélène den Aischylos schrieb, war es wirklich Aischylos, das heißt der Aischylos, der in Athen vor 2.500 Jahren gelebt hatte. Im Laufe der Vorstellungen wurde er immer mehr zu einer fast zeitlosen Gestalt.

Aischylos ist eine wandernde Seele, die von einer Epoche zur anderen zieht. Aischylos, das war ich, verkörpert in dem Leib einer Friedhofswärterin, die sich dessen manchmal bewußt war, sich manchmal daran erinnerte.

*Sehen Sie einen Unterschied zwischen Ihrer Arbeit an den Archetypen der griechischen Tragödie und der Arbeit an dieser, wie Sie sagen, zeitlosen Gestalt des Aischylos?*
Das, was uns die griechische Tragödie gelehrt hat, sollte ein konstantes Merkmal des Theaters sein. Ich möchte Ihnen das an einem Bild verdeutlichen, das Ariane häufig gebraucht: Der Schauspieler gleicht einem Bogenschützen, der – bevor er seinen Wortpfeil abschießt – selbst von diesem Pfeil verletzt worden sein muß. Er empfängt und schießt zurück. Die Tragödie ist äußerstes Empfangen und äußerstes Ausdrücken, wobei natürlich der Körper, unterstützt von der Musik, das Mittel dazu ist. Was ich von den Atrides im Gedächtnis behalten habe und was mir damals nicht gelang, ist: zu sehen, zu empfangen und zurückzuwerfen. Nachdem ich diese Lektion gelernt hatte, machte ich sie mir zunutze.

*Aischylos zu spielen und* La Ville parjure *zu spielen muß im Schauspieler unterschiedliche Reaktionen auslösen.*

Ja, weil es keine persönliche Geschichte gibt. Genau da drängt sich der Begriff Figur auf. Agamemnon hat keine persönliche Geschichte, Iphigenie und die Koryphäe auch nicht. Das, wovon sie sprechen, ist nicht ihre persönliche Geschichte, ihr Erlebnis, ihr kleines Leben. Ich glaube, Hélènes große Gabe liegt auch in der Fähigkeit, die Ebene des Allgemeingültigen zu erreichen in den Szenen, in denen sie dies anstrebte. Agamemnon und die anderen sind weit mehr Kräfte denn Archetypen. Victor Hugo sagte über *Hernani*: »Es ist eine Kraft, die dahinschreitet.« Nun, es ist genau das! Es sind Kräfte.

*Und in* Tartuffe *spielten Sie Madame Pernelle. War es das gleiche?*

Nein, aber das Prinzip ist dasselbe. Man sieht, man empfängt und wirft zurück. Molière ist freilich nicht Aischylos. Und er ist nicht einmal Shakespeare. Mit Molière kann man herrliche Sachen machen. Planchons Tartuffe war großartig. Doch Molière hat nicht jene Dimension, über die die Gestalten der griechischen Tragödie oder die Gestalten Shakespeares verfügen. Er ist »hausbacken«. Wir mußten uns dem anpassen. Aber er ist sehr stark. Er ist stärker als wir. Er ist stärker als Ariane. Selbst wenn wir versuchten, so weit wie irgend möglich zu dramatisieren, selbst wenn wir den dramatischen Gehalt betonten, es war nichts zu machen. Molière setzte sich darüber hinweg und erreichte, was er wollte, mit der Komik. Das war schrecklich! Für mich war das eine Entdeckung. Molière hatte ich bereits gespielt. Ich hatte in Der eingebildete Kranke, Scapins Streiche, Arzt wider Willen, hatte den Sganarelle gespielt. Aber all das war ohne einen besonderen Anspruch auf Originalität inszeniert worden, und so gab es keine Probleme. Nach La Ville parjure jedoch fanden wir uns schonungslos mit einer Enge, einem verstörenden Mangel an Lyrik konfrontiert.

*Molière zu spielen fordert die Anpassung des Spiels.*

Nein. Ariane liebt ein bestimmtes Theater. Wir machen ein bestimmtes Theater, und das zu ändern kommt nicht in Frage. Wir konnten nicht auf einmal psychologisch werden. Ganz im Gegenteil, wir mußten das Psychologische mit ordentlichen Fußtritten vertreiben, weil es zu einer Gefahr hätte werden können. Das Psychologische läßt Molière tatsächlich hausbacken werden. In gewisser Weise mußte man versuchen, ihn aus allen Nähten platzen zu lassen. Anfangs war ich nicht sehr glücklich darüber, Madame Pernelle zu spielen. Ich hätte lieber Dorine gespielt. *[Lachen]* Gleichwohl bin ich Madame Pernelle sehr dankbar, weil sie mir einige Dinge beigebracht hat. Sie hat mir beigebracht, daß natürlich der Autor die Dimension bestimmt. Der Schauspieler hat wohl Anteil daran, aber es ist der Autor, der die Höhe der Latte festlegt. Der Autor nimmt Sie und hebt Sie hopp! mit seinem Text empor. Aber wenn Sie es mit einem Autor zu tun haben, der Sie wie Molière mit seinem Text nicht emporhebt, nun, dann tragen Sie als Schauspieler eine Mitverantwortung für den Versuch, die Sache zu inszenieren, ihm eine Dimension zu verleihen. Das habe ich mit Madame Pernelle zu machen versucht, natürlich mit Arianes Hilfe. Sie wollte eine ganz bestimmte Madame Pernelle haben. Wir gaben uns nicht damit zufrieden, das zu machen, was man gewöhnlich macht, wenn man Madame Pernelle spielt, das heißt, eine kleine, töricht schwafelnde Alte! Und ich konnte sie nur deshalb darstellen, weil ich Aischylos gespielt und weil Aischylos, meine Rolle in La Ville parjure, Les Atrides gesehen hatte. Es gibt einen Zusammenhang: »Eine Rolle baut die andere auf.« Und damit wird es immer interessanter.

*»Un métier de l'instant«.*
*Aus dem Französischen von Hans-Henning Mey.*

## EINE FESTLICHE STIMMUNG
### Ein Gespräch mit der Schauspielerin Juliana Carneiro da Cunha

*Juliana Carneiro da Cunha wurde 1949 in Brasilien geboren. Ihre Ausbildung als Tänzerin begann sie unter der Leitung von Maria Duschennes in São Paulo, danach erhielt sie ein Stipendium an der Folkwangschule in Deutschland. Im Anschluß daran ging sie nach Paris, wo sie Tanzkurse von Laura Sheleen und Theaterkurse von Jacques Dropsy besuchte. 1970 wurde sie zu dem Auswahlverfahren für Mudra (das Forschungs- und Ausbildungszentrum für den Darsteller des totalen Theaters) in Brüssel zugelassen, eine Institution, die von Maurice Béjart gegründet und geleitet wurde.*

*Nach drei Jahren Studium begann sie ihre Tanz- und Schauspielkarriere zunächst in Belgien und dann in Brasilien. In den achtziger Jahren gelang ihr der Durchbruch als Schauspielerin, und sie war auf der Bühne ebenso wie im Fernsehen und im Kino zu sehen.*

*1990 besuchte sie einen Lehrgang von Ariane Mnouchkine und schloß sich dem Théâtre du Soleil an. Sie spielte die Klytaimnestra und die Athene in* IPHIGÉNIE À AULIS *und in* L'ORESTIE *(1990–1993), die Immonde, eine Erinnye und die Königin in* LA VILLE PARJURE *von Hélène Cixous (1994), die Dorine in* TARTUFFE *(1995), mehrere Rollen (Paloma, Tara, eine tibetische Delegierte, den Clochard, Dona Ana Amélia und Madame Pantalon) in* ET SOUDAIN, DES NUITS D'ÉVEIL *(1997) sowie Seigneur Khang und Madame Li in* TAMBOURS SUR LA DIGUE *(1999). 1998 spielte sie in »Lavoura Arceira«, einem brasilianischen Film von Luiz Fernando Carvalho.*

*Josette Féral: Sie sind für* LES ATRIDES *in das Théâtre du Soleil eingetreten, vor allem, um die Rolle der Klytaimnestra zu spielen.*
Ja. Ich nahm im Mai 1990 an einem zweiwöchigen Lehrgang teil. Damals arbeitete ich im Ensemble Maguy Marin. Kurz darauf fragte man mich, ob ich freundlicherweise zu einem Vorsprechen für eine bestimmte Rolle kommen wolle. Sie suchten eine Schauspielerin für die Rolle der Klytaimnestra. Ich verbrachte drei Tage bei ihnen, und am Ende dieser drei Tage erklärte Ariane, sie sei glücklich, denn sie habe endlich ihre Klytaimnestra gefunden.

*Sie haben eine Ausbildung als Tänzerin?*
Ja. Ich begann im Alter von sieben Jahren in São Paulo Tanzkurse zu besuchen bei einer ungarischen Professorin, die ihre Ausbildung bei Kurt Joos und Rudolph von Laban erhalten hatte. Meine erste Ausbildung, die zehn Jahre dauerte (vom siebten bis zum siebzehnten Lebensjahr), war also eine Tanzausbildung, die sich an der Technik von Laban und des deutschen Expressionismus orientierte, denn Joos ist derjenige, der die Folkwangschule gründete. Meine Reiselust brachte mich dazu, mein Heimatland Brasilien zu verlassen.

*Hat sich der Wechsel vom Tanz zum Theater mühelos vollzogen?*
Ich wollte mit dem Tanz weitermachen. Ich war neunzehn Jahre alt, als ich an die Folkwangschule ging, wo ich ein Semester blieb. Aber das war noch nicht ganz das Richtige. Im Alter von einundzwanzig Jahren ging ich 1970 nach Brüssel, wo ich mich für die im selben Jahr von Maurice Béjart eröffnete Schule von Mudra bewarb. Diese Schule zielte auf die Ausbildung des Darstellers im »totalen« Theater. Unser tägliches Studium umfaßte klassischen und modernen Tanz, Theaterspiel, Schlaginstrumente, Gesang, außerdem gab es Lehrgänge für indischen und spanischen Tanz (Flamenco), Stimmlehrgänge, Zirkuslehrgänge … In meiner Tanzausbildung gab es sehr viel Improvisation. Diese Improvisation stellte das Spiel dar, allerdings ein Spiel ohne Worte. Wir hatten das Gefühl, zu spielen, eine Rolle zu interpretieren, auch wenn es keine Wörter, keinen Text gab. Es war weder klassi-

scher Tanz noch moderner Tanz, es war nicht abstrakt. Es war bereits die Erforschung eines Ausdrucks, einer Interpretation. Es war das Spiel. Das zog mich hin zum Theater, obwohl ich noch keinen Text zu spielen hatte.

Als wir die Schule Béjarts beendet hatten, wollte eine Gruppe von uns im Sinne unserer Ausbildung gern weitermachen. Wir bildeten also eine kleine Truppe und gingen ein Jahr lang auf Tournee. Danach trennten sich unsere Wege, und ich arbeitete als Schauspielerin am Rideau de Bruxelles.
*Ihr Wechsel zum Theater vollzog sich also ganz natürlich.*
Während dieser drei Jahre bei Béjart hatte es eine Verflechtung der Disziplinen gegeben. Im Rideau arbeitete ich in einem ganz und gar traditionellen Theater. Es war ein Abonnementtheater: ein Monat Proben, ein Monat Vorstellungen. Man mußte also arbeiten lernen, proben lernen. Nach und nach fand ich mich auf halbem Weg zwischen Tanz und Theater wieder. Ich kehrte nach Brasilien zurück, wo es etwas schwieriger war, beides weiterhin auszuüben, weil man mich in die Kategorie Tänzerin einordnete.

Der Wechsel zur Schauspielerin kam, als ich in Fassbinders Film DIE BITTEREN TRÄNEN DER PETRA VON KANT spielte. Ich spielte eine Rolle ohne Text, die Rolle der Marlene, der Sekretärin von Petra. Sie hat in dem Stück keinen Text zu sprechen, und sie tanzt auch nicht. Das war der Zeitpunkt, wo die Leute anfingen, sich zu sagen, ich sei eine Schauspielerin. Ich erhielt den Preis als schauspielerische Entdeckung des Jahres. Ich habe also zehn Jahre in Europa gearbeitet und dann zehn Jahre in Brasilien, als Mutter von Kleinkindern. 1988 kehrte ich nach Frankreich zurück und nahm meine Kinder mit. Maguy Marin hatte mich gebeten, als Tänzerin mit ihr zu arbeiten. Und dann kam das Théâtre du Soleil.

*Entsprach das einem Wunsch von Ihnen?*
Ja, 1976, als ich noch in Brüssel war, schaute ich mir L'ÂGE D'OR an. Ich wurde von dieser Arbeit sehr berührt, sie gefiel mir sehr. Sie lebte in mir wie ein Traum. Ich malte mir aus,

wie die Arbeit in einer Theatertruppe vor sich gehen könnte. Ich wurde immer von diesem Bild einer Truppe angezogen, die zusammenarbeitet, die als Gruppe die Arbeit lange Zeit hindurch teilt. Ich lag also ein wenig auf der Lauer und wartete auf einen Lehrgang.

*Ich habe den Lehrgang miterlebt, den Ariane in diesem Jahr gab und an dem Sie mit den anderen Schauspielern der Truppe teilnahmen. Die Schauspieler handelten als Arianes Stellvertreter. Das heißt, Ariane sagte etwas, und sie griffen ein, führten mit dem Kursteilnehmer Gespräche, sie leiteten ihn und spielten ihrerseits die Lehrmeister, wobei sie allerdings stets in Ihren Rollen blieben.*
Als ich hierher kam, erlebte ich auf sehr intensive Weise das gleiche. Das heißt, wenn man von außerhalb kommt und noch nie zu Masken und zu Ariane Kontakt hatte, gibt es Wörter und sehr genaue Ausdrücke, die man in dieser Präzision, ihrer tiefen Bedeutung, mit diesem Anspruch nicht kennt. Ich persönlich hatte weder die balinesischen Masken noch die Masken der Commedia dell'arte jemals gesehen. Der Lehrgangsteilnehmer kommt sich also ziemlich verloren vor. Einige Ausdrücke erscheinen ihm schwer verständlich, zum Beispiel »Wahrhaftigkeit«, »Gegenwart«, »Unbeweglichkeit«, »nicht gleichzeitig sprechen und gehen«, »mit dem Körper zeichnen«. Die Maske bringt uns natürlich dazu, uns schneller und eindeutiger von uns selbst zu befreien, um die Figur zu spielen. Später begreift man: Man trägt eine Maske, auch wenn sie nicht aus Holz, Leder oder Pappmaché ist. Nicht der Schauspieler oder die Schauspielerin ist auf der Bühne, sondern eine Figur, selbst wenn keine dicke Schicht unser Gesicht bedeckt. Unser Körper ist ein anderer.

*All das sind Theatergesetze, auf die Ariane unaufhörlich zurückkommt und die der Schauspieler schließlich direkt am eigenen Leib wahrnimmt, einem Leib, den er im wörtlichen Sinn des Ausdrucks »auf die Bühne bringt«.*

Genau das versuchen wir in die Praxis umzusetzen, sooft wir eine Improvisation machen. Wir müssen uns daran erinnern – gerade das ist die Schwierigkeit –, die Ruhe zu bewahren, um nicht irgend etwas zu machen, um uns nicht von einer Nervosität oder einem nicht vorgezeichneten Elan mitreißen zu lassen, bei dem Versuch, eine Figur anzunehmen. Bei einer Figur mit Maske zeigt sich das sehr viel deutlicher: Wenn man nämlich eine Maske trägt und sie nicht »angenommen« hat, spürt man das sofort. Es ist fast, als täte uns durch die Maske das Gesicht weh. Man fühlt sich unwohl, es wird einem klar, daß nicht die Figur da ist, sondern wir selbst. Die Maske ist uns also eine überaus große Hilfe dabei, uns zurechtzufinden. Sie läßt die Dinge im Körper, im Erleben offenkundig werden.

*Trotz des Wunsches, sich zu beherrschen und die Ruhe zu bewahren, weiß man, daß sich der Körper manchmal diesem Wunsch entzieht.*

Das gehört zu den Schwierigkeiten, die mit dem Spiel verbunden sind. Wenn ich zum Beispiel auf der Bühne stehe und spüre, daß ich die Figur nicht angenommen habe, dann ist das Beste, was ich mit meiner Figur machen kann: »nichts zu machen«. Das heißt, ich muß dasein, darf aber nicht so tun, als ginge alles gut, und darf vor allem nicht irgend etwas tun, um die Lücke auszufüllen. Man muß sich dazu entschließen, entweder die Bühne zu verlassen oder in einer fruchtbaren Leere unbeweglich und ruhig zu bleiben. Man muß zuhören, zuhören, das heißt, man muß sehr konkrete Entscheidungen treffen, wobei das Wesentliche wirklich ist zuzuhören, hinzuschauen, zu sehen, auf sich selbst zu hören, den anderen zuzuhören, zu empfangen. Für all das bedarf es einer gewissen Ruhe, trotz der Tatsache, daß das Spielen natürlich eine erregende Sache ist.

Spielen heißt: nicht lügen, nicht verkomplizieren, nicht interessant, intelligent zu sein versuchen, nicht interessante, virtuose Dinge tun, nur um des »Machens« willen. Es ist ganz

klar, daß all das kein Interesse weckt. Meiner Ansicht nach ist der Schauspieler nur dann ergriffen und kann nur dann ergreifen, wenn er *mit* der Figur das erlebt, was sie gerade erlebt, wenn er sich mit der Freude, dem Schmerz, dem Zweifel der Figur identifizieren kann. Man erkennt sich in ihr wieder. Wenn man spielt, arbeiten Leber, Herz und Magen auf Hochtouren. Spielen heißt nicht nur mit den Armen, den Beinen, dem Hals, den Muskeln Übungen machen, sondern auch mit den Organen. Wenn man zum Beispiel Angst hat, schlägt das Herz schneller oder hört auf zu schlagen. Es hat einen anderen Rhythmus. Man hat Magenschmerzen. Alle unsere Organe stehen im Dienst unserer Figuren.

*Aber es ist schwierig, diese Organe zu kontrollieren.*

Man kann auf sie horchen, kann empfänglich sein für das, was sie machen, für ihren Zustand. Man kann sich in einen Zustand der Empfänglichkeit versetzen.

Meiner Meinung nach muß man sich in der Arbeit manchmal an etwas wagen, auch wenn es mißlingt. Es ist leichter, etwas wegzunehmen als hinzuzufügen. Wenn ich etwas zuviel mache, läßt es sich ziemlich leicht korrigieren. Es gibt eine Menge Widersprüche in all dem, denn wenn wir reden, wird einem durchaus klar: Es ist gar nicht selbstverständlich, das, was sich ereignet, mit Worten zum Ausdruck zu bringen. Wenn man es jedoch auf der Bühne sich ereignen sieht, so wird es eine Selbstverständlichkeit, und jeder versteht es.

*Sie haben die Angst des Schauspielers auf der Bühne erwähnt. Sie scheint ein Bestandteil des Spiels zu sein.*

Ja, man hat Angst, weil man sich exponiert. Es gibt eine gute und eine schlechte Angst. Angst ist notwendig, denn hätte man überhaupt keine Angst, so wäre man ein wenig abgestumpft und hätte keinen wirklichen Anlaß, in jene Leere, in jenen Abgrund zu tauchen und das zu suchen, das zu entdecken, was ein sehr tiefes Gefühl ist. Eine gewisse Angst ist also heilsam, freilich darf es keine panische Angst sein, die uns verkrampfen läßt und uns daran hindert, irgend etwas zu tun. Wenn man zu große Angst hat, kann man nicht einen Schritt tun. Und die Angst ist ständig da, auch wenn man Berufserfahrung hat. Es herrscht Angst, bevor man auftritt, es ist das, was man Lampenfieber nennt. Auf der Bühne ist die Angst verflogen. Hat man aber immer noch Angst, bedeutet das, daß die Figur nicht da ist. Alle Schauspieler haben vor dem Auftritt Lampenfieber, doch von dem Augenblick an, wo man auf der Bühne steht und spielt und die anderen um sich herum hat – meiner Ansicht nach ist es das, was uns rettet –, vergißt man seine Angst. Denn die Angst, von der wir sprechen, ist die Angst des Schauspielers und nicht die der Figur.

*Es gibt auch eine Form der Angst, die der Schauspieler empfindet, wenn er mit großen Texten konfrontiert ist. Als Sie einmal an einem Auszug aus* König Lear *arbeiteten, sagten Sie: »Ich bin von diesem Text sehr beeindruckt, man trägt schwer an ihm.«*
Manchmal ist es eine Intuition der Maske angesichts jener Ungeheuerlichkeit, in die sie eintaucht. Ich erinnere mich zum Beispiel an eine Stelle in Macbeth: Lady Macbeth erhält den Brief ihres Mannes, der ihr mitteilt, daß er den Hexen begegnet sei und daß die ihm vorhergesagt hätten, er werde König sein. Als man ihr dann die Ankunft des Königs meldet, sagt Lady Macbeth: »Entweibt mich hier! Füllt mich vom Wirbel bis zur Zeh', randvoll, mit wilder Grausamkeit!« Es ist ungeheuerlich! Man kann das nicht um vier Uhr nachmittags sprechen, nachdem man gerade Tee getrunken hat. Das heißt, es bedarf einer Verwandlung. Man muß am eigenen Fleisch spüren, auf welche Tat sich eine Figur in dem Augenblick vorbereitet. Eine solche Angst ist nicht die Angst, irgend etwas zu verpatzen. Es ist eine andere Angst. Plötzlich schnürt sich die Brust zusammen, weil dies gewaltig ist.

In solchen Fällen bin ich in den Organen sehr empfindlich. Ich habe Leber- und Magenschmerzen. Mein Herz schlägt anders. Mein Atem ändert sich, ich spüre einen Druck auf der Brust. Ich fühle all das wirklich, je nach Situation, auf ganz unterschiedliche Weise.

*Bedeutet die Arbeit an einer Improvisation oder an einem Text, der schon vor dem Spiel existiert, für den Schauspieler jeweils eine ganz andere Körperarbeit?*
Für mich, ja. Es fällt mir noch immer sehr schwer, mit Worten zu improvisieren. Es ist, als ob die Sprechweise für mich sehr langgezogen wäre. Wenn ich in einem normalen schnellen Redefluß spreche, weiß ich, ich bin im Alltag und nicht mehr im Theater. Wenn ich einen Text vor Augen habe, habe ich den Eindruck, daß ich getragen werde. Das heißt, ich fühle, ich habe nichts anderes zu tun, als den Text zu empfangen, der da ist, mit sehr genauen Wörtern, mit einem sehr genauen Rhythmus, mit sehr reichen Bildern. Wenn ich hingegen in einer Situation bin, wo ich einen Text improvisieren muß, ist das schwieriger. Der Einsatz, die Form sind hier wichtig.

*Hängt Ihre Beziehung zum Text davon ab, ob es sich um einen zeitgenössischen oder einen klassischen Text handelt?*
Anfangs glaubte ich das. Nachdem ich aber Euripides, Aischylos mit den Atrides, gefolgt von Hélène Cixous' La Ville parjure und dem Tartuffe, aus Erfahrung kenne, nachdem ich also Klassiker und zeitgenössische Texte erarbeiten mußte, finde ich nun, daß die Arbeit am Text die gleiche ist. Ich erinnere mich, daß ich mit anderen Schauspielern darüber diskutiert habe, insbesondere mit Nirupama[1], der Iphigenie in Les Atrides. Wir sagten uns, man müsse überzeugt sein, daß uns die Wörter wirklich zustehen, daß wir auf diese Weise sprechen, daß wir für das Publikum sprechen, daß diese Wörter die unseren geworden sind, daß es unsere Art ist, uns auszudrücken.

*Stellt sich die Stimme ganz natürlich auf den Text ein, sobald einmal die richtige Situation gefunden ist?*

Genauso ist es. Die Stimme kommt auf natürliche Weise. Das heißt, man darf vor allem nicht versuchen, eine andere Stimme zu finden. Man darf sich zu Anfang wirklich nicht zu sehr kritisieren, weil die Stimme für einen Schauspieler Gegenstand einer furchtbaren Zensur sein kann. Es gibt nämlich Augenblicke, in denen man, wenn man die eigene Stimme hört, spürt, daß man selbst da ist und noch nicht die Figur. Man muß jedoch versuchen, diese Phase auf ruhige Art durchzustehen, damit nach und nach die Stimme der Figur ankommt, ohne daß man ihr Zwang antun, sie verfremden muß. Sie muß wirklich während der Arbeit kommen. Man muß akzeptieren, daß die Dinge manchmal sofort eintreffen und daß sie sich manchmal Zeit lassen.

*Die Arbeit am Text entwickelt sich auf der Bühne also auf natürliche Weise.*
Ja, das heißt, bei Ariane arbeiten wir mit dem Text in der Hand. Wir lesen, wir verstehen, was wir gelesen haben; dann legen wir das Papier beiseite und sprechen. Jeweils vier, fünf, sechs Wörter, das heißt die Wörter, die wir im Gedächtnis behalten konnten. Wir wissen also nicht einmal, welches Wort folgen wird. Dann kehren wir zum Text zurück. Wir lesen erneut einige Wörter, wir verstehen sie, verlassen den Text und sprechen. Es ist der Teil, den ich persönlich am liebsten habe, wo ich mich getragen fühle. Die Luft scheint gleichsam dichter zu werden. Und ich habe dann keine Ahnung, nicht die geringste, ob ich langsam oder vielleicht für die anderen langweilig bin. In dem Moment scheinen die Wörter in mich einzutreten, mir alle Bilder zu geben. Die Luft ändert sich tatsächlich. Als Schauspielerin empfinde ich Bewunderung, eine tiefe Dankbarkeit für die Autoren, die, so kommt es mir vor, ihre Texte genau so schaffen müssen, wie wir sie aufnehmen. Der Autor muß auch drei Wörter schreiben und weiß dabei nicht, welches das nächste sein wird. Er nimmt sie nacheinander auf. Meiner Ansicht nach geschieht es auf diese Weise. Das heißt, wir werden als Künstler zu Kanälen der Kunst, jener Sache, die von irgendwoher kommt.

*Jean-Jacques Lemêtre sagte, daß die Schauspieler des Soleil eine Stimme an der Grenze zur Singstimme haben. Ist das auch Ihr Eindruck?*
Ja, es ist eine recht eigentümliche Stimme. Die Ausdrücke, die am Anfang, beim Lehrgang, verwendet wurden, waren mir unbekannt, und doch war es, als verliehen sie mir Substanz. Konkret wurde das, wenn man zum Beispiel sagte: »Ich erinnere mich.« Einen Augenblick lang ein Innehalten der Augen, des Körpers, ein Blick zurück, nach unten. Zu sagen: »Ich erinnere mich«, heißt dieses Erlebte, ein Erlebnis in den Körper hineinlassen.

*In welchem Maße hängt diese Beziehung zur genauen Stimme von einem genauen Körper ab?*
Ich glaube, daß alles vom Körper ausgeht. Denn was ist die Stimme? Ein Klang, hervorgebracht von den Stimmbändern, von einer Atmung, die aus dem Bauch kommt, aus der Brust, aus dem Kopf. Was sind die Stimmbänder, die Brust und der Kopf, wenn nicht der Körper? Folglich ist die Stimme wie auch der Ausdruck der Augen meiner Ansicht nach Körper. Es ist eine Ganzheit.

*Häufig ist von der Erinnerungsarbeit des Schauspielers in bestimmten Spielsituationen die Rede. Rufen Sie sich oft etwas ins Gedächtnis zurück, um zu spielen?*
Ja, natürlich, vor allem, wenn man an einer Figur arbeitet. Bei Dorine zum Beispiel hatte ich ein sehr genaues Bild aus meiner Kindheit. Es war für mich eine wahre Freude. Es war, als ließe mich dieses Stück die Gerüche meines Zimmers wahrnehmen, als ich sieben Jahre alt war, die Düfte des Gartens, die Wärme der Sonne auf dem Zement des Hofes, das Licht. Immer wenn ich die Dorine erneut spielte, griff ich zu diesen Erinnerungen. Jedesmal setzte ich mich unter den Baum, den Avocadobaum im Hof des Hauses, wo ich als kleines Kind lebte.

Und um diese Reise zu machen, kommen wir schon frühzeitig ins Theater. Wenn das Stück zum Beispiel um halb acht beginnt, kommen wir um vier Uhr – oder um zwei Uhr, um andere Arbeiten, Putzen und so weiter, zu erledigen. Und von vier Uhr bis halb acht unternehmen wir unsere kleine Reise in die Erinnerung. Von dem Augenblick an, da wir uns zu schminken beginnen, reden wir uns sofort mit »Sie« an. Wir können uns nicht mehr Juliana, Myriam, Renata und so weiter nennen. Wir tragen die Namen unserer Figuren: Madame Pernelle, Dorine. Das heißt, keiner wird mich Juliana nennen. Denn sie wissen sehr gut, daß sie, wenn sie mich so nennen, mich zerstören, weil ich gerade dabei bin, in eine Rolle einzutreten.

*Eine Figur hat einen Rhythmus, sagt Ariane oft. Was dient als Richtschnur, um diesen Rhythmus zu finden?*
Etwas, was Ariane die innere Musik nennt. Diese Musik kann man, meiner Ansicht nach, nicht auf eine gewollte, intellektuelle Weise finden. Vorhin sprach ich von der Empfindung des Schauspielers, wenn er einen Text hat und ihn aufzunehmen vermag. Er hat den Eindruck, die Dichte der Luft würde sich verändern. Das ist genau dieser Rhythmus und diese Musik. Es sind in der Tat Dinge, die man empfängt und die man nachträglich analysiert. Man empfängt sie durch Vorstellungen. Man bemerkt den Unterschied zwischen Idee und Vorstellung, Idee und Empfindung. Man muß auch hinzufügen, daß wir Jean-Jacques Lemêtre haben, der von der ersten Probe an bei uns ist. Er führt uns und läßt sich von uns führen. Er spielt unsere Atmung. Für mich ist es ein wirkliches Glück, mit ihm zu arbeiten.

*Wie sehen Sie Arianes Rolle als Regisseurin? Wie würden Sie ihre Arbeit beschreiben, ihre Art und Weise, mit dem Schauspieler in Verbindung zu treten?*
Es genügt, Ariane beim Arbeiten zu beobachten, wenn wir nicht auf der Bühne sind, um zu verstehen, wie sehr sie zur gleichen Zeit spielt wie wir. Man sieht ihren Körper sich bewegen, man sieht die Erwartung in ihren Augen. Sie lacht, ängstigt sich, weint. Sie ist da, wie eine Art Schwamm. Sie ist da, *bei* dem Schauspieler auf der Bühne. Sie entdeckt mit uns.

Ariane hat eine angeborene Begabung, und sie verfügt über die große Fähigkeit, diese Begabung zu teilen. Ariane sieht das Unsichtbare früher als wir. Am Anfang kann man es vielleicht anzweifeln, doch mit der Zeit muß man sich den Tatsachen beugen: Sie sieht richtig. So daß man sich zu einem bestimmten Zeitpunkt sagt, es ist sinnlos, sich Mühe zu machen, es anders zu sehen. Dann vertraut man ihr, weil die Erfahrung zeigt, daß sie uns genau richtig führt; nicht nur richtig, sondern großartig. Ich will damit sagen, daß sie den Schauspieler auf den richtigen Weg führt. Danach »emulgiert« sie uns, weil sie uns sieht, sogar bevor wir uns gesehen haben. Sie besitzt das Vermögen, zuzuhören, zuzuschauen, zu sehen. Und dann stellt sie so hohe Ansprüche, die einen zu Fortschritten anstacheln, weil man einsieht, daß etwas, was man für Theater hielt, es gar nicht ist. Man hatte es sich nur eingebildet. Ariane hat sich etwas Kindliches, diesen Glauben und dieses Verlangen nach Reinheit bewahrt, das uns immer in das Tiefste, das Wesentlichste stößt und uns von allem befreit, was überflüssig ist, was uns zerstreuen könnte. Ich glaube, sie rührt das Publikum gerade aus diesem Grund. Sie läßt auch das Publikum all dies spüren.

*Es gibt zwangsläufig Momente, wo Ermüdung einsetzt, wenn ein Stück sehr oft gespielt wird.*
Wir sind manchmal sehr müde, ja. Diesen Zustand muß man beherrschen lernen. Man muß es so einrichten, daß die Müdigkeit nicht zum alles beherrschenden Moment wird. Man mag müde sein, aber am Ende der Aufführung, wenn das Publikum da ist, ist es doch ein großes Fest. Ich finde, wir sind sehr verwöhnt, weil diese festliche Stimmung im Alltag weiterbesteht. Alle Tage Feste zu haben ist nicht alltäglich.

*»Une ambiance de fête«.*
*Aus dem Französischen von Hans-Henning Mey.*

Anmerkung
1 Nirupama Natyanandan.

## Arnold Wesker
## ARIANE

*Arnold Wesker, geboren 1932, englischer Dramatiker. Gehörte zunächst zu der Bewegung der »zornigen jungen Männer« und wandte sich später der sozialistischen Gesellschaftskritik zu. Mit seinem wichtigsten Stück,* THE KITCHEN *(*LA CUISINE/DIE KÜCHE, *deutsche Erstaufführung 1967) wurde er schlagartig bekannt. Weitere Stücke:* DIE TRILOGIE: HÜHNERSUPPE MIT GRAUPEN, TAG FÜR TAG, NÄCHSTES JAHR IN JERUSALEM; THE MERCHANT.*

*Im April 1967 stellte Ariane Mnouchkines unbekannte Theatertruppe Théâtre du Soleil Arnold Weskers Stück* LA CUISINE *einem Pariser Publikum vor. Nachdem viele Theater sie abgelehnt hatten, fand die Premiere schließlich im Cirque de Montmartre statt. Es war ein aufsehenerregendes Ereignis, das Mnouchkine und Wesker in Frankreich berühmt machte. Wesker schreibt:*

Es gibt eine Erinnerung und einen Tagebucheintrag.

Die Erinnerung ist die an eine junge Frau, die aus dem Nirgendwo auftauchte und mich bat, ihr die Rechte an dem Stück zu überlassen – ohne die übliche Vorauszahlung. Ich weiß nicht, warum ich mich einverstanden erklärte. Es muß wohl so gewesen sein, daß ihre sanfte Intelligenz bei unserem Treffen Eindruck auf mich machte. Ich weiß, daß ich einigen Proben beiwohnte, doch ich kann mich nicht erinnern, ob ich bei den Proben zusah, nach London zurückkehrte und dann zur Premiere wieder in Paris war oder ob ich den Proben zusah, abreiste und die Premiere ohne mich stattfand. Vielleicht erinnert sich Ariane an Näheres.

Sehr gut hingegen erinnere ich mich daran, daß sie Probleme mit dem Schluß des ersten Aktes hatte. Lassen Sie mich erklären.

Der Schauplatz von LA CUISINE ist die Kellerküche eines großen Restaurants, wo dreißig Köche, Kellnerinnen und Küchenhelfer allmählich mit der Tagesarbeit beginnen und das Mittagessen vorbereiten.

Im Zentrum steht die unerfüllte Liebe zwischen dem jungen, temperamentvollen deutschen Koch Peter und der verheirateten englischen Kellnerin Monique.

Teil eins steigert sich allmählich bis zu dem Moment, in dem das Mittagessen serviert werden muß. Die Küche ist voller Bewegung: Kellnerinnen kommen mit ihren Bestellungen an den Koch aus dem Restaurant in die Küche, sie nehmen die fertigen Sachen mit – es herrscht ein Kommen und Gehen, langsam zunächst, dann mit immer größerer Geschwindigkeit, bis das Servieren ein einziger hektischer Wirbel ist. Dieser Teil erfordert eine genaueste Orchestrierung der Bewegungen – Kellnerinnen laufen rein und raus, Köche kochen, Küchenhelfer fegen – und eine subtile Choreographie durch den Regisseur.

Ariane gestand, sie habe Probleme, den Rhythmus des Servierens zu orchestrieren. Ich sagte ihr, es sei ganz einfach. Die Schauspieler müßten jedesmal zählen, bevor sie eine Bestellung aufgäben, und je schneller das Servieren werde, desto kürzer müßten sie zählen. »Sagen Sie's ihnen«, meinte sie. Ich glaube, nachdem sie sechs Monate mit Schauspielern geprobt hatte, die sie nicht bezahlen konnte und die nur mit ihr arbeiten konnten, weil sie während des Tages einer anderen Arbeit nachgingen, waren die Spannungen in der Truppe gewachsen und sie hatte Schwierigkeiten, mit ihnen zu kommunizieren.

Ich erinnere mich, wie ich den Schauspielern erklärte, was passieren sollte. »Zählen Sie in der ersten Runde bis acht zwischen den Bestellungen«, sagte ich, »dann bis sieben, dann bis sechs, dann bis fünf ...«. Wir probten diese Methode eine Zeitlang, und es funktionierte. Den Rest überließ ich Ariane, die, glaube ich, dankbar war für meine kleine Hilfe. Weiter kann ich mich an nichts erinnern. Der Rest steht in meinem Tagebuch. Ein Eintrag stammt vom 18. März 1967. Er bezieht sich auf meine Abreise aus Paris am 13., also muß ich am 15. zurückgekehrt sein.

Am Sonntag abend um acht reiste ich nach Paris ab. Dusty[1] brachte mich zum Flughafen ... In Paris holten mich Ariane Mnouchkine, die Direktorin des Théâtre du Soleil, die auch bei LA CUISINE Regie führt, und Martine Franck, eine der »Genossenschaftlerinnen« des Theaters und seine Fotografin, ab. Ariane ist eine leidenschaftliche, ernste, freundliche junge Frau mit vorzeitig ergrautem Haar. Martine ist hübsch, schüchtern, aber eine gute Fotografin. Ich war froh, in der Gesellschaft von Frauen zu sein.

»Ich bin niedergeschlagen, ich brauche eine Aufmunterung«, verkündete ich. Sie taten ihr Bestes, und wir gingen ins »La Coupole« zum Essen, einem großen, offenen Restaurant voll von exotischen französischen Männern und Frauen. Künstler? Intellektuelle? Echt oder nicht? Egal, ich genoß es, mich unter sie zu mischen.

Ariane hatte am Telefon gesagt, sie würde es in die Wege leiten, daß ich bei jemandem übernachten konnte, um Geld zu sparen. Statt dessen hatten sie mich im »Scandinavian Hotel« untergebracht. Vage hatte ich gehofft, in Martines Wohnung zu übernachten. Eine schwache und aussichtslose Hoffnung. Also amüsierte ich mich damit, darüber Scherze zu machen. »Es würde mir nichts ausmachen, bei Martine auf dem Fußboden zu übernachten.« Sie akzeptierten es beinahe, änderten dann aber ihre Meinung und beschlossen, für die nächsten beiden Nächte keine »Kompromisse zu machen«. Statt dessen brachten sie mich bei Jean-Claude und seiner Frau unter – zwei Schauspielern der Truppe.

Ich kann nicht, wie es heutzutage anscheinend die meisten sind, so snobistisch sein, wenn es um Paris geht. Ich liebe die Stadt, und als ich vor dem Hotel in der rue de

L'Ancienne Comédie stand, in dem Dusty und ich 1955/56 sieben Monate gelebt hatten, hätte ich weinen können vor Nostalgie, und die Traurigkeit überwältigte mich. Das Haus ist kein Hotel mehr.

Interviews mit *Le Monde* und *Les Lettres françaises*; traf mich mit Vertretern von »Travail et Culture« zusammen mit Ariane, die für mich dolmetschen mußte und all die öden Details aus meinem Leben und der Geschichte von Centre 42[2] ausbreitete. Wir hatte beide die Nase voll von mir.

Mittag mit Gary O'Conor, den ich beim letzten Besuch in Paris kennengelernt hatte. Er berichtet über die französische Theaterszene für die *Times* und hatte mir ein Stück von sich geschickt, das von der irischen Hungersnot handelte. Es war nicht sonderlich erfolgreich in meinen Augen, und das sagte ich ihm auch. Kurzer Abstecher in die farbenfrohe Hundertwasser-Ausstellung. Nachmittags Tee mit Catherine Duncan – eine Frau von fünfzig, die ich vor Jahren in Shelagh Delaneys[3] Wohnung kennengelernt hatte. Sie war mir immer leicht lasziv erschienen und ich hatte mir vorgestellt, sie lebte in einer alten Pariser Wohnung voll von Teppichen und exotischen Kunstwerken an den Wänden. Ihre Wohnung war modern, kahl, mit unscheinbaren Möbeln, sehr enttäuschend; doch sie war interessant und auf attraktive Art müde, eine frankophile Australierin.

Die Proben waren gut. Das Stück schien gut aufgebaut, aber zu chaotisch. Es verlangte nach Präzisierung. Der Rhythmus des »Servierens« war über zu lange Zeit zu schnell. Ariane und die Besetzung machte meine Gegenwart schrecklich nervös, und als ich am Ende des Durchlaufs nicht gleich aufsprang und »Ausgezeichnet!« rief, versank Ariane in tiefe Niedergeschlagenheit und bildete sich ein, ich haßte ihre Inszenierung. Aber meine eigenen Stücke versetzen mich einfach nicht in Ekstase. Ich fühle mich nicht »als der große Autor«, auf dessen Zustimmung alle mit Bangen warten. Vielleicht bin ich unsensibel. Ich sagte ihr aber, ich sei wirklich zufrieden. Der Rhythmus sei zwar komplett falsch, aber hier handele es sich um ein leicht zu lösendes Problem.⁴ Es folgten zwölf weitere Proben, und ich war zuversichtlich, daß sich die Inszenierung weit verbessern würde.

Sie hatte die »Brückenbau«-Szene herausgenommen und sie durch eine »Pferdebau«-Szene ersetzt. An die Stelle des Horst-Wessel-Lieds trat eine Melodie aus Wagners DER FLIEGENDE HOLLÄNDER. Sie hatte die Szene gestrichen, in der Hans Gitarre spielt. »Zu sentimental!« Und sie hatte den wichtigen Moment des »Roseschenkens« gestrichen. »Zu sentimental!« Ich widersprach, aber nur schwach. Wie könnte ich aus dem fernen London Protest einlegen? Am nächsten Tag fanden die Proben in dem abbaubaren Theater »Malnikow« statt (die ersten hatten im Cirque d'Hiver stattgefunden). Viel besser. Die neuen Rhythmen sind auch geprobt worden.

Danach gingen wir zusammen in eine schmuddeliges chinesisches Suppenrestaurant und aßen in einem winzigen Raum, wo wir fast aufeinander saßen. Ich wollte den Kellner ärgern und sagte ihm, daß sich in meinem »Chop-suey mit Huhn« ziemlich wenig Huhn befand. Der Kellner servierte Lichees, während der winzige Tisch noch von den Tellern überquoll. Ich stapelte sie und bat ihn, sie wegzunehmen, denn es sei »un peu dégueulasse« [ein bißchen ekelhaft] — mein Versuch, mit der französischen Sprache zu spielen.

Ariane sah mich seltsam an, als seien meine Bitten unfreundlich und snobistisch. Ich sagte zu ihr, ihr Entzücken über diesen miesen Service sei umgedrehter Snobismus. Ein wenig später stützte sie sich mit dem Arm auf den Tisch und zog ihn schnell zurück, denn an ihrem Ärmel klebten Reste unseres Abendessens.

»Deshalb sollten sie die Tische sauber machen«, sagte ich. Sie schien irritiert und sagte:

»Man sollte nie annehmen, daß man einen Menschen kennt, nicht wahr?«

»Das klingt, als seien Sie enttäuscht von mir«, sagte ich. »Nun, Sie haben Unrecht.«

»Wir werden sehen«, erwiderte sie. Und dabei blieb es. Aber den Rest des Abends und die Fahrt frühmorgens zum Flughafen verbrachten wir in traurigem Schweigen. Unser Abschied war angespannt.

Ich finde, alle meine Abschiede, alle meine Beziehungen sind angespannt. Aus London schrieb ich ihr, sie solle noch einmal sorgfältig über mein Verhalten nachdenken; dann würde sie feststellen, daß es mit meinem Schreiben übereinstimmt; und sie sollte ihr Entzücken über die »da unten« nicht denen aufdrängen, die da unten darin leben müssen.

Heute ist Ariane eine der bekanntesten Theaterregisseure der Welt. Wir haben uns noch einige Male getroffen. Ich flog nach Mailand, um 1793 zu sehen, die gefeierte Inszenierung ihres Stücks über die Französische Revolution. Es wurde später im Roundhouse aufgeführt, der Heimstatt von Centre 42. Außer ein paar Szenen gefiel mir die Produktion nicht. Ich schrieb ihr meine Gründe. Ich glaube nicht, daß ihr meine Reaktion gefallen hat. Eine andere ihrer Inszenierungen, L'ÂGE D'OR hingegen, liebte ich und schrieb ihr das auch.

Ich bewundere sie sehr und obwohl wir uns selten sehen, fühle ich mich ihr verbunden. Doch wir haben ganz unterschiedliche Auffassungen vom Theater. Ariane – so wie ich sie verstehe – glaubt, daß Theater aus dem Beitrag aller entsteht – Schauspieler, Regisseur, Autor, Bühnenbildner, Bühnenarbeiter und so fort. Diese Auffassung macht mir Sorgen. Es ist wie Kunst, über die ein Komitee entscheidet, und führt zu Kompromissen – in dem Bedürfnis, zu viele zufriedenzustellen. Ich andererseits glaube, die Kunst ist die letzte Bastion, auf der der Künstler – zugunsten seines Publikums – nicht gezwungen sein sollte, Kompromisse zu schließen. Ich glaube an die einzigartige Vision des Autors statt an das Produkt einer Gruppe.

Vielleicht sind wir nur zwei Seiten der gleichen Medaille.

*»Ariane«. Originalbeitrag.*
*Aus dem Englischen von Petra Schreyer.*

Anmerkungen
1 Die Frau des Dramatikers. (A. d. Ü.)
2 Eine Organisation zur Popularisierung der Künste, der Wesker als Direktor vorstand. (A. d. Ü.)
3 Britischer Dramatiker der Sechziger; sein erfolgreichstes Stück, aus dem auch ein Film gemacht wurde, war »Wilder Honig«. (A. d. Ü.)
4 Ich nehme an, es war zu diesem Zeitpunkt, daß Ariane mich bat, mit den Schauspielern zu sprechen. Es kommt mir seltsam vor, daß ich dies nicht in meinem Tagbuch vermerkte. Doch damals war mein Tagbuch eher so etwas wie ein Notizbuch und weniger die detaillierte Chronik täglicher Ereignisse, zu der es später wurde und die es heute noch ist.

*Photo:* La Cuisine [Die Küche] *von Arnold Wesker in der Inszenierung von Ariane Mnouchkine 1967. Bühne von Roberto Moscoso.*

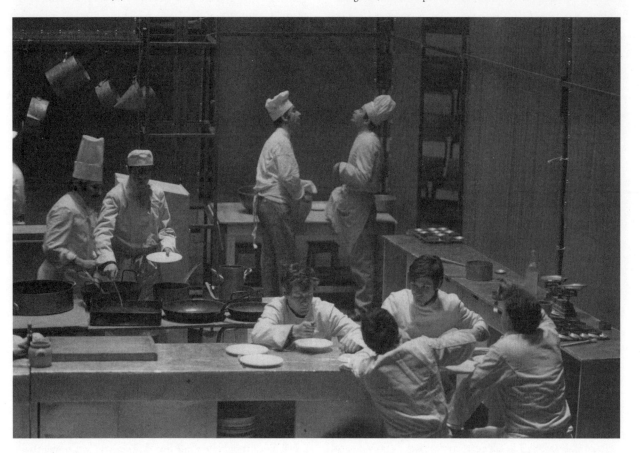

## Hélène Cixous
# DAS THEATER TRITT AUF

*Hélène Cixous, die in Oran, Algerien, geboren wurde, ist international für ihre Romane, Essays und Theaterstücke bekannt. Als französische Jugendliche kehrte sie nach Frankreich zurück, wo sie ihre Englischstudien an der Universität 1959 abschloß. 1969 veröffentlichte sie bei dem Pariser Verlag Grasset ihre Dissertation* (L'exil de Joyce ou l'art du remplacement), *an die sich bis heute über fünfzig bedeutende Werke anschließen sollten: Essays, Romane, Autobiographisches und Theaterstücke, sowie zahlreiche Aufsätze, die auf Deutsch, Englisch und Französisch erschienen.*

*Als Dozentin für englische Literatur an der Universität in Bordeaux, an der Pariser Sorbonne und in Nanterre engagierte sich Hélène Cixous für den Feminismus und nahm an den Ereignissen im Mai 68 aktiv teil. Ihre theoretischen Studien, wie »Le rire de la méduse« 1995, versuchen den Begriff des weiblichen Schreibens näher zu bestimmen. Im Jahre 1968 wurde Cixous Mitbegründerin der Universität Paris VIII in Vincennes, wo sie 1974 das Doktorandenkolleg »Weibliches Schreiben« ins Leben rief. Als eine der Galionsfiguren der feministischen Philosophie erhielt Cixous häufig auch Gastprofessuren an nordamerikanischen Universitäten und mehrere Ehrendoktorwürden. 1998 veranstaltete das Internationale Kulturzentrum in Cerisy la salle ein Kolloquium über ihr Werk.*

*Hélène Cixous widmet sich seit 1971 auch der Dramatik.* LA PUPILLE. PORTRAIT DE DORA *war ihr erstes Stück, das in einer Inszenierung von Simone Benmussa 1972 im Petit Orsay auf die Bühne gebracht wurde. Seit 1984 arbeitet sie eng mit Ariane Mnouchkine zusammen und schreibt mehrere Texte für die Compagnie:* L'HISTOIRE TERRIBLE, MAIS INACHEVÉE DE NORODOM SIHANOUK, ROI DU CAMBODGE *(1984),* L'INDIADE *(1987),* LA VILLE parjure ou le réveil des ERINYES *(1994) und* TAMBOURS SUR LA DIGUE *(1999). Ihr*

*jüngstes Werk* LES RÊVERIES DE LA FEMME SAUVAGE *ist ein autobiographischer Bericht über ihre Kindheit in Algerien.*

Alles begann 1940 und bis 1948 in meiner ganz frühen Kindheit vor dem Bewußtsein, dem Denken, mit einem Theaterstück ohne Autor, das die Geschichte selbst war, *res gestae*, deren Theater das Zentrum meiner Geburtsstadt Oran war. Das *Herz* Orans hatte zufällig die Form des Theaters, das habe ich erst fünfzig Jahre später begriffen. Als Kind war ich blind, aber ich war eine Seherin.

Der Schauplatz war die Place d'Armes – rechts das städtische Theater, links der *Cercle militaire* und die Apotheke. An der Ecke *Les Deux Mondes*, die zwei Welten, das Tabakgeschäft meiner Tante Deborah, eine Ali-Baba-Höhle und die erste Version des Chors. Ich saß auf dem zweiten Balkon der rue Philippe und sah die Geschichte der ganzen Welt sich vor mir abspielen. Diese Geschichte war durch einen doppelten Handlungsverlauf strukturiert. Eine Welt versuchte eine Welt zu vernichten. Im ersten Handlungsverlauf versuchte der Nazismus gemeinsam mit dem Vichysmus und den Faschismen die schwankenden Demokratien zu zerstören, Meisterinnen ewiger Moralwerte. Im zweiten Handlungsverlauf waren eben dieselben Kräfte des Guten gespalten und zur Hälfte schlecht, kolonialistisch, frauenfeindlich, unterdrückerisch. Vom zweiten Balkon aus, wo ich auf das Geländer kletterte, das Huhn an meiner Seite, fragte ich mich, wie man in dieser Verstrickung gewaltsamer schlechter guter Kräfte – in der es unmöglich war, ein Gutes zu unterscheiden, das frei war von jeder morbiden oder diabolischen Erwartung – einen Ausgang erhoffen könnte, der nicht tragisch wäre. Ich sah keinen möglichen auf der Bühne. Ich war dreieinhalb, vier Jahre und suchte mit aller Kraft ein Jenseits. Meine deut-

sche Familie saß in den Konzentrationslagern, meine Groß-
mutter war ihnen knapp entronnen. Sie war bei uns in Algerien angekommen, wo wir Zeugen und Geiseln einer großen
Zahl von Haupt- und Nebenverfolgungen waren.

Von allen Seiten her tauchten die Formen von Ausschluß, Exil oder Massaker auf. Ich sah auch auf der Place
d'Armes Fortinbras, de Gaulle und die Alliierten auftreten.
Wir waren befreit, doch die Algerier waren versklavter denn
je.

Die Demokratie zeigte, daß sie ein Traum war, ein Wort.
Es gab weder Gerechtigkeit, noch Gleichheit, noch Respekt.
Fast keinen Mut. Ich war am Rande der Verzweiflung. Die
Welt ist tragisch. Wenn ich nicht verzweifelte, dann weil
meine Familie ohne Sünde war und mein Vater ein junger
Arzt, edel und unbestechlich. Doch darüber starb er mit
neununddreißig Jahren. Was tun die Götter währenddessen?
Und wir Kleinen, Bedrohten, was können wir tun?

»Wenn es ein Anderswo gibt«, sagte ich mir, »das der höl-
lischen Wiederholung entkommen kann, so schreibt es sich,
träumt es sich am besten dorthin; dorthin wo es sich neue
Welten erfinden läßt.«

Das war meine Besessenheit und meine Notwendigkeit.
Gibt es ein Anderswo? Wo? Es muß erfunden werden. Das
ist der Auftrag der Dichter. Dazu muß es freilich welche geben. Und sie dürfen nicht in den Fleischwolf der Geschichte geraten sein, ehe sie geschaffen haben.

Jahrzehnte später schaue ich der Vorführung meiner
Stücke zu, und was sehe ich? Sie hatten also begonnen, ehe
ich schrieb, in Oran, Algerien.

In der Zwischenzeit habe ich nicht aufgehört, mich mit
wachsendem Erstaunen zu fragen, was das Böse ist, immer
bestürzendere und schmerzhaftere Erfahrungen damit zu
machen, zu versuchen seine Struktur, seine Maschinerie,
seine Unvermeidbarkeit zu verstehen. Und mich angeheuert
zu fühlen als Hüterin der Überleben (ich sage nicht von
Leben – der *Überleben*) oder als Wächterin der Nacht. Die

mir von meinem Vater hinterlassene Mission würde ich so
definieren: Ich muß alles tun, damit ich selbst und meine
Mitmenschen nicht vom Vergessen, von der Gleichgültigkeit fortgeschwemmt werden, ich muß das Wachen wach-
halten und den Toten die Hand des Eingedenkens halten,
die Ermordeten, die Gefangenen, die Ausgeschlossenen über
dem Schlund des Todes halten. Das ist meine Mission. Ich
behaupte nicht, sie zu erfüllen: Dann gäbe es ja kein Problem
mehr. Ich lebe das Tragische, ich erlebe mich als tragisch, ich
bin vom Tragischen ganz in Anspruch genommen. Was keineswegs das Glück und das Komische ausschließt, im Gegenteil. Doch ich lebe und denke die Bedrohung, das immi-
nent Bedrohliche und den Verrat im Herzen selbst des
Glücks der Liebe des Friedens.

Wenn ich das Wort *tragisch* verwende, meine ich dieses
Wort ganz trivial, allgemein, das heißt, einerseits gibt es das
tragische Theater, mit dem Bock, dem Schicksal, auf recht
griechische Art, mit der schlechten Wahl. Andererseits, und
etwas von der Etymologie und dem griechischen Kontext
gelöst, verstehe ich es als an die Notwendigkeit des Double-
bind gebunden, das heißt an das fatale unabwendbare Zer-
reißen dessen, was ich die Seele oder das Herz nenne, gebunden an Situationen gespaltener Loyalität, der Vierteilung seiner selbst. Es ist das Unversöhnbare als Unausweichliches:
die Situation, in der ich das Unannehmbare akzeptieren
muß oder auf das verzichten, was mir das Liebste und Not-
wendigste ist, weil es keine gute Antwort und kein gutes Ende gibt, man kann keinen Trost oder Gerechtigkeit erwarten,
ich habe sie gesucht, ich habe die Gerechtigkeit gewollt, ich
habe die Generationen durchquert und die Grenzen über-
schritten, ich habe mein Leben an diese Aufgabe verausgabt,
bis ich mich fast außerhalb meiner selbst wiederfand – ver-
gebens, denn Trost und Gerechtigkeit existieren nicht. Und
dennoch hat man gut daran getan: Denn in ebendieser
Suche und Verfolgung findet sich das Maß an Gerechtigkeit
und Trost, das uns beschieden ist. Während ich so lief und

suchte, kämpfte, mich aktiv engagierte, schürfte sich etwas Ruhiges in mir aus, ruhig im Gegensatz zum Dramatischen, etwas, mit dem es kein Verhandeln gibt: Da das Tragische ist, und da es *unerbittlich* ist, macht keine Diskussion es wett, es ist *indiskutabel*. Die Diskussion ist Hiob – Hiob ist das Theater, ist die Bewegung, der Protest, die Hoffnungslosigkeit (das heißt die verletzte Hoffnung), die Wut.

Nein, am Ende werde ich entdeckt haben: *Es gibt nicht* und *so ist es, das Unversöhnliche* ist das Tragische. So ist es. Und deshalb, weil es indiskutabel ist, gibt es eine gewisse »Heiterkeit«, eine Stasis, eine Unbeweglichkeit. Diese Überzeugung des *so ist es* wird in meinen Stücken oft von Figuren getragen, die zweifellos dem Geheimnis meines Herzens recht nah sind, zum Beispiel Aischylos in LA VILLE PARJURE. Das sind Leute, die viel gelebt haben, Tausende von Jahren und Abenteuern.

Das unbestreitbarste Beispiel des Tragischen ist meiner Ansicht nach *die Einsamkeit*, das, was an Unentrinnbarem, Unannehmbarem in der Einsamkeit liegt und dessen winzige oder umfassende Erfahrung wir in allen menschlichen Beziehungen machen, in den Familienbanden und bis hin zur Liebe: *Gleichzeitig* verstehen wir einander nicht. Wir sind die Subjekte des Mißverstehens. Selbst in der gelungensten Liebe läßt sich die Einsamkeit nicht überwinden. Du sagst mir: »Verstehst du, was ich dir gerade sage?« Und ich sage dir: »Ja, ja – sicher.« Und erst am nächsten Tag verstehe ich, daß ich, als ich dich zu verstehen glaubte, dich überhaupt nicht verstand. Die Verspätung, das Zu-Spät, die Zeitverschiebung, die unzeitige Ankunft der Botschaft, das ist unsere vertrauteste und schmerzhafteste Erfahrung. Und eben daraus gehen – transponiert, transfiguriert ins Theatralische – die Verheerungen in den Tragödien hervor: Man nennt es *den unzeitigen Brief*, er geht zu früh, zu spät hinaus, und jemand wird getötet, Cordelia wird nicht gerettet. Diese Einsamkeit (diese Taubheit, dieses Auseinander unserer Rhythmen) existiert nur, wenn jemand da ist, der sie erscheinen läßt. Die

Verbindung der zwei bewußten Einsamkeiten muß man sich vorstellen. Man kann in sich selbst zwei sein (siehe Kafka), das ist *das Unheilbare*, das Unrettbare oder das Unlösbare, das Unzahlbare. Oder das Unmögliche. Wir sind unmöglich. Und die Unzeit. Das Theater wird von der Unzeit agiert, das heißt unterminiert.

Das Tragische ist die unhintergehbare Anachronie: die verpaßte Begegnung. Selbst wenn sie nicht verpaßt ist.

*Sero te amavi*: Zu spät habe ich dich geliebt, Schönheit, sagt Augustinus zu Gott. Und Jacques Derrida wiederholt es beim Eintritt in seinen tragischen Text *Un ver à soie: Sero …* Wie kann man *zu spät lieben*? *Zu spät*, das ist der Dämon des Theaters.

Doch gibt es immer ein Zufallselement. Zufall, Chance, ein Sandkorn im Getriebe: Die Möglichkeit, daß die tragische Programmierung eine Panne hat, die Gnade eines völlig unvorhergesehenen Umschwungs. *So ist es*, das ist notwendig, doch zugleich gibt es Kontingenz.

Aber vielleicht ist das Tragische – ich fürchte und vermute es –, daß man nur *von außen*, indem man die Gesellschaft verläßt (LA VILLE PARJURE) und selbst das Leben (LA VILLE PARJURE. HISTOIRE), über die Wiederholung hinausgehen, sie unterbrechen kann. Vielleicht sind es nur die »Toten« – oder die Dichter – jene, die Artaud die »Selbstmörder der Gesellschaft« nennt –, denen es gelingt, ein Jenseits der Rache oder des Ressentiments oder der Vergeltung zu denken. Doch dazu muß man *durch den Tod* gehen oder durch etwas Entsprechendes: die Zustimmung des Ich zum Verzicht. Nichts erwarten. Den Zustand des *Nichterwartens* erreichen. Eine andere Unschuld. Ist das möglich?

»Der Sündenfall, dieses alte Unrecht, das der Mensch begangen hat, besteht in dem Vorwurf, den der Mensch macht und auf den er nicht verzichtet, nämlich daß ihm ein Unrecht geschehen ist, daß er Opfer des Sündenfalls gewesen ist«, sagt Kafka. Kann irgend jemand auf den Vorwurf verzichten? Wer? Unter welchen Umständen? Diese Frage kann ich nur im Raum des Theaters stellen.

Das Theaterstück, dessen Autorin zu sein ich die Mission habe – sagen wir ein Bericht –, beginnt schlecht. Es beginnt mit einem Sturm, einem schlimmen Schlag, dem Schlimmsten: in vollem Schwung – der Fall, eine Trauer mitten im Fest. Seht diese Figuren, die das Leben selbst waren, da sind sie in ihr Verderben gestoßen. Ich laufe der Geschichte hinterher und den Figuren, die ihre Gäste, Herren, Geiseln sind.

Wohin kann sie gehen? Das Gespann ist losgeprescht. Das Stück läuft immer schneller. Wie wird es enden? Niemand hat irgendeine Vorstellung. Ich wünschte, daß es nicht tödlich endet für jene, die ich liebe. Doch so viele widerstrebende Willen und Wünsche weben sie.

Zuerst jedoch hat für die unruhige Autorin, die ich bin, alles mit einem Vorschlag begonnen – einer Versuchung, sollte ich sagen –, die Ariane Mnouchkine 1981 formulierte: Willst du, kannst du ein Stück für das Théâtre du Soleil schreiben? Ich war sofort verzaubert und entsetzt. Ich wollte, aber können … 

Das Théâtre du Soleil ist nicht nur in allem unermeßlich groß, in der Kunst, im Ehrgeiz, im ethischen Engagement, sondern zuallererst in Ausmaß und Zahl. Es gibt eine Ökonomie des Soleil, einer aus sechzig festen Mitarbeitern bestehenden Truppe: Das legt dem Autor Verpflichtungen auf; ich muß zwanzig oder dreißig Schauspielern zu spielen geben, alle brennend hungrig, und also für die Existenz von fünfzig Figuren sorgen. Meiner Ansicht nach ist das fast übermenschlich. Jedesmal, wenn ich mich darauf einlasse, zittere ich, denn ich weiß, es wird sehr schwierig. Aber ein Jubel. Also gehe ich es an. Ich schiffe mich ein.

Das Abenteuer hat seine Formen: erst ein langes Palaver mit Ariane. Denn über das *Sujet* des Stücks stimmen wir beide uns bei der Suche und Entscheidung miteinander ab. Es liegt immer an der Kreuzung zeitgenössischer Ereignisse

(sagen wir die *res gestae*) und des Theaters in seiner Reflexivität selbst. Es wird sich nicht um Darstellung handeln, sondern darum, die Notwendigkeit des Theaters zu denken, sein Können – aber auch seine Grenzen, als etwas, was am Weltgeschehen teilnimmt. Wir träumen davon, so zu *erzählen*, daß sich in der Wirklichkeit etwas *bewegen* wird; vielleicht nicht sich ändern – was ungeheuer vermessen wäre –, doch daß es zumindest vom Schweigen befreit, ins Gedächtnis *zurückgerufen*, wiederaufgeweckt wird. Unsere Arbeit ist zuallererst ein *Erinnern* dessen, was gerade geschieht, eine Belichtung der Gegenwart selbst.

Diese allem vorrangige ethische Richtung oder Orientierung ist der erste Grund unseres Theaterbündnisses.

Ich bin Ariane 1972 unter überdeterminierten und prophetischen Umständen begegnet: Ich kam sie mit meinem Freund Michel Foucault besuchen, um sie für die Arbeit der *Groupe Information Prison*[1], die Michel Foucault gegründet hatte, zu begeistern. Das erste »Stück«, das uns zusammenbrachte, dauerte vier Minuten und sollte vor den Gefängnissen gespielt werden. Doch ich habe es nie gesehen: Kaum hatten wir die Podeste ausgepackt, knüppelte die Polizei uns nieder. Von 1972 bis 1981 haben wir uns gegenseitig angerufen und sind zu allen politischen Demonstrationen und Ereignissen gegangen, für die wir uns engagierten: Ich rief sie zu den Frauen, sie zu den Künstlern und den Ausgeschlossenen und Gefangenen des Universums, und wir kamen jede von der Seite des andern her bis zu dem Tag, an dem sie mir die Tür ihres »Globe« geöffnet hat. Das war ein wahrer »coup de théâtre«.

Rückblickend sehe ich die Logik dieses Coups. Wir haben dieselbe politische und ästhetische – politischästhetische Auffassung von der Kunst des Theaters.

Ich füge hinzu – denn ich hatte bereits einige kleine Stücke geschrieben –, daß das Soleil durch seine Struktur, seine Gesetze, durch die Arbeit der Schauspieler, die das Werk Arianes ist, in allem der Ort, die magische Schmiede, das Atelier des Theaters selbst ist, die antike und moderne Höhle, in der die Mysterien des Theaters unaufhörlich analysiert und reaktiviert werden. Ich selbst bin dort immer in der Lehre. Ariane auch, denn das Théâtre du Soleil ist eine Welt, die sich von Stück zu Aufführung reflektiert, sich prüft, sich überarbeitet. Es ist selbst seine Schule und sein Laboratorium.

Wir machen uns also auf die Suche nach dem Sujet. Die Anweisung ist immer dieselbe: Die Szene, das Ereignis, die Geschehnisse suchen, die »in diesen Zeiten« auf dem Planeten stattfinden und uns grausam treffen, uns per Überraschung oder Verrat gepackt haben (uns – das Publikum, die Bürger) und uns verletzt, entsetzt, hilflos lassen. Uns treffen oder uns treffen *werden*. Die vergiftete Nadel, die in unsere Adern sticht. Die Episode, die eine Gesellschaft, ein Land in Angriff nimmt, fremd oder nicht, und dabei die Wurzeln der Menschlichkeit, der Menschheit verwundet. Ein Symptom, möchte man sagen, Ankündiger eines Übels, das sich auszubreiten verspricht. Wenn niemand beginnt, nach Rettung zu schreien.

Verbrechen, Dramen, Skandale gibt es im Überfluß. Doch die Wahl? Das ist eine langwierige Angelegenheit. Wir brauchen Monate, Jahre manchmal, um das zu finden, was die unersetzbare Fabel ausmachen wird. Und manchmal täuschen wir uns. Mehr als einmal bin ich auf eine falsche Fährte geraten: Wir hatten uns verführen lassen. Daraufhin – manchmal sehr schnell, manchmal nach Monaten von Arbeit – stelle ich fest, daß ich keine Transposition finde. Und dann? Wird aufgegeben.

Oft fand sich das »gute« Thema, das heißt das transfigurierbare, das mit seinen Wurzeln ins Unbewußte reicht und in den Mythenschatz und mit seinen Ästen die Wolken streift, genau neben dem »schlechten«, um das man herumkreist und das weder Tiefe noch Höhe hat. Das war bei L'Indiade der Fall.

Einmal die Fabel in der Ferne erblickt – und anfangs erblicken wir nur ihre Ufer –, mache ich mich von meiner Seite

her auf den Weg, Ariane von ihrer. Während ich schreibe, baut sie: Das gesamte Theater wird abgerissen und wiederhochgezogen, wird ein Behältnis, um den Neuankömmling aufzunehmen.

Und jetzt ein paar Vertraulichkeiten darüber, was mit »dem Autor« geschieht. Sagen wir, um es kurz zu machen, daß Dutzende über Dutzende von Figuren ankommen werden von »dort unten« her und daß ich Dutzende von Szenen schreibe.

Für den Anfang gibt es: *den Ort*. Der Ort! Der Ort ist magisch. Wie wundervoll, ihn zu entdecken. Aus der *Vision eines Ortes* wird Arianes ganze Arbeit entstehen. Und für mich gibt es von dem Moment an, wo *es* den *Ort* gibt, das heißt *wo stattfindet*, nur noch zu warten. Was für ein Ort? Meines Erachtens ist derjenige von La Ville parjure der für das Theater *fruchtbarste* der Orte, denn er verschmilzt mit der strukturellen Verortung des Theaters selbst: unsere Bühne, der Kosmos, hat 300 qm, doch hat sie ebenso eine Adresse und eine *treibende* Form[2]: Ja, der Ort, so unbeweglich er auch scheinen mag, muß den Schwung geben und den Übergang: Hamlets Terrasse, König Lears Klippen. Der Ort ist ein großer heiliger Schauspieler. In La Ville parjure – da hat alles mit einem Friedhof *angefangen*, der eine *Stadt* in sich war –, ein riesiger Friedhof (Ariane dachte an die Stadt der Toten, wo in Kairo 150.000 »Obdachlose« zwischen den Gräbern wohnen), der von Toten und Lebendigen bewohnt wird und sich außerhalb der Stadtmauern befindet. Mit einem immensen Friedhof kann man alles machen, feindlicher Zwilling der feindlichen Stadt, Stadt verkehrt, Stadt richtig.

Für mich ist das Theater per Definition der Schauplatz, auf dem sich die Lebendigen und die Toten wiederfinden und aufeinanderstoßen, die Vergessenen und die Vergesser, die Vergrabenen und die Wiedergänger, das Gegenwärtige, das Vorübergehende, die gegenwärtige Vergangenheit und die vergangene Vergangenheit. Nichts ist mehr Theater als eine große Totenstadt. Das ist eine Bühne, auf der *alle* Figuren einer Geschichte erscheinen, von den ältesten her, den durch die Jahrhunderte entferntesten bis zu den zeitgenössischsten, von den vorgestellten, den erfundenen, den verlorenen wiedergefundenen, bis zu den reellen Bekannten. Die Toten sind nicht immer so tot, wie man glaubt, noch die Lebenden so lebendig, wie sie sich glauben.

Ein Theater, ein wahres, ist immer eine Art Außenterritorium, von einer Exteriorität, die mehr oder weniger in der Stadt eingeschlossen ist oder an sie grenzt, ein vom Herrschenden Innen getrenntes Innen, es ist vor der Tür gelegen und, da es subversiv ist, vor die Tür *geschickt*, verbannt.

Dies hier ist der Ort: der Friedhof. Das wird die einzige Angabe oder Didaskalie in meinem Text sein.

Jetzt ist die Stunde der Figuren.

Es tritt auf – fast immer und zumindest bisher – die Figur, die – ich werde es merken – mir helfen wird, diese Schöpfung zur Welt zu bringen.

Für die Autorin, die ich bin, ist es die Erscheinung dieser uranfänglichen Erscheinung, die mir das unsichtbare Tor des Theaters öffnen wird. Hier: kein Vorhang, keine Verhüllung – Enthüllung. Doch vor allen anderen tritt, von immer her kommend, der »passeur« auf, der Fährmann: der Hinübergeher und Hinüberbringer. So nenne ich ihn, seit ich seine Existenz entdeckt habe. Wer? Aischylos, der Friedhofshüter der *Ville Parjure*, Snorri Sturlusson, der Dichter, Autor der Edda in der *Histoire*, Sihanouks toter Vater, Haridasi, die umherziehende Baule in der *Indiade*. Das Wesen, das wacht und eine Brücke macht. Das (weder) drinnen (noch) draußen ist. Wer sind Sie? fragen die korrupten Anwälte ihn – Aischylos der Hüter – Aischylos wie Aischylos? – Ja, eben Aischylos-wie-Aischylos ist es, der mir in den Sinn kam, als ich meinen Warteposten bezog.

Er war mir im Gedächtnis, denn ich hatte eben sein geniales Stück die EUMÉNIDES für das Soleil übersetzt, und ich dachte oft an ihn, den Autor so vieler verschwundener und nie zurückgekehrter Stücke. Es sei denn, was wir schreiben, sind, ohne daß wir es wissen, die Phantome seiner Stücke?

Doch kam er in Wahrheit nicht allein an, nicht allein zurück. Ich kam soeben, zwei Jahre vorher, von der Niederschrift der HISTOIRE und dabei war ich Snorri Sturlusson begegnet. Dann aber hatte ich ihn, per Zufall oder Glücksfall, vergessen. Snorri Sturlusson, Homer für Nordeuropa, Staatsmann, Dichter, Historiker, Diplomat, der die weite skandinavische mündliche Tradition gesammelt und in eine von ihm erfundene poetische Form gegossen hat, der »Autor«, das heißt der Passeur der nordischen Mythen und Legenden, also der Adoptivvater der Götter und Helden. Es war mir eine einzigartige Freude, aus diesem Menschen des Mittelalters den Ahn *und* Zeitgenossen der sagenhaften Gestalten zu machen, deren Hüter und Erlöser er war. Durch seine Gegenwart in meinem Stück entkoppelt Snorri die lineare Zeitenordnung, er ist selbst der Zeuge von Ereignissen, die »Jahrhunderte« oder Jahrtausende zuvor geschehen sind, einst vor ihm fängt heute wieder an. Der Schöpfer ist selbst eines seiner Geschöpfe. Doch informiert über die antike Version der Tatsachen, die zu berichten er übernommen hat – eine gewaltsame, grausame und der Vernichtung geweihte Version –, setzt er sich das poetische Ziel, den alten Bericht abzutragen, anzuhalten und alles ins Werk zu setzen, damit des Unglücks wirkende Kräfte einen weniger fatalen Weg nehmen. »Und wenn ein ganz kleiner Dichter«, sagt er sich, »den Lauf der Geschichte änderte, wenn er ihn beugte?« Die germanische Mythologie ist letztlich eine Geschichte, in die sich ein gewisses Konzept des Dichters als *Dichter*[3] einschreiben läßt. Er könnte es schaffen. Wenn ihm gelänge, dann wären die Geschichte der Geschichte und aller Konzepte von Geschichte umgestürzt. Dieser germanische Snorri betrat also das Stück mit dem Ansinnen, es anders neu zu schreiben.

Aischylos (meiner) hat nicht diesen Wunsch und diesen Traum. Er ist selbst im Jahr 1999 der Held des mythologischgriechisch-jüdischen Denkens und seiner Auffassung der tragischen Fatalität, und auf solch eine Idee kommt er nicht. Und dennoch – als Dichter geht er über seine anfängliche Definition und seine Kultur hinaus. Er gehört zur Gemeinschaft und zum Reich der erfinderischen Träumer, die immer des Schrittes jenseits fähig sind, zumindest in der Einbildung. Auch wird mein Aischylos heimgesucht von seinen Doppelgängern oder seinen anderen; aus seinem Mund kommen Worte hervor, die ihn ein wenig überraschen und ihn selbst bezaubern, und diejenigen Zuschauer, die nicht vergessen haben, werden Echos von Shakespeare oder Freud oder Montaigne oder François Villon wiedererkennen oder wiederzuerkennen glauben. Denn ein Dichter wird immer heimgesucht. Sein Wort ist Gedächtnis und Prophezeiung. Was kann ein Dichter wohl tun, allein, im Tumult der Geschichte, wachend? Das ist meine Frage. Wenn Snorri versucht, warnend zuvorzukommen und neuzuschreiben, indem er alle Akteure dazu treibt, dem einst Programmierten nicht zu gehorchen, so ist Aischylos in seiner eingestandenen Ohnmacht und seiner Unfähigkeit, vorauszusehen, was geschehen wird, ein tragisch moderner Dichter. Er weiß, daß er nicht weiß. Er ist der vergebliche Wächter der Schlafenden. Er ist das Gedächtnis, das nicht vorhersagen kann, woher das Unglück kommen wird. Die historische und die poetische Zeit kreuzen sich in seinem Wort und seinem Bewußtsein. Doch ist er der, der überflüssig teilnimmt. Wozu wird er gut gewesen sein? Das Unvermeidliche zu begleiten und zu notieren. Figur des Zeugen, doch des Zeugen, von dem Celan spricht, der Zeuge, der fragt – wen – wer – zeugt für den Zeugen, ist einmal der Zeuge verschwunden? Ja, wer wird zeugen? Wenn »alle tot sind«, »dann wenn alle tot sein werden«, wer wird Zeuge sein?

Grausame, paradoxe, spielerische, schicksalsträchtige Frage, Abgrund und Mauer, auf die hin meine Stücke ihren ein wenig verrückten Verlauf nehmen, denn sie inszenieren das Tragische auf performative Weise, indem sie Fragen zum

Tragischen stellen, indem sie die Tragödie in Frage stellen, indem sie versuchen, das Ende, das Teleologische zu unterbrechen, indem sie versuchen, die Geschichte da zu schreiben, wo »es noch Weißes gibt« – noch Unbestimmtheit. Und dieses Weiße ist in der Histoire qu'on ne connaîtra jamais ein »wahrhaftiges« Weiß, ein Schnee, der alles bedeckt mit einem Blatt, auf dem ein künftiger Dichter schreiben könnte, was eben in einer anderen Version geschehen ist.

Und in La Ville parjure ist es eine Nacht, ein gestirntes himmlisches Gewebe.

In jedem Fall versuche ich die Möglichkeit eines Theaterschreibens zu verwirklichen, das über die Tragödie hinausgeht – ist das möglich? –, schreiben, indem man die Tragödie (ein)begreift und zugleich über sie hinausgeht und im Stück selbst die Frage nach dem Überschreiten der Tragödie stellt? Das eben hoffe ich. Und deshalb haben meine Stücke so seltsame und so wenig finale Enden. Doch ich werde am Ende noch auf meine etwas speziellen Enden zurückkommen.

Kehren wir für den Augenblick zu den Anfängen zurück und zur Erscheinung der Figuren. Da seh' ich mich also in Begleitung von Aischylos oder Snorri. Und nun erwarte ich die anderen. Ich warte. Daß sie kommen. »Schöpfung« der Figuren ist für mich: kommen lassen, sich formen lassen; »bekannte« oder mythische oder nie getroffene Personen, doch alle, so berühmt oder anonym sie sind, gleichermaßen unbekannt, geheimnisvoll, rätselhaft, neu. Niemand hat sie noch je gesehen, selbst wenn sie Brunhild oder Erinnyen oder Jeanne d'Arc heißen. Als Autorin bin ich in einem Zustand der Empfänglichkeit, konkaver und hypersensibler Zustand. Meine »Arbeit« besteht darin, be(ein)druckbare Materie zu sein. Mein Zustand läßt sich mit einer Art Wachtraum vergleichen, sehr passiv, geduldig, halluzinatorisch. Ich bin die leere Bühne. Es kann lange dauern, bis ich Schritte höre. Ich sehe nichts. Es treten Stimmen ein. Ich rühre mich nicht. Das ist eine leere Zeit, eine animalische

Zeit, wachsam, ich bin abgetaucht, unter die Erde und unter die Zeit. Ich höre. Vielleicht ist das Warten eine Form von Gebet. Derart zu kommen gebeten, kommen sie schließlich. Es tritt auf – eine Figur allein. Manchmal auch zwei oder vier. Und sieh, hier nun machen sie eine Szene. Diese Szene hat eine außergewöhnliche und *nackte* Kraft, weil er oder sie allein sind. Die Figur tritt auf, nackt, mit nacktem Herzen, sie kratzt sich am Herzen, sie betrachtet ihr Herz, sie blutet, sie erstaunt, sie offenbart sich, ohne sich zu verstehen, wie die Figuren Shakespeares sich offenbaren, wenn sie allein sind. Und währenddessen nicht allein. Weil es das Publikum gibt. Sie vertrauen sich einem Zeugen an, der zugleich abwesend und anwesend ist – das macht anderswo seine Stärke aus, die Figuren, die sich anvertrauen oder bekennen, Jago, mein Hagen, Krimhild, die Mutter der *Ville Parjure*, wenden sich an ein Publikum (und anfangs bin ich das Publikum, H. C., die Autorin), das zugleich da ist und nicht da ist, das kein Wort sagt, doch dessen Schweigen Gold ist, das zuhört, nicht eingreift, nicht urteilt, und die Figur zeigt sich, wie sie sich niemandem zeigen würde oder dem Teufel, jemandem, der sie auf keinen Fall daran hindern würde, sich verbogen, gespalten, aufgebracht, in Versuchung, in Zweifel, zersetzt zu offenbaren – denn man braucht einen Gesprächspartner, um sich zu zeigen, und zwar einen Gesprächspartner ohne Meinung und ohne Stimme. Das bin ich. Die Figuren machen das mit mir, der Autorin, sie wissen, daß ich nicht da bin, aber ihnen zuhöre, sie sprechen mit *sich*, fragen *sich*, tasten *sich* ab, erklären *sich*, und *Sich* ist der Tote, das heißt der Autor. Ich indessen bin ganz Ohren, Dutzende von Ohren wachsen mir, so schnell wie möglich speichere ich ein, in aller Eile schreib' ich auf, ich höre ihre Gedanken vorüberhuschen, sie sind sehr schnell, ich habe just die Zeit, den ultraschnellen Anfang zu notieren, den Faden, das feine Schlüsselwort eines leidenschaftlichen Bekenntnisses. Das ist kein Schreiben. Es ist eine Wurfbahn, ein Pfeil, eine Logik. Und plötzlich höre ich, verstehe ich den Herzschlag

einer Figur. Wenn ich ein Herz heftig von einem Gefühl getroffen schlagen höre, so ist das gewissermaßen das Zeichen, daß eine Figur geboren ist. Der Herzschlag findet in ein paar Wörtern Ausdruck, in einem kurzen Satz, der der Schlüssel dieses Geschöpfes sein wird. Kaum geboren, ziehen sie in die Schlacht. Ich folge ihnen. Ich kenne sie ein wenig, ich erkenne die Musik des Herzens jenes wieder, den ich König nenne oder Nehru oder Sigfrid oder Immonde oder Charles VII., ich weiß, wer so heißt und in die Schlacht hinauszieht.

Ich sage *Schlacht*: Bald handelt es sich um eine wahre Schlacht in einem wahren Krieg. Bald um eine Szene, um einen Zusammenstoß, und eine Szene ist immer eine Schlacht. Das ganze Stück führt Krieg und sucht den Augenblick eines Friedens. Jede Szene ist Duell oder Sturmangriff, es gibt unsichtbare oder echte Schwerter, gespielte oder umspielte Fallen. Jedes Stück ist ein Krieg und sein Double: der Krieg mit Worten, das Gericht, der Prozeß. Und jede Figur ist ein König, der König eines Königreichs, das Beute eines Kriegs im Innern ist: Ich kämpfe gegen mich selbst, ich greife mich an, ich klage mich an, ich verteidige mich. Die kleinste Figur, der Portier, der Diener, die Magd, ist König oder Königin. Der Kleinste ist groß. Zum größten Teil lernen sie das Menschenschicksal in großartiger oder bescheidener Form kennen: Entthronung, Absetzung, Verrat, Verbannung. Ewige Themen, doch jedesmal zum ersten Mal verkörpert. Joyce sagte im *Ulysses*, daß der Ton der Verbannung in Shakespeares ganzem Werk erklingt. Das stimmt. Doch könnte man es auch von Tschechow sagen: Die Landjunker des KIRSCHGARTENS sind verbannte Könige. Wir erkennen sie wieder, aber wir kennen sie nicht. Jedem sein Leid. Und Firs, der zu Alte, der Vergessene, der Rest, ist der Verbannteste der Verbannten.

Es gibt deshalb hundertfünfzig verschiedene Schlachten bei Shakespeare, weil es einmal Macbeth ist, der kämpft, ein andermal Richard II. Wie ist das Herz, von welcher Farbe, von welcher Wärme, von welchem Schmerz, das Herz, das in ebendiese Schlacht dort zieht, was riskiert es, was wird ihm geschehen, und was hofft es, was sieht es voraus, und was wird ihm nicht geschehen etc.? Das kann erst entstehen, wenn die Figuren geboren sind. Ewig aber erstaunt es mich, daß es einen Moment gibt, an dem die Figur so präzis geworden ist, so *sie selbst*, daß sie völlig von mir losgelöst ist, daß sie wirklich buchstäblich autonom ist, sie gehorcht ihren eigenen Regeln und ich brauche nur noch ihrem Diktat zu folgen. Die Szenen werden sich abspielen, die Figuren werden dieses oder jenes Schicksal empfangen oder provozieren, und ich bin Schreiber der Sache. Doch ehe ich diese Periode der Trennung erreiche, wo ich von der Angst der Erwartung erlöst bin, geht viel Zeit dahin. Manchmal sehr lange Zeit. Das hängt von den äußeren und inneren Umständen des Schreibens ab, von der Wirksamkeit eines Gebets. Es kann mir geschehen, nicht zu sehen, daß die Figuren geworden wären, was sie monatelang sind, und mich in einer prähistorischen Vorbereitungsphase voll Zweifel zu befinden, die Monate dauern kann. Doch kaum sind die Figuren geboren, geht es schnell. Denn in dem Moment gibt es die Aktion, und die Aktion ist wie immer auf dem Theater extrem schnell. Nachdem ich sechs Monate oder ein Jahr verirrt verloren in Erwartung und Unruhe gewesen bin, wird mich die *Aktion des Schreibens* zwei Monate kosten. So daß ich, wenn man mich fragt: »Wieviel Zeit brauchen Sie, um ein Stück zu schreiben?«, zwei Monate sage, doch stimmt das nicht. Wieviel Zeit werde ich brauchen, um zur Stunde des Schreibens zu gelangen, ein Jahr, zwei Jahre, und dann geht es schnell.

Doch die Stunde des Schreibens ist, für den Autor, *die letzte* Stunde. Was ich Schreiben nenne, die Textualität, die Textilität, die Webbahn, den Stil und was, in der Fiktion, der Anfang und das Ganze ist, das ist, in diesem Fall, *die letzte Hand*. Sie wird den seelischen und dramatischen Konstruktionen Fleisch und Visionen geben. Sie ist das letzte Rad an einem Wagen mit hundert Rädern. Doch ohne sie fährt der Wagen nicht.

Nun ist es Zeit, daß die Seele der Figuren in Aktion in ihren Worten gemalt wird. Für jede sucht der Autor den Stil der je einzigartigen Seele, ihren Metaphernschatz, ihr unaustauschbares Sprechen. Wissend, daß die innere Welt jedes »Ich« immer viel reicher, raffinierter, nuancierter, farbenschillernder ist, als man glaubt. Sie haben die Gefühle, ich liefere die Worte.

Dabei ereignet sich manchmal Unglaubliches: Eine Figur kann auf eine Weise flügge werden, die der Autor sich niemals vorgestellt hätte: Hier zum Beispiel die Geschichte einer Szene, die gegen meinen Willen entstanden ist und die ich mißbillige, doch vergeblich.

Ich war in meinem Arbeitszimmer, im Zustand des den Leidenschaften der Figuren gegenüber folgsamen Autors. Ich sah Barout, den Rabbiner, einen der drei gegensätzlichen »Erzähler« der HISTOIRE, in einer Ecke gerade in einer Bibel blättern. Da kommt Snorri Sturlusson, der Dichter. Er ist erregt, ganz aufgebracht, er findet das Manuskript des Stücks nicht mehr, man hat es ihm gestohlen, und plötzlich sieht er den Rabbiner mit dem Manuskript in den Händen, den Rabbi, seinen Freund, seinen Kumpel! Das ist zuviel! In Snorri erwacht der skandinavische Vater Sturla Sturlusson, der einäugige und brutale Odin, er stürzt sich auf Barout und mit einem Messerstich! zack! Ende der Freundschaft, der Geschichte des Vertrauens zwischen den Völkern und zwischen den Dichtern. Barout stürzt nieder, ich will schreien: Er ist unschuldig, doch ich habe keine Stimme: Ich bin nicht in dem Stück. Übrigens bemerkt Snorri, doch zu spät, seinen Wahn, den grausamen Streich des Unbewußten. Das Irreparable ist begangen worden. Das Irreparable? Ah! Nein. So wird das nicht ablaufen! Mit zittrigen Beinen stehe ich auf. Eine solche Szene *bei mir, in* mir? Niemals. Ich nehme die Blätter – denn alles war soeben unter *meiner* Feder, von *meiner* Hand geschehen – und mit Grauen zerreiße ich sie und werfe sie in den Papierkorb. Dann ging ich hinunter, um einen Kaffee zu trinken und meiner Tochter die gräßliche

Szene anzuvertrauen: »Snorri hat gerade Barout getötet«, murmelte ich. Ich konnte mich nicht fassen. Ich hörte mit allem auf. Ich schlief nicht. Am nächsten Tag hinterfragte ich meine Reaktion: – Du hast diese Szene in den Müll geworfen? – Bin ich nicht der Autor? – Aber in wessen Namen und im Namen wovon verurteilst du diese Szene? Willst du Snorris Ruf retten? Willst du den Figuren etwas vorschreiben? – Nein, nein. – Du willst, daß die Moral regiert. Kein Blut, kein Verbrechen? – Nein, nein, sagte ich verlegen. Ich schrieb die Szene noch einmal. Schließlich hatte sie ja stattgefunden. Und nun, sagte ich mir, was wird nun geschehen? Doch das war Sache des Mörders und des Ermordeten. An Snorri zu handeln. Und am Rabbiner auch. Jeder von beiden in dem Zustand, in dem er war. Halbtot: Mord zwischen ihnen. Zwischen sie stellten sich alle Fragen nach Mord, Ungerechtigkeit, den Gesetzen des Blutes, der germanischen Mythologie und der jüdisch-griechischen Mythologie, stellten und verkörperten sich zwischen ihnen. Die Bewegung der Kreation vollbringt ihr Werk jenseits der Wünsche, Bräuche und Gesetze des Autors und trägt ihn fort jenseits seiner selbst.

Zweifellos ist das Theater der Ort, der erlaubt, auszuführen, in die Tat umzusetzen, was wir im zivilen Leben unterdrücken und verdrängen. Die Gedanken, die Phantasmen, die Virtualitäten, größtenteils mörderisch, profitieren von der außergewöhnlichen Zeitlichkeit der Theatererzählung, um sich »in Wirklichkeit« zu vollziehen. Doch aus ebendiesem Grunde, weil es ein magischer Spiegel ist, wird das Theater von allen, die unter sein Dach treten, als eine Notwendigkeit erlebt. Man kommt, um sich das tun zu sehen, wovon man schwört, man täte es niemals: alle Exzesse. Gute oder schlechte.

Ich würde gern lange von der Sprache der Körper auf dem Theater sprechen, doch ich habe nicht die Zeit. Also nur ein paar Worte: Man sieht, auf dem Theater (man sieht also *sich*), dank dem Spiel der Schauspieler alle Figuren unserer Verblendung, verkörpert, sichtbar wie man sie in der Wirklichkeit nicht sieht: In einem wirklichen Gespräch gehört es sich, daß ein Gespräch sich Auge in Auge abspielt, einander gegenüber. Übrigens benutzt man fast immerzu die Vorderseite, eine einzige Seite des Körpers, im alltäglichen Leben. Doch auf dem Theater kommt, geht, trifft, sieht das Wort von allen Seiten des Körpers. Man spricht im Rücken der Figuren, im Rücken der Blinden, die wir sind, man trifft, man sieht, den Rücken der Figuren; alle Gestalten des Mißverstehens, der Taubheit, der Blindheit, der Nähe, der Trennung sind unseren Augen gegenwärtig; man sieht sich von Nahem sehen, von fern, voraussehen, vorausahnen, nicht sehen, sich täuschen, ja, man sieht sich von hinten, man sieht sich sich allein glauben, während die ganze Welt – oder das Bewußtsein da ist. Das gibt dem Autor die Möglichkeit, ein außerordentlich bewegliches, wendiges, vervielfachtes Sprechen zu schaffen. Wie wir es nur im Traum genießen. Ich gebe im Theater alles zu sehen, was ich nicht sehe, und all *jene* (die Wesen), die man nicht sieht, die man nie gesehen hat und deren Gegenwart um uns herum so stark ist und so wirkungsträchtig, daß die Griechen diesen Gegenwarten Eigennamen und den Status von Gottheiten gaben. Auf dem Theater sehe ich die Nacht, die Toten, die Erinnyen, die Gespenster. Das ist die gleichsam göttliche Funktion des Theaterwortes. Eines Tages schrieb ich eine Szene, in der Aischylos, der Hüter, den schurkigen Anwälten ankündigte, daß er die Tore seines Friedhofs schließen müsse. – Meine Herren (sagt er, damit sie gehen), die Nacht!

Die Nacht? Ich, die Autorin, höre Aischylos sagen: Hier seht die Nacht! Und darauf trat *die Nacht in Person* ein. Und wurde eine der wichtigsten Figuren des Stücks.

Das Theater braucht die Ökonomie der Magie. Es findet statt in der Welt der Allmacht der Gedanken. Man braucht die Magie. Das Problem der Autorin ist, daß ich zu einer Zeit schreibe, in der die Magie geleugnet und verdrängt worden ist. Dabei sind unsere Unbewußten, die unsere heimlichen Meister sind, Magier. Wie also die Magie wieder einführen?

Die poetische Funktion der Sprache hat die Schlüssel: Sie appelliert an das alte Gedächtnis, das im Zuschauer schlummert, sie belebt es wieder durch Bilder und Visionen. Doch das geht nur im Theater. Wer ins Theater geht, willigt ein. Wer ins Theater geht, gesteht sich das flüchtige Recht zu, die sprechen zu hören, die in der Stadt keine Sprache haben: die Kinder, die Dichter, die Toten, die Tiere, die Hintergedanken, die Ausgeschlossenen, die Obdachlosen. Darin, in diesem Sprache-Geben, *ist* das poetische Theater politisch.

Sie werden bemerken, daß die Autoren, wenn sie vom Theater sprechen, sagen: »Das Theater ist …«

Verschwörung, Beschwörung dessen, was nur so ist: herbeigerufen, zusammengerufen. Per Einberufung. Oder per Beschwörung. Es sei das Theater.

Und damit es *statt*findet, genügt ein magisches Objekt, stets von geringer Größe. Im Théâtre du Soleil zum Beispiel legt man einen kleinen Teppich auf den Boden. Und das Theater ist.

Hier nun ist meine Redezeit zu Ende. Und ich habe versprochen, vom Ende zu sprechen. Das ist schwierig, denn für mich gibt es kein finales Ende. Die Zuschauer haben letztendlich gemerkt, und ich auch, daß unsere Stücke oft kein abschließendes Ende haben. Und gleichwohl muß das Stück enden, die Stunde der letzten Metro naht, und das vergesse ich nicht, denn das Publikum ist eine wesentliche Figur jedes Stücks; es ist da, alles spricht zu ihm, *und es hat die Uhrzeit.*

Von Beginn an aber sucht das Stück sein Ende.

Am Anfang schon fragen wir uns, Ariane und ich: Wie wird das enden? Doch verbirgt diese Frage eine Unruhe. Im Grunde wünschten wir zweifellos, daß »es gut ausgeht«, das heißt nicht allzu schlimm. Mit allen Kräften versuchen wir, die Figuren und ich, aus der tödlichen Falle zu gelangen, dem Blutkreis, der unvermeidlichen Wiederholung. Wüßte man, so gäbe es kein Stück.

Unsererseits wollen wir das Ende. Wer wünschte nicht das Ende einer Tragödie? Es wäre tragisch, aber es machte wenigstens ein Ende mit der Agonie. Alle werden tot sein. Darauf wird Fortinbras kommen, und unsere Trauer kann beginnen. Auf geheime Weise ist sogar ein schlimmes Ende immer zugleich der Anfang einer Tröstung.

Man will das Ende sehen. Ich auch. Doch ist, sagte ich mir seit ich vier Jahre alt war in Oran, das Zeichen selbst des Tragischen nicht dies, daß *wir das Ende nicht sehen werden,* es wird kommen, aber wir werden nicht mehr da sein, um es zu begrüßen und von ihm begrüßt zu werden. Es wird keinen Gruß geben: Es wird kein Heil geben.[4] Der Krieg wird notwendig enden, doch mein Großvater, der Soldat, ist an der Front gefallen, ohne das Ende gesehen zu haben. Hitler ist gestorben, ohne daß sechs Millionen Juden es gewußt haben, zumindest zu Lebzeiten. Ich kenne Khmer, die aus den Lagern der Roten Khmer gerettet unter uns lebten und doch nicht wieder Leben schöpfen konnten, weil sie, da Pol Pot am Leben war, nicht das Ende ihrer Qual gesehen hatten.

Es wird trotzdem enden. Doch vor dem Ende weiß ich nicht wie. Im Théâtre du Soleil gibt es eine Tradition, sie ist nicht kommentiert worden, sie kommt von Urzeiten her: Es versteht sich, daß ich die letzte Szene nicht vor den letzten Probentagen schreibe. Und das ist richtig. So erleben wir alle die Ungewißheit. Die Schauspieler können nicht projizieren, schummeln. Sie sind in der Gegenwart.

– Wie wird das enden? fragen die Figuren, die prophetischen Gedemütigten des Friedhofs, ihren Freund Aischylos, den Hüter.

– Sehr schnell, sehr gewalttätig. Die Stunde ist nicht weit. Das Ende kommt. Ich höre die Axt schon atmen. Hört ihr sie? antwortet »Der, der weiß, daß er nicht weiß«.

Es wird eine Überraschung sein. Es wird da ankommen, wo man es nicht erwartet. So ist es bis zur letzten Minute.

Jetzt muß ich es schreiben. Soeben sehe ich sein Gesicht am Fenster der Zeit: Es ist gekommen. Nicht gewählt. Es ist das Ergebnis so vieler »intradiegetischer« und »extradiegetischer« Ereignisse, wie man sagen würde.

Man muß es zulassen. Es tritt ein. Unleugbar. Es konnte nicht anders enden, trotz unserer Anstrengungen. Wenn eine Welt völlig verdorben ist, ist sie zur Sintflut verdammt. So ist es seit dem ersten Theaterstück: Gott erkennt, daß die ganze Welt verdorben ist, es bleibt nur noch Auslöschen übrig. Für uns ist es das gleiche.

Die mathematisch elegante Lösung: Man löscht alles aus. Danach wird man sehen. Aber das ist entsetzlich, rufen die Zuschauer. Das ist unerträglich. Also gönnt Gott den Zuschauern eine Arche. Ich bin nicht Gott, und ich habe niemanden retten können. Als alle tot waren, am Ende von LA VILLE PARJURE, und die Truppe erstmals die letzte Szene entdeckte, blieb die Kompanie starr vor Schrecken und Schmerz. Das war schlimmer als die EUMÉNIDES. Am Ende der EUMÉNIDES ist alles unerträglich, die Mutter erhält keine Gerechtigkeit, der muttermörderische Sohn kommt auf seine Kosten, und die alten Göttinnen, die nach Rache riefen, lassen sich wie alte Lämmer unter die Erde verdrängen. Beklommenen Herzens verläßt man das Theater. Aber immerhin sind die alten Verschwundenen unsterblich. Während wir dagegen sterblich sind. Angesichts des Leides, das dieses Ende brachte, habe ich, die Autorin, mich autorisiert, eine Szene danach hinzuzufügen. Denn ich, H. C., ich glaube nicht, daß das Ende vollendet und schließt. Die Schauspieler und die Leute vom Theater glauben übrigens auch nicht an ein Ende, das abschlösse: Sie sind per Definition auf der Seite der Wiederauferstehung.

So waren wir uns alle einig, daß nach dem Ende eine Folge kommen solle. Objektiv spielt sie *anderswo* und *nach* dem Tod. All unsere Freunde Figuren Toten erscheinen wieder. Von da wo sie sind, haben sie eine außerordentliche Sicht auf das Theater der Erde, die sie soeben verlassen haben. Aus dieser Entfernung ähnelt die Erde einer sanft leuchtenden Orange. Sie sehen, sie sehen uns. Wie klein, aufgeregt, bedroht wir sind.

Hier jetzt muß ich meine Erzählung beenden.

Diese Folge jenseits des Endes hat ein interessantes Los gehabt: Das Publikum hat sich in zwei Teile gespalten. Diejenigen, die wie wir den Aufschub und das Unmögliche genossen. Diejenigen, die diese Phantasie, diese Kinderei nicht tolerierten. Diese kamen zu mir und forderten den Schnitt und verlangten, diesen Moment von Überschreitung zum Papierkorb zu verurteilen, diese Laune, diese Unwirklichkeit. Das Theater, sagten sie, muß gehorchen, es darf nicht über die Ufer treten. Ende ist Ende. Nehmen Sie diesen Schmutz da weg, diese Obszönität. Das ist maßlos. Das ist eine Beleidigung der politischen Grenzen.

So trat das Stück über in den Saal und ging weiter, die Schlacht wütete zwischen jenen, die eine Konzeption der Tragödie hatten, die der philosophisch-griechischen Vorschrift Programmierung gehorcht, für die die Geschichte ein ununterbrochenes Netz ist, und jenen, die wie ich nur durch die Unterbrechungen atmen können, indem sie über Bord gehen und durch die Maschen schlüpfen. Für mich ist das Theater selbst der Beweis der reellen Überschreitungskraft des Traums, es ist ein Meteor der anderen Welt. Der magische Ort einer Geschichte, die man niemals kennen wird, die uns erwartet und uns verspricht, immer über alles hinauszugehen – alles, was wir nicht zu wünschen fürchten konnten. Es ist der Tempel unseres Glücks[5]. Voilà, deshalb kommen am Ende die Schauspieler zurück: zum Gruß – zum Heil. Dem unseren.

»Entre le théâtre«. Originalbeitrag.
*Aus dem Französischen von Ester von der Osten.*

Anmerkungen
1 Eine Gruppe zur Aufklärung über die Situation der Häftlinge in den Gefängnissen.
2 *Une forme motrice* läßt *une force motrice* anklingen: treibende Kraft. (A. d. Ü.)
3 Im Original auf deutsch.
4 *Il n'y aura pas de salut.* »Le salut« ist sowohl der Gruß und die Verbeugung der Schauspieler am Ende der Aufführung als auch das Heil. (A. d. Ü.)
5 *C'est le temple de notre chance.* In »chance« klingen hier Zufall, Glück, Geschick und Chance zugleich an. (A. d. Ü.)

## DIE ZWEITE HAUT DES SCHAUSPIELERS
### Ein Gespräch mit Ariane Mnouchkine

*Josette Féral: Als man Ihnen 1987 Fragen zu den Shakespeare-Stücken stellte, wiesen Sie darauf hin, daß das Theater in der heutigen Gesellschaft wichtig sei, weil »es ein Ort des Wortes ist, des Denkens, der Erforschung des Buchstabens, des Geistes der Geschichte in einer Zeit, da alle diese Orte verleugnet und abgelehnt werden. Das Theater bleibt ein Ort, wo man lernt, wo man zu verstehen sucht, wo man berührt wird, wo man dem anderen begegnet und wo man der andere ist.« Unlängst haben Sie davon gesprochen, daß das Theater gleichsam die zeitgenössische Gesellschaft darstelle. Würden Sie sagen, daß dies auch heute noch stimmt?*

Ariane Mnouchkine: Das Theater war immer ein Ort, wo sich die Probleme einer Gesellschaft abspielen. Doch diese Feststellung ist eine Binsenweisheit. Das Theater ist wichtig, wenn auch nur aus dem Grund, weil viele Leute glauben, das Theater sei *nicht* mehr wichtig. Im Moment scheint mir die Situation des Theaters ein wenig der Situation Tibets zu ähneln: Es gibt nur sechs Millionen Menschen in Tibet, aber es ist wesentlich, daß Tibet als Idee lebendig bleibt. Das gleiche gilt für das Theater. Das Theater ist winzig, verglichen mit dem Fernsehen, und betrifft nur sehr wenige Menschen (obwohl es weit mehr sind, als gemeinhin behauptet wird). Viele Leute gehen überhaupt nicht ins Theater. Ihr Tagesablauf würde sich nicht verändern, wenn das Theater nicht mehr existierte. Sie würden zur gleichen Stunde ins Büro aufbrechen, würden zur gleichen Stunde wieder nach Hause kommen und das gleiche Fernsehen anschauen. Und dennoch ist das Theater gleichsam ein Heiligtum. Selbst die, die nie ins Theater gehen, wissen, daß es auf gar keinen Fall verschwinden darf.

*Ihre letzten Inszenierungen* (Tartuffe; Et soudain, des nuits d'éveil) *kehren sehr nachdrücklich zu dem politischen Engagement Ihrer Anfänge zurück. Möglicherweise mehr als die Shakespeare-Stücke oder* Les Atrides, *die von einem vielleicht weniger offensichtlichen politischen Engagement geprägt waren. Drücken diese Stücke für Sie ein andersgeartetes politisches Engagement aus?*

Nein. Ich glaube, das Théâtre du Soleil war immer gleichbleibend engagiert und mit der Zeitgeschichte befaßt. Wir haben immer die Klassiker, die großen Meisterwerke aufgeführt und zeitgenössisches Theater gemacht. Die Tragödien waren zur Zeit ihrer Entstehung natürlich politisch. Für uns werden sie mehr metaphysisch. Doch der Entschluß, Les Atrides zu inszenieren, das heißt Stücke, die vor 2.500 Jahren geschrieben wurden, ist eine politische Haltung. Diese Stücke müssen in unserer Zeit in einer dem Original möglichst verwandten Sprache von vierzehnjährigen Kindern vollständig verstanden werden. So etwas zu tun ist an sich schon eine politische Haltung! Andererseits ist der Entschluß, die Geschichte der aidsverseuchten Blutkonserven zu einer Tragödie unserer Zeit zu erklären und sie den gleichen Kindern und den gleichen Erwachsenen verständlich zu machen, *ebenfalls* eine politische Geste. Im Grunde ist es dasselbe Ziel: ein Versuch, die Welt in ihrer Gesamtheit auszudrücken – die mythologische Welt, aus der wir kommen, und die gegenwärtige Welt. Aus diesem Grund gibt es im Repertoire des Soleil dieses »Hin und Her« zwischen Altem und Modernem.

*Das Theater ist für Sie also ein politisches Abenteuer. Sie haben auch gesagt, es ermögliche, »Unbekanntes vertraut werden zu lassen und Vertrautes durcheinanderzubringen und aufzuhellen«. Hilft diese Aufhellung, wenn sie einmal eingetreten ist, den Zustand der Dinge um uns herum zu verändern?*

Ich glaube an das Licht. Ich glaube an das Leuchtende. Ich glaube an die Anregung durch Licht, durch Hoffnung, Freude, durch Lachen, Tränen, durch Schönheit. Ich glaube an das Gefühl. Es sind Träger des Denkens, Träger des Lebens. Es sind Träger der Intelligenz. Wenn Zuschauer mit Tränen in den Augen aus dem TARTUFFE kommen und sagen, daß sie erschüttert seien, so deshalb, weil sie von Molières Kraft erschüttert sind, von seinem Mut, von der Großmütigkeit der Schauspieler und von der Hoffnung, die in all dem liegt … Und das ist gut so.

*Ich zitiere Sie: »In unserer Zeit hat das Theater einen sehr unsicheren Platz, es läßt sich nicht speichern, es ist das Vergängliche, das Einmalige, der Augenblick. Aber vielleicht ist das seine Stärke: Das Publikum muß sich das Theater wünschen. Und muß den Mut haben, es aufzusuchen. Es gibt stets einen wirklichen Wunsch, ein Bedürfnis nach Schauspielern, nach menschlichem Fleisch, nach dem menschlichen Herzen.«*
Ja, das Theater ist auch ein Ort der Erotik, kollektiver Erotik. Die Zuschauer kommen ins Theater, um lebendige Körper zu sehen. Sie kommen, um die Schauspieler zu verschlingen! Mit den Augen und dem Herzen.

*Wenn Sie mit den Schauspielern arbeiten, kommen Sie häufig auf die Vorstellung zurück, daß sie sich auf der Bühne einer Gefahr aussetzen müssen. Worin besteht diese Gefahr?*
Die Gefahr ist, in die Irre zu gehen, nicht das zu finden, was man sucht (sogar ohne genau zu wissen, was man sucht). Wenn man forscht, setzt man immer alles aufs Spiel. Die Schauspieler forschen; folglich sind sie stets in Gefahr. Sie brechen auf, um Indien zu suchen, und entdecken Amerika – oder nichts.

Es gibt auch die Gefahr des Frevels, die natürlich nicht während der Arbeit besteht, denn in den Proben hat man das Recht, die schrecklichsten Dinge zu machen; sie besteht jedoch, sobald das Publikum anwesend ist: die Gefahr der Lüge, des Betrugs. Die Schauspieler, die Regisseure sollten sich häufig die Frage stellen: »Spiele ich in diesem Augenblick *wirklich* Theater?« Sonst steht man nur kostümiert da und rezitiert Wörter.

*Sie sprechen auch von der Angst. Sie sagen, der Schauspieler habe auf der Bühne stets Angst, die Angst sei immer da und der Schauspieler müsse lernen, mit ihr zu leben.*
Ja, wir müssen uns an die Angst gewöhnen wie an einen vertrauten Gefährten. Schauspieler haben stets Angst, selbst viel größere Künstler als wir. Die Schriften von Malern wie van Gogh sind voll von Angst. Van Gogh ist entsetzt bei dem Gedanken, er verstünde nicht, was Malerei ist, er würde kein wirkliches Bild malen. Er hat zwar schon einige gemalt, und trotzdem schreibt er von seiner Angst. Es sei denn, man ist wie Hokusai und hat jene geniale Geduld, die ihn sagen ließ, obwohl er schon siebzig Jahre alt war: »Mit achtzig Jahren werde ich vielleicht imstande sein, einen Vogel zu malen.«

Wenn wir diese Bescheidenheit besäßen (ich schließe jedermann mit ein, einschließlich die Regisseure), wenn wir diese Demut hätten, uns zu sagen, und das bis zum letzten Tag unseres Lebens, daß wir vielleicht in zehn Jahren in der Lage sein werden, Theater zu machen, dann würden wir dem Theater besser dienen.

*Angst und Gefahr gehen Hand in Hand.*
Nicht immer. Wenn Schauspieler sagen, die Angst habe sie daran gehindert zu spielen, so sprechen sie nicht von der guten Angst, sondern von der Angst, nicht zu brillieren, keine unmittelbaren Ergebnisse zu erzielen. Nein! Die wahre Angst empfindet man gegenüber der Kunst. Es ist die Angst, dem, was über uns hinausgeht, untreu zu sein.

*Sie organisieren viele Vorsprechtermine, um Ihre Schauspieler auszuwählen. Sie machen es immer während der Lehrgänge durch aufeinanderfolgende Auswahlverfahren. Wie geschieht diese Auswahl eines Schauspielers genau?*

Ich organisiere nie Vorsprechtermine, sondern es gibt Lehrgänge, wo die Schauspieler und ich mindestens zehn Tage lang zusammen arbeiten. Wie wähle ich die Schauspieler aus? Nach den Möglichkeiten, die ich in ihnen erkenne, nicht nach ihrer Ausbildung, wenngleich sie mit ihren Möglichkeiten zu tun hat. Wer die »guten Schulen« besucht hat, das heißt, wer einen guten Körper hat, tanzen kann, zu singen gelernt hat, seinen Raum zu umreißen, imaginäre Gegenstände zu manipulieren vermag und wer eine präzise Gebärdensprache hat, der hat bereits eine tüchtige Strecke zurückgelegt.

*Was wäre eine gute Theaterschule?*
Es ist ein Ort, wo man die Hindernisse des Schauspielers beseitigt, das heißt, wo man ihm einen guten, geschmeidigen, athletischen, verfügbaren, genau arbeitenden Körper gibt sowie ein Gefühl für Rhythmus, für Harmonie, musikalisches Wissen, Kultur; nicht eine ausschließlich intellektuelle Kultur (obwohl ich überhaupt nicht gegen sie bin, nicht im entferntesten), sondern auch eine gute körperliche Kultur. Was ich Körperkultur nenne, geht von der gut durchdachten Gymnastik bis zum Tanz (allen Tänzen). Und dann braucht er natürlich auch ein Wissen um die traditionellen orientalischen Theaterformen, aber das ist bereits eine fortgeschrittenere Ausbildung.

*Glauben Sie, daß es Schulen gibt, die diese umfassende Kultur vermitteln?*
Nicht viele. Es gab Jacques Lecoq … Heutzutage liegt es eher beim Schüler, selbst Dinge zu erwerben, sich zu sagen: »Ich habe Gesang studiert, jetzt lerne ich Akrobatik. Ich habe indischen Tanz studiert, ich werde drei Jahre lang reisen, um folgendes zu erlernen …« Es bedarf einer Kultur des Auges, des Körpers, der Haut, der Empfindsamkeit. Es geht darum, »den Muskel« der Phantasie zu stärken, unseren Schatz, das heißt die Kindheit, die magische Kraft, die sie gewährt, wiederzufinden, sie wachrufen, sie nach Belieben heranziehen, herbeirufen zu können.

*Sie spielen auf eine allgemeine Kultur und zugleich auf eine intellektuelle Kultur an. Erscheint es Ihnen wichtig, daß man die theoretischen Schriften von Seami, Meyerhold, Jouvet, Dullin über das Spiel kennt?*
Natürlich! Diese Texte sind von grundlegender Bedeutung. Auch im nachhinein, wenn sie unsere Arbeit, unsere Forschungen bestätigen, sind sie wichtig. Aber wirklich nützlich sind sie nur, wenn sie der Schauspieler mit Schminke, mit seinem Schweiß, mit seinem Rotz, mit seinen fettigen Fingern beschmutzt. Ein ganz sauberes Kochbuch zeigt an, daß man nicht kocht.

*Eine Ihrer Überzeugungen ist, daß man etwas zum Bewundern braucht.*
Ja, man muß Dinge haben, die man liebt. Man muß Dinge haben, die man staunend bewundert. Einige Aufführungen von Giorgio Strehler waren für mich Wunderwerke. Das orientalische Theater war etwas Bewundernswürdiges. Wie soll es Meister geben, wenn man jede »Schülerschaft« ablehnt?

*Im Bereich des Theaters wurden früher einige Meister als Vorbilder genommen: Stanislawski, Brecht, Artaud. Deren Schriften stimulierten das künstlerische Schaffen, waren sogar richtungsweisend. Mit Ausnahme Stanislawskis scheinen diese Meister heute weniger tonangebend zu sein. Durch wen wurden sie ersetzt?*
Meister ersetzt man nicht, man entdeckt andere, was nicht heißt, daß man die ersteren verleugnet, um so mehr als die Großen im wesentlichen zusammentreffen. Heutzutage findet man die Meister in Büchern, in Filmen. Man muß sie dort suchen, wo sie wirken. Aber ein Meister ist etwas Seltenes!

*Wer waren Ihre Meister?*

Es sind ebenso Gruppen wie Einzelpersonen. Vor allem das Kathakali ist ein Meister. Das balinesische Theater ist ein Meister; das Noh, das Kabuki sind Meister. Dieser oder jener Schauspieler, dessen Namen ich nicht einmal kenne und den ich in einem Stadtviertel von Tokio in einem der letzten kleinen volkstümlichen Theater, wie es sie nun nicht mehr gibt, spielen sah, ist ein Meister. Es gibt große Orientalen, die Meister sind, und es gibt sehr viele darunter, die ich nicht kenne. Und dann sind da die Bücher, von denen wir soeben sprachen: die von Seami, Meyerhold, Copeau, Dullin. Sprechen Sie von Pädagogen oder von Meistern?

*Machen Sie einen Unterschied?*

Ja. Ich mache einen kleinen Unterschied. Lecoq ist ein außergewöhnlicher Pädagoge; vielleicht aber sahen seine Schülern nicht ganz einen Meister in ihm, obwohl er sicherlich einer meiner Meister war.

*Ich habe viele Regisseurinnen interviewt. Alle sprachen von Ihnen als einem Vorbild. Sind Sie sich der Stellung, die Sie einnehmen, bewußt?*

Mir haben Frauen gesagt, sie seien froh darüber, daß es eine Frau sei, die das macht, was ich mache. Auch ich bin erfreut, wenn eine Frau schöne Dinge vollbringt. Es gibt überall auf der Welt große Regisseurinnen, und ich bin stolz darauf. Was nun meine Vorbildlichkeit betrifft, so müßte ich mir dazu meines Alters, meiner eigenen Geschichte bewußt sein, was ich aber nicht bin.

*Sie haben von der Kultur des Körpers gesprochen. Während des Lehrgangs sagten Sie bei einer Improvisation zu einem Schauspieler, der außer Atem war, er hätte zwanzig Minuten durchhalten müssen, in diesem Beruf müsse man ein Athlet sein. Sie haben mehrmals wiederholt, Müdigkeit habe beim Proben keinen Platz: Freude und Verlangen seien es, die das Spiel tragen.*

Ja. Das Spiel und das Leben einer Truppe. Ich habe gerade mit den Schauspielern wieder davon gesprochen. Ich bin achtundfünfzig Jahre alt. Und es gibt Dinge, die ich vor fünf Jahren machte und die ich nicht mehr mache, wie etwa das gemeinsame Beladen der Lastwagen. Das machte mir Spaß, das gefiel mir; es war Teil meines Theaterabenteuers. Heute ist damit Schluß: Ich belade die Lastwagen nicht mehr, hebe keine schweren Sachen mehr auf, weil ich ein Rückenproblem habe! Aber für junge Schauspieler ist es eine Herausforderung, zu spielen, den Lastwagen zu beladen, dann ordentlich zu feiern und den Zug zu nehmen, um nach Hause zu fahren. Die Herausforderung gehört zu der Freude, einer Truppe anzugehören. Alle diese Herausforderungen nicht mehr teilen zu können war für mich ein Grund zur Sorge. Ich wollte nicht, daß nun der Beschluß gefaßt würde, keiner der Schauspieler solle mehr Lastwagen beladen! Bei dieser Sache konnte ich mich nicht mehr darauf berufen, daß ich mit gutem Beispiel vorangehe. Es mußte mir mit meinem nicht mehr ganz jungen Körper jetzt gelingen, ihnen »das Feurige« in ihren jungen Schauspielerkörpern nicht zu nehmen.

*Den Lastwagen zu beladen kann Herausforderung oder Vergnügen sein – aber es muß doch Momente geben, wo die Schauspieler lieber nach Hause gehen möchten?*

Selbstverständlich! Und genau in diesen Momenten muß man es trotzdem machen. Schauen Sie, der Lastwagen weiß nicht, ob man Lust hat, nach Hause zu gehen. Das Kunststück ist eben, es nicht immer mit Vergnügen zu machen. Das Kunststück ist, es auch dann zu machen, wenn man kaputt ist und es nicht machen will. Denn danach kommt die Freude, es trotzdem gemacht zu haben.

*Sie haben von den Schauspielern und ihren jungen Körpern gesprochen. Es gibt auch Schauspieler, die seit langem am Théâtre du Soleil sind.*

Natürlich, Schauspieler altern, doch ihr Reiferwerden muß als ein Beitrag, als ein Schatz verstanden werden. Ihre herausragenden Leistungen zeigen sich woanders. Was ganz und gar nicht das gleiche ist, wie wenn man sagt: »Jetzt bin ich anerkannt, und folglich mache ich das nicht mehr!« Es gibt keine auf Erfolg basierende Hierarchie. Aber dennoch kann es passieren, daß es zu einem Mißverständnis kommt.

*Eines der üblichen Probleme der Ausbildung im Theater besteht darin, daß der Schauspieler sich selbst überlassen bleibt, wenn seine Lehrzeit einmal beendet ist. Dies ist am Théâtre du Soleil nicht der Fall, wo der Schauspieler ein tägliches Training mitmachen muß, um in Form bleiben, lange durchhalten und über Ausdauer verfügen zu können. Was kann der Schauspieler tun, um in Form zu bleiben?*

Es ist sehr schwierig, auf diese Frage zu antworten, denn es hängt von der Inszenierung ab. Bei den LES ATRIDES war die Aufwärmphase unumgänglich: Die Schauspieler wußten, daß, wenn sie sich nicht aufwärmten, sie auf der Bühne Schwierigkeiten haben würden. Wenn sie sich hingegen durch Tanz aufwärmten, gab es keine Probleme. Bei LA VILLE PARJURE war es bereits viel schwieriger, weil sich das Bedürfnis weniger bemerkbar machte: Ein wenig Rap und moderner Tanz reichten. Im Gegensatz dazu war es bei TARTUFFE eine Hölle! Als die Schauspieler das Aufwärmen dringend brauchten, da alles sehr körperlich war, gelang es uns nicht, ein gutes System zu finden, das die Schauspieler in die Bilder und die Stimmung versetzte und ihnen erlaubte, sich richtig aufzuwärmen.

Das Training ist stets ein Problem. Wenn wir proben, wird es schon um neun Uhr morgens kritisch. Da man aber voll im Einsatz ist und da ich da bin und sie nicht in Ruhe lasse, schreie, mich aufrege, ist immer ein Ansporn da. Wenn sie hingegen spielen, lasse ich sie in gewisser Weise in Frieden, und da beginnen dann die Scherereien.

Es gibt einige, die wirklich wissen, was sie brauchen, und die das auch tun. Es gibt andere, die es zu wissen glauben und

es tun. Allerdings führt das zu nichts, denn es ist nicht das, was sie brauchen. Und es gibt die, die glauben, daß sie nichts brauchen. Es ist eben menschlich! Es sind Menschen, und einige tun, was zu tun ist, und andere sind faul und fallen auf die Nase. Und die Faulen können alle in Schwierigkeiten bringen, weil sie nicht taten, was sie tun sollten. Glücklicherweise sind es nur wenige, und ihr Aufenthalt bei uns ist sehr kurz.

*Während des Lehrgangs beobachtete ich, wie Sie mit sehr jungen Kursteilnehmern unermüdlich wieder ganz von vorne anfingen. Sie bilden Schauspieler aus, und die gehen dann häufig fort. Als ich dies einmal gegenüber Simon Abkarian, der auch fortgegangen ist, beklagte, gab er mir zur Antwort: »Das ist Arianes Schicksal.«*

Simon kennt mein Schicksal ebensowenig, wie ich sein Schicksal kenne. Dennoch dachte ich manchmal, daß es eine ständige Abwanderung von Schauspielern gibt, bis zu dem Tag, an dem ich die Vorstellung akzeptierte, daß man nach sieben, acht oder fünfzehn Jahren Lust haben kann, fortzugehen! Unsere Schauspieler bleiben sehr viel länger bei uns als in den meisten legendären Ensembles, die vor uns existierten und die uns den Weg gewiesen haben, beispielsweise von Copeau, Dullin oder Dasté. Ich glaube, daß ich im Grunde gern von vorne anfange. Das bedeutet nicht, daß ich einige von jenen nicht schmerzlich vermisse, die fortgegangen sind und von denen ich denke, daß sie für die Neuen zu Meistern hätten werden können. Das hätte mir geholfen. Sie können es freilich woanders werden. Was für das Théâtre du Soleil verloren ist, ist nicht für das Theater schlechthin verloren.

*Sie fangen also gern von vorn an?*

Ja. Und am liebsten fange ich mit den Alten von vorne an, mit denen, die das Théâtre du Soleil seit manchmal mehr als zwanzig Jahren tragen. Ich befinde mich mit ihnen so lange in der gleichen Verzauberung, wie sie in der Haltung der fortwährenden Wiederentdeckung bleiben.

*Juliana Carneiro da Cunha sagte bei einem Gespräch über ihr Spiel, daß sie in* LES ATRIDES *versucht habe, Bewegungslosigkeit zu erreichen, und Simon Abkarian betonte seinerseits nachdrücklich, daß die Schauspieler lernen müßten, wie man auf der Bühne »nichts tut«. Das »Nichtstun« ist ein Mittel, im Zustand der Verfügbarkeit zu sein, um die Seele der Figur aufzunehmen.*

Das stimmt. Solange der Schauspieler glaubt, er müsse »tun«, solange er nur den Wunsch hat, sich sehen zu lassen, sich zu zeigen, so lange zeigt er nichts. Er muß zunächst empfangen lernen. Der Schauspieler ist wie ein Schwamm, der alles empfängt, alles aufnimmt. Ein Schwamm, der übersetzt, ohne etwas hinzuzufügen, und zwar so, daß er den Dingen eine Form verleiht. Nichts anderes. Er sucht nicht. Er findet nicht, oder vielmehr, und darin liegt die Schwierigkeit seiner Suche, er wartet darauf, zu empfangen. Er ist im Zustand der Empfänglichkeit, der Verfügbarkeit. Im Laufe dieser Suche findet jeder seinen eigenen Weg. Dabei sind die Beobachtung, der Blick, das Zuhören wichtig. Der Schauspieler hört mit allem zu, mit seiner gesamten Haut. Wenn ich mit seiner Haut sage, bedeutet das, daß er nicht nur die Wörter hört, sondern auch, wie die Wörter gesagt werden. Er empfängt, übersetzt den Schweiß des anderen. Das ist entscheidend.

Jene Art von Fruchtbarkeit, in der ein Schauspieler sein kann, ist etwas sehr Geheimnisvolles. Manche können ihr ganzes Leben lang suchen, doch sie werden sie niemals besitzen. Einige haben sie sofort. Die Kunst ist ungerecht. Nicht jeder wird als Maler geboren. Nicht jeder wird als Musiker geboren, und nicht jeder wird als Schauspieler geboren. Man muß trotzdem arbeiten. Die Schauspieler, die diese Gabe empfangen haben, haben auch die unabweisliche Pflicht, sie zu pflegen, was ihnen eine sehr harte Arbeit auferlegt. Wenn der Schauspieler diese Begabung nicht entfaltet, wird er natürlich nichts aus ihr machen.

Diese Gabe ist sichtbar, oder sie ist es nicht. Sie kann eine Zeit lang verborgen sein. Das Problem ist nicht, zwischen den Leuten zu unterscheiden, die diese Gabe besitzen und denen, die sie nicht besitzen, sondern vielmehr sie bei denen zu erkennen, die sie haben, aber nicht zeigen. Manche brauchen Zeit, um sie zu enthüllen, anderen gelingt es sofort. Manchmal habe ich zu Recht gewartet, manchmal habe ich meine Zeit verloren. Ich kann mich bei diesem Thema leider keineswegs als unfehlbar bezeichnen. Bei einigen habe ich ganze Monate verloren, und bei anderen habe ich nach Jahren berauschende Überraschungen erlebt.

*Kann man in den Schauspielschulen die Kunst des Zuhörens entwickeln?*
Ich bin nicht sicher, ob man das dort lernt.

*Sie haben mehrere Lehrgänge abgehalten. Sie sind also sicher in der Lage, die verschiedenen Generationen von Anfängern zu vergleichen, die sich da vorstellen. Bemerken Sie Veränderungen in deren Ausbildung? Glauben Sie, daß diese schlechter wird?*
Ganz eindeutig! Wenn Leute vor fünfzehn oder zwanzig Jahren kamen, um einen Lehrgang zu machen, kamen sie aus der Schule von Decroux, von Lecoq, sie hatten Akrobatik, Maske studiert, spielten ein Instrument, jonglierten, konnten auf einem Seil laufen. Nun kommen sie aus einer Vorlesung über Schauspielkunst, in der sie oft nicht viel lernen, außer, ich wiederhole, bei Lecoq.

Darüber hinaus haben sie häufig überhaupt keine Kultur mehr. Sie haben oft sehr wenig gelesen. Darum sagte ich neulich zu Lehrgangsteilnehmern: »Ihr habt nicht einmal *Le Général Dourakine* der Comtesse de Ségur gelesen. Ihr habt nicht einmal die Märchen von Perrault gelesen; habt nicht Anderson gelesen! Was habt ihr überhaupt gelesen?« Das ist furchtbar! Die haben nicht einmal mehr die Bibel als Märchenbuch, haben nicht einmal mehr die religiösen Geschichten als Mythen. Keine Schule unterrichtet das heute.

*Die Schauspielschulen lassen sich in unterschiedliche Denk-schulen aufteilen. Einige entwickeln beim Schauspieler Techniken und scheinen strenger zu sein als andere. Das gilt zum Beispiel für die Mime.*

Die Mime ist eine meisterliche Schule, die freilich nur dann interessant wird, wenn man sie erlernt, ohne den Wunsch zu haben, Mime zu werden. Man muß Mime machen, aber nicht Mime werden.

Es gibt ja alle Arten von Schulen. Man muß zum Beispiel die großen Filmschauspieler ansehen und von ihnen lernen. Man muß Chaplin auswendig lernen, Buster Keaton auswendig lernen, Lilian Gish auswendig lernen. Man muß alle Stummfilme sehen und die großen Filme von Griffith. Man muß sehen, wie diese Leute gespielt haben. Das waren große Theater-Schauspieler.

*Die Schulung des Schauspielers verläuft im Théâtre du Soleil über die Maske. Worin liegt das Wesentliche dieser Schulung?*

Diese Ausbildung ist im Théâtre du Soleil äußerst wichtig. Aber ich gebe zu, daß man zum Maskenspiel gelangen kann, ohne einen Zugang zu dem Objekt »Maske« zu haben. Lehrer, Regisseure haben ihre Schauspieler instinktiv zur Metapher geführt, ohne Masken zu besitzen. Die Maske ist selbst Metapher, Ausdrucks- oder Offenbarungsmittel.

*Zu welchem Zeitpunkt ist Ihnen die Bedeutung der Maske bewußt geworden?*

Der Maske bin ich bei Lecoq begegnet, und ich war sofort sehr beeindruckt. Dann während einer Reise in den Fernen Osten durch das Kabuki – wenngleich es im Kabuki keine Maske gibt – und durch das Noh. Ich war völlig unwissend, doch ich ahnte, welche Bedeutung all diese Musik- und Maskentheaterformen für mich von nun an haben würden.

*Die Maske entblößt die Schauspieler. Während eines Streit-gesprächs in Avignon haben Sie darauf hingewiesen, »wenn es*

eine Maske gibt, erlaubt dies dem Schauspieler, die eigene abzunehmen«. Wenn man die Schauspieler selbst befragt, so haben sie manchmal in der Tat den Eindruck des Gegenteils, nämlich daß die Maske sie verberge und genau aus diesem Grund befreie. Die Maske verbirgt nicht den Schauspieler, sondern vielmehr sein Ego. Aber eigentlich verbirgt sie überhaupt nichts, im Gegenteil: sie öffnet. Sie ist ein Vergrößerungsglas zur Seele hin, eine Öffnung zur Seele. Mit der Maske sind plötzlich alle Gesetze des Theaters da. Der Schauspieler kann sich dem nicht entziehen. Die Maske verleiht der Figur Größe, erlaubt ihr, der Seele zu begegnen. Sie zwingt den Schauspieler, das Kleine zu erarbeiten, um das Große zu finden. Sie ist ein strenger Meister, der alle Fehler sichtbar macht.

*Immer wieder sagen Sie Ihren Schauspielern: »Laßt die Maske euch die Stimme verleihen. Sagt der Maske, sie solle die Schauspielerin beruhigen. Nicht ihr verleiht der Maske Leben, es ist die Maske, die euch enthüllt. Die Maske wählt euch.«*

Die Masken sind göttliche Gegenstände! Es ist vielleicht ein Aberglaube, aber auch eine poetische Strategie. Alle, die mit der Maske zu tun hatten, räumen ein: Es ist nicht der Schauspieler, der durch die Maske spricht, sondern umgekehrt. Man kann sich nicht vorstellen, daß die Maske nur Schminke oder nur ein einfacher Gegenstand ist. Wenn der Schauspieler eine Maske trägt, wird er zu einer Art Orakel. Er gebraucht seinen Körper, wie die griechischen Götter den Körper der Pythia gebrauchten oder wie die tibetischen Götter den Körper ihrer Hellseher. Der Schauspieler wird zu dem, was er sein muß: ein Medium.

Auf die Maske zu hören läßt sich erlernen, und es ist auch hinnehmbar, aber es ist ermüdend. Den Schauspielern fällt es bisweilen schwer, es zu akzeptieren, vor allem den französischen Schauspielern. Alles, was wir da sagen, ist nicht sehr brechtisch, aber das ist nicht schlimm! Auch Brecht ist schließlich in Richtung Asien auf die Suche gegangen.

*Sie erwähnen Brecht. Er hat sie inspiriert. Fühlen Sie sich auch Stanislawski nahe? Betrachten Sie ihn als einen Meister?*

Ja, als einen der größten. Stanislawski ist wunderbar. Sein Werk ist für uns heute fundamental. Wenn einige seiner Aspekte uns heute ein bißchen überholt vorkommen, dann liegt es daran, daß seine Nachfolger die Spuren verwischt haben, vor allem die Amerikaner mit dem *Actor's Studio*.

*Denken Sie dabei an die psychologischen Anforderungen, die sich dem Schauspieler stellten, der in eine Figur hineinschlüpfen wollte?*

Ja, aber bei Stanislawski kann man diesen Aspekt der Dinge besser verstehen, wenn man den Theater-Kontext der Zeit kennt: Stanislawski reagierte auf ein Theater, das über gar keine Glaubwürdigkeit, keine Wahrheit mehr verfügte.

*Im Hinblick auf das Spiel sagen Sie dem Schauspieler oft, daß er stets einer doppelten Spannung unterworfen sein müsse. Sie sprechen von einer Spannung nach oben und einer Spannung nach unten …*

Ich sage es nicht ganz so. Ich versuche, es zu zeigen. Wenn ich von doppelter Spannung spreche, so handelt es sich um etwas, was ich besonders in der Maske spüre, und vor allem in den balinesischen Masken. In den Masken der Commedia dell'Arte spüre ich es weniger, oder genauer gesagt, ich kann es weniger erklären. Bei den balinesischen Masken ist die doppelte Spannung sehr deutlich, weil die Arbeit musikalisch ist und sehr verwandt mit den Marionetten. Ich glaube nicht, daß es richtig ist, so theoretisch davon zu sprechen.

Ich bin nicht wie Grotowski, der zu den himmlischen und olympischen Akademien gereist ist und als Überbringer von Gesetzestafeln zurückkehrt! Ich habe zu jenem theoretischen Olymp keinen Zugang. Wenn ich Schauspieler leite, dann fühle ich, daß ich in demselben Schlamm wate wie sie. Es ist, als stände ich auf einem sehr rutschigen Ufer und versuchte, die Schauspieler mit Hilfe eines Seils aus dem Treibsand zu ziehen; ich muß sehr aufpassen, daß ich nicht selber hineinfalle.

*Man könnte einen Zusammenhang sehen zwischen den Regeln für das Spiel des Schauspielers, wie Eugenio Barba sie aufzustellen versucht, und dieser doppelten Spannung, von der Sie sprechen. Eine dieser Regeln (und ich glaube, daß sie funktioniert) besteht für den Schauspieler darin, ein gewisses Ungleichgewicht zu suchen. Nun wird dieses Ungleichgewicht durch zwei entgegengesetzte Kräfte erzeugt, daher also die Parallele zu jener doppelten Spannung, auf die Sie hinweisen. Besteht nur eine Spannung, so vermittelt der Schauspieler den Eindruck, als hätte er sich häuslich eingerichtet, als wäre er weniger auf der Hut. Erscheint Ihnen diese Sichtweise richtig?*

Ja, völlig richtig.

*Die Improvisation ist heute etwas aus den Theaterkursen verschwunden, man mißt ihr weniger Bedeutung bei. Für Sie bleibt sie freilich eine Grunddisziplin. Während des Lehrgangs wurde deutlich, daß die Improvisation nur eine einzige Spielform erlaubt, das heißt, daß man mit ihr nicht wirklich in das Tragische eintreten kann.*

Das stimmt. Es gibt tatsächlich nur wenige Schauspieler und Schauspielerinnen, die in einem tragischen Tonfall improvisieren können; in einem dramatischen wohl, im tragischen selten. Aber was kann man da tun? Die Improvisation bleibt dennoch die Grundlage. Auf jeden Fall sind die Schauspielerinnen und Schauspieler, die die Tragödie spielen können, so rar …

*Sie haben gesagt, daß die Bühnenausstattungen des Théâtre du Soleil sehr einfach sind. Für mich persönlich zeugen sie von einem ausgesuchten Geschmack. Die Farben sind außergewöhnlich schön, das Bühnenbild ist prachtvoll.*

Natürlich, man muß den Sinnen neue Nahrung geben, aber man muß auch aufräumen, die Bühne muß wie eine nackte Hand sein, die die Schauspieler vorstellt.

*Fotos der ersten Inszenierungen des Théâtre du Soleil zeigen, daß Sie viele Farben verwendet haben, später haben Sie die Zahl begrenzt und nur einige gemäß ihrer Funktion im Stück ausgewählt. In* Les Atrides *gibt es nur noch vier Farben.*
Ja, Rot, Weiß, Gold und Schwarz. Wenn es zu bunt ist, sieht man die Farben nicht mehr.

*Als Sie mit den Schauspielern über deren Kostüme sprachen, hatte ich den Eindruck, daß der Wunsch nach Genuß, vor allem nach visuellem Genuß, all dem zugrunde liegt.*
Ja. Man leidet schon genügend im Theater. Wenn man sich angesichts glanzloser Sachen auch noch die Augen verderben soll!

*Sie sagen, Sie lieben das Licht …*
Ja. Ich möchte den Schauspielern gern tief in die Augen sehen. Beleuchtungen, bei denen man nichts sieht, finde ich schrecklich.

*Sie sprechen ebenfalls von der Wollust im Theater. Zum Beispiel sagten Sie im Hinblick auf* Les Atrides, *Sie möchten den Zuschauern die Zeit geben, nach und nach in diese Phantasiewelt einzutreten, damit ihre Sinne und ihre Intelligenz auf diese Weise geschärft würden und damit die Begegnung mit diesem Text, diesem Theater, dieser untergegangenen Welt, die Sie ans Tageslicht zu bringen versuchen, »lustvoll« sei. Diese Wollust findet man sogar in den Lehrgängen wieder, in denen die Schauspieler sehr schnell anfangen, ihre Kostüme zu erarbeiten, wobei sie die ihnen zur Verfügung gestellten Kostüme früherer Aufführungen des Soleil verwenden.*
Das Kostüm ist die zweite Haut des Schauspielers, es ist die Haut der Figur. Das Kostüm gehört zur Maske. Sie nehmen

eine Maske, und Sie ziehen sich im Hinblick auf diese an. Es sei denn, wie es bei den Balinesen der Fall ist (und das ist bemerkenswert), alle Figuren haben das gleiche Kostüm, und es ist die Maske, die sich ändert. Aber soweit sind wir noch nicht! Sich kostümieren bedeutet Kindheit, Prozession, Verwandlung, Freude.

*Sie sind fest davon überzeugt, daß man im Westen keine Spielform geschaffen hat, ich habe jedoch den Eindruck, daß das Théâtre du Soleil eine Form hervorgebracht hat.*
Ich glaube nicht, daß ich das gesagt habe, oder aber ich war mit meiner Stellungnahme zu radikal. Was ich wohl gesagt habe, ist, die Genialität des Westens sei die Dramaturgie, und die Genialität des Orients sei die Arbeit des Schauspielers, die Spielform. In unserer Zeit kann man von einer Synthese träumen.

Was das Théâtre du Soleil betrifft, so nehmen wir an einigen formalen Traditionen teil. Ich glaube nicht, daß wir Formen erschaffen, sondern daß wir sie wiederfinden. Es ist wie bei den Mythen: Nichts wird geschaffen, alles wandelt sich.

*Der Text muß im Theater vom Körper des Schauspielers getragen werden. Nun ist es aber häufig schwierig, ein vollkommenes Gleichgewicht zwischen Körper und Text zu erreichen.*
Ja, und trotzdem ist dieses Gleichgewicht wesentlich, weil im Theater vor allem der Leib spricht. Das Wort ist wie ein Körpersaft. Der Text muß gleichsam eine Absonderung des Körpers sein.

*Wie stellt man es an, damit der Text zu dieser »Absonderung« des Körpers wird?*
Man muß leben! Es gilt, die Leidenschaften der Figur zu erleben, die diesen Text erlebt. Es gilt, diese Figur zu sein. Man muß sich von dieser Figur beherrschen lassen, weil sich auch der Autor von ihr beherrschen ließ. Wenn Hélène Cixous schreibt, passiert ihr das gleiche. Plötzlich ruft sie mich an und sagt mir: »Ariane, der und der ist eingetroffen,

was mache ich mit ihm?« Die Figuren treffen auf ihrem Papier ein, pflanzen sich vor ihr auf und fangen an zu sprechen. Sie ist also ein Medium. Ein Schauspieler ist auch ein Medium.

Wenn der Körper des Schauspielers vom Körper der Figur, in diesem Fall von der Maske, beherrscht wird, so wird der Text in dem Augenblick zu seiner Absonderung, zu seinem Rotz, seinem Urin, seinem Kot, seinem Atem, seinem Speichel, seinem Blut. Warum das schwierig ist? Weil man sich immer fragt, wer zuerst dagewesen ist: die Henne oder das Ei. Im Theater ist es das gleiche. Bisweilen weiß man nicht genau, ob der Text die Henne hervorbringt oder die Henne den Text ausbrütet. Die gleiche zweideutige Beziehung existiert auf der Bühne. All das dreht sich!

Es funktioniert wie ein menschlicher Körper. Ein Teil Ihres Körpers sondert ein Hormon ab, das Ihren Körper herstellt. Doch was kommt zuerst? Die Hirnanhangdrüse oder das Hormon, das die Hirnanhangdrüse größer werden läßt? Weshalb soll man nicht zugeben, daß das Theater eine außerordentlich biologische Kunst ist, denn es wird aus Körper und Fleisch gemacht? Es wird aus Fleisch gemacht, und darin unterscheidet sich das Theater zum Beispiel von der Malerei. Man könnte das gleiche von der Musik sagen: Sie wird aus dem Atem, aus dem Körper gemacht. Das Theater wird aus Fleisch und Knochen gemacht. Und der Text ist fürs Fleisch gemacht, um Fleisch hervorzubringen und sich seiner zu bemächtigen.

*Es gibt im Soleil oft einen Wechsel zwischen zeitgenössischem Theater und Repertoiretheater. In beiden Fällen betonen Sie häufig die Notwendigkeit, den Raum zu sehen, ihn sichtbar zu machen, ihn sich vorstellen zu können, ehe man ein Stück in Angriff nimmt, anderenfalls inszenieren Sie es nicht.*
Ja, solange ich nicht einen idealen Raum sehe, kann ich nicht starten.

*Sie haben mehrmals ein Schauspiel verschoben, das Ihnen seit langem am Herzen liegt, ein Stück über die Résistance, weil es Ihnen noch immer nicht gelingt, den Raum zu erblicken, in welchem es sich inszenieren läßt.*
Ja, das stimmt. Ich bin im Augenblick völlig blockiert. Ich frage mich noch immer, welches der angemessene Theaterraum für dieses Schauspiel ist. Ich finde ihn nicht, deshalb verschiebe ich es. Das kann kein offener Raum sein, weil es von Menschen des Schattens handelt. Das Eigentümliche der Résistance ist, im Dunkeln zu sein, anders gesagt: Sie ist kein Widerstand, sie ist eine Revolution, ein Aufstand. Alle Widerstände, ob es nun nationale, innere oder psychologische sind, geschehen im Dunkeln, und manchmal sind sie selbst für die Widerstehenden geheimnisvoll. Das Theater ist die Kunst des Lichts, es ist das Ans-Licht-Bringen, und im Augenblick gelingt es mir nicht, herauszufinden, wie ich den Schatten ans Licht bringe.

*Sie haben von einer gewissen Verlockung gesprochen, die Sie angesichts großer Schauspiele und vollständiger Geschichten empfinden: der* Atrides, *der Shakespeare-Stücke … Sie sind einer der wenigen Regisseure, die Stücke inszenieren, die bis zu acht Stunden dauern können. Das ist heute wirklich nicht mehr üblich, und trotzdem geht das Publikum darauf ein. Wollen Sie durch diese Dauer den Zuschauer in eine andere Disziplin einführen? In ein anderes Universum?*
Nein, das ist keine Absicht. Auch Hélène weiß nicht, daß das Stück, an dem sie schreibt, acht Stunden dauern wird. Ein langes Schauspiel oder eins in zwei Teilen erschwert uns das Leben und erschwert auch den Zuschauern das Leben. Und trotzdem folgt uns das Publikum bei diesen Entscheidungen. Es kommt gern hierher, verbringt gern einen Samstag oder einen Sonntag, verbringt acht Stunden damit, sich Theater anzuschauen, vorausgesetzt, man macht ihm das Leben angenehm, erlaubt ihm, zur Toilette zu gehen, gibt ihm in der Pause zu essen, und vorausgesetzt, der Ort ist … zauberhaft.

*Man sieht Sie häufig als die Erbin von Vilar an, und das Théâtre du Soleil definiert man als ein volkstümliches Theater. Es wird oft erwähnt, daß Ihre Aufführungen ein volkstümlicheres Publikum erreichen als die anderen Theater.*

Wenn es stimmt, um so besser! Doch vielleicht stimmt es nicht ganz. Auf jeden Fall glaubt unser Publikum, daß wir das Recht haben, uns für ein »volkstümliches Theater« zu halten, weil wir volkstümliche Aufführungen machen. »Volkstümlich«, das heißt ohne Ausschluß (oder Einschränkung) von Geschlecht, Alter, Wissen.

*Ihr Publikum ist ein multikulturelles Publikum, wie übrigens auch Ihre Schauspieler. Glauben Sie, daß es zwischen den beiden eine Beziehung gibt?*

Frankreich ist, Gott sei Dank, multikulturell! Dies ist es seit Jahrhunderten. Darin besteht seine Identität und sein Reichtum. Gerade hierin ist das Théâtre du Soleil typisch französisch!

*Ich habe Sie vor einiger Zeit nach der Beziehung zwischen Theater und Politik gefragt, und Ihnen gefiel die Verbindung nicht besonders, die ich zwischen den beiden herstellen wollte! Ich möchte Ihnen die Frage erneut, aber anders stellen. Sie sind auch eine Aktivistin, die sich in zahlreichen politischen Aktionen engagiert. Nun hat man manchmal den Eindruck, daß das Theater, was den Einfluß auf die Gesellschaft betrifft, eine begrenztere Wirkung hat als die politische Aktion.*

Es handelt sich nicht um das gleiche. Mir scheint, daß die politischen Aktionen, die wir als Staatsbürger durchführen können, Aktionen in der Gegenwart sind; es sind Dringlichkeitsmaßnahmen. Mit dem Theater ist es übrigens seltsam: Es ist die Kunst der Dringlichkeit und der Gegenwart, doch es funktioniert weder in dringenden Fällen noch in der Gegenwart. Das heißt, seine Wirkung, sein Einfluß machen sich eher langfristig bemerkbar. Ein Stück stiftet die Zuschauer leider nicht dazu an aufzustehen, um am nächsten Tag Revolution zu machen! Aber vielleicht gibt es drei oder vier Menschen, die

am Ende eines Stücks in ihrem Dasein etwas weniger barbarisch sind. Sie werden sich Fragen stellen, werden gegenüber dem Menschengeschlecht mitfühlender oder aufmerksamer oder brüderlicher sein. Zumindest für einige Zeit.

Das Theater hat also eine zivilisierend pädagogische Rolle, doch jedermann weiß, daß die Zivilisation nicht von heute auf morgen errichtet wird. Die politische Aktion ist nicht immer zivilisierend: Sie ist dazu da, etwas aufzuhalten oder auszulösen. Aus diesem Grund stelle ich Theater und politische Aktion nicht auf dieselbe Ebene. Zu behaupten, das Theater sei wirkungslos, hieße, daß das Aushöhlen wirkungslos ist, was nicht stimmt. Das Theater höhlt die Barbarei ein wenig aus.

*Sie haben gesagt, daß* Les Atrides *es ermöglichen, gegen die menschliche Dummheit heutzutage zu kämpfen.*

Ja, es ist ein gutes Gegengift, Aischylos ist ein Mittel gegen die Blödheit.

*Junge Menschen strömen in großer Zahl zu Ihren Lehrgängen. Wenn Sie ihnen einmal deutlich gemacht haben, daß die Kunst der Maske nicht in vierzehn Tagen zu meistern ist, was sollen sie dann von all dem behalten?*

Sie sollen ihr Verlangen, ihre Sehnsucht nach dem Theater steigern. Sollen verstehen, daß man nicht *tun*, sondern zunächst *zuhören* muß. Sollen dem Kind zuhören, das in ihnen ist, sollen den Mut haben, der Ernüchterung in ihrer Umgebung, der Ironie, der Trockenheit zu widerstehen … Sollen auch den Mut haben, dem Zynismus, den Nächten zu widerstehen, in denen man raucht und abstrakte Vorstellungen diskutiert, nicht aber von schönen, lebenswerten Dingen spricht. Wenn man nur darüber redet, existiert das Theater nicht mehr. Die Lehrgangsteilnehmer gehen also fort mit einem Anspruch auf ihr Recht auf die Kindheit, und das ist schon ein nicht unerhebliches Erbe.

*»La seconde peau de l'acteur«.*
*Aus dem Französischen von Hans-Henning Mey.*

## EIN ZWEITER BLICK
### Ein Gespräch mit der Mitarbeiterin Sophie Moscoso

*Nachdem sie an der Universität Nanterre ihren Magister in Theaterwissenschaften gemacht hatte, wurde Sophie Moscoso Anfang der siebziger Jahre Assistentin von Ariane Mnouchkine. Sie nahm an der Erarbeitung der meisten großen Stücke des Théâtre du Soleil teil, zunächst als »Aide mémoire« für 1789 (1970–71) und 1793 (1972–73), danach als Assistentin bei der Inszenierung von L'Âge d'or (1975), Méphisto (1979–80), dem Zyklus der Shakespeare-Stücke (1981–1984), L'Histoire terrible mais inachevée de Norodom Sihanouk, roi du Cambodge (1985), L'Indiade ou l'Inde de leurs rêves (1987–1988), Les Atrides (1990–93), La Ville parjure (1994) sowie Et soudain, des nuits d'éveil (1997). Sie nahm ebenfalls an dem Film La Nuit miraculeuse (1989) teil.*

*Seit 1995 arbeitet sie auch als Assistentin und Verfasserin von Lehrgangsheften bei der ARTA (Association de Recherche des Traditions de l'Acteur [Verein zur Erforschung der Schauspieltraditionen]).*

*Dort brachte sie ein Buch über die traditionelle chinesische Oper, Hebei Bangzi (Cahiers de l'ARTA, 1998) heraus und plant weitere Veröffentlichungen über das Kathakali, das Topeng, das Noh, das japanische Kyogen und das balinesische Tanztheater. Sie gehört dem Théâtre du Soleil nicht mehr an.*

*Josette Féral: Das Ensemble hat sich im Laufe der Jahre sehr verändert; wie viele Mitglieder zählt es zum jetzigen Zeitpunkt und wie viele Nationalitäten sind vertreten?*
Sophie Moscoso: Wir sind im Augenblick[1] in der Truppe sechzig Leute, aus etwa einundzwanzig Nationen! Wir erhalten vom Staat eine Subvention von 6,4 Millionen Franc[2]. Wir sind also rund sechzig Gehaltsempfänger, die das gleiche Gehalt, neuntausend Franc pro Monat, beziehen. Wenn Sie die Sozialabgaben hinzufügen, so kostet das monatliche Gehalt eines jeden das Théâtre du Soleil achtzehntausend Franc; berechnen Sie das für zwölf Monate, multiplizieren Sie es mit sechzig! Hinzu kommen die Kosten für die Inszenierung eines Schauspiels (Bühnenausstattung, Kostüme ...) und die ständige Instandhaltung der Cartoucherie. Bedenken Sie auch, daß wir uns sehr viel Zeit nehmen, um die Stücke einzustudieren.

Wir proben im allgemeinen sechs Monate, spielen fast ein Jahr oder mehr, wenn man die Tourneen berücksichtigt. Während der Aufführungszeit eines Stücks finanzieren wir uns zu sechzig Prozent durch unsere Einnahmen, was, wie ich glaube, nur sehr wenigen gelingt. Wir schleppen seit langem Schulden mit uns herum, die in Anbetracht der Zinsen, die wir bezahlen müssen, nur unaufhörlich wachsen können.[3] Unsere Subvention, die sich seit 1984 nicht geändert hat (sie war 1981 von der sozialistischen Regierung verdoppelt worden), ist unzureichend.[4] Diese Situation wird uns zwingen, einige Monate auszusetzen und Arbeitslosenunterstützung zu beziehen, ehe wir am nächsten Projekt arbeiten können.

Das Besondere unserer Arbeit als Theatertruppe verlangt viel Zeit für die Proben, die uns unerläßlich erscheint: Man braucht Zeit für die Suche, die Entdeckungen, die Schulungen, die Entfaltung der Schauspieler. Diese lange Vorbereitungszeit wird natürlich dadurch ausgeglichen, daß wir lange spielen, aber auch durch eine Arbeitsorganisation, die es mit sich bringt, daß wir im Théâtre du Soleil nicht nur eine Funktion ausüben: Eine ganze Reihe von Aufgaben, die woanders die Anwesenheit von Fachleuten erfordern würden, wird von allen übernommen. Diese Tatsachen muß man im Zusammenhang mit dem Ethos des Ensembles sehen, aber auch in bezug auf eine gewisse Wirtschaftlichkeit! Es ist eine Arbeitsweise und für den, der sich im Théâtre du Soleil wohl fühlt, eine Selbstverständlichkeit, ein Reichtum: die persönliche Verantwortung gegenüber dem Werkzeug, das allen gehört.

*Wie geht die Auswahl der Schauspieler vor sich?*
Die Gruppe der Schauspieler hat sich stark erneuert, besonders 1981: Damals planten wir den Shakespeare-Zyklus und mußten neue Schauspieler engagieren. Eine Theatertruppe ist wie ein kleines Land für sich: Diejenigen, die das Gefühl haben, sie hätten hier alles gelernt, reisen fort, andere kommen, um hier ihre Zelte aufzuschlagen, in der Hoffnung, persönliche wie auch gemeinsame Träume zu erfüllen. Das gehört zum Wesen des Lebens. Jede neue Produktion ist Anlaß für ein Kommen und Gehen im Ensemble.

Einige lernten wir im Laufe eines Lehrgangs während der Aufführungszeit von MÉPHISTO (1979–80) kennen. Dieser erste große Lehrgang zog sich über einen langen Zeitraum hin, da Ariane Zeit hatte und die Teilnehmer so begierig waren. Im Lehrgang ging es um die Commedia dell'arte und die Maske. Für die Teilnehmer verband sich mit diesem Lehrgang keineswegs der Eintritt in das Théâtre du Soleil – was übrigens auf alle bisherigen Lehrgänge zutrifft –, sondern er war ein Forum für Begegnungen.

Wir machten also für die Shakespeare-Stücke (1981) eine Art Vorsprechlehrgang, der sich über einen Zeitraum von einem Monat und sogar länger hinzog, und zu jenem Zeitpunkt traten Georges Bigot, Maurice Durozier, Clémentine Yelnik, Myriam Azencot in die Truppe ein; dann im Laufe des Shakespeare-Abenteuers: Jean-François Dusigne, Serge Poncelet, Andres Perez. Bei SIHANOUK war es Duccio Bellugi, bei L'INDIADE Nirupama Nityanandan, in LES ATRIDES waren es Juliana Carneiro da Cunha, Myriam Boullay, Laurent Clauwaert unter vielen anderen.

Verkürzt gesagt: In Wirklichkeit ist es stets eine Frage der Begegnung, der Leidenschaft, des wechselseitigen Wunsches – das günstige Schicksal besorgt den Rest. Auf jeden Fall tritt

man nicht in das Théâtre du Soleil ein, um nur eine Rolle zu spielen oder an einer Aufführung teilzunehmen, sondern um ein Ensemble zu gestalten, zu erleben, nach Theater zu suchen, zu lernen und es zu erschaffen. Um dort, allen Farbtönen des Lebens entsprechend, Dunkles und Lichtes, Fallstricke, Überschwang, Alltägliches und Außerordentliches zu erleben …

Die Schauspieler, die in dieser Phase der »Erneuerung« im Verlauf des Jahres 1981 in das Théâtre du Soleil eintraten, kannten das Ensemble und wußten, was sie dort finden wollten; sie lernten von den Älteren, griffen begeistert nach allem, was ihnen angeboten wurde, und eigneten es sich an. Ihr Eintritt in das Ensemble bestätigte erneut Arbeitsregeln, die vielleicht abgemildert, vergessen oder abgelehnt worden waren.

*Bedeutet diese »Bestätigung«, daß der Eintritt der neuen Schauspieler das Théâtre du Soleil in eine andere Richtung lenkte?*
Ja, das Soleil wurde erneuert. Ich möchte gar nicht zu weit zurückgehen, aber die Inszenierung von L'ÂGE D'OR war schwierig gewesen; der MOLIÈRE-Film erlaubte eine Unterbrechung der Theaterarbeit. MÉPHISTO war eine Art Initiationsritus für eine Rückkehr zum Text; und es stimmt, die Schulung an den Shakespeare-Stücken, im Hinblick auf die Inszenierung eines zeitgenössischen Schauspiels, bedeutete eine Weiterentwicklung der Truppe.

*Das Ethos des Soleil ist das des Theaters im allgemeinen. Für viele sind die Lehrgänge Ariane Mnouchkines nicht nur eine Theaterlektion, sondern auch eine Lehre fürs Leben.*
Ja. Und das hat sich an den Schwierigkeiten bestätigt, die wir im Verlauf unserer Geschichte meistern mußten, aber auch an den vielen aufregenden und bereichernden Dingen. Es gibt eine zwangsläufig sehr enge Verbindung zwischen der schöpferischen Fähigkeit und der Fähigkeit, zu lernen und mit anderen zu arbeiten (was im Theater ausschlaggebend

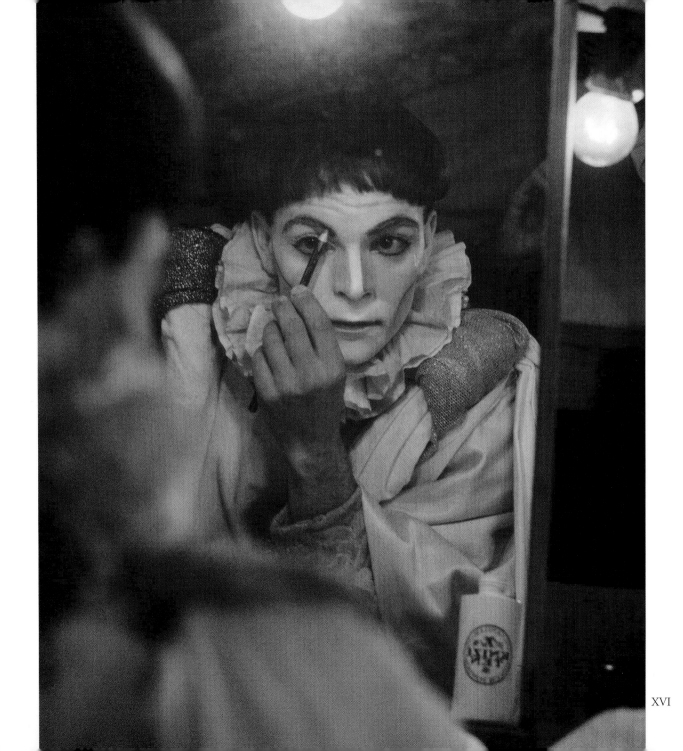

XVII

XXV

XXVI

XXVII

XXIX

ist), der Fähigkeit, sich dem Publikum gegenüber zu öffnen, der Fähigkeit, sich etwas vorzustellen und zu erfinden. Denn Schauspieler sein heißt »den anderen spielen«, heißt menschlichen Eigenschaften nachzuspüren. Der Schauspieler vermag nicht zu lügen.

*Und diese Eigenschaften ändern sich … Menschen entwickeln sich.*
Ihr Ausdruck ändert sich, aber ich stelle mir vor, daß die wahrhaft menschlichen Eigenschaften von einer seltsamen Hartnäckigkeit zeugen müssen! Außerdem ist die Gruppe des Théâtre du Soleil sehr heterogen. Es gibt sehr unterschiedliche Menschen. Es gibt Chilenen, Argentinier, Brasilianer, Spanier, Portugiesen, Iraner, Tunesier, Algerier, Inder, Deutsche, Belgier, Guatemalteken, Armenier, Türken, Italiener, Kambodschaner und Franzosen! Das ist sehr befruchtend, denn jeder bringt seine Tradition, seine Kultur, seine Vorstellungsweise mit. Vor diesem Hintergrund vollzieht sich die praktische Umsetzung und die Suche nach dem Ausdruck von Gefühlen, die allen gemeinsam sind, die, wie es heißt, allgemeingültig sind.

Jeder hat sein eigenes Abenteuer. Es gibt ganz unterschiedliche Wege. Es ist eine Frage der Begegnung.

*Wie verläuft ein Arbeitstag am Théâtre du Soleil während der Probenzeit?*
Zunächst strikte Pünktlichkeit! Wir beginnen um neun Uhr morgens, am Anfang dauert der Arbeitstag bis achtzehn Uhr, sehr schnell zieht er sich in den Abend hinein. Nach einem gemeinsamen Kaffee bilden sich Arbeitsgruppen. Die Schauspieler gehen in den Probenraum, und nach einer körperlichen Aufwärmphase wählen sie die Szenen aus, an denen sie arbeiten werden, wählen die Figuren aus, die sie »versuchen« wollen.

Jeder verkleidet sich, ohne daß eine Rollenverteilung festgelegt wurde, schminkt sich, jede Gruppe kommt zusam-

men, »brütet«, und man fängt aufs Geratewohl an, man erforscht … Wir arbeiten an dem Stück nicht der Reihe nach, das kommt erst viel später.

Nach und nach, erst nach zwei oder drei Probenmonaten, zeichnet sich die Besetzung deutlicher ab. Die Form nimmt Gestalt an, und parallel dazu kommt es, zunächst zwischen Ariane, Guy-Claude François und danach mit dem technischen Team, zur Konzeption des Ortes, des Raums.

*Ähnelt Ihre Arbeitsweise dem, was in den Lehrgängen vor sich geht? Die Schauspieler versuchen, etwas zu improvisieren, vorzuschlagen, und Ariane Mnouchkines Blick erfaßt die »Theatermomente«, in deren Verlauf sie dem Schauspieler hilft, den Weg durch seine eigenen Gedanken, durch seine eigene Vorstellungswelt hindurch zu bahnen?*
Ganz genau. Doch die Lehrgänge bleiben eine Werkstattarbeit. Das Ziel ist nicht das gleiche. Eine Aufführung zu entwerfen, eine Geschichte zu erzählen, Szenen Gestalt zu verleihen zwingt einen, weiterzugehen. Eines ist sicher: Was man in beiden Fällen sucht, ist das Theater! Wenn man mit den Proben beginnt, und das dauert eine gewisse Zeit, weiß man nichts mehr. Ariane und die Schauspieler fangen bei Null an, ganz nackt. Und wir sagen uns: »Laßt uns nicht an dem arbeiten, was wir schon erreicht haben!«

*Alle Schauspieler spielen alle Rollen?*
Am Anfang der Arbeit ist alles offen; es wird keine Besetzung vorgenommen. Jeder wählt die Figuren, die er erforschen und entdecken möchte. Es liegt allerdings auf der Hand, daß zum Beispiel ein junger Lehrgangsteilnehmer, der gerade in die Truppe eingetreten ist, nicht Gandhi versucht! Jeder arbeitet entsprechend dem Ausbildungsniveau, auf dem er sich befindet, und ein Schauspieler oder ein Schauspielneuling, der weiß, daß er noch nicht in der Lage ist, zur Entdeckung der Aspekte einer Rolle beizutragen oder eine Szene voranzubringen, macht das nicht.

*Einige Schauspieler schlagen etwas vor. Schalten sich andere Schauspieler in das Spiel ein? Geben sie Kommentare ab?*

Das Spiel kommentieren … Nein. Wie soll ich es erklären? Es ist wie im Lehrgang, der Blick der anderen ist wesentlich, sofern er positiv, neugierig, wirklich offen ist, sofern jeder nicht gerade an das denkt, was er danach machen wird, sondern aktiv auf die Arbeit achtet, die auf der Bühne vor sich geht.

Wenn eine Minute Theater, das heißt eine Minute Wahrhaftigkeit, Leben, in einer Form zum Ausdruck kommt, so sieht das jeder. Und Ariane faßt in Worte, was sich ereignet hat, diese kleine Flamme, einen Zipfel der Seele einer Figur, diese Wahrhaftigkeit eines Bühnenmoments, die angedeutet wurde. Sie leitet, führt weiter. So kommt man im Wald voran. Oder wenn es nicht geht, versuchen wir zu verstehen, warum, welches Theatergesetz wir vergessen haben, was das Wesentliche ist, das wir nicht sehen; und wir beginnen von neuem.

Allgemein sprechen wir während der Proben nicht viel; wir reden danach. Die Arbeit vollzieht sich auf der Bühne, genau dort muß man nach dem Theater suchen, nicht indem man schwätzt oder Kommentare von sich gibt. Wenn man zuschaut, ersehnt, dem anderen hilft und dann erneut versucht, erneut Schiffbruch erleidet … Eine wesentliche Regel, die wir entdeckt haben, insbesondere bei L'INDIADE, und an die Ariane die Schauspieler beim Spiel sehr häufig erinnert, ist: »Hört ihr *wirklich* zu, schaut ihr *wirklich* hin, antwortet ihr *wirklich*?« Scheinbar ganz einfache Dinge. Und sie werden eher durch Handeln eingeübt als durch Kommentieren.

*Die Arbeit am Tisch oder die vollständige Lesung eines Stücks findet nicht statt?*

Wir lesen das Stück einmal alle zusammen. Wir lesen den Text, um ihn vollständig zu hören, und das ist alles. Eine Szene kann man nicht durch ihre »Lektüre« oder durch intel-

lektuelle Analyse verstehen, sondern durch die Erforschung der Leidenschaften der Figuren. Auf diese Weise blitzen in den Szenen Lichter auf, die nach und nach immer dichter werden. Am Ende sind alle Elemente einer Geschichte miteinander verknüpft.

*Mich erstaunt, wieviel Bedeutung den Kostümen und der Verkleidung beigemessen wird …*

Natürlich, denn spielen heißt sich verwandeln. Das Kostüm ist also schon der Beginn der Reise. Wie wollen Sie Phantasie – den wesentlichen Muskel des Schauspielers! – entwickeln, wenn Sie die Hose, die Jeans anbehalten, die Sie in der U-Bahn anhatten? … Das Théâtre du Soleil hat immer mit Kostümen gearbeitet.

*Es gibt Theater, die sich vom Kostüm befreit und nach einer anderen Art Kleidung gesucht haben. Ich denke zum Beispiel an das, was Grotowski eine gewisse Zeit lang machte: Der Schauspieler »verkleidete« sich nicht, zog kein Kostüm an, sondern legte allen Flitterkram des Alltags ab.*

Das widerspricht einander nicht. Das Kostüm enthüllt die Figur und stellt den Anfang der Suche dar; es soll nicht zudecken, es soll enthüllen. Es bringt ans Licht.

*Ariane Mnouchkine hat von der »Schönheit des Kostüms« gesprochen, wobei es bei dieser Formulierung nicht unbedingt um etwas Ästhetisches geht, sondern um etwas Harmonisches.*

Ich glaube nicht, daß es eine Frage der Harmonie ist. Ich glaube vielmehr, es ist eine Frage der Wahrhaftigkeit. Es ist gleichsam die Offensichtlichkeit des Theaters: Es gibt Theater, oder es gibt kein Theater. Ein Schauspieler tritt auf, oder er tritt nicht auf. Das Kostüm ist schön, wenn es authentisch ist, wenn es stimmig ist in bezug auf eine Rolle. Jedes Detail ist wichtig, alles ist wichtig.

*Welche Rolle spielt die Improvisation im Théâtre du Soleil?*

Es gibt zwei Arten, den Begriff »Improvisation« zu gebrauchen. Zunächst in der Bedeutung von »gemeinsame Erarbeitung« eines Theaters, wo kleine Schauspielergruppen ohne Text Szenen schaffen und ihren Text erfinden. Es handelt sich dabei um die vollständige Improvisation, wenn Sie so wollen … Und dann gibt es die Improvisationsarbeit, die eine Forschungsarbeit ist. In diesem Fall vollbringt der Schauspieler, auch wenn er einen Text hat, eine Improvisationsarbeit. Das heißt, er improvisiert mit diesem Text. Der Text muß verkörpert werden, und durch die Improvisationsarbeit der Schauspieler und Arianes Blick – nicht durch die Lektüre, sondern durch die Erweckung zum Leben, zum Verkörpertwerden – kann der Text im Leben, im Fleisch Erfüllung finden; andernfalls wartet er, bleibt er unbelebt.

In dieser zweiten Improvisationsform muß man das entdecken können, wodurch die Wörter hervorgebracht wurden. Es gilt, nicht die Wörter zu spielen, weil Wörter auch ganz allein existieren, sondern das zu entdecken, was der Ursprung des Textes ist. Freilich darf der Text nicht verbogen, entstellt werden, es dürfen keine Dinge zum Vorschein kommen, die nicht in ihm sind. In dem Fall spricht man besser nicht von »Improvisation«. Ich würde ganz einfach von der Suche nach Zuständen, nach Leidenschaften sprechen. Das ist das Wesentliche.

Ich glaube, daß dieser Begriff »Suche nach Zuständen« richtiger ist als der etwas zweideutige Begriff der Improvisation. Wenn der Schauspieler eine Szene wiederaufnimmt, wenn er sie alle Abende spielt, dann ist das Wesentliche, das er in der Gegenwart, jeden Abend, finden muß, die Wahrhaftigkeit der Zustände.

*Ich möchte etwas eingehender von* La Ville parjure *sprechen. War* La Ville parjure *Ihrer Meinung nach genauso erfolgreich wie die anderen Stücke des Théâtre du Soleil?*
Ich würde nicht sagen, daß La Ville parjure keinen Erfolg hatte, aber es gab Schwierigkeiten während seiner Aufführungszeit. Es gibt immer ein Auf und Ab. Verglichen mit 1789 war 1793 weniger erfolgreich, so wie Sihanouk, vergleicht man ihn mit den Shakespeare-Stücken. Vor La Ville parjure hatten wir Les Atrides inszeniert und gespielt. Da Les Atrides recht triumphal gewesen waren, erwartete das Publikum etwas genauso Spektakuläres. Der Besuch von La Ville parjure zwang das Publikum, ein Risiko einzugehen: Das Thema war nicht leicht. Ja. La Ville parjure war nicht nur ein Stück, ein Schauspiel über Aids, sondern es ging um die Gefahren der Veränderung des menschlichen Gewissens. Außerdem war es ein Schauspiel in zwei Teilen, zwei Teile, die man wirklich ansehen mußte. Zweimal zu kommen, in Zeiten einer wirtschaftlichen Krise, verlangte dem Publikum eine besondere Anstrengung ab.

Darüber hinaus berührte La Ville parjure ein Thema, das jeden zwangsläufig zutiefst berührte. Wenn ich von Risiko sprach, so wollte ich damit nicht einfach sagen, daß sich das Publikum einer Anstrengung aussetzen mußte, weil es nicht mehr den Prunk wie in Les Atrides gab. Vielmehr wollte ich damit sagen, daß das Publikum sich einer Anstrengung unterziehen mußte, weil die hier abgeschossenen Pfeile noch intimer waren. Die Pfeile in Les Atrides waren zwar auch sehr intim, aber aufgrund der Distanz war ihnen, glaube ich, die Spitze genommen. An La Ville parjure stellten wir mit den Mitteln des Theaters die Distanz des Theaters her. Doch es ist das Thema, das die Pfeile liefert. Es sind Anklagen, sie handeln von Tod, Verantwortlichkeit, von dem, was aus dem menschlichen Gewissen wird. Sich dem zu verweigern kann leichter sein.

*Ist das* La-Ville-parjure-*Projekt aufgrund eines Auftrags, eines Wunsches von Ariane entstanden?*
Die Projekte gehen immer von Ariane aus. Zum damaligen Zeitpunkt spielten wir Les Atrides, vor allem Euménides, und wenn Ariane die Erinnyen fortziehen sah, fragte sie sich immer: »An welchen Ort werden sie zurückkom-

men? Welches Wehgeschrei wird sie herbeirufen? Wem werden sie Gehör schenken?«

*Sie haben die Tatsache erwähnt, daß das Stück an zwei Abenden gespielt wird. Für viele Aufführungen nehmen Sie sich die notwendige Zeit, um sie ungekürzt zu spielen, ob* Les Atrides *oder* Tartuffe, *die mehrere Stunden dauern. Weshalb dieser Wunsch nach langen Aufführungen?*

Ich glaube nicht, daß es ein Wunsch ist. Gegenwärtig gibt es angesichts gewisser Schwierigkeiten, vor allem wirtschaftlicher Natur, Regisseure, die sich für ein Schauspiel mit drei, vier oder fünf Schauspielern entscheiden. Im Théâtre du Soleil haben wir uns in diesem Punkt niemals Einschränkungen auferlegt. Wenn ein Stück dreißig Schauspieler erfordert, dann gibt es dreißig Schauspieler. Und was die Zeit betrifft, so ist es, glaube ich, das gleiche. Wir stellen uns nicht zu Beginn die Frage nach der Zeit und setzen uns so unter Druck. Aber aufgrund der Aufführungsform des Théâtre du Soleil, die nicht intim ist, sondern sich stets auf das Verhältnis zwischen Theater und Geschichte bezieht, ist die Zeit nicht dieselbe. Es stimmt, die Aufführungslänge, die wir wählen, zwingt den Zuschauer, in eine andere Zeit einzutreten. Es bedeutet auch, für lange Zeit auf Reisen zu gehen, es bedeutet, anderswohin zu gehen.

*Das bringt den Zuschauer dazu, Theater nicht einfach zu konsumieren, und verlangt von ihm, verfügbar zu sein.*

Und es gibt vielleicht ein Drittes. Vielleicht müssen Ariane und das Théâtre du Soleil mit dem Publikum woandershin aufbrechen, um den Menschen und unsere Zeit zu verstehen. Es gibt Zyklen. Zum Beispiel wurden 1789 und 1793 getrennt inszeniert, aber wir haben sie abwechselnd gespielt. Sie bilden einen geschichtlichen Zyklus. Es gab einen Shakespeare-Zyklus, bei den Les Atrides handelte es sich um einen Zyklus wie auch bei der zweiteiligen Sihanouk-Inszenierung. Vielleicht ist das nächste Schauspiel gleichfalls Teil eines Zyklus.

*Sie sprechen von Arianes fixen Ideen, das heißt, daß jedes Schauspiel sich mit einem ihrer Hauptanliegen beschäftigt. 1789 und 1793 stellten eine andere Sicht der Geschichte dar,* Tartuffe *das Anwachsen des Fundamentalismus und* La Ville parjure *die Aids-Problematik. Was wäre die Entsprechung bei* Les Atrides?

Les Atrides entstanden wie die Shakespeare-Stücke vor Sihanouk. Das heißt, nach L'Indiade dachte Ariane an ein Schauspiel über den französischen Widerstand, und Hélène Cixous begann schon mit dem Schreiben. Aber um ein Schauspiel in Gang zu bringen, braucht Ariane immer eine Vorstellung von dem Ort, wo die Theateraufführung stattfindet. Und da sie für dieses Schauspiel über den französischen Widerstand nur Filmbilder, realistische Bilder hatte, die der Bühnentransposition, nach der sie suchte, nicht entsprachen, verfuhr sie so wie bereits vor Sihanouk: Sie wollte zu den Meistern zurückkehren. Es war also anfangs eine Lehrzeit. Und dann entdeckten wir bei den Proben, was diese Stücke enthalten und was sie vom theatralen Standpunkt aus erfordern. Doch am Anfang ging es darum: wieder in die Schule zurückzukehren, zu den gewaltigen Ursprüngen des Theaters, um zu verstehen, wie man mit Hilfe des Theaters von unserer Zeit sprechen kann. Sie wollte also zur Antike, zu den griechischen Texten zurückkehren.

*Die Arbeit an den Chören war in* Les Atrides *erstaunlich. Es ist allgemein bekannt, daß bei heutigen Inszenierungen eines griechischen Textes der Chor zu den Hauptproblemen gehört.*

Wir waren uns durchaus bewußt, daß die größte Schwierigkeit dieser Stücke der Chor ist. Wie ist er? Wie spielt er? Zu Beginn machten wir es wie gewöhnlich, das heißt, die vier Stücke wurden in beliebiger Reihenfolge geprobt. Mindestens drei Wochen lang suchte jeder, verkleidete sich jeder anders, bemühte sich zu verstehen, wer dieser Chor ist, warum er da ist, wozu er dient. Und dann erkannten wir sehr schnell – es steht in der Tat im Text –, daß der Chor im

AGAMEMNON aus Greisen besteht. Die Schauspieler entdeckten, unter dem Blick von Ariane, wie die Kostüme aussahen. Sie fertigten sich Hauben an und wurden zu Greisen.

Andererseits hatte Ariane, glaube ich, eine Vorahnung, daß der Tanz wichtig sein würde, denn von Anfang an arbeitete eine Tänzerin mit uns. Und durch die Anwesenheit einiger Schauspieler – vor allem Catherines, die drei Jahre lang Kathakali studiert hatte, und Niru, die Inderin und Bharatanatyam-Tänzerin ist – empfanden auch die anderen das Bedürfnis, dem orientalischen Theater Beachtung zu schenken. Eine Beziehung zum Text herzustellen war die nächste Schwierigkeit. Zugegeben, wenn man den Text der Chöre liest, versteht man nichts. Man versteht es wohl mit dem Verstand, aber man begreift nicht notwendigerweise, was dort wirklich geschieht. Wir brauchten viel Zeit, um die Bedeutung des Koryphäen zu verstehen, sein Verhältnis zu den anderen, das Verhältnis des Chors zu den Protagonisten. Und Arianes Intuition war genial. Sehr schnell kam ihr der Gedanke einer Arena als Bühnenraum. Und wir stellten im Probenraum Zäune auf. Es gab also diese Arena mit einem Eingang vom Publikum her. Die Schauspieler konnten sich hinter den Zäunen oder davor oder in der Arena aufhalten. Der Vorschlag eines derartigen Ortes zwingt den Chor sofort, einen Platz einzunehmen. Wo ist der Chor in jedem Moment der Handlung? Es ist wichtig, auf diese Frage zu antworten.

*Theater machen heißt auch, ein politisches Zeichen zu setzen, Stellung zu beziehen. Ariane wendet Zeit und Energie auf, sich für bestimmte Fälle einzusetzen. Zahlreiche Schauspieler des Soleil treten für dieselben Fälle ein. Wie schaffen Sie es, dieses politische Engagement mit dem künstlerischen zu verbinden?*
Das kann ich nur für mich beantworten. Es gibt einen Zeitpunkt, wo man sich nicht mehr darauf beschränken kann, beim Lesen der Zeitung oder beim Betrachten der Fernsehbilder empört zu sein. Es ist schrecklich, sich mit der Macht-

losigkeit abzufinden. Empörung empfinden, ohne zu handeln, nützt nichts. Auch Theater kann Handeln bedeuten. LA VILLE PARJURE war eine künstlerische und sittliche Tat, die über das Politische hinausging. Was nun Bosnien anbelangt, so sagte Ariane zusammen mit anderen: »Es reicht!« Ihre Aktion war der Hungerstreik. Dadurch, daß hier Künstler streikten, nahm diese Aktion eine zusätzliche Dimension an. Man kann sich nicht darauf beschränken, einfach Theater zu machen. Was Sie politisches Engagement nennen, ist, na ja, einfach eine Bürgerpflicht. Wenn jeder bewußt lebende Bürger so handelte, befänden wir uns vielleicht nicht in dieser Lage. Eine solche Mitverantwortung zwingt zu Entscheidungen, politischen Entscheidungen. Doch dieses Engagement im Namen des Théâtre du Soleil kann nur stattfinden, wenn die Einzelpersonen, aus denen die Gruppe besteht, ihm zustimmen. Sie werden mir sagen, im Theater sei es das gleiche. Aber im Theater kann es sich, sagen wir, im ungünstigsten Fall um ein rein künstlerisches Interesse handeln. Damit jedoch das Théâtre du Soleil für eine Sache eintreten kann, muß jeder einzelne beschließen, sich die Zeit zum Handeln zu nehmen.

*»Un second regard«.*
*Aus dem Französischen von Hans-Henning Mey.*

Anmerkungen
1 Gespräch mit Sophie Moscoso. Dieses Gespräch wurde 1996 aktualisiert, insbesondere was die Gehälter, Subventionen und die Zahl der Schauspieler betrifft.
2 1997 verzeichnete das Théâtre du Soleil, wie die anderen Theatergruppen, einen generellen Rückgang von 5 Prozent.
3 Diese Schulden wurden schließlich zurückgezahlt dank dem sehr erfolgreichen TARTUFFE: 213 Aufführungen, insgesamt 122.000 Zuschauer.
4 Die Subventionen von 2,1 Millionen im Jahr 1981 sind auf 6,4 Millionen im Jahr 1996 gestiegen. In konstanten Franc-Werten hat sich diese Subvention seit 1981 nicht geändert. Eine detaillierte Aufstellung der Subventionen ergibt folgendes Bild: 2,1 Millionen Franc (1981); 4,4 (1982); 4,8 (1984): 5 (1985, 1986); 5,15 (1987, 1988); 6,5 (1989); 7,8 (1990); 7 (1991, 1992); 6,7 (1993, 1994, 1995); 6,4 (1996). Diese letzten Zahlen

berücksichtigen eine generelle fünfprozentige Senkung aller Subventionen, die die französische Regierung nach dem Sieg der Rechten vornahm. Was die Zahl der Zuschauer betrifft, die vom Théâtre du Soleil erreicht wurden, so ist sie beeindruckend: 1789: 281.000 Zuschauer, 1793: 102.000, L'Âge d'or: 136.000, Méphisto: 160.000, die Shakespeare-Stücke: 253.000, Norodom Sihanouk: 108.000, L'Indiade:

89.500, Les Atrides: 286.000, La Ville parjure: 51.200, Tartuffe: 122.000.

5 Catherine Schaub, Niru Natyanandan.

*Photo: Jean-Jacques Lemêtre in Aktion.*

# DEN KÖRPER MUSIKALISCH LESEN
## Ein Gespräch mit dem Musiker Jean-Jacques Lemêtre

*Nach einem Saxophon-, Klarinetten- und Fagottstudium am Konservatorium von Paris, wo er Erste Preise bekam, übte Jean-Jacques Lemêtre gleichzeitig den Beruf des Musiklehrers (1972 bis 1996), den des Interpreten und des Komponisten aus. Als Lehrer unterrichtete er an zahlreichen Konservatorien (in Chaville und in Vélizy, in Bièvres, in Clergy-Pontoise und im 11. Arrondissement von Paris), er gab Lehrgänge und hielt Vorträge in Frankreich und im Ausland und war von 1979 bis 1984 musikalischer Direktor des ATEM (Atelier des Techniques d'Expressions Musicales) und von 1984 bis 1988 der künstlerische und pädagogische Direktor des Théâtre du Geste Orchestique.*

*Als Interpret hat Jean-Jacques Lemêtre zahlreiche Solokonzerte und Konzerte in Ensembles und Orchestern (Orchester Mac Cartney, Michel Bréval, Kammerorchester von Saint-Germain en Laye) gegeben. Er komponierte und spielte die Musik zu mehreren Filmen (u.a.* Auf der Suche nach der Sonne *von W. Schröter,* La Captive du désert *von R. Depardon,* Les Larmes de Nora *von K. Saporta,* L'Abîme *von J. Cluzeau,* Henri Cartier-Bresson et Lumière et Compagnie *von Sara Moone).*

*1979 kam Jean-Jacques Lemêtre anläßlich des* Méphisto *zum Théâtre du Soleil.*

*Seine leidenschaftliche Liebe zur Theatermusik ist seither immer deutlicher sichtbar geworden. Parallel zu seiner Arbeit am Théâtre du Soleil hat er mit vielen Regisseuren zusammengearbeitet (Ph. Adrien, N. Arestrup, G. Rétoré, G. Lagnel, P. Avron, G. Bigot, W. Störch).*

*1991 erhielt er den Grand Prix der Kritik als »Bester Bühnenmusikkomponist«. Er hat mehrere CDs mit eigenen Kompositionen aufgenommen.*

*Er hat auch für Choreographen gearbeitet, für das Fernsehen, das Kabarett, für Internetseiten ... Darüber hinaus war er im Winter 1992 einer der vier Komponisten, die die Musik für die Eröffnungsveranstaltung der Olympischen Spiele von Albertville schufen.*

*Vielseitig, vielschichtig, ausgestattet mit einer unvergleichlichen Energie, beteiligte sich Jean-Jacques Lemêtre als Musiker auch an Ausstellungen, Zaubervorführungen, Kurzfilmen und Diavorstellungen. Er ist sowohl in Frankreich wie im Ausland ein begehrter Leiter von Ausbildungslehrgängen und hat sich darüber hinaus zum Saiteninstrumentenbauer entwickelt, der die Instrumente erfindet, die er braucht.*

*Hélène Cixous schrieb über ihn:*

*»Jean-Jacques Lemêtres Musik gleicht einem Meridian. Die Länge des Meridians beträgt ungefähr 40.000 Kilometer.«*

*Dies weist auf die Odyssee hin, zu der uns jede Komposition Jean-Jacques Lemêtres einlädt. Er reist mit Leidenschaft in der Musik, in jeglicher Musik, umher, wobei er die Welt – Europa, Asien, Afrika, Nordamerika und Australien –, die Gegenwart wie die Vergangenheit durchstreift und sich von allen Musikarten, denen er begegnet, inspirieren und nähren läßt, um sie dann auf originelle Weise in Kompositionen wiederzugeben, die die Grenzen spielend leicht überwinden.*

*Josette Féral: Seit wann sind Sie Mitarbeiter des Théâtre du Soleil, und wie kam es zu der Zusammenarbeit mit dem Ensemble?*

Jean-Jacques Lemêtre: Ich spielte Jazz in Amsterdam im *Milky Way*, einem Ort mit Kino, Musik, Tanz, Essen, Lärm und so weiter. Also ein ruhiger Ort. Ich saß dort eines Mittags beim Essen einem Kerl gegenüber, der mit mir Französisch sprach. Er sprach mit mir über Theater. Ich war damals dreiundzwanzig oder vierundzwanzig Jahre alt. Ich glaube, ich war noch niemals in ein Theater gegangen. Ich steckte völlig in der Musik und im Musikunterricht. Ich hörte ihn Sachen sagen, und ich sprach mit ihm über meine Ideen, vor allem solche, die ich über den herkömmlichen Musikunterricht hatte, der mir absurd erschien. Er sagte mir, daß sie eine Ensembleversammlung abhalten würden, um über die Musik ihrer nächsten Aufführung zu diskutieren – es handelte sich damals um MÉPHISTO –, und wir trennten uns. Das war mein erster Kontakt mit dem Théâtre du Soleil.

Dieser Typ, der sich Gérard Hardy nannte, muß wohl bei der Rückkehr in das Théâtre du Soleil der Truppe gesagt haben: »Ich bin vor zwei oder drei Monaten in Amsterdam einem Kerl begegnet, der die Sache machen könnte. Wir können versuchen, ihn zu finden.« Und über gemeinsame Freundinnen fanden sie mich wieder. Ariane schlug ein Treffen vor. Ich kam nach Paris. Sie sagte mir, daß sie jemanden brauche, der die Schauspieler zum Arbeiten bringe. Das tat ich. Ich arbeitete mit den Schauspielern sechs bis sieben Monate lang, sechs Stunden pro Tag, nur um Musik zu machen, um jedem ein anderes Musikinstrument beizubringen.

In MÉPHISTO gab es ein revolutionäres Kabarett und ein staatliches Kabarett. Im revolutionären Kabarett gab es ein Orchester. Im staatlichen Kabarett gab es eine musikalische Unterhaltung, nach Art der Berliner Restaurants um 1930. Ich brachte also jedem Schauspieler ein Instrument bei. Wir führten fünfunddreißig kleine Musikstücke in der Art der damaligen Zeit auf. Ich hatte sie so komponiert, daß jeder sie spielen konnte. Als Lehrer stand ich vor einem Problem. Einige Schauspieler waren damals fünfzig Jahre alt und hatten niemals musiziert und meinten: »Seit fünfzig Jahren sagt man mir, ich sei eine Niete.« Und trotzdem haben alle gespielt!

*Was für eine musikalische Ausbildung haben Sie?*
Ich habe am Konservatorium von Paris studiert und habe alle Ersten Preise bekommen: für Klarinette, für Saxophon, für Fagott, in Musikgeschichte, in humanistischer Kultur, in Musiklehre … und dann in den Kompositionsklassen. Musik war immer meine Berufung. Das hat mit den Zigeunervorfahren in meiner Familie zu tun. Aber es ist vor allem das Ergebnis eines Irrtums. Als meine Eltern aus Rumänien gekommen waren, ließen sie sich am Ufer der Loire nieder, und meine Mutter meldete uns in einer Musikschule an. *[Lachen]* Natürlich wurden wir eine Woche später in einer normalen Schule angemeldet, doch wir behielten unsere Anmeldung in der Musikschule. Ich habe also mit der Musik weitergemacht.

Zunächst erhielt ich eine Ausbildung in Klarinette, Fagott und Saxophon und anderen Blasinstrumenten. Da ich jedoch für mich selbst traditionelle Musik spielte, gab es auch Schlaginstrumente. Ich spielte zu der Zeit auch Instrumente, die ein wenig exotisch waren, vor allem arabische, afrikanische, orientalische Instrumente. Indien war damals noch etwas zu weit weg. Und da ich auch Varieté-Arrangements machte, spielte ich auch ein wenig Tasteninstrumente. Was den Gesang betraf, so gab es keine Probleme, da ich bereits die Grundlagen erlernt hatte.

*Als ich Ihnen sagte, daß ich dieses Interview mit Ihnen machen wolle, antworteten Sie mir: »Das ist sehr gut, denn es gibt nie Interviews über Theatermusik.« Wie kommt es, daß die Leute nicht über Theatermusik schreiben?*
Sagen wir zunächst, daß Theatermusiker ein Beruf ist, den es nicht gibt, sowohl als Metier als auch als Begriff. Man räumt wohl ein, daß es Filmmusiker, Musiker schlechthin, Zirkusmusiker gibt, doch keine Theatermusiker. Denn ein Theatermusiker ist entweder ein gescheiterter Musiker oder einer, der keine Arbeit hat und im Theater einen Job sucht. Statt zu versuchen, Theatermusik zu machen, macht er Musik, die er dem Theater aufzudrücken versucht. Das ist Bühnenmusik.

Als ich zum Theater kam, stellte ich fest, daß die Beziehung zur Musik dort hauptsächlich aus Trommeln, Trompeten und Geigen bestand. *[Lachen]* Ich mußte also erfinden, aber auch wiederentdecken. Im 17. oder 18. Jahrhundert baute Sabbatini Klangmaschinen für das Theater. Wenn man sich in Schweden oder Finnland die barocken Opernhäuser anschaut, kann man unter der Bühne erstaunliche Musikmaschinen entdecken, Maschinen, um Regen oder Erdbeben hervorzubringen, Geräusche erzeugende Maschinen, kieselsteinbeladene Karren mit quadratischen Rädern. Es gibt auch sehr viel raffiniertere Maschinen oder viel einfachere, wie zum Beispiel Blasinstrumente, die Tier- und Vogellaute wiedergeben.

*Was machten Sie als Musiker am Théâtre du Soleil?*
Ich übte dort einfach meinen Beruf aus. Ich brachte den Leuten bei, normale Musikinstrumente zu spielen, wenn ich das so sagen darf.

Ich sagte zu Ariane: »Wenn wir weiterhin zusammenarbeiten, dann möchte ich musizieren, denn wenn die Premiere einmal losgeht, diene ich nur noch dazu, Nachbesserungen vorzunehmen und Mundstücke zuzuschneiden. Das ist der Job eines normalen Musikers, der Aufsicht führt. Ich möchte gern musizieren, um zu lernen.«

Während der Proben zu den Shakespeare-Stücken versuchten wir zu begreifen. Plötzlich fingen wir an, all die Gesetze zu entdecken, insbesondere wie man die Sprechstimme eines Schauspielers begleitet. Das war ein wenig aus der Mode gekommen. Man wußte, wie man die Singstimme begleitet, doch nicht die Sprechstimme.

Wir haben uns also gefragt, wie man Theatermusikinstrumente, Theatermaschinen wiederentdeckt, wie man Theatermusik wiedererlernt und nicht etwa Filmmusik im Theater, einfach ins Theater verlegte Musik. Ich glaube zum Beispiel nicht, daß Mozart oder Verdi trotz der Schönheit ihrer Werke Musiker sind, die theatergemäß dachten. Sie dachten vielmehr operngemäß. Sie dachten in symphonischer oder anderer Musik.

Ich habe also gewisse Dinge wiederentdeckt, zum Beispiel, daß mit Kunststoffell bespannte Instrumente nicht zum Menschen passen. Es ist die tierische Materie, die am schönsten ist, die so lebt, wie ein Schauspieler lebt. Ich weiß nicht, wer angeordnet hat, daß ein Schauspieler jeden Abend immer der gleiche zu sein hat. Das ist offensichtlich unmöglich. Man braucht also Instrumente, die leben. Man muß auch erneut zu verstehen versuchen, wie man einen gesprochenen Text begleiten kann, das heißt, wie man eine Sprechstimme wie Gesang hören kann. Aus dem Grund gibt es diese berühmte, im Théâtre du Soleil häufig verwendete Technik, wo die Sprechstimmen derart laut sind, daß sie dem Gesang sehr nahekommen.

*Wie ist das zu verstehen?*
Haben Sie bemerkt, daß die Schauspieler am Théâtre du Soleil sehr laut, sehr kraftvoll sprechen? Sie sind kurz vor der Singstimme, das heißt: ein oder zwei Noten mehr, und es ist Gesang. In dem Moment liegt über dem Gesprochenen Musik, doch die ist transponiert. Sie ist also nicht realistisch, naturalistisch oder alltäglich.

Der Realismus ist eine Welt, in die wir nicht gehen wollten. Es galt also, eine Technik zu finden. Die erste Technik bestand darin, die Quellen von neuem zu erlernen. Früher gab es die »Metrik«. Wenige Menschen wissen, was das ist! Man muß Rap hören, um erneut zu verstehen, was Metrik ist. Es ist die Rhythmik der gesprochenen Sprache. Von dem Augenblick an, wo ich zurückhaltend, ohne Taktstriche spiele, benachteilige ich den Schauspieler oder die Schauspielerin in keiner Weise. Auf jeden Fall brauche ich nicht eine bestimmte Taktzahl zu Ende zu führen, im Gegensatz zu einem klassischen Musiker, der sich sagt: »Das wär's. Es sind sechzehn Takte. Ich bin am Ende.« Ich persönlich habe keine Taktstriche. Ich höre auf das Tempo der Schauspieler und folge ihrer Geschwindigkeit. Da sich der Mensch mit der gleichen Geschwindigkeit bewegt, mit der er spricht, brauche ich nur ihren Körper zu lesen, und das Tempo wird durch die Metrik angegeben: kurze Silben und lange Silben sind für mich Viertel- und Achtelnoten.

*Wie haben Sie diese Beziehung zum Wort am Théâtre du Soleil entdeckt?*

Nach und nach, durch die Arbeit mit den Schauspielern, durch Suchen, durch das Erforschen der Musik, indem ich den Schauspielern Kurse in Metrik gab, indem ich an der Metrik von Sprechabschnitten arbeitete, indem ich Versuche machte mit Übungen, die wir erfunden hatten. Die gesamte empirische Metrikarbeit haben wir an der Stimme gemacht. Wir forschten alle gemeinsam. Wir haben uns einfach Arianes Übersetzung der Shakespeare-Texte wieder vorgenommen. Das Ohr sagte uns: »Das hier ist die richtige Art und Weise.« Wir haben angefangen, den Unterschied zwischen den Wörtern wiederzuentdecken. Im Theater befindet man sich sehr oft in einer Welt der Intonation. Man macht uns weis, daß es in der französischen Sprache betonte Akzente gäbe! Doch es gibt keine! Und es hat niemals welche gegeben! Die gibt es nur im Deutschen, im Lateinischen, im Spanischen, im Italienischen! Es gibt nicht ein Wort, in welchem eine Silbe stärker sein muß als die anderen.

*Während Ihrer Arbeit besprechen Sie also einige dieser Aspekte mit Ariane?*

Mit Ariane spreche ich nie.

*Wie arbeiten Sie dann zusammen?*

Indem wir uns beobachten, indem wir an Ort und Stelle arbeiten.

*Ihre Arbeit besteht darin, dem Schauspieler zu folgen, ihn zu begleiten. Wie machen Sie das?*

Wir entdecken die Musik nach und nach, so wie Ariane die Form nach und nach entdeckt. Es gibt keine Rollen, die im vorhinein besetzt werden. Keiner weiß, wie die Bühnenausstattung sein wird. Keiner weiß, wie die Kostüme sein werden. Niemand kennt im voraus die Musik. Man kann in Wahnvorstellungen beginnen. Wenn ich mir hinterher die Fotos der ersten Proben ansehe, glaube ich zu phantasieren. Was zum Beispiel den Tartuffe betrifft, so gab es bei den ersten Versuchen balinesische Kostüme und Masken. Wenn wir in unserem indischen, chinesischen oder japanischen Wahn beginnen, in dem, was man unsere Japanspinnerei, unsere Indienspinnerei nennen könnte, dann ist es unsere Vorstellung vom Anderswo, die in Erscheinung tritt.

Was mich jedoch angeht, so habe ich stets ein Fundament in der Musik. Sie ist das Herz, die Gangart, die Geschwindigkeit des Gesprochenen. Es werden Untersuchungen angestellt über die Improvisationsweise. Man darf nicht langsam improvisieren. In der Langsamkeit verläuft alles notwendigerweise über den Kopf. Der Intellekt ermöglicht kein Erfinden, er erlaubt nur ein »Machen«. In der Langsamkeit überlegt man sich, was man den Körper machen läßt, und es ist nicht der Körper, der es macht.

Auf der Bühne versuche ich, jenem Herzklopfen zu folgen, das dazu führt, daß eine Person mit einer bestimmten Geschwindigkeit auftreten muß. Wenn ein Schauspieler langsam auftritt, liegt es auf der Hand, daß er langsam sprechen wird, daß seine Handlung intellektuell verarbeitet ist. Er kann sich zwar auch sagen: »Nicht deshalb, weil ich langsam aufgetreten bin, muß ich auch langsam sprechen.« Doch das ist bereits eine durchdachte, wohlüberlegte Handlung. Natürlich gehen die Dinge nicht zwangsläufig so vor sich. Ich bin also eine Grundlage, auf die sich der Schauspieler verlassen kann. Ich gebe eine Geschwindigkeit an, mit der er spricht. Er kommt herein, er geht und beginnt, seine Vorstellungen zu entwickeln. Wenn plötzlich ein Bild, eine Kraft auftaucht, so ist es an mir, ein geeignetes Instrument zu nehmen, um dem Schauspieler bei der Entstehung der Figur zu helfen.

Dann kommen nach und nach die Fragen nach der Aufgabe der Musik. Wozu dient die Musik? Dient sie als Hintergrund? Stellt sie das Schicksal dar? Beschreibt sie den Ort, an dem die Handlung abläuft? Muß man sie der Handlung unterstellen? Muß man sie über die Handlung stellen? Ist sie die Entsprechung des Himmels? Der Sterne? Ist sie mit dem inneren Zustand des Schauspielers verbunden? Ist sie eine Leidenschaft? Mein Instrumentarium finde ich nach und nach, denn ich fange bei Null an. Ich bin nicht mit einem Saxophon da und frage mich: »Wo werde ich Saxophon spielen?« Ich wähle ein Instrument nicht aus. Ich stelle es mir vor. Ich suche nach der Klangfarbe. Wenn ich es nicht besitze, so baue ich es mir, oder ich kaufe es. Ich beginne immer bei Null! Ich bin Musiker und kein Instrumentalist.

*Sie verfolgen also alle Proben?*
Mit einer Trommel. Ich gebe, schlage einen Rhythmus an, sobald der Schauspieler auftritt. Er ist gezwungen, dem Rhythmus zu folgen.

*Trifft es zu, daß den Schauspieler gleich zwei Dinge begleiten: der Text, der ihm seine Rolle gestalten hilft, und die Musik? Muß er beiden folgen?*
Normalerweise wäre das gut. Aber es ist recht schwierig. Zunächst einmal hören viele Schauspieler, selbst sehr gute Schauspieler, die Musik nicht. Erst wenn sie von allen ihren Sorgen wirklich befreit sind, interessieren sie sich plötzlich für die Musik und wollen wissen, was ich spiele. Ich habe jedoch auch Schauspieler erlebt, die mit der Musik hierher kommen, weil sie sie gewohnt sind, weil Musik zu ihrer Kultur gehört, weil es ihre Welt ist. Die armenischen, iranischen, indischen Schauspieler hören sogleich die Musik. Ein französischer Schauspieler hört sie erst sechs Monate oder ein Jahr später, von Ausnahmen natürlich abgesehen.

Das Bild, das die Schauspieler abgeben, wenn sie auf die Bühne kommen, ist nun höchst interessant. Dieses Bild

erfasse ich, und ich kann es in Musik übertragen. Wenn sich plötzlich etwas Offensichtliches aufdrängt, schauen wir uns an, Ariane und ich, und da ist es! Es ist eine Richtung, die sich aufzwingt, die zu einer Selbstverständlichkeit wird. Am nächsten Tag bin ich dann in der Lage, ihnen eine musikalische Anregung zu geben, und es ist auf den Weg gebracht. Wir spielen die Szene erneut, um sie wiederzuentdecken, um diesmal nicht mehr bei Null anzufangen, sondern bei null Komma eins – bei dem, was einer der Schauspieler am Abend zuvor entdeckt hat. Nach und nach geht es voran, bis es erneut stagniert und wir Schiffbruch erleiden und uns sagen: »Nein. Es war klasse, aber wir geben diese Idee auf.« Unterdessen hat sich für diesen oder jene eine neue Richtung aufgetan.

Es ist in der Tat eine Kommunikation, die über den Blick geht. Es ist ein Austausch zu dritt. Da ist ein Vorschlag von Ariane, ein Vorschlag des Schauspielers und ein Vorschlag der Musik. Mit dem Unterschied, daß mein Vorschlag häufig eine Grundlage ist, die es dem Schauspieler ermöglicht zu arbeiten, die ihn nicht zu stören versucht.

Ich behaupte, es gibt keine Theatermusik, und das ist völlig logisch, weil es keine Theaterkomponisten gibt. Von Musikern, die es in anderen Musikbereichen nicht bis zum Komponisten bringen, kann man nicht verlangen, daß sie plötzlich Komponisten werden, nur weil sie ans Theater kommen. Das funktioniert nicht. Sie sind Interpreten, Kenner eines bestimmten Musikstils, die nach Standards improvisieren. Ein wirklicher Komponist ist der, der hinschaut, der das, was er sieht, in seine Kunst umzusetzen vermag. Ich habe das Glück, Komponist und Interpret zu sein. Das Problem ist, daß die Musiker im Theater sehr häufig hervorragende Interpreten sind, daß sie jedoch keine Komponisten sind. Und so schaffen sie wohl Stimmung. Sie schaffen Atmosphäre. Sie machen alles, was man will, aber es gibt kein Denken, es gibt nicht einmal eine solide Arbeitsgrundlage für das Theater.

*Häufig wird behauptet, Ariane entscheide alles. Offensichtlich ist das bei der Musik nicht der Fall. Kommt es vor, daß Sie nicht übereinstimmen und über Ihre Entscheidungen diskutieren?*
Nein, niemals, es ist die Arbeit, die alles entscheidet.

*Im Bereich der Musik passiert also das gleiche wie beim Schauspieler. Es gibt einen Augenblick, wo sich die Entscheidungen von selbst aufzwingen und Sie beide wissen, daß es richtig ist. Welchen Anteil haben Sie beim Erarbeiten einer Aufführung?*
Ich muß die Übergänge finden, das heißt die Wendepunkte in der Gemütsverfassung, der Leidenschaft, die denen des Schauspielers entsprechen müssen. Selbstverständlich kommen sie von ihm und nicht von mir. Ein Übergang ist ein Umschwung der Stimmung und eine Veränderung der Klangfarbe, denn ich suche nach der Klangfarbe, die dem entspricht, was ich sehe, was ich höre. So habe ich den melodischen Modus. Dann schaue ich mir an, wie er sich bewegt – und ich habe den rhythmischen Modus. Danach genügt es einfach, das Instrument herauszufinden. Es wird entweder gestrichen oder geklopft, geblasen, gekratzt, geschüttelt. Man forscht also in der akustischen Welt. Es sind immerhin 44.000 Musikinstrumente auf der Welt registriert, es gibt also eine große Auswahl! Doch es gibt nur vier oder fünf Instrumentenfamilien. Ich wähle also die Familie aus. Und danach suche ich in der Familie die ganz besondere Klangfarbe. Zuweilen ist es ein Instrument aus dem Mittelalter. Wenn es nicht mehr existiert, so muß man es rekonstruieren. Manchmal ist es ein Instrument, das es nicht gibt, und doch ist es der Klang, den ich mir wünsche. Dann erfinde ich das Instrument, das diesen Klang hervorbringt.

Mitunter kommt es vor, daß ich mit einem Mal drei Schauspieler gemeinsam auf der Bühne habe. Was mache ich dann? Ich erfinde ein Instrument, das mehrere Instrumente unterschiedlichen Ursprungs in sich vereint.

*Hat jeder Schauspieler eine Klangfarbe oder ein Instrument, das mit ihm verbunden ist?*
Ja, eine Klangfarbe oder ein Instrument, das ist das gleiche. Es hängt von der Form ab. Es hängt auch davon ab, wozu die Musik dient. Von Zeit zu Zeit hat jeder sein eigenes Instrument, weil es Rollen gibt, die das rechtfertigen. Es gibt gewisse Stellen, wo ich dasselbe Instrument nehme, aber eingebettet in eine andere Klangwelt. Da ist das Instrument Gandhis, doch eingebettet in etwas anderes. Dann ist von der Klangfarbe her Gandhi in der Musik, und gleichzeitig wird auch etwas anderes erzählt, weil da ein Freund des Gandhi-Clans ist. Natürlich nehme ich den Klang Gandhis nicht, um ihn in ein feindliches Lager zu versetzen.

Es gibt auch Instrumente, die nicht passen, Instrumente, die realistisch sind. Glocken zum Beispiel sind extrem schwer verwendbar, weil sie in der Vorstellung des Publikums auf einen religiösen Hintergrund verweisen. Und das Akkordeon ist traurig, nostalgisch, es ist mit dem Bild von Paris verbunden. Ein tibetisches Horn erinnert an Tibet oder beschwört etwas Totenhaftes herauf. *[Lachen]* Es gibt viele Instrumente, die ich nicht verwenden kann. All diese Dinge sind uns im Lauf der Arbeit klar geworden.

*Ich habe festgestellt, daß Sie bei Ihren vielen Instrumenten Assistenten brauchen. Man hat mitunter den Eindruck, daß es körperliche Hochleistungen erfordert, um von einem Instrument zum anderen überzugehen.*
Ich habe immer Assistenten gehabt. Das Stück mit den meisten Instrumenten war vor dreizehn Jahren Shakespeares Henry IV. Ich hatte dreihundert Instrumente. Alle diese Instrumente zu spielen erfordert nicht wirklich eine Hochleistung. Wenn man gegenwärtig ist und weiß, warum man eine solche Auswahl trifft, dann geht das schon. Müßte ich Schauspieler sein und anderen weismachen, daß ich als Schauspieler auf der Bühne bin, dann würde ich alles verpatzen. Ich würde auf die Nase fallen, weil ich nicht denken

könnte. Ich bin bei jeder Zweiunddreißigstelnote in der Gegenwart. Ich beende eine Sache, und dann mache ich eine andere. Und wenn ich nicht dazu komme, bringt mir jemand das Instrument.

*Vorhin haben Sie gesagt, man müsse gewisse Theatergesetze wiederentdecken.*
Weil man Gesetze, Grundlagen finden muß, mit denen man arbeiten kann. Zum Beispiel kann man nicht ein Instrument einsetzen, das die gleiche Höhe hat wie die Sprechstimme, weil sich die beiden gegenseitig aufheben. Es geht bei der Arbeit des Komponisten darum, die Position, den Ort zu verstehen und auch zu verstehen, daß man sich während des Sprechens nicht bewegen darf. Wenn es nicht eine ganz kleine Unterbrechung gibt, wenn man keinen musikalischen Körper und keine musikalische Stimme hat, kann man unmöglich mit der Musik in Einklang sein.

Jeden Morgen machen wir mit den Schauspielern Übungen in Form des Aufwärmtrainings, um sie daran zu gewöhnen, Unterbrechungen zu machen, um sie zu zwingen, auf die Musik zu hören.

Die Musik ist keine akustische Untermalung. Sie kann nicht realistisch sein. Auch wir müssen Magie hervorrufen. Wenn ich einen Schauspieler auf die Bühne kommen höre und das Rascheln seiner Schritte wahrnehme, gehe ich raus. Ich gehe raus, weil ich mir sage, der Schauspieler hört nicht einmal seine Füße!

Schön ist, wenn die Schauspieler sich auf einem imaginären Teppich bewegen. Und der Teppich ist die Musik. Da hört man ihre Füße nicht mehr. Man hat keinen realistischen Anhaltspunkt mehr, weder einen visuellen noch einen akustischen. Sie befinden sich gleichsam auf fliegenden Teppichen. Und wenn man ihre Füße hört, ist es ein wirklicher Tanz. Weil sie es wollen, daß man ihre Füße hört. In dem Augenblick musizieren sie mit den Füßen. Doch in den Momenten, wo sie fliegen, hört man ihre Schritte nicht!

Schritte zerstören die Magie, sie zerstören die Poesie. Sie zerstören alles. Und ich spreche nicht einmal von dem Geräusch des Fußbodens!

*Ich stelle fest, daß Ariane all das, was Sie von der Musik sagen, über den Schauspieler sagt. Sie sagen, daß zuviel Bewegung blind mache, daß zuviel Geräusch einen am Hören hindere, daß der Schauspieler ein besonderes Zuhören entwickeln müsse.*
Genau dafür machen wir jeden Tag Übungen. Wir machen Übungen, die ich erfunden habe, für die Stimme, für den Körper, fürs Zuhören. Für einen rhythmischen Körper, um anderen Musikformen Gehör zu verschaffen, um zu wissen, wie man sie anhört, um den Körper zu lenken, ihn darauf vorzubereiten, in unsymmetrischen, ungeraden und geraden Takten zu sein – doch ohne in die Terminologie der musikalischen Technik zu verfallen. Und dann um die Haut zu öffnen, damit all dies hereinströmt. Ein Schauspieler darf Musik nicht mit dem Kopf hören, noch nicht einmal mit den Ohren. Die Musik muß über die Poren in ihn eindringen, über das Arschloch, über was immer man will, doch vor allem nicht über den Kopf.

*Es gilt also, nicht nach der Musik zu spielen, sondern mit der Musik.*
Es ist mein Job, »mit dazusein«, es ist nicht der des Schauspielers. Die Musik ist da. Und damit sie da ist, bin ich jeden Tag in den Proben. Wenn Sie daher wissen wollen, worin der Unterschied zwischen meiner Arbeitsweise und der vieler anderer besteht, so würde ich Ihnen sagen, daß ich vom ersten Tag an um neun Uhr morgens anwesend bin. Das scheint dumm zu sein, gibt es doch nicht einen Musiker auf der Welt, der das macht. Die kommen alle erst in der letzten Woche. Wohingegen ich dem gesamten Prozeß gefolgt bin, ich habe alles gehört, um alles zu begreifen. Das heißt, ich habe die Vorgehensweise jedes einzelnen verstanden. Ich weiß, daß in dieser Figur der Schweiß und das Blut von zehn

Schauspielern und Schauspielerinnen stecken, die den Versuch gemacht haben, die Figur zu erfinden, sie zu entdecken, Tag und Nacht, vierundzwanzig Stunden lang.

*Was war das Eigentümliche der musikalischen Arbeit insbesondere bei* Les Atrides?
Eine Tragödie ohne Musik ist keine Tragödie. Ariane hat das vor mir gesagt. Aber wenn Erhard Stiefel und ich nicht dagewesen wären, er für die Maske, ich für die Musik, so hätte Ariane die griechische Tragödie niemals inszeniert. Die Tragödie ist aus der Musik entstanden. Man kann das doch nicht vergessen und systematisch leugnen. Es gibt also Gesetze der Tragödie, die bewirkten, daß einige Teile in der Tat gesungen wurden. Doch ich weiß nicht im geringsten, wie. Daher haben wir uns gesagt: »Die Tragödie ist Gesang, Spiel, Musik, Tanz, Masken, Kostüme.« Da allerdings haben wir, Ariane und ich, miteinander gesprochen, aber nur zwei Minuten lang. Ich habe gesagt: »Ich gehe nicht die Wette ein, daß ich jedermann zum Singen bringe. Daß jedermann ein Instrument spielt, ja. Daß jedermann singt, nein.« Weil ich mich nicht stark genug fühle. Weil die Stimme ein Bereich ist, den ich zwar ein wenig kenne, der aber sehr gefährlich und kompliziert ist. In meinem nächsten Leben werde ich mich mit der Stimme abrackern *[Lachen]*, doch in diesem arbeite ich mit der Musik und den Instrumenten. Da haben wir uns gesagt: »Es wird keinen Gesang geben, sondern Tanz.«

Wir lenkten also alle unsere Bemühungen auf das Spiel und den Tanz. Und ich fing an, hundertvierundzwanzig Tänze zu komponieren. Ich komponierte fast fünfzig Stunden Musik. Und jeden Morgen suchten die Schauspieler nach einem Vokabular des Körpers, um einen Tanz neu zu erfinden. Und das war in Les Atrides zu sehen. Ich machte musikalische Vorschläge, wobei ich von der Tatsache ausging, daß Griechenland überall Kolonien gegründet hatte, daß es seinerzeit der Mittelpunkt der Welt gewesen war. Meine Vorschläge stellen die musikalische Verbindungen zu Rumänien, Spanien, Nordafrika, der Türkei her. Ich habe mich gefragt, wie ich die gesamte von Griechenland inspirierte Musik des Mittelmeerraums verwenden könnte. Ich habe den Schauspielern nahegelegt, bei den Umsetzungen, in der Erfindung, in der Phantasie nach einem Vokabular für die Füße zu suchen, ohne altgriechisches Theater machen zu wollen.

*Zu einem bestimmten Zeitpunkt pendeln sich die Dinge ein, und Sie notieren sie.*
Ich notiere niemals. Doch ich habe den Text vor Augen mit den Übergängen, damit ich weiß, wann mir meine Assistenten die Instrumente reichen, damit auch keine Katastrophe entsteht, falls es im Text zu einem Aussetzer kommt. Aber ich notiere nichts. Der rhythmische Modus und der melodische Modus. Das ist alles.

*Sie haben CDs gemacht mit der Musik der* Atrides. *Die Musik steht also hier fest.*
Nein. Ich habe nachts Aufnahmen gemacht, und ich habe aus dem Gedächtnis aufgenommen, indem ich nach einer Aufführung die Bilder wieder an mir vorüberziehen ließ. Aus dem Grund verkürze ich die Tempi. Ich lasse alle Bilder, die ich gesehen habe, wieder an mir vorüberziehen. Die große Katastrophe der CDs ist das Fehlen des Solisten. Der Schauspieler ist nicht da.

*Und warum haben Sie nicht auch den Schauspieler auf die CD gebracht?*
Weil es unmöglich ist. Da sind all die Klänge des Körpers, die man nicht hervorrufen kann, die Klänge, die man sieht oder die man hört, weil man sie sieht. Das gäbe unglaubliche Tempi.

*Sie arbeiten nicht nur für das Théâtre du Soleil?*
Ich mache Musik für Menschen, die mich darum bitten.

Bühnen-, Film-, Tanz-, Zirkusmusik, Musik für andere Theater, die ich mag, für Menschen, die eine Musik brauchen. Und ich mache Musik für mich, ich komponiere, ich forsche. Ich habe zum Beispiel mit Philippe Avron gearbeitet, mit Niels Arestrup, mit Karine Saporta, was den Tanz betrifft, und noch mit vielen anderen Menschen. Die Arbeit ist jedesmal anders.

Im Soleil bin ich kein Schüler, ich bin Mitarbeiter. Und das ist ein großer Unterschied. Wenn ein Schauspieler ans Soleil kommt, muß er häufig noch lernen. Es gibt nicht viele, die Erfahrung haben, wenn sie eintreten. Als ich eintrat, beherrschte ich die Grundlagen bereits, ähnlich wie Erhard Stiefel oder Guy-Claude François. Wir sind Mitarbeiter, das heißt, wir sind da, um nach einer Kunst zu forschen, in der wir uns auskennen. Wir sind Schaffende. Noch gestern abend sagte mir Ariane: »Du mußt eine Unmenge von Anfragen haben.« Nichts! Nicht eine! Niemand! Es gelingt mir nicht einmal, einen Musiker zu finden, der mit mir im Theater spielt. Das macht mich traurig. Wo ist der Nachwuchs? Am Theater zu arbeiten interessiert junge Menschen nicht, ganz einfach weil sie nicht vierhundertmal dasselbe spielen wollen. Und sie sagen sich: »Ich wäre besser in einem Symphonieorchester, wo ich das Dreifache verdiene.«

*Haben Sie in Symphonieorchestern gespielt?*
Ja, sogar bei Boulez. Ich wurde übrigens entlassen, weil ich ihm gesagt hatte, daß ich keine Maschine sei. Ich ziehe es vor, im Monat neuntausend Francs zu verdienen, anstatt mich für zwanzigtausend bei Boulez entsetzlich zu langweilen. Weil ich ganz einfach dabei nicht auf meine Kosten komme und weil ich keine Lust habe. Aber ich habe dadurch gelernt.

Theatermusik ist nicht anerkannt. In keinem Buch, keiner Musikzeitschrift steht etwas über Theatermusik. Auch in Theaterzeitschriften ist niemals etwas über Musik zu finden. Man ist voll und ganz auf einer der beiden Seiten. Ich bin seit achtzehn Jahren im Soleil, und wir haben vom Staat, von der Musikabteilung, nicht einen Franc an Subvention bekommen, weil Theatermusik für sie keine Musik ist. Aber ich gehöre zum Theater.

*Welchen Ratschlag würden Sie jemandem geben, der sich für Theatermusik interessiert?*
Sich jedwede Art von Musik anzuhören, sie zu erforschen. Es ist weder die Virtuosität, die zählt, noch kommt es auf die in seinem Zimmer oder vor einem Pult verbrachten Stunden an. Was zählt, ist: hinschauen und zuhören, wirklich zuhören. Die Musiker sprechen unaufhörlich vom Zuhören, aber sie hören nicht zu. Man darf nicht Zuhören, Hören, Horchen durcheinanderbringen. Und dann muß man sich den Instrumentenbau anschauen: Wie ist ein Instrument gebaut? Wie funktioniert es? Man muß sich öffnen und sich durchdringen lassen. Dann wird alles verdaut und wieder hervorgeholt. Es gibt auch eine Art Verlangen zu geben, ein Verlangen, versuchsweise zu geben, nicht um zu gefallen, sondern um zu forschen. Es gibt ein Verlangen, sich Menschen innig verbunden zu fühlen bei dem Versuch, eine Form der Schönheit und eine lebendige Kunst zu erreichen, mit allem, was dazugehört: Arbeit, Zeit, Erschöpfung, Müdigkeit, Menschen, die weinen, Menschen, die zusammenbrechen, Menschen, die lachen. Das gehört zum Leben. Es ist übrigens das Leben.

*»Lire le corps avec la musique«.*
*Aus dem Französischen von Hans-Henning Mey.*

## EIN VERBINDUNGSGLIED ZWISCHEN TRADITION UND HEUTIGER WELT
### Der Maskenbauer Erhard Stiefel im Gespräch mit Amos Fergombé

*Der Bildhauer und Gestalter Erhard Stiefel wurde 1940 in Zürich geboren. Nach dem Studium an der Kunstgewerbeschule in Zürich und an der École des Beaux-Arts, der Hochschule für Bildende Kunst in Paris, hielt er sich in Tokio auf, wo er sich mit dem japanischen Noh-Theater vertraut machte. 1964 trat er, nach Paris zurückgekehrt, in die École Jacques Lecoq ein und erlernte hier das Maskenspiel.*

*Seine Arbeit als Bildhauer wurde von den balinesischen und japanischen Masken beeinflußt, doch vor allem von der Commedia dell'arte und der Maske des Harlekins, die er wie sein Lehrmeister Amleto Sartori unaufhörlich neu gestaltet und mit der er sich immer wieder beschäftigt.*

*Seine Arbeit mit Ariane Mnouchkine begann 1967 anläßlich der Inszenierung von Arnold Weskers* La Cuisine. *Mehrere Werke, die zur Entdeckung der Masken anregten, markierten nach dieser ersten Begegnung den Weg und die Zusammenarbeit zwischen dem Bildhauer und der Regisseurin. Es waren* L'Âge d'or *(1975), der* Molière-Film *(1977),* Méphisto *(1979),* Richard II. *(1981),* La Nuit des rois *(1983),* Henry IV. *(1984),* L'Histoire terrible mais inachevée de Norodom Sihanouk, roi du Cambodge *(1985),* L'Indiade *(1988), der Film* La Nuit miraculeuse *(1989),* Les Atrides *(1991),* La Ville parjure *(1994) und* Tambours sur la digue *(1999).*

*Seine Arbeit fand in den Inszenierungen anderer Regisseure eine gewisse Resonanz, vor allem bei Jorge Lavelli, Antoine Vitez, Philippe Avron, Jean-Pierre Vincent, Bernard Sobel, Christian Schiaretti und Alfredo Arias.*

*Erhard Stiefel ist auch ein großer Kenner Balis und Japans, Länder, in denen er sich häufig aufhält, um das Spiel der Schauspieler und die Kunst der Maske zu erforschen. Seine Kenntnis des japanischen Theaters machte ihn übrigens zum Leiter und künstlerischen Berater für den Noh-Zyklus, den die Kanze-Schule 1997 im Rahmen des Festival d'Automne in Paris präsentierte.*

*Das Atelier des Meisterbildhauers in der Cartoucherie von Vincennes ist eine der wenigen Werkstätten für Figuren und Masken in Europa, ein Ort der Begegnung von Masken verschiedener Traditionen.*

*Erhard Stiefel hält Vorträge an der l'École du Louvre in Paris; ihm wurde 2000 vom Kulturminister Frankreichs der Titel »Maître d'Art« verliehen.*

*Amos Fergombé: Wie war Ihr Werdegang, und wer waren Ihre Lehrmeister bei der Konzeption der Masken?*

Erhard Stiefel: Nach dem Studium an der Hochschule für Bildende Kunst interessierten mich Tanz und Theater. Meine ersten Arbeiten waren Bühnenbilder. Das Spiel mit Masken habe ich an der École Jacques Lecoq gelernt. Leider gab es, als ich anfing, sehr wenige interessante Masken, und vor allem war ihre Verwendung im Theater nahezu bedeutungslos oder auf einfache Requisiten beschränkt, deren Entwurf Requisiteuren überlassen blieb.

Was meine Annäherung an die Maske anbelangt, so muß ich gestehen, daß mich die erste Begegnung mit Amleto Sartoris' Masken tief erschütterte. Sie sind es übrigens auch, die meine Arbeit beeinflußt haben und noch immer bereichern.

*Gibt es andere Lehren, die Sie beeinflußt haben?*

Es gab keine bestimmten Einflüsse oder Lehren. Die Originalmasken, vor allem die der Commedia dell'arte, die ich entdeckte, waren sehr oft belanglos oder in schlechtem Zustand. Und weil es in Europa nicht Tradition ist, Masken zu erhalten und zu pflegen, mußte ich mich auf seltene Dokumente stützen und auf dieser Grundlage meine künstlerische Arbeit entwickeln. Übrigens ist Amleto Sartori, den ich gern als Lehrmeister gehabt hätte, recht jung gestorben. Ich hatte also sehr wenig Kontakt zu ihm, und er war vor allem sehr verschwiegen.

Mein Weg war, sowohl auf der technischen Ebene wie auf der bildhauerischen, einsam. Gleichwohl erkannte ich im Laufe meiner Forschungen die Bedeutung der Masken und entdeckte die schönsten Masken der Welt, vor allem die balinesischen und japanischen Masken. Und die wurden meine Lehrmeister.

*Weshalb weigert sich das westliche Theater, Masken zu verwenden?*
Das Haupthindernis liegt, glaube ich, oftmals in der Unkenntnis der Leute über die Masken. Zu Beginn des Jahrhunderts gab es Künstler, vor allem Copeau, Dasté oder Meyerhold, die sich für die Verwendung der Masken auf der Bühne interessierten. Heute ist das Théâtre du Soleil eines der wenigen Theater in Frankreich, das nach wie vor einen echten Zugang zur Maske hat.

Man muß ganz klar darauf hinweisen, daß die Maske eine sehr lange Arbeit erforderlich macht und die Inszenierung somit gewissen Zwängen unterworfen ist. Ein Regisseur, der die Maske nicht kennt, scheut sich, sie in seine Arbeit einzubeziehen. Und häufig beobachten wir bei den Schauspielern weniger Ablehnung als Furcht vor dem Maskenspiel. Die schönen Masken, das heißt die, die beim Spiel des Schauspielers funktionieren, können nur mit Regisseuren und Schauspielern verwirklicht werden, die sie wirklich verwenden möchten.

*Gibt es eine Maske, die Sie für die wichtigste halten und die am schwersten herzustellen ist?*
Die Maske des Harlekins vielleicht. Ich habe mir fest vorgenommen, sie jedes Jahr zu entwerfen, weil sein Gesicht noch

nie wirklich getroffen wurde und weil es vor allem kein typisches Harlekingesicht gibt. Ich arbeite seit mehr als zwanzig Jahren an dieser Figur. Und doch bin ich mit den Ergebnissen meiner Arbeiten noch nicht völlig zufrieden. Ich denke, für mich ist es wichtig, ein kleines Verbindungsglied zu sein zwischen Tradition und heutiger Welt. Gewiß, ich bin nicht der Erfinder des Harlekins, aber ich versuche, ein Verbindungsglied zu sein, damit er weiterhin leben und auf der Bühne dabeisein kann.

*Ist Ihre Lesart des Harlekins eine Erfindung oder eine Neuinterpretation der Harlekin-Maske?*
Meine Annäherung ist gleichzeitig Erfindung und Neuinterpretation, denn es gilt, ständig zu erfinden und neu zu deuten. Gewiß, in dem Maße, wie man sich entwickelt, bekommt man allmählich Erfahrung und weiß, in welche Richtung man nicht gehen darf, sogar was das Spiel und die Maske anbelangt. Seit Jahren sehe ich, wie Schauspieler die sehr komplexe Rolle des Harlekins spielen und sich mit ihr auseinandersetzen, wobei sie versuchen, ihr näherzukommen, um sie sichtbar zu machen. Für viele Darsteller ist es ein schwieriger Weg.

*Wie werden die Masken im Théâtre du Soleil verwendet?*
Mein Debüt im Théâtre du Soleil war 1967 anläßlich der Inszenierung von LA CUISINE, einem Werk von Arnold Wesker, die im Cirque Médrano auf dem Montmartre entstand. Ariane bat mich, ihr für dieses Werk einige meiner Arbeiten zu zeigen. Ich gehörte noch nicht zum Soleil, aber sie verstand sehr schnell, daß sie die Masken verwenden und folglich mit mir arbeiten konnte. Freilich dauerte es noch einige Jahre, bis das Ensemble, bei L'ÂGE D'OR, endlich Masken verwendete. Diese Aufführung bleibt übrigens unvergeßlich, denn einige Zuschauer entdeckten die Maske im Theater zum ersten Mal. Seit dieser Inszenierung verfügen wir über etwa vierzig große Masken, die von der

Commedia dell'arte beeinflußt oder vom Orient inspiriert sind. Sie werden den Schauspielern zur Verfügung gestellt, wenn wir ein neues Stück zu spielen beginnen. Sie erscheinen in jedem Stück, um uns zu sagen: »Es gilt, das Theater wieder ganz von vorne zu beginnen.«

Wir verwenden sie ebenfalls, um die Rollen zu analysieren und um den Schauspielern bei der Annäherung an ihre Figur zu helfen. Für die Inszenierung der Shakespeare-Stücke, insbesondere von RICHARD II. (1981), LA NUIT DES ROIS (1982) und des ersten Teils von HENRY IV. (1984), haben wir andere Maskenformen benutzt, und zwar tragische Masken, die von Japan beeinflußt waren, das ich seit Jahren kannte.

Die Verwendung der Masken erfolgte nicht systematisch. Die Maske muß immer gerechtfertigt sein. Allerdings haben wir für die Figur Heinrichs IV., eines alten Menschen, der jedoch von einem jungen Schauspieler dargestellt wurde, zu einer vom japanischen Theater inspirierten Maske gegriffen, um die Figur zu verwandeln, das Spiel ins Gleichgewicht zu bringen und die Figur treffender wiederzugeben. Die orientalischen Formen haben uns geholfen, die Shakespeare-Stücke nicht auf europäische Weise, das heißt sehr klassisch, zu gestalten. Die Schauspieler mußten ihre Rolle mit Hilfe einer fernen Kultur erfinden, vor allem des Kabuki, einer Theaterform, die auf Grund ihres spektakulären Ausdrucks von Ariane Mnouchkine sehr geschätzt wird.

*Wenn wir von Japan, den Shakespeare-Stücken und L'ÂGE D'OR sprechen – welche Masken übernahmen Elemente aus der Commedia dell'arte und welche machten Anleihen beim Orient?*
Im Laufe unserer Arbeit wurde uns klar, daß die Masken allgemeingültig sind und daß es unsinnig ist, Grenzen festzulegen. Sicherlich, die ersten orientalischen Masken, mit denen ich in Berührung kam, erschienen mir anfangs seltsam. Ich sagte mir, sie wären nichts für uns und wir hätten

nur das Recht, sie anzuschauen, aber ganz und gar nicht das Recht, sie zu verwenden. Das gleiche galt für die indonesischen Masken. Aber mit der Zeit habe ich begriffen, daß sich Traditionen begegnen können.

In unserer Arbeit stellen wir sehr häufig eine Maske der Commedia dell'arte neben eine balinesische Maske. Und wir sehen, daß sie sich so auf der Bühne miteinander unterhalten und zusammen spielen können. Eine solche Gegenüberstellung war eine recht wichtige Entdeckung, weil man immer glaubt, man müsse sie trennen.

*Im Gespräch über das Théâtre du Soleil bin ich auf den Ausdruck der »dritte Weg« oder die »dritte Dimension« des Spiels gestoßen: wenn westliches Erbe mit Traditionen des Fernen Osten zusammengebracht werden. Wie sieht das konkret aus?*
Man muß doch einen Unterschied machen zwischen japanischen und balinesischen Masken. Die balinesischen Masken gehören trotz der räumlichen Entfernung zur gleichen Familie wie die Masken der Commedia dell'arte. Das Spiel, die Beziehung zum Publikum und die Analyse der Figuren sind häufig ähnlich. Dabei ist die balinesische Maske jedoch von größerer Allgemeingültigkeit als die Commedia-dell'arte-Maske, vor allem im Bereich der Archetypen. Was die japanischen Masken anbelangt, so spielen wir sie nicht, sondern wir lassen uns von ihnen anregen, und wir interpretieren sie neu. Es gibt gewiß Schauspieler, die für ihr Spiel einen Lehrgang in Noh oder in balinesischen Tänzen besuchen. All das hilft uns. Wir versuchen jedoch, über eine illustrative Lektüre hinauszugehen.

Auch sind wir uns des Mangels an traditionellen Formen im westlichen Theater bewußt. Die Formen, die zu uns gelangten, sind häufig psychologischer Natur, im Gegensatz zu den orientalischen Formen, die eine außergewöhnliche Quelle bleiben.

In einer japanischen oder balinesischen Maske scheinen alle Theatergesetze enthalten zu sein. Beide weisen ähnliche

Regeln auf. Und seit Jahren bin ich unaufhörlich dabei, sie zu entdecken und zu erlernen. Diesen Weg in den Orient bin ich gegangen, weil ich hier, im Westen, keine wirklichen Formen gefunden habe, keine Beispiele, wie sie mir Japan bei meinen Reisen dorthin bot. Die Schauspieler dort wissen, was eine Maske ist. In Japan und Bali konnte ich Antworten erhalten auf meine Fragen über die Masken und das Spiel der Schauspieler.

*Ich möchte mich auf die von Ariane Mnouchkine mehrmals zitierte Äußerung Antonin Artauds beziehen: »Das Theater ist orientalisch.« Muß der Schauspieler für sein Spiel und seinen Ausdruck aus den japanischen, balinesischen oder chinesischen Formen schöpfen, um eine neue Handschrift zu erschaffen?*
Heute ist es schwierig, die japanischen oder balinesischen Formen, vor allem ihren wesenhaften Aspekt, nicht zu beachten. Doch bei meiner Herangehensweise maße ich mir keineswegs an, die europäischen Masken neu zu erfinden, sondern es geht mir darum, einen Beitrag zur Wiederherstellung des europäischen Maskentheaters zu leisten. Ich arbeite mit japanischen und balinesischen Schauspielern, und manchmal mache ich für sie Masken. Man kann beobachten, daß auch sie viele Probleme haben. Ihre Masken sind dabei unterzugehen. Die schönen Masken werden in Bali immer seltener.

*Verändern die orientalischen Masken das Spiel des Schauspielers mehr als die der westlichen Spieltradition?*
Alle Masken verändern das Spiel des Schauspielers, einschließlich der Masken der Commedia dell'arte. Wir arbeiten stets an beiden, den Masken der Commedia dell'arte und den orientalischen Masken. Es wurde gerade ein Lehrgang abgehalten, und wir haben dabei gesehen, daß die Commedia dell'arte einen Schauspieler zutiefst veränderte. Ich meine, daß die Maske einem Schauspieler viel geben kann. Und

häufig sind die Schauspieler, wenn sie die Maske allmählich zu verstehen beginnen, sehr schockiert und auch überrascht.

*Tadeusz Kantor entschloß sich, dem Schauspieler keine Maske zu geben, und bevorzugte eine fahle Schminke, einen kreideartigen Teint. Haben Sie sich die Frage nach der Beziehung zwischen Maske und Schminke gestellt?*
Für mich ist die Schminke keine Maske. Ich mache Holzmasken, also richtige Skulpturen. Ich glaube nicht, daß man eine »Schminke spielen« kann. Mit einer Maske spielen heißt mit einem Instrument, einem Werkzeug spielen. Man steht im Dienst der Maske. Was die Schminke betrifft, so kann sie dem Gesicht des Schauspielers eine neue Form geben. Sie schlägt ihm keine Metapher vor.

Andererseits kann der geschminkte Schauspieler mit dem maskierten Schauspieler spielen, unter der Bedingung, daß jener der Maske folgt, daß er den gleichen Weg einschlägt, daß er das gleiche Spiel spielt wie sie, und nicht umgekehrt; die Maske setzt sich durch, sie bestimmt, sie ist allemal stärker als der Schauspieler.

Einen jungen Schauspieler kann man mit Schminke in einen alten Menschen verwandeln. Persönlich finde ich es schöner, einen jungen Schauspieler mit Hilfe einer Maske in einen alten Mann zu verwandeln.

Die Maske hat im Gegensatz zur Schminke ihr eigenes Leben, ihr eigenes unerklärliches, magisches Dasein. Und der Schauspieler weiß das sehr gut. Er gibt sich dem ganz hin, glauben Sie mir! Wenn ein Schauspieler hinter einer Maske schlecht ist und es nicht schafft, sie zu spielen, dann weiß er es auch.

Hinter einer Schminke kann man unmöglich wissen, ob das Spiel funktioniert. Der Schauspieler, der nicht auf die Maske zugeht, tut sich weh. Er ist dann gezwungen, sein Spiel zu ändern. Die Schminke hat nicht die Kraft, einen Schauspieler zu ändern oder ihn auf den richtigen Weg zu bringen.

*Welche Materialien verwenden Sie zur Herstellung Ihrer Masken?*
Ich benutze vor allem Leder, weil die europäischen Masken aus diesem Material hergestellt werden. Aus dem Bemühen um Authentizität wollte ich an diesem Material festhalten. Man könnte sie aus modernen Materialien herstellen, aber die Schauspieler geben den Ledermasken eindeutig den Vorzug.

Die anderen Masken sind aus Holz gemacht, einem Material mit ganz anderen Möglichkeiten. Man glaubt in der Tat, das Fleisch und somit das Gesicht zu schnitzen. Es ist allerdings vorgekommen, daß ich die Skizzen aus Pappmaché oder aus modernen Materialien machte, um zu sehen, ob die Formen paßten. Ich glaube, daß die Materialien dem Leben der Masken etwas hinzufügen.

*Stellen Sie (Ausdrucks-)Unterschiede zwischen den Masken für Männer und den Masken für Frauen fest?*
Ich habe noch immer Probleme mit den Frauenmasken. Doch das bedeutet nicht, daß die Frauenmasken schwerer zu entwerfen sind. Es gibt übrigens wenige Masken, die für Frauen entworfen sind, sie sind häufig gezwungen, Männermasken zu tragen, was ihnen beim Spiel freilich keine Schwierigkeit macht. Im Augenblick stoße ich mich an Dingen, die bei der Ausführung der Frauenmasken nicht ganz klar sind. Man muß in diesem Zusammenhang darauf hinweisen, daß im Orient alle Frauenmasken von Männern getragen werden, und nicht von Frauen. Für mich bleibt das Problem noch eine offene Frage, und im Augenblick mache ich vor allem Männermasken.

*Welche Beziehung stellen Sie zu den anderen Berufszweigen im Theater her, damit Ihre Masken wahrgenommen werden? Und was erwarten Sie bei der Arbeit mit der Maske vom Schauspieler?*
Das Kostüm ist sehr wichtig. Man muß also die Maske ergänzen. Das Théâtre du Soleil stellt dem Schauspieler mehrere Kostüme zum Ausprobieren zur Verfügung. Und es ist an ihm, die Form des Körpers und die Kostüme zu entdecken, die für sein Spiel passen, und sich somit eine erste Vorstellung zu machen von der Figur und der Rolle, die er verkörpern soll. Die Näherinnen und Kostümschneiderinnen schalten sich erst danach ein, um ihm zu helfen.

Was die Beleuchtung anbelangt, so ist es unabdingbar, daß sie eigens auf die Maske ausgerichtet ist und daß man die Augen gut sieht. Die Verwendung einer Rampe ist notwendig, um das Gesicht und somit die Maske hervorzuheben.

Schließlich bitten wir den Schauspieler, aufrichtig, wahrhaftig zu sein. Wenn er die Maske nicht annimmt, dann kann er sie nicht spielen. Der Schauspieler muß die Maske akzeptieren, muß auf sie zugehen und versuchen, sie zu entdecken. Was oft ein sehr schmerzhafter Weg ist, denn es gibt Schauspieler, die sich gegen die Maske auflehnen oder ihr gegenüber kopflos werden. Aber wenn der Schauspieler sie erst einmal annimmt, findet er Freude daran, und die Maske hilft ihm sehr.

*Sie vergleichen Ihre Arbeit oft mit der des Goldschmieds und des Geigenbauers und betonen vor allem Ihre Bewunderung für den Geigenbauer, der nur drei Violinen pro Jahr macht. Und Sie sprachen auch von höchstens einem Dutzend Masken, die Sie pro Jahr zustande bringen.*
Ich habe zu einem bestimmten Zeitpunkt festgestellt, daß die Maske eine gewaltige Anstrengung erfordert, ähnlich derjenigen eines Handwerkers. Man muß das Werkzeug, die Art des Schnitzens kennen. Technisch ist das sehr komplex. Diese beiden Berufe, Goldschmied und Geigenbauer, ähneln meiner Arbeit am meisten. Wenn ein Geigenbauer an seiner Geige arbeitet, kennt er die Töne nicht, die das Instrument hervorbringen kann. Das gleiche gilt für die Maske. Ich mag mit mir zufrieden sein und die Form sehr schön finden, und doch kann die Maske, wenn sie einmal auf der Bühne ist, enttäuschen und beinahe einen falschen Ton hereinbringen.

Es genügt, die Geigen anzuschauen, um zu sehen, daß sie beinahe alle die gleiche Form haben, die einer Stradivari. Doch jede Geige bringt einen anderen Ton hervor als eine Stradivari. Man kann sich fragen, warum diese Geige besser klingt als jene, besonders wenn die Maße identisch sind.

Nachdem ich die Arbeitsgeräte eines befreundeten Goldschmieds gesehen und ihm wiederholt bei seiner Arbeit zugeschaut hatte, stellte ich Gemeinsamkeiten mit der Herstellung einer Maske fest. Ich bin zu folgender Schlußfolge-

rung gelangt, daß die Masken wie eine Geige oder ein Edelstein präzis, sehr präzis sind.

*Dieses Gespräch fand statt im Rahmen einer Untersuchung von Amos Fergombé über zeitgenössische Regisseure, die in ihrer Arbeit auf die Commedia dell'arte zurückgreifen.*
*»Un relais entre la tradition et le monde contemporain«.*
*Aus dem Französischen von Hans-Henning Mey.*

*Photo: Erhard Stiefel, bei der Arbeit an einer Maske für* RICHARD II.

# DAS EMPFINDUNGSZENTRUM
## Ein Gespräch mit dem Bühnenbildner Guy-Claude François

*Nach dem Studium an der École du Louvre und der École nationale des arts et techniques du théâtre (École de la rue Blanche) im Fachbereich Regie und Bühnenbild beteiligte sich Guy-Claude François an dem Abenteuer des Théâtre du Soleil mit Ariane Mnouchkine, und zwar als technischer Direktor und Bühnenbildner: L'ÂGE D'OR, MÉPHISTO, die Shakespeare-Stücke, SIHANOUK, L'INDIADE, LES ATRIDES, LA VILLE PARJURE, TARTUFFE, ET SOUDAIN DES NUITS D'ÉVEIL, TAMBOURS SUR LA DIGUE.*

*Im Théâtre du Soleil fand er Gefallen an der Architektur, was dazu führte, daß er in Zusammenarbeit mit Architekten (vor allem Renzo Piano, Andraut und Parat, Robert und Reichen) so unterschiedliche Aufführungsräume entwarf wie das POPB von Bercy, die Ausgestaltung des Ehrenhofes im Papstpalast für die Festspiele von Avignon, das Ircam des Centre Pompidou, die Grande Halle de la Villette, die Opéra Garnier (technische Restauration). Außerdem entwarf und betreute er fast hundert Theaterbauten mit der Société »Scène«, die er zusammen mit Jean-Hugues Manoury gründete und bis heute mit Leben erfüllt.*

*Seine Liebe zum Theater führte ihn auch zu einer Zusammenarbeit mit anderen Regisseuren (darunter O. Krejca, A. Delcampe, D. Serron, J. P. Lucet, R. Martin, P. Caubère, A. Sachs, J. C. Brialy) und zur Oper, wo er für Inszenierungen von Antoine Bourseiller, Renate Ackermann, Jean-Claude Penchenat, Andreï Serban und Mireille Larroche Bühnenbilder entwarf.*

*Auch den Film entdeckte er am Théâtre du Soleil, als er die Bauten für den MOLIÈRE-Film entwarf, für die er 1980 mit dem französischen Filmpreis »César« für die beste Ausstattung ausgezeichnet wurde.*

*Dies veranlaßte ihn, mit Filmregisseuren zusammenzuarbeiten, darunter Bertrand Tavernier (DIE PASSION DER BÉATRICE, DAS LEBEN UND NICHTS ANDERES, L 627,*

*CAPITAINE CONAN), Philippe Kaufman (HENRY & JUNE), Coline Serreau (DIE KRISE, LA BELLE VERTE) oder James Ivory (JEFFERSON IN PARIS).*

*Die Kunst der Bühnengestaltung übte er auch bei der Ausgestaltung von Museen aus (Centre de Résistance in Lyon, das Friedensmuseum in Verdun, mehrere zeitgenössische Ausstellungen), im Bereich der Musik (Konzert 99 von Mylène Farmer) oder bei »Veranstaltungen« wie der Eröffnungs- und Abschlußfeier der Olympischen Winterspiele von Albertville (inszeniert von Philippe Découflé).*

*Er ist zudem Hochschullehrer und seit 1992 Koordinator im Fachbereich »Bühnengestaltung« an der École des arts décoratifs, der Hochschule für Kunstgewerbe in Paris.*

*Er erhielt den Sonderpreis der Jury beim Festival von San Sebastiàn als künstlerischer Direktor in CAPITAINE CONAN und zweimal den Theaterpreis »Molière« für die Ausstattung in PASSE MURAILLE und TAMBOURS SUR LA DIGUE (1999).*

*Josette Féral: Wie kam es zu Ihrer Zusammenarbeit mit dem Théâtre du Soleil?*

Guy-Claude François: Als ich Technischer Direktor am Théâtre Récamier in den sechziger Jahren wurde, war dieses Theater eine Art Sprungbrett für alle jungen Ensembles: für Chéreau, für Garcia, für Vincent, für Ariane.[1]

Ariane brachte zunächst LA NOCE CHEZ LES PETITS BOURGEOIS im Théâtre Mouffetard heraus. Dann folgte CAPITAINE FRACASSE im Récamier. Dort bin ich ihr zuerst begegnet. Aber ich kann nicht sagen, daß mich CAPITAINE FRACASSE für sie eingenommen hätte, denn ich habe mich Ariane erst 1968, also zwei Jahre später, angeschlossen, um die Einrichtung des Cirque Médrano für LE SONGE D'UNE NUIT D'ÉTÉ zu machen. Roberto Moscoso gestaltete dazu das Bühnenbild. Die lange Komplizenschaft mit Ariane nahm also dort ihren Anfang.

*Seitdem haben Sie alle Bühnenbilder des Théâtre du Soleil gemacht.*
Mein erstes Bühnenbild für das Soleil war in Wirklichkeit das von L'Âge d'or.

*Es war ein ganz besonderes Bühnenbild. Es schrieb eine Architektur in den Raum ein. Übrigens bezeichnen Sie sich als Bühnenbildner und Architekt. Die Architekturoption ist im Théâtre du Soleil besonders spürbar, die meisten Bühnenbilder sind aus harten Materialien gebaut.*
Ja, aber die harten Materialien spielen in bezug auf diese Berufsbezeichnung keine besondere Rolle. Der dramaturgischen Funktion einer Bühnengestaltung messe ich natürlich große Bedeutung bei, allerdings auch dem, was den Schauspielern das Spielen ermöglicht und wodurch sie sich wie zu Hause fühlen. Übrigens sagen mir viele Schauspieler, daß sie sich im Bühnenbild wohl fühlen. Wichtig ist also mehr dieser Begriff des Bühnenbilds, des von den Schauspielern erlebten Raums.

*Wenn Sie arbeiten, gehen Sie wie die anderen Mitarbeiter des Théâtre du Soleil von den Vorschlägen der Schauspieler und ihrem Spiel aus.*
Wenn ich arbeite, gehe ich ganz und gar nicht von den Vorschlägen der Schauspieler aus. Ich gehe von der *Position* der Schauspieler aus. Das heißt, wenn ich zeichne, plaziere ich zunächst das, was ich das Empfindungszentrum nenne: den Schauspieler. Und um ihn herum zeichne ich die Bühne, den Zuschauerraum und die Nebenräume der Bühne. Es ist ein klein wenig, wie wenn Sie einen Stein ins Wasser werfen: Wellen breiten sich aus. Und diese Wellen brechen sich an Hindernissen. Stellen Sie sich nun vor, der Schauspieler sei der Stein und sende Wellen aus. Die Störungen rühren von den Funktionen des Theaters her: einem Raum mit Zuschauern, einer Bühne mit Bühnenbildern, mit Treppen und so weiter. So sieht bei mir eine Theaterzeichnung aus. Im allgemeinen ergibt sich das Spiel aus dem Raum, außer im Théâtre du Soleil. Im Théâtre du Soleil gibt es zwar auch ein Fortschreiten, eine Entwicklung, die parallel verläuft. Alle beginnen ungefähr gleichzeitig. Ich sage ungefähr, weil zu Beginn der Proben immerhin die großen Linien vorhanden sind.

Ein Schauspieler, der probt, ein Musiker, der übt, sind Künstler, die sich mit einem anderen Künstler auf ein Gespräch einlassen. Ich beteilige mich mit Entwürfen, Vorschlägen. So kann das Maß des Einverständnisses zwischen uns ermittelt werden. Die Arbeit verläuft parallel. Zu dem Zeitpunkt beginnen die Schauspieler, an einem noch nicht endgültig gestalteten Ort zu proben. Letztlich bleiben alle in innerer Bereitschaft.

*Bei der Gestaltung der Bühnen des Théâtre du Soleil ist seit den Anfängen eine Entwicklung festzustellen. Bei L'Âge d'or bestand die Bühne zum Beispiel aus vier Kratern. Die Schauspieler gingen je nach Szene von einem Krater zum anderen. Das Publikum war um die Schauspieler herum, umzingelte sie. Man konnte hin und her gehen. In Méphisto gab es zwei sich gegenüberliegende Bühnen, die eine befand sich vor den Zuschauern, die andere in ihrem Rücken, und je nach Handlungsverlauf schwenkten die Bänke um, und das Publikum setzte sich auf die andere Seite. Bei 1789 wurde das Publikum ebenfalls aufgefordert umherzugehen. Dann aber scheinen sich die Dinge mit den Jahren geändert zu haben. Das begann mit den Shakespeare-Stücken und setzte sich mit Norodom Sihanouk und L'Indiade fort: Wir erlebten die Rückkehr zur frontalen Bühne, und hierbei blieb es in gewisser Weise. In den drei letzten Aufführungen, Les Atrides, La Ville parjure und Tartuffe, bestätigt sich diese Tendenz um so mehr, als das Bühnenbild praktisch dasselbe ist.*

Diese Entwicklung läßt sich auf verschiedene Weise erklären. Verkürzt könnte man sagen, das Théâtre du Soleil und insbesondere Ariane, erlernten oder erlernen das Theatermachen, indem sie es machen. Am Anfang, sagen wir in den siebziger und sogar in den achtziger Jahren, organisierten wir den Spielort, das heißt die Bühne und den Zuschauerraum, im Hinblick auf das, was wir spielten. Wir organisierten die Architektur um einen Text herum. Wenn uns der Text inspirierte zu einer Bühnengestaltung mit Zuschauern, die umhergingen oder um den Schauspieler herumsaßen, so machten wir das. Mit der Zeit wurde uns, insbesondere Ariane, klar, daß die beste Beziehung zwischen Zuschauern und Schauspielern letztlich die frontale Beziehung ist. Selbst wenn die Schauspieler um die Zuschauer herumgingen oder umgekehrt, spielten sich, wenn es eine Geschichte zu erzählen gab, die Dinge in gewisser Weise vorn ab. In 1789 spielten die Schauspieler auf einer Gerüstbühne, aber der Zuschauer befand sich dennoch ihnen gegenüber.

Es gibt im Théâtre du Soleil etwas, was sehr wichtig ist und dessen man sich bewußt sein muß: Es existiert kein Bühnenrahmen. Der Bühnenrahmen ist der Blick des Zuschauers.

Wenn Sie also sagen, das Bühnenbild sei dasselbe, so stimmt das in Wirklichkeit nicht. Es wird umgestaltet, umgearbeitet. Hier geht es ein wenig wie in der Archäologie zu. Es ist, wie wenn jeder Stein einen neuen Stein hervorbrächte. Damit das neue Stück gespielt wird, entfernt man einige Steine und fügt andere hinzu, ordnet sie in anderer Form. Ich würde also sagen, daß die gesamte Bühnengestaltung des Théâtre du Soleil keineswegs starr ist, sondern zu dieser Form gefunden hat, wobei es von Zeit zu Zeit zu Umbauten kommt.

Was die beiden letzten Aufführungen anbelangt, so muß man allerdings sagen, daß das für den Tartuffe geschaffene Bühnenbild auch das von La Ville parjure ist, wenn auch durch einige Umbauten und Requisiten verändert. Wenn man ein wenig an die Ratschläge Appias denkt, so

kann das ein Beweis dafür sein, daß der Raum universal ist und daß wir in der Tat einen solchen Raum gefunden haben. Mit wenigen Mitteln und Requisiten können wir ihn der besonderen dramaturgischen Funktion dieses oder jenes Stücks anpassen.

Man kann der Meinung sein, daß wir eine Grundstruktur, eine abgeschlossene Grundlage gefunden haben. Diese kann für andere Aufführungen abgeändert werden, aber nicht grundlegend. Das Verhältnis der Oberflächen, das Verhältnis der Volumen werden wir nicht ändern. Wir können sie in alle Richtungen drehen. Aber letztlich wird einem klar, so, wie es ist, funktioniert es gut, man hat die Grundstruktur gefunden.

Es gibt im Theater viele »Ordnungen«, die alle aus der Praxis heraus entstanden sind. Nehmen Sie die Elisabethanische Ordnung, sie entstand in den Höfen von Wirtshäusern. Sie kam auf Dorfplätzen zustande. Und nach und nach wurde daraus ein Theater. Die Balkons an den Marktplätzen wurden zu den Galerien des Theaters. Die Beziehungen zwischen den Schauspielern und den Zuschauern, das Verhältnis des Abstands, der Volumen, der Blickhöhe verfeinerten sich und führten zum Bau eines solchen Theaters. Dann ging es darum, daß dies nicht zu einer Konvention würde. Gerade hierbei muß die Wachsamkeit sehr groß sein.

Die Verhältnisse im Theater sind Abstandsverhältnisse, Blickverhältnisse, Auftrittsmöglichkeiten. All das paßt zu uns. Anschließend fügen wir Dinge hinzu: bei Les Atrides eine Mauer, bei La Ville parjure Nischen. Doch das ist nebensächlich. Beim Tartuffe waren es die gleichen Nischen mit Türen. In L'Indiade gab es zwar keine Mauer, dafür aber die Plattform, die Treppen zum Zuschauerraum hin, den Eingang der Schauspieler. Es gab übrigens doch eine Mauer, eine doppelte, allerdings nicht sichtbare Mauer. Man verwechselte sie mit Giebeln. Die Grundstruktur begann wirklich mit Sihanouk sichtbar zu werden.

Ich spreche vom Rohbau, vom Fundament. Darüber befinden sich Aufbauten, der Nebenraum, Trennwände, Ausrüstungsgegenstände, Gitter. Alle diese Elemente erlauben es, unsere Absicht zu spezialisieren, zu spezifizieren.

*Wieviel vom Gesamtbudget wird am Théâtre du Soleil für das Bühnenbild verwendet?*
Nach meinem Dafürhalten entsprechen die Ausgaben für das Bühnenbild dem Üblichen, was immerhin nicht schlecht ist. Das müssen zwanzig bis fünfundzwanzig Prozent sein. Aber im Théâtre du Soleil ist das schwer zu berechnen, weil es Techniker gibt, die ständig da sind und die man auch mit einrechnen muß. Sechs Techniker arbeiten als ständige Mitarbeiter, hinzu kommen Aushilfskräfte, die hin und wieder beim Aufbau helfen. Da sich die Schauspieler ebenfalls an der Realisierung des Bühnenbilds beteiligen, muß ihr Arbeitsanteil dazugerechnet werden. Aus diesem Grund ist die Gesamtberechnung schwierig. Doch ich bin der Meinung, daß das Bühnenbild im Théâtre du Soleil jetzt weniger kostet, weil durch diese Anlage der kostspieligste Posten nun eine gleichbleibende Größe ist. Zuvor veränderten wir alles, wir stellten auch die ansteigenden Sitzreihen her. Jetzt nicht mehr. Dieser Teil steht nunmehr fest.

*Auf dem Gebiet der Bühnengestaltung bildet man immer mehr junge Menschen aus. Glauben Sie, daß dies eine glückliche Entwicklung ist?*

Es gibt eine Unterrichtsmethode, die einen in die Arbeitswelt entläßt nach einer Lehrzeit, in der man gute Kenntnisse über die Techniken, die Methoden und Regeln vermittelt bekommt. Und es gibt eine andere Methode, und das ist der allgemeinbildende Unterricht. Diese Methode praktiziere ich. Sie ermöglicht den Studenten, ein Wissen – im besten Sinne – von all dem zu erwerben, was im Bereich der Bühnengestaltung existiert. Es betrifft absolut alle Disziplinen. Die Schüler studieren ebenso Museumskunde wie Filmkunst. Wenn die Studenten die Schule verlassen, können sie zum Film gehen oder in den Museumsbereich oder aber am Theater oder der Oper beginnen, was sie übrigens auch tun. Ich sage ihnen: »Treffen Sie vor allem keine Entscheidung in der Schule. Wir sind nicht in einer Berufsschule.«

*Was würden Sie jungen Menschen sagen, die sich in den Beruf stürzen?*
Genauso feinfühlig zu sein wie ein Künstler, genauso streng wie ein Wissenschaftler, genauso aufgeschlossen wie ein Philosoph.

*»Le centre de sensibilité«.*
*Aus dem Französischen von Hans-Henning Mey.*

Anmerkung
1  Patrice Chéreau, Victor Garcia, Jean-Pierre Vincent, Ariane Mnouchkine.

## DIE GRÜNDUNG DER ARTA
### Ein Gespräch mit der Schauspielerin und Mitarbeiterin Lucia Bensasson

*Die Schauspielerin Lucia Bensasson trat im Januar 1968 in das Théâtre du Soleil ein und verließ es im Juni 1983. Zwischen Shakespeares* LE SONGE D'UNE NUIT D'ÉTÉ *und Shakespeares* RICHARD II. *fanden die spannenden créations collectives statt, die gemeinsamen Erarbeitungen: 1789, 1793 und als Höhepunkt* L'ÂGE D'OR, *in welchem sie die Erzählerin des Schauspiels, Salouha, verkörperte. In* MÉPHISTO *übernahm sie die Rolle der Carola Martin, im* MOLIÈRE-*Film die der Marquise Thérèse Duparc.*

*Nachdem sie das Théâtre du Soleil verlassen hatte, arbeitete sie in Frankreich und im Ausland, mit Michelle Marquais, Bruno Boëglin, Jean-Louis Thamin, Bernard Sobel, Agnès Delume, Heinz Schwarzinger, Declan Donnellan. Auch machte sie Filme für Kino und Fernsehen und hält sowohl in Frankreich als auch im Ausland (China, Spanien, Italien) Schauspiel- und Pädagogik-Lehrgänge ab; außerdem nimmt sie an zahlreichen Symposien teil (Frankreich, China, Rußland).*

*Seit 1989 leitet sie zusammen mit Claire Duhamel die ARTA, die Association de recherche des traditions de l'acteur, die auf Betreiben Ariane Mnouchkines von den fünf Theatern der Cartoucherie gegründet worden war. Sie ist dort seit der Gründung 1989 künstlerische Direktorin.*

*Josette Féral: Wurde diese Theaterschule, die ARTA, die Sie gegenwärtig leiten, aufgrund Ihrer Freundschaft mit Ariane Mnouchkine gegründet?*
Lucia Bensasson: Ja, die Cartoucherie war stets meine Familie, doch die Gründung der ARTA brauchte Zeit zum Reifen. Erst als ich fortgegangen war und Ariane verlassen hatte, begann ich, in Kursen Dinge zu vermitteln. Und ich sagte mir, anstatt Kurse abzuhalten, wäre es viel besser, eine Schule zu haben mit einem wirklichen Projekt ... Ich ging

also zu Ariane, um ihre Meinung darüber zu hören und um ihr mein Projekt vorzustellen. Sie hörte mir nicht einmal zu, darin ist sie einfach genial. Sie sagte: »Hör zu. Du weißt, was du zu tun hast ... wir müssen eine Schule mit Meistern machen. Wir müssen es machen. Das verbrannte Haus[1] muß unbedingt eine Schule werden!« Schon lange wollte sie Meister in die Cartoucherie einladen, sogar an ein kleines Festival hatte sie gedacht, doch das wurde nie verwirklicht.

Nach dem Besuch bei Ariane fuhr ich für eine kurze Zeit nach China, um Vorbereitungen für einen längeren Aufenthalt dort zu treffen. Während dieser Zeit verfolgte Ariane weiterhin ihren Wunsch, eine Schule der Meister zu gründen. Sie sprach mit Paul Louis Mignon darüber, einem Theatermann, der viel über das Theater geschrieben hat. Er erklärte sich bereit, die Präsidentschaft unseres Vereins zu übernehmen, weil er die Idee großartig fand. Danach sprach sie mit dem für die Theater zuständigen damaligen Ministerialdirektor im Kulturministerium, Robert Abirached, und wurde von ihm in ihrem Vorhaben bestärkt. Jetzt brauchten wir nur noch einen Verein zu gründen, und da erzählte sie mir von Claire Duhamel, mit der sie bereits gearbeitet hatte und die über lange Erfahrung verfügte, vor allem mit Jean-Louis Barrault.

*Hat die ARTA etwas mit Ihrem Interesse am Orient zu tun?*
Ich glaube, dieses Interesse bestand in mir schon lange. Ich bin in Nordafrika, in Tunesien geboren, einem Land, das noch nicht ganz der Orient ist, ihm aber schon ähnelt.

Entweder unternimmt man Reisen, oder aber sie kommen auf einen zu, wie Artaud sagen würde. Schon während der Proben zu L'ÂGE D'OR waren wir einer Truppe des balinesischen Theaters begegnet, mit der es zu einem sehr bewegenden Austausch kam. Unter ihnen befand sich ein großartiger Schauspieler des Topeng (des getanzten Maskentheaters aus Bali), Pugra, der unsere Masken ausprobierte, es war faszinierend. Wir verstanden uns, wir sprachen dieselbe Sprache, erlebten ein universelles Theater. Diesen Schock hatte ich schon beim Theater der Nationen empfunden, ehe ich nach Asien ging.

Bereits bei meiner ersten Chinareise konzentrierte sich meine Suche auf das traditionelle Theater. Ich begann also eine Erkundungsarbeit. Es war die Zeit der politischen Öffnung in China. Ich hielt mich in Nanking auf, wo meiner Bitte nach einem Treffen mit einer der größten Schauspielerinnen Chinas, einer Schauspielerin des Kunqu, der ältesten noch lebendigen Theaterform, mit einem Besuch bei ihr entsprochen wurde. Ich fand ihre Kunst großartig, doch sehr schwer zu übermitteln. Eine große Sängerin, aber eine ausgesprochen schrille Kunst! … Die chinesische Singstimme läßt sich nur sehr schwer im Westen unterrichten. Ich besuchte einen Lehrgang bei dieser Sängerin, aber ich habe sie nicht nach Paris kommen lassen, dazu hätten wir über Spezialisten, Musiker, verfügen müssen. Die ARTA wurde aber hauptsächlich für Schauspieler gegründet.

*Wie viele Lehrgänge geben Sie pro Jahr?*
Anfangs gaben wir drei einmonatige Lehrgänge pro Jahr. Wir legen bei den Lehrgängen Wert auf die Dauer von mindestens einem Monat, denn es geht um Formen, die man sich schwer aneignet. Vierzehn Tage reichen nicht aus; erst nach zwei Wochen fangen die Dinge an zu wirken, was eindrucksvoll zu beobachten ist und sich jedes Mal bestätigt.

Zunächst organisierten wir zwei oder drei zusätzliche Lehrgänge, zudem Begegnungen im Umfeld erfolgreicher Lehrgänge und mindestens einmal pro Jahr Tage der »offenen Tür«. Auch kann man hierher kommen, um in Büchern nachzuschlagen und Videokassetten anzusehen. Alle diese Tätigkeiten entwickelten sich im Laufe der Jahre. Seit 1996 versuchen wir, unser Programm zu erweitern, unseren Tradi

tionen näherzukommen. Das Amüsante an der Sache ist, daß in dem ursprünglichen Projekt von einer weltweiten Schule die Rede war. Zunächst und vor allem war es eine Schule von asiatischen Meistern. Aber im Augenblick versuchen wir, für alle Spieltechniken des Schauspielers offen zu sein. So luden wir Declan Donnellan[2] ein, der einen sehr bemerkenswerten Workshop über Shakespeare leitete. Wir halten an der Qualität der Meister fest. Wir versuchen, Brücken zu schlagen zwischen Okzident und Orient. Claire und ich machten auch Reisen nach Rußland. Wir wurden von verschiedenen Schauspielschulen empfangen, und vor allem von der berühmtesten, dem GITIS[3]. Wir waren baff über die Technik der russischen Schauspieler, die von der gleichen Strenge ist wie im traditionellen Theater. Im Anschluß an diese Reise beschlossen wir, einen Lehrgang über das von Stanislawski entworfene russische Musiktheater zu veranstalten.

*Sind Ihre Lehrgänge vornehmlich für Schauspieler bestimmt?*
Ja, für Berufsschauspieler, aber auch Tänzer und Sänger haben Zutritt. Die Auswahl richtet sich nach Lebenslauf, Gespräch und Einführungslehrgang. Anfangs dauerten diese Einführungslehrgänge sehr lange. Sie zogen sich über eine Woche hin und entwickelten sich zu einem regelrechten Lehrgang. Das war zu lange. Drei Tage, das ist gut. Mitunter genügt sogar ein einziger Tag, um eine Gruppe zu organisieren. Wesentlich ist die Homogenität der Gruppe.

Zu Beginn gab es weit mehr Nachfragen als heute. Viele glaubten, es bestünde so eine Möglichkeit, ins Théâtre du Soleil einzutreten. Jetzt haben sie verstanden, daß die ARTA eine anspruchsvolle, strenge Schule ist und daß dieser Weg ein schwieriger Weg ist, daß man hier nicht mitmachen kann, ohne wirklich motiviert zu sein. Abgesehen von den neuen Techniken und Formen, kommen sie mit bemerkenswerten Männern und Frauen in Berührung, die ihr Leben in den Dienst der Kunst gestellt haben.

*Haben Sie auch Lehrgänge über Topeng und Kalaripayattu abgehalten?*

Was den Kalaripayattu anbelangt, so haben wir damit zum ersten Mal einen Lehrgang über Kampfsportarten abgehalten. Es ist eine Öffnung, die nicht direkt das Spiel des Schauspielers betrifft. Dennoch erscheint es uns sehr wichtig, daß ein Schauspieler Kampfsportarten beherrscht und damit umgehen kann. Es gibt Künste und Meister, die uns wesentlich erscheinen, wir lassen sie deshalb regelmäßig alle zwei Jahre wiederkommen. Das traditionelle chinesische Theater gehört dazu, das Kathakali, das Topeng ebenso wie das Kyogen, auch das Noh, selbst wenn es eine etwas schwerer verständliche Kunst ist, aber sie ist einfach großartig!

Interessant ist, daß es in jeder dieser Spielformen für die Kunst des Schauspielers etwas Wesentliches zu entdecken gibt. Was das Noh betrifft, so ist es zum Beispiel die extreme Selbstkontrolle, jene Langsamkeit, die zu extremer Kontrolle zwingt. Beim Topeng ist es die Arbeit an der Maske und am Tanz und die wichtige Arbeit an der Stimme. In Wirklichkeit bringen alle diese umfassenden Künste einen unendlichen Reichtum: Sie lehren sowohl Gesang als auch Tanz, sowohl dramatischen Ausdruck als auch Maskenspiel …

*Der Theaterwelt mangelt es an ähnlichen Orten, wo der Schauspieler seine Kunst weiterentwickeln kann. In den USA gibt es, als seltenes Beispiel, das Actor's Studio mit seiner ganz eigenen Spielform. Verband sich mit der Gründung der ARTA die Absicht, dem Schauspieler eine Arbeitsstätte zu bieten, wo er seine Ausbildung vervollständigen kann?*

Eindeutig ja. Ich wäre insofern nicht auf einen Vergleich zwischen ARTA und Actor's Studio gekommen, als die Schauspieler bei uns mit verschiedenen Theaterformen und -techniken konfrontiert werden. Auf alle Fälle ist es ein Ort, wo sie, sogar außerhalb der Lehrgänge, trainieren können. Das fortzusetzen, was wir in Angriff genommen haben, ist ein ehrgeiziges Unterfangen, das sich Schritt für Schritt entwickelt. Wir sind stets auf der Suche nach neuen Formen, wollen die Begegnungen vervielfachen und die ARTA zu einem wirklichen internationalen Zentrum der Theaterforschung machen. In der Tat erhalten wir Anfragen aus der ganzen Welt. Dieser Ort soll eine echte Schulungsstätte für Schauspieler sein.

»*L'ARTA. Donner des Maîtres*«.
*Aus dem Französischen von Hans-Henning Mey.*

Anmerkungen

1 Ein nach einem Brand verlassenes Haus auf dem Gelände der Cartoucherie, das man 1992 wieder aufbaute und das tatsächlich zum Sitz der ARTA wurde.

2 Declan Donnellan gründete 1982 zusammen mit Nick Ormerod *Cheek by Jowl.* Er inszenierte zahlreiche Aufführungen, darunter PEER GYNT, FUENTE OVEJUNA, SWEENEY TODD und ANGELS IN AMERICA am Royal National Theatre in London. 1995 hatte seine Inszenierung von WIE ES EUCH GEFÄLLT in den Bouffes du Nord beachtlichen Erfolg.

3 Staatliches Institut für Theaterkunst in Moskau (Lunatscharski). Gegründet 1878. Seit 1997 umbenannt in RATI (Russische Akademie für Theaterkunst). (A. d. Ü.)

# DIE AIDA

*Nach der Rückkehr von einer Tournee in Lateinamerika beschlossen Ariane Mnouchkine und Claude Lelouch, im Juli 1979 einen internationalen Verein zu gründen, dessen Ziel es ist, einen Beitrag zur Wiederherstellung der geistigen Freiheit in jenen Ländern zu leisten, in denen sie mit Füßen getreten wird. Dieser Verein zur Verteidigung von Künstlern, die Opfer von Willkür und Verfolgungen überall auf der Welt wurden (AIDA, Association internationale de défense des artistes victimes de la répression dans le monde), macht es sich zur Aufgabe, Informationskampagnen durchzuführen, Solidarität zu beweisen sowie Druck auf die Behörden auszuüben. Damals kam es in zahlreichen Diktaturen zu Angriffen auf Künstler; Anlaß zur Sorge gaben die Verfolgungen, unter denen Künstler in Chile (die Truppe Teatro Aleph), Argentinien (der Pianist Miguel Àngel Estrella), Uruguay (der Mathematiker Masséra) und Kolumbien (die Pianistin Alba Gonzalez Souza) zu leiden hatten. Der Verein ergriff öffentlich das Wort und versuchte, bei den Behörden zu intervenieren und Druck auf sie auszuüben. Indem er sich weigerte, Stillschweigen zu bewahren, führte er Aktionen von grundlegender Bedeutung durch, die die öffentliche Meinung sensibilisieren und das öffentliche Gewissen wachrütteln sollten, und er forderte die Intervention verschiedener Regierungen.*

## 1979

In Chile wurden zwei Mitglieder des **Teatro Aleph** ermordet und zwei weitere ins Exil getrieben. Das Theater erhielt Aufführungsverbot. Ariane Mnouchkine und Claude Lelouch reisten nach Chile, um von der Regierung eine Erklärung zu verlangen. Bei ihrer Rückkehr beschlossen sie, die AIDA zu gründen.

## 1980

**Vàclav Havel** und seine Gefährten von der Charta 77 wurden wegen »Subversiver Tätigkeit gegen die Republik« zu einer Gefängnisstrafe von sechs Jahren verurteilt. Anhand der Prozeßunterlagen inszenierte das Théâtre du Soleil den Prozeß von Prag. Das Schauspiel über diese Justizparodie wurde von Patrice Chéreau mit Simone Signoret, Yves Montand und Pavel Kohout in den Hauptrollen für das deutsche Fernsehen adaptiert. Es wurde auch in Deutschland gezeigt. Das österreichische Fernsehen verfilmte und sendete das Stück.

Im Februar 1980 versuchte die AIDA, von der russischen Botschaft Informationen zu erhalten über die estnische Schauspielerin **Ene Rammeld**, die Frau des Filmemachers Wladimir Karassew, der nach Frankreich geflüchtet war und sich erfolglos bemühte, seine Frau und seinen Sohn nachkommen zu lassen. Am Ende einer internationalen Kampagne erhielten die Schauspielerin und ihr Sohn 1981 Visa für die Ausreise aus der UdSSR.

Im April 1980 organisierte die AIDA eine Aktion zugunsten von **Alba Gonzales Souza**, die am 3. Januar 1979 festgenommen, eingesperrt und gefoltert worden war, weil sie nicht Komplizin der kolumbianischen Junta sein wollte. Während der Kundgebung lösten sich zwanzig Musiker an einem Konzertflügel ab auf einem Wagen, der von den Demonstranten gezogen wurde. Alba Gonzales Souza wurde vier Monate später freigelassen.

Diese Aktion ähnelte jener, die Nadia Boulanger, Yehudi Menuhin und Henri Dutilleux 1977 unternommen hatten, um den argentinischen Pianisten **Miguel Àngel Estrella** zu retten. Niemand glaubte damals, daß diese Aktionen eine Wirkung auf die Kerkermeister ausüben könnten. Dennoch wurde Estrella schließlich im Februar 1980 aus der Haft entlassen und von Rostropowitsch auf der Bühne der Salle Pleyel in Paris empfangen.

## 1981

**Hundert Banner für hundert in Argentinien verschwundene Künstler,** realisiert von hundert Künstlern, forderten die Freilassung der in Argentinien seit 1976 verschwundenen Künstler. Maler stellten aus diesem Anlaß große Banner her und zogen damit durch Paris, von der Place de l'Odéon zur Place de la Concorde, gefolgt von fast fünftausend Demonstranten. Die AIDA hatte die Demonstranten gebeten, sich schwarz zu kleiden, mit einem weißen Schal, wie es die Mütter auf der Plaza de Mayo in Buenos Aires jeden Donnerstag machten. Die Gruppe Urban Sax beteiligte sich an der Organisation der Veranstaltung. Der Verein veröffentlichte im Verlag Maspéro ein kleines Buch: Argentine, une culture interdite, das die Fälle der Unterdrückung, Entführung und Ermordung all jener registrierte, die in Argentinien außerhalb des von den Militärs aufgezwungenen politischen Kurses dachten, schrieben, malten und schöpferisch tätig waren: die Festnahme von Mercedes Sosa zum Beispiel, die Ermordung und Entführung Dutzender von Journalisten.

## 1982

Im Anschluß an einen Streik, ausgerufen im Dezember 1981 von polnischen Künstlern, die sich weigerten, für Rundfunk und Fernsehen zu arbeiten, organisierte die AIDA im November 1982 einen Tag zu deren Ehren, bei dem ihre französischen Kollegen gebeten wurden, einen Tagessatz ihres Gehaltes als Hilfe für ihre Berufskollegen zu entrichten.

Im Mai 1982 unterstützte die AIDA den armenischen Filmemacher **Sergej Paradjanow,** der von den sowjetischen Behörden wegen Homosexualität verhaftet worden war. Die AIDA ließ während der Festspiele von Cannes ein riesiges Bildnis des Dichters Sayat Nova, dem der letzte Film des Filmemachers gewidmet war, durch die Straßen fahren.

## 1984

Am 3. März 1984 organisierte die AIDA eine Demonstration zur Unterstützung des sowjetischen Karikaturisten **Wjatscheslaw Syssojew,** der im Butyrka-Gefängnis in Moskau festgehalten wurde wegen seiner satirischen politischen Zeichnungen, die als »Verstoß gegen die Antipornographiegesetze« angesehen wurden. Sie forderte bei dieser Gelegenheit alle Maler, Zeichner, Graphiker auf, »das Portrait einer Botschaft« zu entwerfen oder eine »Nature morte [Stilleben] für einen lebenden Künstler«. Sempé, Siné, Plantu, Cabu, die bei dieser Veranstaltung anwesend waren, demonstrierten so mit vielen anderen vor ihrer Staffelei.

Am 2. Juni 1984 beschloß die AIDA, bei der chinesischen Regierung für die Freilassung von **Wei Jingsheng,** einem der Anführer des »Pekinger Frühlings«, zu intervenieren, der im März 1979 festgenommen und zu einer Freiheitsstrafe von fünfzehn Jahren verurteilt worden war. Das Théâtre du Soleil rekonstruierte den Prozeß in einer Aufführung als Hommage an Wei, wie es dies bei dem Prozeß gegen Vàclav Havel gemacht hatte.

Die AIDA setzte sich im Laufe der Jahre auch für Raymondo Gleyser und Liber Forti (Argentinien) ein, für Jorge Muller und Julietta Ramírez (Chile), für Wadim Smogitel (Sowjetunion), Virgil Tanase (Rumänien), Li Shuang (China), Ahmed Fouad Negm (Ägypten), Breyten Breytenbach und Don Mattera (Südafrika).

## Von 1984 bis 1995

Das Ende des Kalten Krieges und die Demokratisierung der Länder Lateinamerikas und Osteuropas veranlaßten die AIDA, ihre Aktivitäten auszusetzen. Im Jahr 1995 allerdings ließ die Lage der Künstler in Ländern, die mit einem Erstarken des Fundamentalismus zu kämpfen haben, die Aktionen wieder aufleben.

## 1995

Erneut mit einer Vielzahl von Mordanschlägen konfrontiert, denen Künstler und Intellektuelle in Algerien zum Opfer fielen – die Ermordung von **Azzedine Medjoubi** (dem Leiter des Algerischen Nationaltheaters, der vor seinem Theater niedergestreckt wurde), von Abdelkader Alloula (dem Leiter des Regionaltheaters von Oran), von Cheb Hasni (einem Sänger des Raï), von Ahmed Assalah (dem Direktor der Kunsthochschule von Algier), von Tahar Djaout (Dichter)[1] –, beschloß die AIDA, ihre Aktionen wieder aufzunehmen, um sich für die algerischen Künstler, die Opfer des Terrorismus wurden, einzusetzen, mit dem konkreten Ziel, »gemeinsam Mittel zu finden, ihnen zu helfen und diejenigen aufzunehmen, die angesichts der Morddrohungen durch die ›Gottesnarren‹ in Frankreich Zuflucht suchen«.

Eine Reihe von kulturellen Veranstaltungen und Podiumsgesprächen wurden organisiert, darunter das Manifest für die Pflicht der Asylgewährung und Gastfreundschaft gegenüber algerischen Künstlern, dessen Losung lautete: »Ein Visum zum Leben«.

AIDA verfolgt seitdem eine Doppelstrategie. Sie prangert die islamische Raserei an und zugleich die verschiedenen europäischen Regierungen, die das Asylrecht verleugnen. Sie ist also nicht mehr allein auf das gerichtet, was im Ausland vor sich geht, sondern betrifft auch Frankreich. Der Verein macht es sich zur Aufgabe, Künstlern konkret zu helfen (Erlangung von Visa, Aufenthaltsgenehmigungen, Arbeitserlaubnis), damit sie ihre Kunst ausüben können (zum Beispiel Hilfe für die Truppe Exil Zéro).

*Weitere Aktionen ohne Zusammenhang mit der AIDA*
Diese Aktionen gehören zu einer Reihe von Interventionen, die nicht nur das Théâtre du Soleil angehen, sondern auch viele andere französische Künstler und Intellektuelle mit einbeziehen, so etwa LA NUIT DE VEILLE in der Opéra du Rhin im November 1984, um ein »Aufflammen der internationalen Solidarität zugunsten von Algeriern (hervorzurufen), die heute keinen Zufluchtsort und keine Exilmöglichkeit mehr haben«. Auf der von Ariane Mnouchkine, den Schauspielern

des Théâtre du Soleil und dem Ensemble des Nationaltheaters von Straßburg geleiteten Abendveranstaltung traten zahlreiche algerische Schriftsteller (Omar Belhouchet, Mohammed Dib, Samir Nair, Assia Djebar) und Künstler (Idir, Rimitti, Chaba Zahounia) auf.

Der Hungerstreik von Ariane Mnouchkine, François Tanguy, Olivier Py im Jahre 1996 hatte ebenfalls zum Ziel, die Sofortintervention der Regierung zu fordern, um dem Massaker in Bosnien ein Ende zu bereiten.

Schließlich ist die Aufnahme der aus der Kirche Saint-Bernard vertriebenen »sans-papiers«, die im Herbst 1997 in der Cartoucherie aufgenommen wurden, ebenfalls eine Aktion, an der das Théâtre du Soleil und die anderen Theater der Cartoucherie beteiligt waren.

Dieses Engagement Ariane Mnouchkines und des Théâtre du Soleil ist in Frankreich nicht einmalig. Es schließt an eine große französische Tradition an, in der zahlreiche Intellektuelle und Künstler kraftvoll das Wort ergriffen, Ungerechtigkeiten anprangerten und sich bemühten, bei ihren Regierungen zu intervenieren (Sartre, Beauvoir, Genet haben häufig öffentlich Stellung genommen wie auch Montand, Signoret, Lelouch und andere). Man muß freilich zugeben, daß die AIDA heute der einzige Verein ist, der diese Aktion der Verteidigung der Rechte von Künstlern auf so organisierte, systematische und sichtbare Weise durchführt. Es ist also nicht weiter verwunderlich, daß es dieser Organisation gelang, einige Schlachten zu gewinnen, und Regierungen, Öffentlichkeit und Künstler zwang, ihr immerhin Gehör zu schenken.

Wie Ariane Mnouchkines und Patrice Chéreau in ihrer Erklärung ganz zu Beginn der AIDA im Jahr 1979 feststellten: »Die Freiheit ist wie ein Chagrinleder.«[2] Dem Künstler kommt die Aufgabe zu, darauf zu achten, daß sie nicht eingeschränkt wird, und zur gesellschaftlichen Mobilisierung aufzurufen.

*Die Freiheit ist wie ein Chagrinleder*

In der Tschechoslowakei habt ihr Havel, den Schriftsteller, ins Gefängnis gesteckt,

in Uruguay habt ihr Estrella, den Pianisten, ins Gefängnis gesteckt,

in der Sowjetunion habt ihr Vadim Smogitel, den Pianisten, ins Gefängnis gesteckt,

und in Kolumbien habt ihr Alba Gonzalez Souza, die Pianistin, auch sie ins Gefängnis gesteckt.

Ihr habt in Argentinien Raymundo Gleyzer, den Filmemacher, verschwinden lassen,

in Chile Jorge Muller, den Filmemacher,

in Chile Julieta Ramirez, die Schauspielerin,

im Iran habt ihr eure Dichter der Zensur unterworfen, und die Musiker habt ihr eingesperrt,

in Südafrika auch, und viele andere, die ihr ermordet habt.

Und gleichwohl sind die verfolgten Künstler nur der sichtbare Teil eines unheimlichen und riesigen Eisberges.

Die Freiheit ist wie ein Chagrinleder.

Was bleibt uns da noch zu sagen, was andere nicht bereits gesagt hätten? Was bleibt uns da noch zu tun, was nicht bereits getan worden wäre?

Eine einzige Sache: weiterzumachen.

Doch wir sind schwach, furchtsam und ohne Strategie.

Wir fordern lauthals die Freilassung dieses oder jenes Künstlers in der Sowjetunion oder in Argentinien, und wir bringen euch zum Lachen, euch Tyrannen. Denn ihr wißt aus Erfahrung, daß man kein Recht einfordert, sondern nur das fordert, was man mit Gewalt erlangen kann. Nun wissen wir aber nicht mehr sehr gut, wo unsere Stärke liegt.

Daher werden wir für die zeugen, werden ein Echo derer sein, die schreien.

*Wir werden ihre Schriften erneut abschreiben, ihre Zeichnungen durchpausen, ihre Worte unablässig wiederholen.*

Dies ist der Grund dieses Buches, das die Artikel eurer Presse und eure eigenen Erklärungen, meine Herren argentinisches Militär, treu wiedergibt. Das auch denen das Wort erteilt, die ihr zum Schweigen und zum Exil verurteilt habt: Schriftstellern, Malern, Filmemachern, Dichtern, Sängern dieser argentinischen Erde.

Sinnlos, sagt ihr. Diese kleinen Flügelschläge bringen euch nicht dazu, den Griff zu lockern. Im Gegenteil, ihr werdet hart bleiben. Ihr werdet nicht zurückweichen und werdet uns entmutigen.

Oh! Glaubt das nicht. Wir wissen, daß es einem Staat, der niemals zurückweicht, der wie ein gewöhnlicher Terrorist seine eigenen Künstler als Geiseln nimmt, einem Staat, der sich hinter seine Gitterstäbe duckt, immer schwerer fällt, seine Bürger in Ketten zu halten.

Schließt eure Grenzen. Macht eure Länder zu Inseln, verjagt unsere Abgesandten, hört ihre Telephongespräche ab; trotz allem werden wir gleich unermüdlichen Klatschbasen all das wiederholen, was von euch und von unseresgleichen zu uns kommt.

Wir werden das mit unseren Mitteln machen: dem Theater, dem Film, dem Gesang, der Malerei, dem Buch.

Wir werden es in der gesamten Welt machen.

Lächerlich, sagt ihr. Clowns und Schreiberlinge fürchtet ihr nicht.

Ach ja? Nun, wenn die Künstler nur eine Quantité négligeable sind, warum habt ihr denn solche Angst vor denen, die unter eurem Gesetz leben?

*Ariane Mnouchkine, Patrice Chéreau*

*Aus dem Französischen von Hans-Henning Mey.*

Anmerkungen

1 Andere haben seither das gleiche Schicksal erlitten: Rachid Ahmed Baba und Lili Amara 1995, Cheb Aziz 1996.

2 *Le Monde*, 21. 12. 1979. Das CHAGRINLEDER, der Titel eines Romans von Honoré de Balzac, wurde im Französischen quasi sprichwörtlich für etwas, was immer mehr schwindet. (A. d. Ü.)

# Josette Féral
## JEDES THEATER IST POLITISCH

Auf die Frage eines Journalisten, weshalb das Theater in einer Gesellschaft wie der unseren wichtig sei, antwortete Mnouchkine:

*Es ist wichtig, weil es ein Ort des Wortes ist, des Denkens, der Erforschung des Buchstabens, des Geistes der Geschichte in einer Zeit, da alle diese Orte verleugnet und abgelehnt werden. Das Theater bleibt ein Ort, wo man zu verstehen versucht, wo man berührt wird, wo man dem anderen begegnet – wo man der andere ist.[1]*

Diese wenigen Worte reichen aus, um Mnouchkines Glauben an die Funktion zusammenzufassen, die das Theater heute haben kann. Sie hat sie oft, bei vielen Gelegenheiten, nach jeder ihrer Aufführungen wiederholt, immer in dem Bemühen, ihr Vertrauen in das Theater und diese, wie sie fühlt, ihr übertragene Aufgabe zu vermitteln, ohne daß hinter diesen Worten die Anmaßung steckt, sie wolle das Theater retten oder dessen einziger Bewahrer sein. Wie Vilar vor ihr, wie Jouvet, wie Dullin, wie zweifellos auch Vitez gehört Mnouchkine zu jenen in der Theaterlandschaft sehr seltenen Menschen, deren Theaterpraxis nicht nur mit einer starken Ästhetik verbunden ist, sondern auch mit einem tiefen gesellschaftlichen Engagement.

Und engagiert ist Mnouchkine ohne jeden Zweifel. Sie ist es ebenso nachdrücklich im Politischen wie im Künstlerischen. In einer Kunst, die sich auch auf den politischen Bereich erstreckt, selbst wenn Mnouchkine es nicht immer gern sieht, daß man sie daran erinnert. Die Natur der beiden Strategien ist gewiß von Grund auf verschieden, und Mnouchkine ist sich dessen bewußt, versucht sie doch, diese zwei Arten der Einmischung voneinander getrennt zu halten. Auf dem Gebiet des politischen Engagements führt Mnouchkine ihren Kampf frei von jeder Parteizugehörig-keit. Ihre Leitlinie ist es, bestimmten Ideen, an die sie zutiefst glaubt, treu zu bleiben: der Freiheit des Künstlers, der Forderung nach dem Recht der (Asylbewerber-)Aufnahme, der Unterstützung der Künste, dem Anprangern von Regierungsverbrechen … Ihr Hauptkampf geht von der Überzeugung aus, jeder Künstler müsse seine Kunst unter den für die freie Ausübung seiner Begabung notwendigen Bedingungen bei voller Straffreiheit verrichten können. In diesem Geist hat sie sich im Laufe der Jahre, häufig unterstützt von zahlreichen Mitgliedern ihres Ensembles, die sie bei ihren Aktivitäten begleiteten, in gewisse Aktionen öffentlich eingemischt und hat nicht gezögert, Mißstände anzuprangern und rasche Handlungen der Regierungen zu fordern: die Freilassung von Künstlern, die Opfer lateinamerikanischer Diktaturen oder kommunistischer Regime in osteuropäischen Ländern geworden waren; das Tätigwerden für in Argentinien verschwundene Künstler; die Aufnahme von Menschen ohne Ausweispapiere; den Aufruf zur Beendigung des Krieges in Bosnien; das Eintreten für durch Fundamentalisten mit dem Tod bedrohte algerische Künstler. Mnouchkines Aktionen verfolgen stets ein ganz konkretes Ziel: die Freilassung von Vàclav Havel in der Tschechoslowakei, von Alba Gonzales Souza in Kolumbien, von Sergej Padschanow in der UdSSR, von Wei Jingsheng in China.[2] Diese Aktionen verursachen mehr und mehr Störungen bei Regierungen, Gesellschaft und Publikum, da sie plötzlich gezwungen sind, Stellung zu beziehen.

Obwohl Mnouchkines Aktionen vielfältig und häufig wirkungsvoll sind, laufen sie völlig unabhängig von dem künstlerischen Engagement des Ensembles ab. Sie beeinflussen es in keiner Weise, da Mnouchkine stets versucht hat, diese beiden Bereiche getrennt zu halten, auch wenn die Schauspieler, die im Théâtre du Soleil sind – oder dort gewesen waren –, einräumen, wie schwierig es manchmal ist, so vielen Dingen so viel Zeit zu widmen. Diese Aktionen verschlingen die Freizeit, die persönliche Zeit eines jeden, was zu gewissen Spannungen führen kann, worauf im letzten Schauspiel des Ensembles ET SOUDAIN, DES NUITS D'ÉVEIL humorvoll hingewiesen wird.³ Diese Entscheidungen für ein Engagement werden natürlich der Initiative jedes einzelnen überlassen; doch kann man sich leicht einen Solidarisierungseffekt vorstellen, wenn es darum geht, sich für eine gerechte Sache einzusetzen. Diese »politischen« Aktionen unterscheiden sich also deutlich von der künstlerischen Praxis der Truppe; sie finden zu anderen Zeiten statt, häufig sogar an anderen Orten, auch wenn es offensichtlich ist, daß das politische Engagement und die künstlerische Arbeit von derselben Leidenschaft genährt werden.

> *Ich möchte nicht, daß man sagt, ich sei eine Aktivistin.*
> *Dieses Wort bezeichnet eine Art von Engagement, die*
> *nicht die meine ist. Stellung nehmen, für Ideen, ein*
> *Ideal eintreten ist eines. Aktivist sein ist ein anderes. Es*
> *ist eine Vollzeittätigkeit. Es ist fast ein Beruf. Es ist nicht*
> *der meine. Ich betrachte mich als jemanden, der an der*
> *Geschichte seiner Zeit teilnehmen will, indem er sie*
> *durch zunächst künstlerische Mittel ausdrückt. Ich bin*
> *nämlich der Überzeugung, daß jeder Bürger, jeder*
> *Mann, jede Frau, jeder Heranwachsende auf die Welt*
> *Einfluß nehmen kann: jeder seinen eigenen.*⁴

Mnouchkine mag sich noch so sehr wehren, sie gilt als Aktivistin, aber als eine etwas merkwürdige Aktivistin, eine außerhalb der Norm, die niemals einer wie auch immer gearteten politischen Partei angehören wollte und die stets die Freiheit des Denkens und Handelns außerhalb jeder Strömung gefordert und praktiziert hat, stets geleitet von der Sorge um die Kunst (den Künstlern zu helfen, der Kunst die Berechtigung in unserer Gesellschaft zurückzugeben, in der die verschiedenen politischen Bewegungen, die Regierungen, die Ideologien sie ständig mißbrauchen). Die Ent-

scheidungen für Aktionen, die es im Namen des Theaters zu initiieren gilt, trifft sie also unter Berücksichtigung des Zeitgeschehens, das sie aufmerksam verfolgt, ohne je das Theater aus dem Blick zu verlieren, welches den Vorrang behält. Wie sie 1998 erwähnte, ist es unbedingt erforderlich, an der eigenen Geschichte mitzuwirken.

> *Unser Leben befindet sich in jedem Augenblick in einer*
> *geschichtlichen Periode: Entweder man beschließt von*
> *klein auf, daß man ein Mädchen oder ein Junge sei, das*
> *oder der an der Geschichte teilnehmen wird; oder man*
> *beschließt, daß sich die Geschichte ohne uns vollziehe,*
> *man steckt den Kopf in ein schwarzes Loch und rührt*
> *sich nicht.*⁵

Es ist klar, daß Mnouchkine angesichts dieser existentiellen Alternative die Aktion mittels des Kunstwerkes gewählt hat, eine Aktion, die sie als Künstlerin initiiert, konfrontiert mit einer Welt, der sie angehört und deren Zuckungen sie verfolgt. Sie bezieht Stellung dazu, versucht, den Lauf der Dinge zu beeinflussen, und weigert sich energisch, sich von vornherein geschlagen zu geben.

> *Ich erleide meine Zeit. Man kann von mir nicht erwar-*
> *ten, daß ich mich dem beuge, was sie an Mittelmäßigem*
> *oder Zynischem oder Individualistischem hat.*⁶

### Theater und Geschichte

Um sich nicht von vornherein geschlagen zu geben, hat Mnouchkine eine machtvolle Waffe zur Verfügung: ihre Kunst. Bei ihr ist das Theater untrennbar mit einer gewissen geschichtlichen Verantwortung verbunden. Wenn es ein Engagement gibt, das in ihr felsenfest verankert ist, so ist es bestimmt dieses. Alles geht vom Theater aus und kehrt zu ihm zurück.

Denn während sich das Theater um uns herum heute zumeist durch seine harmlose Leere auszeichnet, will das von

Mnouchkine beabsichtigte Theater in der Gegenwart verankert sein; es will sinnvoll sein, will vom Menschen sprechen,
von den Seelen, von den Leidenschaften, von der Macht.
Sein Ziel ist nicht, unserer Gesellschaft als Spiegel zu dienen,
damit sich der Zuschauer mit Wohlgefallen darin wiederer-
kennt, sondern im Gegenteil ein anderes Bild von bestimmten Veränderungen der heutigen und der vergangenen Geschichte, von bestimmten Schicksalen zu zeigen, so daß der
Zuschauer von heute darin die Verwandtschaft mit der Geschichte seiner eigenen Zeit erkennt.

Dieser Bezug zur Geschichte riß in Mnouchkines Werk
seit den ersten Anfängen nie ab. Von La Cuisine bis zu Et
soudain, des nuits d'éveil, ihrem letzten Stück, ist die
Geschichte in ihrem Werk gegenwärtig, die vergangene oder
die heutige Geschichte, die nahe oder weit zurückliegende,
die orientalische oder die europäische Geschichte. Selbst ihre
Arbeit an den Shakespeare-Stücken oder an den Atrides
erklärt und rechtfertigt sich aus ihrer Perspektive nur durch
den Wunsch, die heutige Geschichte von der gestrigen her
zu erhellen. Die Texte von Aischylos wie die von Shakespeare
sind auf diesem Gebiet meisterhaft. Eben weil die Erzählungen der Schicksale jener verblichenen, entthronten Könige als Henker oder Opfer unsere Gegenwart erhellen und
uns unsere Zeit besser verstehen lassen, interessieren sie uns.
Das gleiche gilt für die Mythen, die das Théâtre du Soleil in
der Orestie aufgegriffen hat. Sie rühren an die Geheimnisse des Bewußtseins und vor allem an die Leidenschaften
der Menschen. Hiervon ist das Théâtre du Soleil durch den
Umgang mit den großen Texten des Repertoires überzeugt.

*Die Geschichte ist wie Brot. Sie gibt Kräfte. Man muß
sich von ihr ernähren, sie teilen – selbst wenn sie furcht-
bar ist. Ob es nun alte Geschichte ist wie die der
Griechen (wenngleich sie doch die Grundlage unserer
Zivilisation darstellt) oder zeitgenössische, mit einem
Ereignis, das zum Heiligen zurückführt und zur
Achtung vor der Tragödie, in der Art, wie sie das Indivi-*

*duelle und das Allgemeingültige vermischt. Man findet
darin die Begriffe Schicksal und Entscheidung wieder.
Wenn die richtige Entscheidung nicht notwendigerweise das tragische Schicksal verhindert, so läuft die falsche
Entscheidung allemal darauf hinaus.*[7]

Wenn sich die antiken Texte aufgrund jener Lesart, die sie
von der menschlichen Seele und der Gegenwart erlauben, als
uns nahestehend erweisen, so gilt das gleiche von den geographischen und historischen Wegen, die uns Mnouchkine
beschreiten läßt – in Richtung Indien, Kambodscha, Tibet,
Länder, deren geographische Ferne nicht die Nähe der
Dramen vergessen lassen darf, die sich dort abspielen.

Einem Journalisten, der sie anläßlich von L'Indiade
darauf aufmerksam machte, daß uns westlichen Zuschauern
all dies vielleicht etwas fernstände, antwortete sie:

*Als ob es für die Geschichte eine Schranke gäbe! Als ob
Indien nicht meine Geschichte wäre! Als ob Südafrika
nicht meine Geschichte wäre! Ich bin Französin, doch
ich gehöre der Welt an. Wenn Indien nicht unsere
Geschichte ist, dann könnte es dazu werden … Man
wird überdies schreiben, daß wir ein historisches
Schauspiel machen. Aber in Wirklichkeit sprechen wir
von dem, was uns angeht. Wir wußten selber nicht, wie
sehr wir von uns, von unserer Zeit, von unserer
Uneinigkeit, von unserer Unduldsamkeit, von unserem
Haß sprechen würden.*[8]

Die gleiche Beobachtung in bezug auf Kambodscha:

*Wenn Sie mir sagen, das sei weit entfernt von den Sor-
gen des Durchschnittsfranzosen, dann ist er selbst schuld
daran. Er braucht seine Sorgen nur ein wenig zu erweitern. Das ist auch unsere Rolle. Unsere Rolle ist es nicht,
dem Egoismus, der einseitigen Interessenvertretung,
dem Chauvinismus, der Gleichgültigkeit zu folgen …
Weil ich volkstümliches Theater machen will, brauche
ich mich deshalb nicht zur stumpfsinnigsten Alltäg-
lichkeit herabzulassen. Unsere Rolle ist es, dem Durch-*

*schnittsfranzosen zu sagen: »Kambodscha ist deine Geschichte.«⁹*

Das Théâtre du Soleil spielt also unaufhörlich unter stets anderen und neuen Blickwinkeln unsere Geschichte. Die Geschichte, die das Soleil anhand spezifischer geschichtlicher Abläufe vor Augen führt, ist letztlich die Geschichte der Welt im allgemeinen und die des Zuschauers im besonderen. Wie Hélène Cixous anmerkte, hat Ariane Mnouchkine eine weltumfassende Beziehung zum Theater. Sie hat auch eine weltumfassende Beziehung zur Geschichte. Wo immer die Geschichte sich auch abspielt, sie betrifft sie. Sie ist notwendigerweise ein Empfänger.

> *Wenn man von jenen verschwindenden Kulturen, von Tibet, von Kambodscha spricht, wo ich gewesen bin – es sind Teile von mir, von uns, der Menschheit, die verschwinden. Es sind unsere Schätze, die vergehen. Ich besitze einen Schatz, es ist die Welt. Ich bin weder unparteiisch noch uneigennützig, wenn ich sie möglichst wenig verwüstet sehen möchte.*¹⁰

Dieser Wunsch nach Teilnahme an der Geschichte begleitet also ihre gesamte Arbeit als Künstlerin. Er ist deren Grundlage, und man kann so die Verbindungen verstehen, die zwischen allen ihren Stücken bestehen. Von Gorkis LES PETITS BOURGEOIS bis zu ET SOUDAIN, DES NUITS D'ÉVEIL ist es dasselbe Anliegen und dasselbe Erstaunen, sooft sie entdeckt, daß die Texte, selbst diejenigen, die sie für die zeitlich fernsten halten könnte (L'ORESTIE), sehr nahe sind und es ermöglichen, die heutige Geschichte besser zu verstehen.¹¹

Denn, darin darf man sich nicht täuschen, das Hauptanliegen Mnouchkines ist, über diese historische Beschäftigung hinaus von der heutigen Zeit zu sprechen. Die Geschichte interessiert sie nur in dem Maße, wie sie unsere Epoche und alle ihre Widersprüche erhellen kann.

Nach den mehr festlichen 1789 und 1793 und dem mehr kritischen L'ÂGE D'OR [s. S. 193 ff.] scheint MÉPHISTO das erste Stück zu sein, worin sich eine spezifisch politische Anschauung zeigt. Der Ton in ihm ist gewalttätiger und anklagend. Das Stück, das den Roman von Klaus Mann aufgreift, erzählt den Weg eines großen deutschen Schauspielers, Hendrik Höfgen, der in die Strömung der Macht schlittert und zum Lieblingsstar von Göring und den Nazis wurde. Da er die zerstörerische Kraft, die diese in der Geschichte spielen werden, nicht sofort richtig einschätzt, versucht er, verblendet und unbewußt, feige und auch niederträchtig, jedoch besessen von seiner Kunst, in seiner Karriere voranzukommen, ohne mahnenden Vorboten Beachtung zu schenken. Ihm gegenüber bleibt ein anderer, ein kommunistischer und aufrichtiger Schauspieler, Otto Ulrich, seinen Überzeugungen treu und stirbt für sie.¹²

Mit NORODOM SIHANOUK zeigt sich Mnouchkines Entschluß deutlicher, ihre künstlerische Arbeit der Darstellung der heutigen Geschichte zu widmen. Paradoxerweise kehrt sie damit zurück zu den Anfängen des Soleil, insbesondere zu dem Anspruch von L'ÂGE D'OR. Die kraftvolle Anprangerung nimmt hier nicht die Form eindeutiger und engagierter Reden an, sondern wird an herausgestellten Persönlichkeiten sichtbar. Ursprünglich wollte Mnouchkine »etwas über den Völkermord machen, die Frage aufwerfen: Was stellt einen für die Menschheit unersetzbaren Verlust dar? Natürlich hätten wir von anderen Ländern sprechen können, aber seit dreißig Jahren ist Kambodscha der Brennpunkt, an dem sich alle Irrtümer, alle Sünden, Zynismen, Lügen, Teilnahmslosigkeiten angehäuft haben«.¹³ Daher schildert das Stück die Tragödie, die von 1953 (dem offiziellen Datum der Unabhängigkeit Kambodschas) bis 1979, dem Jahr des Eingreifens der Vietnamesen in Phnom Penh, ein ganzes Volk als Streitobjekt der Großmächte in Mitleidenschaft zog, das ein Fürst, der sein Land retten möchte und der weder durch und durch heroisch noch völlig willensschwach ist, nicht zu verteidigen vermag. Um ihn herum spielt sich ein politisches Ballett ab zwischen machtbesessenen Regierenden: Lon Nol, Pol Pot, Kissinger, Kossygin.

Und das Publikum sieht, wie vor seinen Augen die Beziehungen entstehen, die zum kambodschanischen Völkermord führten, einem Völkermord, den die übrige Welt, wie so oft in der Geschichte, geschehen ließ.

L'Indiade erzählt ebenfalls die Geschichte einer Tragödie, die der Geburt des indischen Staates und seiner Zerrissenheit zum Zeitpunkt der Teilung. 1937–1948: Elf Jahre des Bruderkrieges, mehr als 500.000 Tote trotz der von Gandhi gepredigten Gewaltlosigkeit. Die Wurzeln der Tragödie sind in der Verschiedenartigkeit des Landes selbst zu suchen, eines Landes mit zahlreichen Sprachen und Bevölkerungsgruppen, dessen Befreiung aus dem britischen Joch und dessen Unabhängigkeit sich um den Preis einer schmerzlichen und blutigem Teilung vollzog. Es ist »das Indien aller Utopien; das des künftigen Mahatma Gandhi gegen dasjenige Nehrus. Es ist das koloniale Indien des Britischen Weltreiches, das Churchill nicht aufgeben wollte. Es ist auch das von Mohammed Ali Jinnah geteilte Indien, dem Gründer Pakistans, dem Mann der Teilung«.[14] Das Stück bemüht sich, neben den Großen (Nehru, Gandhi, Jinnah) auch von den kleinen Leuten zu berichten, jenen Namenlosen, die in den gewaltigen Wirbelsturm getaucht wurden, der sich des indischen Kontinents bemächtigte.[15]

Die uns näherstehende Ville parjure hängt mit dem Skandal um verseuchte Blutkonserven zusammen und erzählt die Empörung einer Mutter, deren beide Kinder getötet wurden durch die Fahrlässigkeit der Machthaber: der Regierenden, der Ärzte, die durch die Verlockung des Geldes und Leichtfertigkeit viele Unschuldige zum Tode verurteilten. Das Stück ist als Tragödie konzipiert, als eine Metapher für die Verbrechen in unserer Zeit. Es prangert die Machthaber an, die allein aus finanziellem Eigennutz und durch unsaubere Wahlstrategien eine Katastrophe hervorrufen. Es ging darum, zu zeigen, daß es »ein umfangreiches System ist, welches bewirkt, daß Führer, Politiker das Wesentliche vergessen … [daß] die, die die Zügel der Gesellschaft in der Hand haben oder in der Hand zu haben glauben, beschlossen, Wörter wie Brüderlichkeit, Ideal wären die rückständig geworden, daß die Ideale selber anachronistisch geworden wären«.[16] Das Stück weist auf das Fehlen der Spiritualität in der Geschäftswelt hin, aber auch auf den Verfall des Gewissens und des Verantwortungsgefühls in unserer Zeit.

Der Tartuffe, ein zu allen Zeiten aktuelles Stück, will ein flammendes Wort gegen jede Intoleranz und alle Fundamentalismen, ein Kampf gegen den Integralismus sein. Der Leitgedanke war, vorzuführen, was geschieht, »wenn die Ideologie, statt ein Ideal vorzuschlagen, zu einem Unterdrückungsinstrument wird und zur Machtergreifung dient. Ich hatte mich schon vor zwanzig Jahren mit dem Gedanken getragen, den Tartuffe zu inszenieren, damals hätte ich den Stalinismus behandelt«, bemerkte Mnouchkine.[17] Und empört fügt sie hinzu: »Wir werden von Millionen von Menschen auf der Welt bedroht, die sich im Namen Gottes das Recht anmaßen, Intellektuelle zu töten, Frauen zu vergewaltigen und in völliger Abhängigkeit zu halten. Aus einer Mischung aus Feigheit und angeblichem politischem Scharfsinn heraus verhandelt der Westen weiterhin mit ihnen und möchte einen Unterschied entdecken zwischen den Mördern und denen, die sich damit zufrieden geben zuzustimmen […]. Der Westen ist wie Orgon ein Helfershelfer, und wir sind es mit ihm.«[18]

Die Anklage ist heftig und natürlich verdient. Sie erinnert an die Anprangerungen, die es schon in Méphisto gab, und unterstreicht die Beständigkeit eines Denkens und eines Engagements, das Schweigen und Gleichgültigkeit ablehnt. Der Vergleich läßt sich leicht anstellen: »Sie haben noch nicht das Steuer übernommen, aber sie beherrschen die Straße und sind sehr gut organisiert. Sie machen Angst.« Ihnen gegenüber läßt, fasziniert und zugleich furchtsam, jedermann alles geschehen.

Et soudain, des nuits d'éveil schließlich erinnert an die gegenwärtige Geschichte Tibets, das gewaltsam in das

riesige chinesische Reich einverleibt wurde, worauf mit
Hilfe von Zahlen und Erläuterungen das *Journal* des Théâtre
du Soleil hinweist, das aus diesem Anlaß herausgegeben
wurde und ganz dazu bestimmt ist, die verschiedenen Sta-
tionen dieser Annexion besser bekanntzumachen. Diesmal
ist die historische Darstellung in dem Stück selbst summa-
risch und besitzt nicht die Spannweite von SIHANOUK oder
von L'INDIADE. In ET SOUDAIN, DES NUITS D'ÉVEIL geht es
um die Ankunft einer tibetischen Delegation (fast vierhundert Personen) in einem Theater, das bis ins kleinste Detail
der Cartoucherie ähnelt. Die Delegation wurde von der
französischen Regierung abgewiesen, als sie diese durch
politischen Druck daran hindern wollte, Militärflugzeuge
an China zu verkaufen. Das Stück beschreibt das Durcheinander, das diese Ankunft im Theater hervorruft, wo sie um
Gastfreundschaft bitten, samt den Konflikten und Widerständen, die eine solche Situation notwendigerweise begleiten. Die Erzählung ermöglicht nicht nur eine Analyse der
Reaktionen aller Mitglieder des Ensembles auf diese außergewöhnliche Situation, die die Bequemlichkeit eines jeden
gezwungenermaßen stört, sondern erlaubt auch, zwischen
den Zeilen eine Anspielung zu lesen auf das Eintreffen von
dreihundert Afrikanern ohne Ausweise, die, aus der Kirche
Saint-Ambroise vertrieben, im April 1996 die Cartoucherie
besetzten und auf eben dieser Bühne beherbergt wurden.[19]

Natürlich haben alle diese Stücke weder die gleiche
Spannweite noch die gleiche Kraft. Wenn SIHANOUK und
L'INDIADE von der Geschichte getragen wurden, wenn der
TARTUFFE von Molières Text getragen wurde, dann hatten
ET SOUDAIN, DES NUITS D'ÉVEIL und LA VILLE PARJURE
eine besondere Stellung. Das letztere bleibt ein spezifisch
künstlerischer Versuch, eine moderne Tragödie auf der
Grundlage eines Textes zu schreiben.[20] ET SOUDAIN, DES
NUITS D'ÉVEIL hingegen ist ein weniger ehrgeiziges Schau-
spiel, kleiner in seiner Form und verwandter mit einem poli-
tisch engagierten Theater.

## Auf der Bühne von der Gegenwart sprechen

Dieser Weg spiegelt Mnouchkines unaufhörlichen Wunsch,
Mittel zu finden, um auf der Bühne von der Gegenwart zu
sprechen, einer Gegenwart, die in der Abfolge der Aufführungen in immer größere geographische und zeitliche Nähe
zu uns gelangt. Diese Darstellung der Gegenwart – das erfährt Mnouchkine immer wieder – erweist sich als schwierig,
und die künstlerischen Modalitäten (und Formen), die den
Übergang ermöglichen würden von der Wirklichkeit der
Tatsachen zur künstlerischen Metaphorisierung, sind nicht
leicht zu finden. Das weiß Mnouchkine sehr gut, die doch
seit fast zwanzig Jahren versucht, ein Werk über die Résistance, das heißt ein Stück französische Geschichte, auf die
Bühne zu bringen. Trotz ihrer Bemühungen nimmt das Projekt keine Form an. Der Weg durch die Shakespeare-Stücke
und LES ATRIDES war ein Mittel, sich dem zu nähern, wobei
sie versuchte, bei den großen Texten in die Schule zu gehen.
Der Versuch ist nicht ganz geglückt, denn das Schauspiel ist
noch immer nicht entstanden, allerdings hat Mnouchkine
unterwegs andere Schätze entdeckt. Andere Abenteuer haben
den Platz eingenommen, die allemal jenem Bedürfnis entsprechen, die Gegenwart auf die Bühne zu bringen.

*Unser Problem ist nicht nur, zu einer erfolgreichen*
*Aufführung zu gelangen, sondern auch einen Weg zu*
*bahnen, es so einzurichten, daß die Gegenwart im*
*Theater plötzlich wieder möglich wird.*[21]

Wie kann man die Gegenwart inszenieren? Die Frage
beherrscht das Theater. Sie ist mit der Bedeutung, die das
Theater in unserer Gesellschaft haben kann, mit seiner
Funktion grundlegend verbunden, einer Funktion, die
Brecht klar definiert hat.

Von der Gegenwart zu sprechen ist in der Tat eine wesentliche Funktion des Theaters, eine Funktion, an die so
mancher Theoretiker und Praktiker der Bühne wiederholt
erinnert hat – Piscator, Brecht, Vilar, Dort, Vitez, Brook.

Ohne diese Beziehung zum Gesellschaftlichen, ohne diese Funktion des Erweckens des Publikums, ohne diese Funktion der Anprangerung liefe das Theater darauf hinaus, nur noch eine Kunstform von harmloser Leere zu sein.

Es gilt also, den Bereich der lebendigen Geschichte erneut zu umkreisen, den Platz wieder einzunehmen, welcher nach Meinung Mnouchkines dem Film überlassen worden war, der als einziger von der Gegenwart spricht. Freilich darf man deswegen nicht in die Aktualität verfallen. Mnouchkine hütet sich davor. Die Aktualität interessiert sie nur insofern, als sie einen Zugang zu den grundlegenden Fragen der Menschen erlaubt. Die Informationsvermittlung kommt ansonsten den Medien zu und nicht dem Theater. Der Weg durch die Geschichte ist also im Theater niemals ein Zweck an sich.

Es handelt sich weder darum, die Geschichte zu bezeugen, noch darum, sie neu zu schreiben, und auch nicht, sie in großen Bildern wiederzugeben – wie es der Film konnte –, sondern einige Episoden zu durchlaufen – an gewissen ganz besonderen Orten, aus bestimmten Zeiten – und dies stets mit Hilfe von Einzelschicksalen (und nicht großer Massengemälde), um so die Größe und die Beschränktheit der menschlichen Seele zu verdeutlichen. »Die Leidenschaften der Menschen zu ergründen«, »das Dunkel der Seele ans helle Licht zu bringen« bleibt Mnouchkines Hauptsuche, diejenige, die sie zu Shakespeare, zu Aischylos führte, um dann unermüdlich zum Heute zurückzukehren. Es handelt sich demnach ständig um Sinnsuche, um den Menschen besser zu verstehen – zunächst für sich selbst, und dann für das Publikum –, indem man dessen Widersprüche offenbart.

Die Zuschauer sind in dem, was Mnouchkine beschäftigt, ständig gegenwärtig. Das Theater richtet sich an sie, an ein Publikum, das Mnouchkine vor allem als eine Gruppe von Bürgern betrachtet. Das Theater muß ein Bildungsmittel für sie sein:

*Wenn es Theater gibt, so gibt es eine Bildungsquelle, ob es nun staatsbürgerliche Bildung, politische Bildung, ethnologische Bildung ist – es gibt eine Bildungsquelle. Ein Theater, das keine Bildungsquelle, keine Quelle des Nachdenkens, keine Nahrung für die Seele, für die Intelligenz ist, ist für mich kein Theater.[22]*

Somit ein lehrhaftes Theater? Einige werfen es Mnouchkine vor, indem sie einfach die Tatsache ausblenden, daß Mnouchkines Theater vor allem ein Theater der Gemeinsamkeit und der Feier ist, weit entfernt von dem, was der Ausdruck »lehrhaftes Theater« an Asketischem und Kaltem beinhaltet. Ihre Stücke sind keineswegs als Anklagereden oder Geschichtsvorlesungen angelegt. Ihre Kraft, ja ihre Genialität, rührt gerade von jener tiefen Verankerung in der Geschichte her, ohne daß diese Geschichte jemals die Einzigartigkeit der Schicksale, die auf der Bühne stattfinden, erstickt, ohne daß diese Stücke je aufhören, Träume zu transportieren.

Der fortwährende Bezug zur Geschichte, dieser Wunsch, die Vergangenheit aufzuhellen, um sie einem besseren Verständnis der Gegenwart dienstbar zu machen, dieses Anliegen, das Gewissen zu wecken, verlangt natürlich geeignete künstlerische Formen, die in der Lage sind, den Zustand der Welt zu brandmarken, ihm Widerstand entgegenzusetzen. Genau hierfür setzt sich Mnouchkine ein, wobei es ihr gelingt, das epische Theater und gleichzeitig das lyrische Theater auf erstaunliche Weise zu vereinen.

*Ein episches Theater ...*

Episch ist Mnouchkines Theater auf kraftvolle Art, nicht, daß es volkstümliche Bilder inszenierte, wie sie Piscator gewünscht haben mochte,[23] sondern es versetzt die Figuren in Erzählungen, in denen der Atem der Geschichte, der Atem mythologischer Erzählungen oder der des Schicksals spürbar ist: die Geschichte der Teilung Indiens, der Invasion Kambodschas, des Anstiegs des Fundamentalismus, aber auch der Zorn der Götter, die Machtgier der Menschen. Die Geschicke der Gestalten zeichnen sich auf dem Hintergrund eines ständig gegenwärtigen gesellschaftlichen Bereichs ab, durch den sie einer verengenden Individualität entgehen können.

Wenn man das gesamte Spektrum der Stücke des Soleil betrachtet, so scheinen natürlich einige von ihnen epischer zu sein als andere: Norodom Sihanouk, L'Indiade unter anderem, die am stärksten historisch sind. Aber paradoxerweise treten die Shakespeare-Stücke mit jener epischen Aura am nachdrücklichsten hervor, sowohl aufgrund der unermeßlichen Größe der Shakespeareschen Kosmologie, die da vor Augen geführt wird, als auch aufgrund der Großartigkeit von Mnouchkines Inszenierung.

Die Situation von La Ville parjure und des letzten Stücks des Soleil Et soudain, des nuits d'éveil ist etwas anders. Obwohl diese beiden Stücke angesichts des Schreckens bestimmter Staatsverbrechen – begangen gerade von denen, die ein Beispiel geben und die Bürger schützen sollten – die Anprangerung der Mißstände offener bekunden als die anderen, bringen sie Gestalten auf die Bühne, die geringere Suggestivkraft haben als die Shakespeareschen Figuren oder die des Aischylos. Da sie sich nicht auf große Ereignisse der Geschichte stützen können, auf solche, die zum Verschwinden oder zur Entstehung einer Nation führten (die Schaffung des indischen Staates und Pakistans, die Invasion Kambodschas), bringen diese Stücke eher Figuren auf die Bühne, die in parteiliche und individualistische Kämpfe verstrickt sind und deren Handlungen von ihren unmittelbaren Krämerinteressen (Ärzte, Staatsmänner) diktiert sind gegenüber machtlosen Opfern, die sich bemühen, das abgekartete Spiel der Behörden zu verstehen und zu brandmarken. Diese Figuren ohne geschichtliche oder soziale Vision schaffen schließlich um sich herum ein ideologisch leeres Universum, in welchem unschuldige Opfer deren schwere Fehler bezahlen. Aus dem Ganzen gehen weder starke Gestalten noch komplexe Persönlichkeiten hervor, sondern eine Vielzahl von Figuren, die ebenso viele Psychologien wie unterschiedliche menschliche Typen darstellen, auch das Bild eines Volkes und einer Gesellschaft, wo jeder einzelne zu einem Typus mit kollektivem Verhalten wird.

Interessanterweise haben diese stärker engagierten Stücke, betrachtet man die Aufnahme durch das Publikum, größten Vorbehalt hervorgerufen. Muß man aus dieser Zurückhaltung die Feststellung ableiten, daß eine zu große Nähe zur Aktualität dem theatralen Werk schadet? Daß die Metaphorisierung, die Mnouchkine im Theater als unbedingt notwendig ansieht, nicht ausreichte angesichts einer Wirklichkeit, deren Bezüge für jedermann klar erkennbar waren? Daß die szenische und erzählerische Anlage dieser zwei Stücke weniger glückte als die anderer Schauspiele des Soleil? Die Antwort ist wahrscheinlich nicht eine einzige, sie nimmt vielmehr alle diese Gründe auf. Eine Tatsache bleibt bestehen. Die von Mnouchkine und Cixous in diesen beiden Schauspielen gefundenen künstlerischen Formen konnten die zu große Nähe zu den Ereignissen für viele Zuschauer nicht beseitigen. Die Last der Gegenwart ist trotz des Abstands geblieben und hat die Wahrnehmung des Zuschauers beeinträchtigt, ein Beweis, daß das Publikum schwerlich Abstand gewinnt, wenn ihm die Ereignisse zu nahestehen. Welches auch immer der Grund sein mag, der mäßige Erfolg dieser beiden Stücke legt den Gedanken nahe, daß sich die geschichtliche Gegenwart nicht leicht darstellen läßt. Gibt dies deswegen Brecht unrecht?

Episch waren Mnouchkines Schauspiele auch durch die Art und Weise, wie das ständig anwesende Volk dargestellt wird mit Hilfe einiger volkstümlicher Gestalten, die häufig als Hintergrund dienen für die Szenen der Hauptfiguren. Szenen mit zahlreichen Personen folgen auf intimere Szenen in einem ganz und gar Brechtschen Wechsel. Dies gilt für L'INDIADE; aber auch für SIHANOUK.

Hierfür braucht das Theater starke Persönlichkeiten. Es kann nicht die Geschichte der Massen erzählen, darauf weist Mnouchkine hin. Die Masse existiert übrigens nicht. Das ist eine der Lektionen, die Mnouchkine sehr gut verstanden hat. Geschichte vollzieht sich auf der Bühne notwendigerweise in dem individuellen Schicksal von Persönlichkeiten, die in ihren alltäglichen Handlungen dargestellt werden.[24] Unter diesem Gesichtspunkt war es einfacher, Kambodscha[25] szenisch zu gestalten, als Indien, das Land mit den tausend Gesichtern, wo zu viele Figuren auf die Bühne steigen wollten.[26]

> *Zum ersten Mal besuchte ich Kambodscha im Jahre 1964 während einer etwas hippieartigen Irrfahrt ... Schon seit 1979 versuchte ich, ein Stück über das Land zu schreiben. Aber ich bemerkte, daß meine Arbeit lehrhaft, zu parteiisch war und daß es eines wirklichen Schriftstellers bedurfte; damals habe ich darauf verzichtet und mich entschlossen, mich dem Orient auf dem Umweg über das Shakespearesche Theater zuzuwenden, wobei ich die »Kabuki«-Form verwendete, um das Tragische in RICHARD II. auszudrücken, die »Kathakali«-Form, um das Burleske der Hofnarren in LA NUIT DES ROIS auszudrücken, während die Synthese dieser beiden Stile in HENRY IV. verwirklicht wurde. Ich begriff damals: die beste Art und Weise, die zeitgenössische Geschichte Kambodschas zu behandeln, war, sich ihr auf dem Umweg über eine zentrale Gestalt zu nähern, so wie Shakespeare es zu tun pflegte.[27]*

Diese Gestalt war Norodom Sihanouk, eine halb Shakespearesche, halb Molièresche Figur, ein Schauspieler im Leben, den man sowohl bei Shakespeare als auch bei Aischylos wiederfindet.[28]

Auf diesen gewundenen und aufgesplitterten individuellen Wegen entstehen die großen Erzählungen. Daher die unerläßlichen Entscheidungen im Hinblick auf die Hauptfiguren, um aus solchen Alltagserzählungen eine Dichtung zu machen, die tragische, komische und zugleich geistige Gestalten auf die Bühne bringt.

Durch die Struktur der auf die Bühne gebrachten Erzählungen unterstützt, werden die dargestellten Figuren zu Typen, zu Trägern eines Bildes der Gemeinschaft, die aber gleichzeitig tief individualisiert sind. Die großen Ereignisse der Geschichte und das alltägliche Leben eines jeden durchdringen einander so gut, daß sich die historische Chronik in diesen alltäglichen Leben vollzieht.

Privates und Öffentliches vermischen sich und machen die Gestalten zu Repräsentanten starker – psychologischer oder politischer – Kräfte, die in ihnen spielen: Shakespearesche Figuren, verzehrt von Machtlust und Kriegslust, der Staatsmann, der getäuscht wird von großen ausländischen Mächten bei deren Bestreben, ihren Einfluß zu festigen, pazifistische Revolutionäre, welche die Unabhängigkeit ihres Landes erreichen wollen und sich dem Ehrgeiz politischer Rivalen gegenübersehen, die das Land schließlich in eine Spaltung treiben. Jede Figur erwirbt hier eine Dichte, die der expressionistische Spieltypus, den Mnouchkine von ihren Schauspielern fordert, noch verstärkt.

Die vorangegangenen Kapitel haben darauf hingewiesen, daß Mnouchkines Schauspieler Träger einer Geschichte sind, die sie verkörpern und die sie gleichzeitig erzählen. Durch Identifikation und Distanz erwecken sie so beim Zuschauer den Eindruck, als ob sie ihre Rolle wären und sie zugleich vorstellten, wobei ihnen beides vollständig gelingt, indem sie die Figuren intensiv spielen, während sie doch stets Träger einer umfassenderen Geschichte bleiben, die sie trägt.

Ein solches Theater muß die Psychologie verleugnen. Aus dem Arsenal des Schauspielers ist das psychologische Spiel also verbannt, würde es doch das Alltägliche gerade dort auftauchen lassen, wo man nach einer epischen Dimension strebt. »Bühne und Saal stehen nur auf der Ebene des

Allgemeinen miteinander in Verbindung.« Wie Hegel schreibt, handelt es sich immer darum, »das Charakteristische und Individuelle der unmittelbaren Realität in das reinigende Element des Allgemeinen zu erheben und beide Seiten sich miteinander vermitteln zu lassen«.[29]

Hinzu kommt eine Gebärdensprache am Schnittpunkt des expressionistischen Theaters, des Volkstheaters und unserer Praxis, die auf der Verinnerlichung der Figuren beruht, sowie eine für das Théâtre du Soleil recht charakteristische Sprechweise, die stets theatralisch ist, eine gewollte Künstlichkeit bekundet und so zum epischen Charakter des Ganzen beiträgt. Da diese Spielform die Psychologie ablehnt und von den Schauspielern verlangt, ausschließlich Situationen und Zustände zu spielen, ist es nicht weiter erstaunlich, daß sie zu einem nach außen verlagerten, fast expressionistischen Spiel führt und zugleich zu einem verinnerlichten Spiel, welches bewirkt, daß die Schauspieler immer »in der Gegenwart« der Bühnenwirklichkeit sind (noch vor derjenigen der erzählten Wirklichkeit). Brecht hätte dieses sowohl nahe als auch ferne Spiel bestimmt nicht mißbilligt.

*Lyrisches Theater: ein Fest für die Sinne*

Als epische Schauspiele sind die Stücke des Théâtre du Soleil dennoch lyrisch. Ihre Verankerung in der Geschichte, ihr Appell an das Gewissen der Zuschauer machen sie deshalb nicht zu lehrhaften Schauspielen. Die große Stärke Mnouchkines und ihrer Schauspieler besteht darin, es fertigzubringen, daß die für jedes einzelne Schauspiel gewählte kraftvolle Form ein solches Vergnügen für das Auge bedeutet, daß das künstlerische Erlebnis wirklich vorherrscht: die Sicht der Regisseurin, das Spiel der Schauspieler, die Darstellung eines dichterischen Universums, das Auftauchen imaginärer Figuren, die einen zum Lachen und Weinen bringen können. Das theatralische Universum des Soleil hat solche Aussage-

kraft und solche szenische Stärke, daß es ganz offensichtlich bezaubert.

Deshalb erinnert Mnouchkine unaufhörlich an die Notwendigkeit, dem Theater die starke Theatralik zu bewahren. Nur um diesen Preis bleibt es ein Kunstwerk. Ohne eine starke künstlerische Form ist jedes politische Werk nur engstirniges Gerede ohne großes Interesse für den Zuschauer.

*Ich denke weiterhin, daß das Theater möglichst theatralisch scheinen und sein muß. Das Theater ist Form, Chemie, Umwandlung. Sobald man dort so sprechen will wie im Leben, sobald das Theater realistisch wird, wird es für mich falsch und stirbt. Die einzige Überlebenschance für das Theater ist, Theater zu sein. Und in einem modernen historischen Schauspiel mit Aktualitätsbezug (um ein Wort zu gebrauchen, das wir selbst nie verwendet haben) galt es mehr denn je, den Pseudorealismus zu vermeiden.[30]*

Die Bühne braucht ein Theater, das bewegt, berührt, mitreißt, das das Publikum zum Träumen bringt und gleichzeitig zum Nachdenken veranlaßt.

*Das Ziel des Theaters ist es nicht, zu schwächen und zu entmutigen, sondern zu ernähren. Es muß ein Festmahl sein für alle Sinne, für den Geist, für die Intelligenz.[31]*

Danach strebt Mnouchkine in dem Bewußtsein, daß das Theater ein Fest sein soll für die Sinne und zugleich für den Geist.[32]

Aus diesem Grund muß das Theater Träger von Metaphern sein und sich vom Alltag entfernen. Das Wesentliche an der Arbeit des Regisseurs und des Schauspielers ist es, zu einem solchen Gebilde zu gelangen. Wenn der Orient Mnouchkine in seinen Bann zieht, so gerade wegen dieser großen Kraft (und Schönheit) der Metaphern, deren Träger die künstlerischen Formen sind.

*Die Funktion des Theaters ist es, Freude zu bringen. Sie ist auch sittlicher, pädagogischer Natur. Sie soll zum Nachdenken führen. Dies bedeutet nicht, daß man dokumentarisches oder militantes Theater machen*

*muß. Es handelt sich darum, einen gegenwärtigen, zeit-
genössischen Tatbestand, der sehr schwer auf einem
lastet, in einer poetischen Form zu verkörpern, wie eine
metaphorische Fabel.³³*

Es geht darum, Ereignisse, Erzählungen, Figuren bis in ihre
mythische Dimension zu treiben. Gerade dies gelingt Shakespeares, Aischylos' und Euripides' Texten so gut. Dies versuchen auch die Texte von Cixous.

Die Beziehung Mnouchkines zur Bühne ist fast sinnli-
cher Natur. Sie hat einen Bezug zu den Farben, zu den Ge-
weben, der in den Bereich des Vergnügens gehört. Die
Bühne soll faszinieren, bezaubern, dem Zuschauer gefallen,
sie soll ihn abholen, indem sie ihn in seiner Integrität, in seiner Fähigkeit zu verstehen, in seinem Wunsch, unterrichtet
zu werden, achtet. Sie wendet sich also an ihn als Theaterzu-
schauer, gewiß, aber auch als Staatsbürger.

Nun ist Mnouchkine aber überzeugt, daß das heutige
Theater den Wunsch der Zuschauer unterschätzt, betört und
aufgeklärt zu werden und sich auf die Reise zu begeben in ein
imaginäres Universum, auch wenn sie lange dauert. Sie sind
voller Erwartung, und diese Erwartung muß man erfüllen
können, ohne Zugeständnisse zu machen und dem Kunstwerk untreu zu werden.

*Die Staatsgewalt, die Presse danken ab. Den Zu-
schauern vertraut man nicht … Weder die einen noch
die anderen bemerken den Hunger des Publikums, bemerken das gewaltige Bedürfnis, zu verstehen, berührt
zu werden.³⁴*

»Der Zuschauer«, merkt Mnouchkine an, »überträgt einem
Schauspieler das furchtbare Unterfangen, ihm vom Menschen zu erzählen«; diese Aufgabe sei gewaltig, und man
müsse ihr gewachsen sein. Dem Zuschauer aber obliege
die Aufgabe, selber auch einen Teil des Weges zurückzulegen,
denjenigen, der ihn zur Begegnung mit dem Stück führt.

Das Theater »hat einen sehr unsicheren Platz, es läßt sich
nicht speichern, es ist das Vergängliche, das Einmalige, der

Augenblick … Aber vielleicht ist das auch seine Stärke. Das
Publikum muß das Theater wollen, muß den Mut haben, es
aufzusuchen. Es gibt ein Bedürfnis, ein wirkliches Bedürfnis,
ein Bedürfnis nach Schauspielern, nach menschlichem
Fleisch, nach dem menschlichen Herzen.«³⁵

Diese Unsicherheit versucht Mnouchkine zu bewahren.
Auch wenn alle vorgestellten Themen stets ernst sind: Verrat,
Machtkämpfe, Feigheit, Teilung, Anwachsen des Fundamentalismus, Aids, Verbrechen …, so sind Mnouchkines
Aufführungen lichtvoll und Hoffnungsträger. Der Zuschauer
kommt niemals entmutigt, niedergeschlagen, düster heraus,
sondern im Gegenteil häufig äußerst zufrieden. Es ist der
Widerschein eines Weltbildes, das weder verzweifelt noch
zynisch ist. Von diesem Blickpunkt aus muß man eine der
letzten Szenen von LA VILLE PARJURE begreifen, eine Szene, die sich im Jenseits abspielt und wo in tiefer Nacht eine
Sternenwolke leuchtet: ein etwas kitschiges Bild, das einige
Kritiker als eine idyllische Beschwörung einer anderen Welt
verurteilt haben. Tatsächlich fungiert dieses Bild als Gegen-
gewicht zu jener Geschichte, der das Publikum beigewohnt
hat, einer Geschichte des Verbrechens und der Geldinteressen,
wo Unschuldige sterben und die Verantwortlichen sich straf-
frei aus der Affäre ziehen. Es ist gleichsam das mögliche Bild
einer besseren Zukunft, die Weigerung, untätig herumzusit-
zen, selbst im Theater.

*Vielleicht … sieht man ein, daß die Zukunft, die man
füruns bereitet, gar nicht die Zukunft ist, die wir erhoffen. Eisiges kündigt sich an, und die Leute wollen nichts
Eisiges.³⁶*

Mnouchkines Theater mag das Eisige auch nicht, es ist vor
allem ein Theater der Gemeinschaft und der Feier mit sehr
großer künstlerischer Strenge.

Das Theater am Leben zu erhalten, damit es weiterhin
von uns spricht und den Bürger aufklärt, das bleibt
Mnouchkines wichtigstes Anliegen:

*Man darf sich dadurch nicht entmutigen lassen, daß man immer geschlagen wird. Ich habe nicht den Eindruck, verloren zu haben; ich sage mir vielmehr, daß ich noch nicht gewonnen habe. Es gibt fortwährend haufenweise kleine Niederlagen, die man anerkennen muß. Und winzige Siege, die es zu feiern gilt, selbst wenn ihnen Niederlagen folgen.*[37]

Bei diesem unablässigen Pendeln zwischen Vergangenheit und Gegenwart liegt Mnouchkine daran, das Gewissen des Zuschauers wachzuhalten und die Flamme seines Zorns erneut zu entfachen. Unaufhörlich wiederholt sie die Geschichte in origineller Weise, damit wir sie nicht vergessen. Mnouchkine erfüllt so ihre Rolle als Künstlerin: anprangern, Widerstand leisten und kämpfen mittels der Kunst. Es ist, zwischen der revolutionären Kunst und der Kunst der Beteiligungen, eine Kunst des Gewissens, merkte Bernard Dort an. Es ist auch und vor allem eine verantwortliche Kunst.

Wenn es eine Lehre gibt, die sich aus Mnouchkines Aufführungen ziehen läßt, jenseits der historischen Wege, zu denen sie uns einlädt, so gewiß diese: Man braucht das Publikum nicht in Verzweiflung zu bringen, um es zum Nachdenken zu veranlassen, genausowenig wie man düstere und trostlose Bühnenausstattungen zu machen braucht, um Anprangerung und Widerstand zu vermitteln. Schönheit, Humor, sogar Lachen können zu dem Unternehmen gehören. Das Theater kann ein Fest für den Geist und die Sinne sein und gleichzeitig eine politische Arbeit vollbringen.

Hierin trennt sich Mnouchkines Vorgehensweise sicherlich von derjenigen Brechts. Obwohl sie ihm sehr nahesteht durch ihr politisches Bewußtsein, durch ihre Bemühung um den sozialen Bereich, durch ihr Engagement, durch ihre Vorstellung vom Theater, durch die Anlage bestimmter Szenen und der Beziehung des einzelnen zur Gesellschaft, durch ihren Wunsch, Widerstand und Nachdenklichkeit herbeizuführen, entfernt sie sich völlig von ihm in der Machart ihrer Aufführungen, die, was immer das Gewicht der behandelten Themen sein mag, sonnendurchtränkt bleiben. Mnouchkines Kunst, das, was ihre Stärke ausmacht, ist genau dies, daß sie mit so viel Kraft und Ernsthaftigkeit eine Auffassung vom Theater, das Bewußtsein des sozialen Auftrages des Theaters, ein Gefühl für Engagement sowie eine Theaterästhetik zu vereinen vermag, deren Formen auf der Bühne wirkliche Freude am Theater hervorrufen.

Statt von lehrhaftem oder sogar dialektischem Theater, dessen Erwähnung schon auf eine vergangene Epoche verweist, wäre es im Fall von Mnouchkine wohl richtiger, von einem Theater der Anprangerung zu sprechen oder, noch besser, von dem Theater des Widerstands, einem Theater, das die Widersprüche der Menschen und unserer Gesellschaften aufzuzeigen versucht, sowie die Feigheiten, die Verbrechen im Namen persönlicher Interessen, die den vorherrschenden Egoismus schlecht verbergen.[38]

Bernard Dort bemerkte in bezug auf Vilar, daß »Vilar durch die Rückkehr zum Handwerklichen das Theater wieder in seine wesentliche Würde und in seine aktive Wahrheit einzusetzen beabsichtigt(e) [...]«.[39] Man denkt an die Definition Hegels: »Der Schauspieler soll gleichsam das Instrument sein, auf welchem der Autor spielt, ein Schwamm, der alle Farben aufnimmt und unverändert wiedergibt.«[40] Diese Worte könnten diejenigen Mnouchkines sein.[41] Am Kreuzungspunkt der Verfahrensweisen von Vilar, Brecht und Hegel steht Mnouchkines Kunst mit sehr starken Traditionen in Verbindung, denjenigen eines ontologisch politischen und zugleich zutiefst festlichen Theaters, eines Theaters, das wieder anknüpft an die unentbehrliche Beziehung, die Theater und Gesellschaft verbindet.

*»Tout théâtre est politique«.*
*Aus dem Französischen von Hans-Henning Mey.*

Anmerkungen

1 *Croix du Nord*, 20. November 1987.

2 Siehe die Aktionsliste der AIDA (Association internationale de défense des artistes victimes de la répression dans le monde).

3 Wo zwei Personen ihren Widerstand gegen das kollektive Engagement zum Ausdruck brachten, ehe sie sich von der Dringlichkeit der Aktion mitreißen ließen. Zunächst eine junge Praktikantin, die der Meinung war, daß die Ankunft jener Tibeter, die sich ins Theater geflüchtet hatten, sie nicht wirklich betreffe, und glaubte, sie könnte sich auf den Rahmen von acht bis fünf beschränken; sodann Frau Gabrielle, die Haushälterin des Theaters, gespielt von Myriam Azencot, die sich der durch diese Neuankömmlinge verursachten Unordnung widersetzte und forderte, man möge sich in einem Theater nur um das Theater kümmern und nicht darum, Flüchtlinge zu beherbergen.

4 *Le Journal du théâtre*, 9. Februar 1998.

5 Interview mit Catherine Bédarida, in: *Le Monde*, 26. Februar 1998.

6 Gespräch mit Maria Shevtsova, in: *Alternatives théâtrales*, Nr. 48, 1995, S. 72.

7 *La Croix*, 4. Juni 1994.

8 *Le Matin*, 28. September 1986. Interessanterweise hatte Mnouchkine dies bereits anläßlich der Atrides bekräftigt.

9 *Le Soir*, 16. Juni 1986.

10 *Le Monde*, 26. Februar 1998.

11 »Als wir an L'Indiade zu arbeiten begannen, machte ich mir nicht klar, daß uns dieses Übel [das Unverständnis zwischen den Kulturen, ein geschickt hervorgerufenes, gepflegtes und ausgenütztes Unverständnis] so direkt berührte, daß wir in Frankreich richtig darin versunken waren«, in: *Mensuel européen*, 5. Oktober 1985.

12 Diesen Aufführungen folgten erregte Debatten, insbesondere bei einer öffentlichen Zusammenkunft, organisiert von der Zeitschrift *La Nouvelle critique* über das Thema: »Das Theater und die Lehre der Geschichte«. Einige Teilnehmer verurteilten dabei das karikaturhafte Bild, das das Stück von deutschen Intellektuellen und von der bürgerlichen Klasse vermittelt, »die aus diesem Grund wenig gefährlich erscheint«. Mnouchkine antwortete ihnen: »Warum sollte man nicht das Recht haben, frech zu sein mit den Kommunisten? Ich will Ihnen sagen, daß sich das nicht einrenken wird. Wir haben die Absicht, rückfällig zu werden, die Geschichte der kommunistischen Partei zu hinterfragen. Wir werden Sie bedrängen, weil wir, indem wir Sie bedrängen, uns selbst bedrängen«, in: *L'Humanité*, 29. Juli 1979.

13 *Agence femmes-information*, 9.–15. September 1985.

14 *Le Quotidien de Paris*, 28. September 1987.

15 Mnouchkine hat erzählt, wie sie anfangs ein Stück über Indira Gandhi machen wollte, doch die Analyse der historischen Fakten zwangen Hélène Cixous, weiter in die Geschichte zurückzugehen, um die Erzählung verständlich zu machen.

16 *L'Humanité*, 22. Dezember 1995.

17 *Le Monde*, 6. Juli 1995.

18 Ibid., 6. Juli 1995.

19 Diese doppelte Lesart ist Mnouchkine vorgehalten worden wegen der zu großen Nähe zu den Ereignissen, die sich im Soleil kurze Zeit zuvor zugetragen hatten, aber auch wegen der Anlage des Schauspiels, die für allzu lehrhaft gehalten wurde.

20 Das Théâtre du Soleil versuchte zum ersten Mal, Aktuelles zu inszenieren, mit den Schwierigkeiten, die man sich leicht vorstellen kann, wenn die auf der Bühne dargestellten Ereignisse denjenigen sehr verwandt sind, die das Publikum schon kennt. La Ville parjure war ein halber Erfolg und eine halbe Niederlage, ganz wie man will. Das Stück blieb nicht so lange auf dem Spielplan wie die anderen Stücke. In demokratischer Abstimmung sprachen sich die Schauspieler für die Beendigung der Aufführungen aus, eine Entscheidung, die Mnouchkine heute bedauert, da sie der Ansicht ist, daß sie in diesem Punkt vielleicht nicht genug gekämpft hat. Trotz dieser Schwierigkeiten bleibt für sie La Ville parjure unter all den von ihr inszenierten Stücken dasjenige, zu dem sie die größte Verbundenheit fühlt.

21 *La Croix/L'Événement*, 8., 9. September 1985.

22 Gespräch mit Maria Shevtsova, in: *Alternatives théâtrales*, Nr. 48, 1995, S. 72. Woanders sagte sie: »Es gibt kein tiefes Vergnügen ohne Lehrzeit«, in: *Mensuel européen*, 5. Oktober 1987.

23 Auch wenn solche Szenen vorkommen: der Bericht über die Bastille in 1789, der eine der stärksten Szenen in diesem Bereich bleibt, die Friedhofszenen am Anfang von La Ville parjure, die Massenszenen in L'Indiade, Norodom Sihanouk.

24 »Das Theater braucht Persönlichkeiten. Es erzählt nicht die Geschichte der Massen. Die Massen erscheinen immer durch ein, zwei oder drei Figuren, doch die Masse selbst gibt es nicht«, in: *Les Échos des Polders*, 1986.

25 Insofern, als die gesamte Geschichte um eine Persönlichkeit von historischer Dimension herum entstand: Sihanouk.

26 Von dieser Schwierigkeit, die Erzählungen der Völker auf dem Umweg über einige Persönlichkeiten zu gestalten, berichtet Hélène Cixous, wenn sie erklärt, worin die Niederschrift von L'Indiade schwieriger war als die von Norodom Sihanouk: »Es ist das Indien mit den hundert Gesichtern, den vierzig Sprachen, den unterschiedlichen Religionen. Die Herausforderung dieser Aufführung ist gewaltig: Wie soll man all diese Schauspieler auf ein und derselben Bühne existieren, koexistieren lassen? Bei Sihanouk besaß ich eine zentrale Persönlichkeit. Hier habe ich mindestens zehn, von gleicher Bedeutung. Es ist wie ein explodiertes Sonnensystem«, in: *Le Quotidien de Paris*, Nr. 2441, 28 September 1987.

27 *Panorama du Médecin*, Oktober 1985.

28 »Ich habe auch die griechische Tragödie studiert: Dabei habe ich gelernt und verstanden (obwohl ich Buddhist bin), daß die Götter über uns herrschen. Daher möchte ich einfach, daß man bei meinem Tod sagt: ›Sihanouk war im voraus besiegt, aber er hat seine Pflicht getan‹«, sagte Sihanouk, in: *Télérama*, 9. Oktober 1985.

29  Dort, Bernard, *Théâtre public*, S. 365. Der Hinweis auf Georg Wilhelm Friedrich Hegels *Ästhetik*, 3. Teil, 3. Abschnitt, 3. Kapitel, C., III., 1., b., Frankfurt am Main 1965, Band II, S. 526.

30  *Le Soir*, 12. Juni 1986.

31  *Le Journal du théâtre*, 9. Februar 1998.

32  Worte, die Überlegungen Brechts wieder aufgreifen: »Nach allgemeiner Ansicht besteht ein sehr starker Unterschied zwischen Lernen und Sichamüsieren. […] Wir haben also das epische Theater gegen den Verdacht, es müsse eine höchst unangenehme, freudlose, ja anstrengende Angelegenheit sein, zu verteidigen. […] Das Theater bleibt Theater, auch wenn es Lehrtheater ist, und soweit es gutes Theater ist, ist es amüsant«, in: Berthold Brecht: *Vergnügungstheater oder Lehrtheater?*, 1936, in: B. Brecht, *Über experimentelles Theater*, Edition Suhrkamp Nr. 377, Frankfurt am Main ²1977, S. 83–84.

33  *La Croix*, 4. Juni 1994.

34  *Mensuel européen*, 5. Oktober 1987.

35  *Croix du Nord Magazine*, 20. November 1987.

36  *L'Humanité*, 22. Dezember 1995.

37  *Le Monde*, 26. Februar 1998.

38  Agamemnon, der seine Tochter opfert, um seine Schiffe in See stechen zu sehen, Ärzte, die in krämerhafter Absicht kriminelle Produkte in den Handel bringen, ein Politiker, der aus persönlichem Ehrgeiz die Teilung eines Landes herbeiführt.

39  Dort, Bernard, *Théâtre en jeu: essais de critique 1970–1978*, Seuil, Paris 1979, S. 32.

40  Hegel, Georg Wilhelm Friedrich, *Ästhetik*, 3. Teil, 3. Abschnitt, 3. Kapitel, C., III., 2., b., Frankfurt am Main 1965, in Band II, S. 541 f.

41  Vgl. »Gespräche mit Mnouchkine: Die zweite Haut des Schauspielers«, S. 121.

# Josette Féral
# DER VIELBESUCHTE ORIENT
## Interkulturalismus im Theater

Die moderne europäische und nordamerikanische Kunst wurde seit ihren Anfängen von Künsten anderer Kulturen stark beeinflußt, sowohl auf dem Gebiet der Malerei (Picasso und die afrikanische Kunst, Manet und die japanische Kunst) als auch im Bereich des Tanzes, der Musik (Martha Graham, Cage, Kaprow, Fluxus und die orientalische Musik) oder des Theaters (Artaud, Stanislawski, Craig, Brecht, aber auch Copeau, Claudel, Genet). Die Künstler benutzten häufig ihr Wissen über die orientalischen Künste und bezogen einzelne Aspekte davon in ihre Arbeit mit ein. Es handelt sich also um eine feste Traditon, die heute fortgesetzt wird von Künstlern wie Ariane Mnouchkine, Robert Lepage, Peter Sellars, Peter Brook, Elisabeth Lecompte, Robert Wilson, Ping Chong, Laurie Anderson, Meredith Monk oder Lee Breuer, um nur einige der Künstler zu nennen, die vom Orient fasziniert, wenn nicht gar beeinflußt sind. Sie führen nur das weiter, was schon immer die Grundlage der Kunst war: die Fähigkeit, unterschiedliche Einflüsse aufzunehmen, sich an ihnen zu bilden, um sich so bereichern und entwickeln zu können.

Die Frage nach dem Interkulturalismus in der Kunst und ganz besonders im Werk von Ariane Mnouchkine, eine Frage, die sich angesichts der vielfältigen, heute zur Regel gewordenen Kreuzung von Kulturen aufdrängt, ist daher nicht nur eine gängige Praxis, sondern eine unvermeidliche Praxis, die den faktischen Zustand der künstlerischen Praxis widerspiegelt. Es ist eine Fragestellung, auf die man weder in Europa – wo sich das Problem immer häufiger stellt – noch in Nordamerika ausweichen kann, wo diese Frage oft eine politische Dimension annimmt, die mit der Aufwertung von Praktiken anderer Kulturen, oft derjenigen von »Minderheiten«, zu tun hat.

Die Analyse des Prozesses der Vermischung von Kulturen, der Kreuzung, der Verwebung unterschiedlicher künstlerischer Praktiken, die so entstanden, zwingt zu einigen Fragen.

1. Was wird übernommen und zu welchem Zweck? Handelt es sich um die Übernahme eines Mythos, einer Erzählung, eines Textes, einer in ihrer Gesamtheit, in ihren Einzelheiten gesehenen künstlerischen Form? Oder geht es vielmehr um die Übernahme einer Spiel-, Ausbildungs-, Arbeitsmethode?

2. Wie kommt dieser Übergang zustande? Soll man von Anleihe, Übertragung, Kreuzung, Verwebung, Mischung sprechen oder ganz einfach von Einfluß und Inspiration?

3. Wie fügen sich die übernommenen Elemente in das endgültige Werk ein? Gehen sie in dem Kunstwerk völlig auf, oder bewahren sie weiterhin Bindungen zu ihrer Kultur oder der ursprünglichen Kunstpraxis?

4. Zu welchem Zweck wurde die Übernahme vorgenommen? Welche ideologischen Grundsätze stehen hinter diesem Vorgang? Was sagt er uns über unsere eigene Beziehung zu anderen Kulturen und zu künstlerischen Praktiken?

»Das Theater ist orientalisch«, hat Mnouchkine wiederholt gesagt, wobei sie Äußerungen Artauds aufgriff und so ihre uneingeschränkte Zustimmung zu den Theaterformen Asiens unterstrich. Mnouchkine liebt viele Aspekte des orientalischen Theaters: vor allem seine Theatralik, die ihm große poetische Kraft verleiht, dann seine Formenkunst, die einhergeht mit der Beherrschung von Körper, Gebärde und Stimme, welche dem Schauspieler abverlangt wird, der Sinn für Poesie, die ständige Verwendung der Metapher, die Beziehung, die es zum Publikum herstellt.

*Aus dem Orient kommt die Eigentümlichkeit des Thea-*
*ters, nämlich die fortwährende Metapher, welche die*
*Schauspieler hervorbringen … wenn sie dazu in der*
*Lage sind. Was wir tun, ist genau dies: ein Versuch, die*
*Metaphern zu verstehen, die ein Schauspieler verwen-*
*den kann. Das orientalische Theater hilft uns. Das be-*
*deutet, im Gegensatz zu dem zu verfahren, was im*
*Westen vor sich geht …*[1]

Trotz dieser grenzenlosen Bewunderung kopiert Mnouchkine die orientalischen Praktiken nicht und versucht nicht,
sie in ihren Aufführungen zu reproduzieren. Sie stellen für
sie zunächst ein Arbeitsinstrument dar, nicht einen End-
zweck. Mnouchkine bewundert wohl Asien, läßt sich von
ihm inspirieren, bildet sich an ihm, doch sie versucht keineswegs, die orientalischen Kunstformen unverändert in
ihre Aufführungen zu übernehmen. Ihr Ziel ist ein anderes:
eine Kunst hervorzubringen, die alle Qualitäten der orientalischen Kunst besitzt, obwohl sie in der westlichen Theaterpraxis fest verwurzelt bleibt. Natürlich sagt Mnouchkine das
nicht, aber wenn man ihr Werk untersucht, wenn man insbesondere das Spiel des Schauspielers, seine Beziehung zum
Körper, zum Raum, zum Kostüm beobachtet, wenn man
ihren Künstlern folgt, deren Körper, deren Gebärdensprache
Hieroglyphen auf die nackte Bühne zeichnen, so hat man als
Zuschauer durchaus den Eindruck, daß diese Kunst eine
unbestreitbare Verwandtschaft mit der orientalischen Kunst
aufweist, wenngleich sie fest im Westen verankert ist.

Womit der Orient Mnouchkine in seinen Bann schlägt,
ist gerade seine Auffassung vom Theater. »Wir stehen ohne
falsche Bescheidenheit mit gewissen formalen Traditionen in
Zusammenhang«,[2] bemerkt sie. Es sind nicht so sehr die spezifischen Praktiken, die ihr in einzelnen Erscheinungsformen Anregungen geben, dieses oder jenes Noh- oder Ka-
buki-Stück, sondern das, was diesen Stücken zugrunde liegt:
die Theatralik der Formen, die Spieltechniken, die Beziehung zum Körper, zum Raum … Diese Grundlagen stehen

in großer Nähe zu Mnouchkines eigener Theaterauffassung,
und gerade nach diesen Grundlagen sucht sie unermüdlich.

Bei dieser Aufgabe geht Mnouchkine wieder einmal vom
Spiel des Schauspielers aus. Es bildet das Fundament ihrer
Arbeit und ihre Hauptstütze. Die Form geht aus dem Spiel
hervor. Auf diesem Weg dient der Orient für sie als Modell
und als Erwartungshorizont.

Im Gegensatz zu anderen Künstlern wie zum Beispiel
Brook übernimmt Mnouchkine vom Orient keine Geschichten, keine Mythologien, keine Spiritualität, keine Philosophie, sondern ganz konkret eine Beziehung zum Körper,
zur Stimme, zur Bühne, zum Raum, zum Kostüm. Ihr Sinn
für Dramaturgie bleibt bewußt westlich, ein Westen, dessen
Größe sie schätzt und bei dem sie sehr gern Anleihen macht:
bei Shakespeare, Aischylos, Euripides, Molière, Wesker,
Mann. Mnouchkine hat sich entschlossen, ihren Platz an der
Schnittstelle dieser beiden Theaterkontinente einzunehmen.

*Übernahmeschemata*

Bei dem, was das westliche Theater aus den orientalischen
Künsten übernimmt, handelt es sich häufig nur um eine
*Arbeitstechnik.* Die orientalischen Spieltechniken faszinieren
den Westen, denn sie scheinen für hochtheatralische und
vollkommen festgelegte künstlerische Praktiken zu bürgen.
Diese Techniken, die auf jahrelanger Ausbildung und Arbeit
gründen, sollen dem Schauspieler einen Gebärdenwort-
schatz an die Hand geben, den er im Laufe der Jahre ver-
vollkommnen muß und der zu einer Kunst mit sehr gut defi-
nierten Regeln führt.

Im Vergleich zu den üblicherweise praktizierten Spieltechniken im Westen, wo die Ausbildung höchstens drei
oder vier Jahre dauert, wo die Methoden vielfältig und bisweilen widersprüchlich sind, wo es keine Schulung gibt, die
übereinstimmend angewandt, definiert und sehr genau
wäre,[3] rufen daher die orientalischen Praktiken, die eine von

den Künstlern bereits in jungen Jahren begonnene Ausbildung erfordern, bei vielen Menschen im Westen Bewunderung hervor. Es ist das Markenzeichen einer als Handwerk, als Metier angesehenen Kunst, deren Geheimnisse vom Meister auf den Schüler weitergegeben werden. Die in den westlichen Ländern meist übliche Theaterausbildung schreibt weder die gleiche Vorbereitung auf seiten des Künstlers vor noch die gleiche Dauer. Sie profitiert auch nicht von institutionellen Strukturen oder von Denkweisen, die eine solche Schulung erforderlich machen würden.

Ein weitere Erklärung für diese Faszination, die der Orient ausübt, liegt in künstlerischen Formen selbst, wie sie in den von ihnen geprägten Aufführungen zutage treten. Diese sehr theatralischen Formen zeichnen den Körper des Schauspielers wie ein Ideogramm auf die Bühne. Formal, vollkommen stilisiert, halten sie das Theater von jedem Realismus fern und schaffen so eine Künstlichkeit, die den Figuren und den Erzählungen eine spezifisch theatralische Dimension verleiht. Diese Formen funktionieren auf der Bühne als eine gewaltige Metapher. Jede Gebärde, jede Bewegung, jeder Positionswechsel, jeder Ton der Stimme, jedes Kostüm, jedes Requisit wird hier zu einer Zeichnung, zu metaphorischer Sprache, zu sinnträchtiger verschlüsselter Botschaft, zu einem Sinn, den das Publikum sehr gut kennt und mühelos deutet. Das Publikum ist übrigens nicht da, um eine Geschichte zu entdecken – es kennt diese bereits gut –, sondern um die Leistung eines Schauspielers zu erleben. Die Kunst des Schauspielers steht im Mittelpunkt der Aufmerksamkeit. Das so konzipierte Theater vermeidet Realismus und Psychologie, die es bedrohen.

Der dritte Grund für eine solche Faszination rührt in besonderer Weise vom Spiel des Schauspielers her. Denn wenn man sich die Frage stellt, was die Noh- oder Kabuki-Schauspieler, die Kathakali- oder Bharatanatyam-Tänzer auf der Bühne so »präsent« macht, werden wir auf ihre Spieltechniken verwiesen. Einige westliche Schauspieler nehmen

sich orientalische Schauspieler zum Vorbild und suchen nach den Grundlagen der orientalischen Schauspielkunst. Sie sind überzeugt, darin eine Ergänzung finden zu können, die ihre Praxis bereichern und ihr eine andere Dimension verleihen würde.

Ariane Mnouchkine teilt alle diese Gründe der Bewunderung. Wenn der Schauspieler im Théâtre du Soleil, im Gegensatz zu den orientalischen Praktiken, mit seinem gesamten Wissen immer wieder bei Null anfangen muß, versucht Mnouchkine unablässig, ihn mit einer Lern- und Schaffensweise vertraut zu machen, deren Grundprinzip eine Arbeit am Körper ist, verankert in der Gegenwart, weit entfernt vom Logozentrismus, der dem Theater allzuhäufig das Theatralischen nimmt, das heißt dessen tiefe Natur.

Wer das Spiel des Schauspielers des Théâtre du Soleil beobachtet, für den liegt es auf der Hand, daß sich Mnouchkines Unternehmung nicht durch direkte Übernahme vollzieht, sondern durch indirekten Einfluß. Der Orient ist eine Inspirationsquelle und nicht ein nachzuahmendes Modell. Er ist präsent aufgrund all dessen, was er dem Spiel an Strenge, an Theatralischem, an Kraft verleiht, und wegen der Bedeutung, die er dem Schauspieler beimißt. Er darf nicht kopiert werden. Jedem einzelnen Schauspieler fällt die schwere Aufgabe zu, die Grundregeln dieser Kunst für sich zu entdecken. Hiervon zeugt vor allem das Abenteuer der drei Shakespeare-Stücke.

Bei dieser Trilogie zeigt sich dieser Einfluß auf Mnouchkine und das Théâtre du Soleil besonders deutlich, die Kreuzung dieser beiden Kunstformen wurde hier in der Tat am weitesten vorangetrieben: einerseits die Shakespearesche Dramaturgie, eine wahrhaft kosmische und historische Architektur, und andererseits das orientalische Spiel als Träger kraftvoller Formen. Der Arbeitsprozeß des Soleil war bei diesem Abenteuer so eigentümlich und aufschlußreich für das, was Mnouchkine im Orient sucht, daß wir uns damit beschäftigen wollen.

### Die Suche nach Formen

1981 präsentierten Ariane Mnouchkine und das Théâtre du Soleil dem französischen Publikum eine Serie von drei Shakespeare-Stücken: RICHARD II., HENRY IV. und LA NUIT DES ROIS. Die Stücke wurden von 1982 bis 1984 auf Gastspielreisen in München, Berlin, Avignon gezeigt und waren der Höhepunkt des Olympic Arts Festival von Los Angeles. Die Aufnahme, die die drei Stücke des Théâtre du Soleil fanden, war erstaunlich.

Das Théâtre du Soleil hat bei diesen drei Stücken einen japanischen Stil für RICHARD II. und HENRY IV. gewählt und einen vom Kathakali inspirierten indischen Spielstil für LA NUIT DES ROIS. Niemals zuvor war dem französischen Publikum Shakespeare auf diese Weise vorgeführt worden mit Kostümen von verblüffender Pracht und seidenen Dekorationen, die ein Spiel von packender Kraft richtig zur Geltung brachten. Die Kritiken waren einmütig. Sie sprachen von »Shakespeares Samurai« *(Le Monde)*, vom »Shakespeare im Kimono« *(L'Humanité)*, vom Shakespeareschen »Noh-Spiel« *(L'Espoir)*. Sie sagten, Shakespeare sei bei Mnouchkine japanisch geworden *(France-Soir)*. Mnouchkine überzeugte den Großteil des Publikums mit ihren künstlerischen Entscheidungen.[4] Alle erkannten an, daß diese den Texten Shakespeares und seinem Universum sehr gut entsprachen. Diese Entscheidungen lehnten sich an die Formen des japanischen oder des indischen Theaters an, denen das Publikum sie auch zuordnete – an Noh, Kabuki. Doch wurde an diesen Formen in keiner Weise durchgängig festgehalten; trotzdem nahmen alle Zuschauer die Ähnlichkeit wahr und verstanden die Hinweise. In der Tat riefen die Aufführungen von RICHARD II. und HENRY IV. im Geist des Publikums ein imaginäres Japan hervor und bei LA NUIT DES ROIS ein imaginäres Indien.

Beachtenswert an dieser Vorgehensweise des Théâtre du Soleil ist das Prinzip, das diesen Anleihen zugrunde liegt, die

in den Augen eines Spezialisten vielleicht oberflächlich erscheinen. Mnouchkine behauptete niemals, daß sie die Absicht gehabt habe, gewisse japanische oder indische Theaterformen als Vorbild zu verwenden. Sie wollte von ihnen niemals eine Spielweise, eine Technik, eine Gebärdensprache und auch keine spezifischen Bewegungen oder Körperhaltungen übernehmen. Gleichwohl wiederholte sie unablässig den Wunsch, sich von ihnen inspirieren zu lassen, um dem Zuschauer eine Vorstellung von dem zu geben, was das Shakespearesche Universum sein kann: eine barbarische und blutige Welt, in der die großen Herren von ihrem Machthunger, dem Haß, der Eitelkeit, dem Stolz verzehrt werden, in der die Könige genauso Diktatoren wie Opfer sein können, in der sie an einem Tag allmächtig sind und am nächsten Tag von ihren Lehnsleuten geopfert werden.

Um diese Welt auszudrücken, greift Ariane Mnouchkine auf die Erfahrung zurück, die sie mit dem japanischen Theater gemacht hat: eine Erfahrung als Zuschauerin. Sie bekräftigt es immer wieder. Sie hat mit ihrer Suche als Zuschauerin begonnen, und als solche hat sie sie weitergeführt.[5] Sie erzählte, wie sie in Japan einer Kabuki-Vorstellung beiwohnte, bei der sie natürlich nicht ein einziges Wort verstand. Sie war überrascht, wie sehr die gesamte Aufführung einem Shakespeare-Stück ähnelte: mit dem Ringen um die Macht, mit Kämpfen, mit Schlachten zwischen Kriegern. Das Universum der Kabuki-Figuren erinnerte sie an die Welt der Shakespeareschen Hauptfiguren: Es bewahrte etwas von jener mittelalterlichen Welt, das die mehr westlichen Wiederbelebungsversuche von heute verloren haben. In dem Spielstil schien etwas von der mittelalterlichen Zeit überlebt zu haben, in der ja Shakespeares Stücke spielen: die Gewalt und Heftigkeit dieser Epoche, die Roheit der vom Willen zur Macht verzehrten, mit blutigen Bruderkriegen beschäftigten Personen. Was Mnouchkine in den Bann zog, war gerade jene Theatralik, deren Träger die Schauspieler und der Raum waren. Hier war eine Auffassung, die auch sie vom Theater hatte: eine nackte Bühne, auf der sich ein Schauspieler fortbewegt und durch seinen Körper und seine Stimme eine Welt heraufbeschwört, die den Zuschauer völlig mitzureißen vermag.

Bei dem Versuch, die üblichen Formen zu vermeiden, in denen man Shakespeare im Westen gern darstellt, suchte Mnouchkine also nach Mitteln, die Kraft dieses Shakespeareschen Universums zum Ausdruck zu bringen. Das japanische Theater schien ihr einige Lösungen zu bieten, denn es war ja gerade Träger mancher dieser Aspekte, und vor allem war es Träger einer hochtheatralischen Kunstform, die die Schroffheit der Personen und die Feinheit der Formen miteinander verband.

Worin besteht diese Theatralik? In einer Deutlichkeit der gewissermaßen auf die Bühne gezeichneten Körper und Gebärden, in einer Harmonie intensiver reicher Farben (Gold, Rot, Weiß, Schwarz …), in der Verwendung von Masken und Schminktechniken, welche die Züge stark hervorheben und die Ausdrucksmöglichkeit des Gesichts verstärkten, in der Verwendung rhythmischer, fast gesungener, häufig monodischer Stimmen, die die Klänge vom Natürlichen entfernen und der Erzählung die Spannweite eines Epos geben.

Auf die Frage eines Kritikers, weshalb sie als Bezugspunkt Japan gewählt habe, faßte Mnouchkine ihre Position folgendermaßen zusammen:

*Weshalb den Orient? Ganz einfach, um des Theaters willen! Der Westen ist verarmt und hat nur drei Gattungen von Theaterformen hervorgebracht: das antike Theater, von dem wir sehr wenig wissen, die Commedia dell'arte, die in der Tat aus dem Orient stammt, und das realistische Theater, das eine Form ist, die auf der Sprache beruht und nicht auf dem Körper. Der Orient bietet im übrigen Spielformen, eine Disziplin, die dem Schauspieler Kommunikationsinstrumente an die Hand geben, die ihn entblößen. Die großen Theaterformen – ich möchte sie nicht mehr ori-*

*entalisch nennen – erlauben uns, die Welt wiederzugeben, die nicht diejenige des Alltags ist, sondern eine magische, göttliche Welt, welche mit dem inneren Universum verbunden ist. Es gibt Formen, die, so schön sie auch sein mögen, die Türen hinter sich verschließen (Tschechow zum Beispiel), und andere, die sie weit öffnen. Im Elisabethanischen Theater gibt es keine Form, gerade noch eine Architektur. Wir wollten eine realistische Darstellung vermeiden.*[6]

Nun ist für Mnouchkine das Theater vor allem die Suche nach einer Form, einer Form, die es ihr erlaubt, sich dem Realismus und dem Alltäglichen zu entziehen. Auf der Suche nach dieser Form entschließt sich der Schauspieler, die Leidenschaften seiner Figur auszudrücken, hat er doch die »furchtbare Rolle, das zu zeigen, was sich nicht zeigt«.[7] Dank dieser Form, die in Handlungen, in Gebärden auf der Bühne Gestalt annimmt, »wird das Unsichtbare sichtbar«, vermag der Zuschauer die innere Welt der Menschen wahrzunehmen, deren Schicksal sich vor seinen Augen abspielt. Je theatralischer diese Form ist, um so mehr unterstreicht die Kunst ihren Unterschied zur Wirklichkeit und ermöglicht dem Zuschauer, die imaginäre Reise zu unternehmen, zu der er eingeladen ist.

Das Bild, das Ariane Mnouchkine bei dieser Suche bevorzugt und das sie nicht nur dem Schauspieler, sondern auch dem Zuschauer zu übermitteln sucht, ist das von Figuren, in denen die Leidenschaften des inneren Lebens brodeln, darin vergleichbar mit Lavafontänen herausschleudernden Vulkanen, die das Plakat der Shakespeare-Stücke zeigt. Das Theater ist alles in allem in der Tat ein Mittel, um das offenzulegen, was gewöhnlich verborgen ist, die Leidenschaften der Menschen. An diesen Leidenschaften muß der Schauspieler unermüdlich arbeiten.

Da Mnouchkine sich an all das erinnert, ist sie der Meinung, daß das traditionelle japanische Theater – in diesem Fall das Kabuki – dem Wesen des von ihr bevorzugten

Theaters sehr nahekommt, einem grundlegenden Theater, in welchem die Form prägnant ist und jedem kleinsten Detail das Theatralische aufprägt. Um dieses Ziel zu erreichen, läßt Mnouchkine nicht nach, den Schauspieler auf die Notwendigkeit hinzuweisen, daß er, auch wenn er von den größten Leidenschaften getrieben wird, imstande sein muß, konkret zu bleiben. Daher das Bemühen um die Einzelheit, um die Gebärde. Diese Genauigkeit scheint das orientalische Theater auch in seinen bescheidensten Erscheinungsformen zu bieten. Nun wird aber diese Genauigkeit zuerst vom Schauspieler getragen. Über den Schauspieler bringt Mnouchkine diese Genauigkeit also auf die Bühne.

*Eine metaphorische Sprache*

Wonach Mnouchkine bei dieser Suche forscht, ist vor allem der metaphorische Aspekt des Theaters, eine Bildsprache, die für die Poesie auf der Bühne wesentlich ist.

> *Das Theater ist eine Metapher, eine Metapher der Gebärde, des Wortes, und was im Theater schön ist, ist der Moment, in dem ein Schauspieler ein Gefühl, eine Erinnerung, einen Zustand oder eine Leidenschaft umwandelt. Keiner sieht die ganz reine Leidenschaft, wenn sie der Schauspieler nicht in Spiel, das heißt in ein Zeichen, in eine Geste verwandelt.[8]*

Philippe Hottier, ein ehemaliger Schauspieler des Théâtre du Soleil, der den Falstaff gespielt hatte, bestätigte diese Bemerkung:

> *Diese innere Bewegung des Gefühls, der Leidenschaft, die die Figur beschäftigt, gilt es zu zeigen, in den Raum und in die Gebärdensprache einzuzeichnen. Die Fortbewegungen des Schauspielers, die Beschaffenheit seiner Stimme zeigen an, um welche Art von Zorn es sich handelt. Alle Worte, die sie aussprechen, werden von jener besonderen Elektrizität durchflutet, die den Zu-*

*stand der Figur zu einem bestimmten Zeitpunkt ausmacht.[9]*

Mnouchkine war immer zutiefst davon überzeugt, daß die einzige Art, Theater zu machen, nicht bedeutet, einen bestimmten Code zu erlernen (das berührt nur die oberflächliche Ebene jeder Kunstform), sondern die Beziehung zwischen Schauspieler und Bühne, zwischen Schauspieler und Erzählung, Schauspieler und Inszenierung (Kostüm, Bühnenausstattung), die Beziehung des Schauspielers zu sich selbst und die zwischen Schauspieler und Maske jedesmal neu zu erschaffen. Gerade die Arbeit mit der Maske erlaubt diese Umstellung, einer Maske, die sehr gut vom Orient in den Westen reist und die überall sowohl gleich als auch anders ist. »Die Maske entblößt den Schauspieler«, sagt Mnouchkine gern. Im orientalischen Theater gibt es weder die Arbeit an der Psychologie der Figur noch die an der Vergangenheit des Schauspielers, an seinen Erinnerungen, an seinem Unbewußten. Alles, was auf der Bühne stattfindet, geschieht im *hic et nunc,* und aus dieser Beziehung zwischen Schauspieler und ihm selbst, zwischen Schauspieler und seinem Bühnenpartner, Schauspieler und Raum, Schauspieler und Erzählung entsteht jener Eindruck äußerster »Präsenz«, die der Zuschauer wahrnimmt. Das ist eine der tiefen Überzeugungen Mnouchkines, eine, die ihr gesamtes Werk bestimmt und eine Erklärung bietet für die von ihr bevorzugten Kunstformen und zugleich für die von ihr verwendeten Spieltechniken.

Am Beispiel der Shakespeare-Stücke ist ebenfalls aufschlußreich, daß Mnouchkine ihre Schauspieler niemals gebeten hat, »japanisch« zu spielen oder auch nur die Kunstregeln etwa des Kakubi zu erlernen. Sie hat das japanische Theater einfach als eine Inspirationsquelle angegeben, indem sie Bilder, Fotos und Filme anschauen ließ, einige Bücher empfahl und die Schauspieler bat, sie sollten jeder einen eigenen Weg finden, um ebendiesen Eindruck äußerster Präsenz zu liefern, den die Schauspieler vermitteln. Während dieser Zeit fand am Théâtre du Soleil keine Schulung in spezifischen künstlerischen Praktiken statt, und wenn einige Schauspieler sich entschlossen, Kurse zu besuchen, so machten sie das von sich aus. Georges Bigot zum Beispiel, der ein legendärer Richard II. wurde, erklärte, er habe in dieser Zeit Boxen gelernt – und nicht das orientalische Theater studiert –, um jene Körperpräsenz, jene Schnelligkeit der Geste, jenen Bewegungstonus entdecken zu können, die dem laienhaften Blick des Publikums ganz »japanisch« vorkamen. Die Schauspieler mußten also dieses imaginäre Japan aus der eigenen Phantasie neu erschaffen, indem sie sich unter anderem von Kurozawas und Mizoguhis Filmen, von den volkstümlichen Bildern der Samurai[10], von Büchern inspirieren ließen und von dem, was diese – sei es auch in gedrängter Form – von diesen Theaterformen wußten. Von genau diesem Imaginären aus gestalteten sie ihre Rolle und versuchten, eine Form zu finden, die aus ihnen selbst kam und zu ihnen gehörte, anstatt sie als Kopie eines äußeren Modells anzulegen.

»Was die Bühne füllt, sind nicht die Ausstattungsstücke, sondern die durch die Schauspieler angeregte Phantasie des Zuschauers«,[11] sagt Mnouchkine. Ihre Arbeitstechnik bestand also nicht darin, an der Kunst des Schauspielers äußerlich zu arbeiten, indem sie ihm eine spezifisch orientalische Form aufzwang, sondern vielmehr darin, in gewohnter Weise, den Schauspieler anzuregen, in sich die Bewegungen, Gebärden, Ortsveränderungen zu finden, die für eine sich ihm aufdrängende Form notwendig waren. Diese Suche wurde im Théâtre du Soleil stets von der Commedia dell'arte und der Arbeit an den Masken geleitet. Diese Bedeutung des maskierten Gesichts oder des geschminkten Gesichts – einer Variante der Maske – ist im japanischen Theater lebendig, und Ariane Mnouchkine gefällt diese Bedeutung recht gut. Es bestätigt ihr nämlich die Richtigkeit ihrer Entscheidungen.

## Elemente eines imaginären Orients

Es ist also nicht überraschend, daß zwischen dem Spiel von Mnouchkines Schauspielern und einem »japanischen« Spielstil Ähnlichkeiten wahrgenommen wurden, die dem Publikum erlaubten, selbst dort Elemente des »Japanischen« hineinzuprojizieren, wo es sie nicht gab. Denn alle stimmen darin überein, Mnouchkine zuallererst: Die Shakespeare-Stücke waren keineswegs japanisch. Bei der Erinnerung an die Vorbereitungsphasen der Arbeit erwähnte sie: »Wir haben uns niemals gesagt: Wir werden das und das Stück auf japanische Art inszenieren. Wir wären übrigens unfähig, ein Kabuki zu inszenieren, und was wir gemacht haben, ähnelt dem Kabuki nicht.«[12]

Und dennoch waren die Zeichen des »Japanischen« oder des »Indischen«[13] in den Shakespeare-Stücken zahlreich. Die Hinweise auf ein imaginäres Japan ergaben sich zunächst durch die Kostüme, die alle diese adligen Herren trugen, gekleidet in vielschichtige, leuchtend farbige Seidenröcke; sie ergaben sich auch durch die weißen Gesichter der Künstler, die an die Schauspieler des Noh-Theaters erinnerten, sowie durch die Masken von Erhard Stiefel, aber auch durch die zu einem Knoten geflochtenen Frisuren, die ebenfalls an Japan denken ließen. All diese Elemente gaben den Schauspielern eine sehr starke orientalisch inspirierte Theatralik.

Auch ihre Bewegungen erinnerten an den Orient. Die Schauspieler traten auf einer Roßhaarmatte, einer Art Arena, vor, wo sie in einer Traube ankamen, wie ein Bienenvolk, bevor sie sich aufstellten, um den Raum einzunehmen. In dieser Architektur gab es kein dauerhaftes Requisit. Der Raum blieb frei und ließ Platz für das Spiel. Die wenigen für die Handlung einer Szene notwendigen Gegenstände wurden herbeigetragen und dann, sobald sie ihre Funktion erfüllt hatten, wieder weggenommen. Gestreifte Zelte, an den äußersten vier Ecken der Bühne, am Ende der Auftrittsrampen der Schauspieler, erlaubten den Schauspielern, sich bei der Vorbereitung auf den Auftritt oder beim Abgang vor den Blicken des Publikums zu verbergen. Schließlich gaben die Rampen, schmale Verlängerungen der Spielfläche – ein Hinweis auf die Blumenbrücke im Noh-Theater –, den Schauspielern die Möglichkeit, im Laufschritt auf die Bühne zu kommen, als wären sie schon da, wie von einem inneren Drang mitten in die Handlung gestoßen. Die Inspirationsquellen stießen aufeinander, gingen ineinander auf und erweckten im Geist der Zuschauer unterschiedliche, exotische und imaginäre[14] Welten, die gleichwohl in größter Nähe zum Shakespeareschen Werk blieben.

Über diesen Elementen, die sich von Anfang an aufdrängten, stand natürlich das Spiel des Schauspielers. Seine Stimme trat rauh und rasch hervor wie sein trabender Körper, um in feierlichen steifen Posen zu erstarren, aus denen die Worte kraftvoll hervorsprudelten. Die Könige Richard II. oder Henry IV., der Usurpator Bolingbroke, Mowbray, die höfischen Herren, Falstaff und die Adligen, die sich gegen den König verschworen und seine Entmachtung vorbereiteten, jeder hatte eine ihm eigene Gebärdensprache, eine charakteristische Körperhaltung, die Knie nach Art der Kabuki-Spieler leicht gebeugt, eine Stellung, die ihnen durch die Nähe zum Boden eine stabilere Grundlage gab.

Sie trugen die Erzählung vor, als berichteten sie eine Geschichte, deren Hauptfiguren und deren Erzähler sie gleichzeitig waren. Sie fanden Gefallen an der Sache, wie es die Kabuki-Schauspieler oder die Schauspieler der Commedia dell'arte tun. Der Zusammenhang erschien offensichtlich und bestärkte Mnouchkine in der Überzeugung, daß die Commedia dell'arte eine bestimmte Verwandtschaft mit orientalischen Theaterformen hat.

Wenn jede Spieltradition den Schauspielern eine Körperhaltung auf der Bühne, eine bestimmte Beziehung zum Raum und zu den anderen Schauspielern auferlegt, dann waren die Künstler des Théâtre du Soleil es sich schuldig, diese Regeln wiederzuentdecken. So erlernten sie durch Erfahrung die Bedeutung der Bewegungslosigkeit und der Pausen im orientalischen Theater, die Wichtigkeit der energischen und kraftvollen Auftritte und Abgänge, genau wie sie lernten, daß diese Spieltechniken eine gewisse Qualität der Präsenz erfordern. Die ästhetische Form entwickelte sich aus ebendieser Arbeit, aus dem Kampf jedes einzelnen mit den Bühnenrealitäten.

Diese für Shakespeare-Stücke sehr eigenartige Spielform rief im Zuschauer überraschend einen *Verfremdungseffekt* [dt. im Original, A. d. Ü.] hervor, der ihm das Schauspiel paradoxerweise näherbrachte, weil es sich vornehmlich an seine Phantasie richtete und nicht an bestimmte Bezugspunkte, die er haben mochte. Sehr schöne Bilder folgten aufeinander. Sie waren von einem Gefühl durchdrungen, das weit über die Worte hinausging, deren Bedeutung nicht immer erkennbar war, die aber widerhallten wie ein Hämmern, dessen Rhythmus Geist und Raum erfüllte. Die Kommunikation verlief also über diese beiden sich begegnenden Vorstellungsvermögen: die des Schauspielers und die des Zuschauers.

All diese Elemente geschahen in einem erstaunlichen visuellen Universum, reich an lebendigen Farben und seidenen Stoffen, drapiert mit gewaltigen Seidenbahnen, die beim geringsten Lufthauch wogten. Wenn sie bei einem Umbau des Bühnenbildes herunterfielen, war ihr Rascheln zu hören. Es war das Heraufbeschwören einer Welt von äußerster Verfeinerung, wo sich die Schauspieler vor einer Traumkulisse bewegten, die symbolisch auf den Aufstieg und Fall der Könige verwies. Das von Mnouchkine geschaffene Universum war ein Universum reiner Poesie, wo sich die Schönheit der Bilder, die Präsenz der schnellen Körper und das Rauhe der Stimmen mischten. Die Schönheit der für das Théâtre du Soleil so charakteristischen Bilder bewirkte beim Publikum eine unbestreitbare Verzauberung und war eine Augenweide, ein Vergnügen, nach dem Mnouchkine strebt und das einen wichtigen Teil des Vergnügens des Zuschauers ausmacht.

Die Kraft von RICHARD II. und HENRY IV. ist der Tatsache zuzuschreiben, daß die Spuren dieses mythischen Japans von wenigen undeutlich auf die Bühne hingeworfenen Linien, von einer Körperform, von einer Spielintensität lebten, die dem Zuschauer erlaubten, für sich selbst und seinem inneren Weg gemäß dieses Bild des Orients weiterzuzeichnen. Dabei gelang es Mnouchkine und ihren Schauspielern, sich von den üblichen Inszenierungsschemata von Shakespeare-Stücken zu befreien. Sie zwangen den Zuschauer, es ihnen nachzumachen, und bereiteten ihn auf eine andere Reise vor. Sie führten ihn woandershin, auf einen unvorhergesehenen Weg, auf dem sich ihm das Schauspiel als eine Ganzheit darstellte, ohne daß er versuchte, darin spezifische Einzelheiten »wiederzuerkennen«. Die Stücke schienen als Ganzes japanisch zu sein, und weniger im Detail. Sie erweckten im Geist des Zuschauers ein in großen Zügen hingeworfenes Bild jenes Japans, das alle kennen, selbst diejenigen, die niemals dort waren, jenes imaginären Japans, das in der Vorstellung eines jeden vorhanden ist. Die Bilder riefen also eher Empfindungen, Eindrücke hervor, als daß sie auf bestimmte, bewußte Bezugspunkte verwiesen, die der Zuschauer haben konnte. Der Vorgang lief gewissermaßen unterschwellig ab. Er zwang den Zuschauer, in ein anderes Universum einzutreten, das nur sehr wenig mit dem realen Japan von heute gemeinsam hatte. Hieraus erwuchs ein anderes Shakespeare-Bild.

Ein Hauptgrund für den Erfolg des Théâtre du Soleil beruht darauf, daß Mnouchkine niemals an der Form an sich gearbeitet hat. Die am Ende des Weges gewählte endgültige Form wurde im Laufe des Arbeitsprozesses gefunden. Sie entstand aus dem Umgang mit dem Shakespeareschen Text und aus einem inständigen Lauschen auf das, was die Wörter sagen.[15] Bei diesem Vorgehen mußte jeder Schauspieler seinen eigenen Weg finden, indem er im Einvernehmen mit den anderen arbeitete, um diese gemeinsame Sprache zu entwickeln. Er ging zwar vom Text Shakespeares aus, doch soll-

te dieser Text die natürliche Verlängerung der Körper sein. So kam eine in dieser Aufführung einmalige autonome Form zum Vorschein, eine Form, die sich schließlich mit der Kraft des Selbstverständlichen durchsetzte. Die so gefundene Form lieferte auch den Beweis, daß Shakespeares Text vor allem ein Spielstoff ist, daß er über eine sehr starke Architektur verfügt, die sich jeder im vorhinein festgelegten Form entzieht; eine offene Form, die andere Spieltraditionen gelten läßt als diejenigen, denen er gewöhnlich unterworfen wird.

Indem Mnouchkine mit der Vergangenheit *tabula rasa* machte, beseitigte sie alle Erwartungen und alle Orientierungspunkte. Sie setzte andere Formen ein, um die herum sich Shakespearsche Hauptfiguren und japanische Samurai des Mittelalters begegnen konnten.[16] Wie einer der damaligen Kritiker sagte: »Es war die Verbindung von äußerster Wahrhaftigkeit und äußerster Künstlichkeit.«[17]

Angesichts dieser Aufführungen wurde der Zuschauer seinerseits zu einem Sinnproduzenten. Es war an ihm, den Weg zu Ende zu gehen, der von der einen Kultur zu einer anderen führte. Da er niemals ausschließlich in der einen oder der anderen war, stand er fortwährend auf der Grenze zwischen zwei Welten, sowohl in der einen *als auch* in der anderen. Gerade diese Hybridisierung, bei der die Individualität und Eigentümlichkeit der Kulturen und der ursprünglichen Kunstformen verschwinden, macht die große Originalität von Mnouchkines Weg aus und gestattet ihr, ihre künstlerische Vorgehensweise mit solcher Kraft außerhalb der Wege ihrer Zeitgenossen anzusetzen. Hierbei bringt Mnouchkine das eurozentrische Modell ins Wanken; an seine Stelle tritt ein flüssigerer Prozeß der Theaterproduktion und der Rezeption.[18] Sie stellt so die Praktiken des Westens erneut in Frage, gibt dem Zuschauer Verantwortung und Produktivität zurück und läßt ihm die Freiheit, unterschiedliche Wechselwirkungen zwischen den kulturellen Reisen, die ihm die Aufführungen suggerieren, und seinem eigenen vorgestellten Universum herbeizuführen.

Kann man in einem solchen Fall von Interkulturalismus sprechen? Zweifellos. Die Art, wie Mnouchkine die orientalischen Formen behandelt, ist voller Achtung vor deren Geist, auch wenn sie sie keineswegs nachahmen will. Es handelt sich hier nicht um eine Anleihe, sondern um Inspiration, um Neuschöpfung, um uns, das Publikum, zu zwingen, auf andere Weise mit den Werken in Beziehung zu treten. Frei von der Absicht, als Vorbild zu dienen oder auch nur irgendein Wissen über orientalische Kunst zu vermitteln, versuchen Mnouchkines Inszenierungen, diese Kunst nicht zu kopieren, sondern ihren Geist wiederzuentdecken. Die westliche Kunst kann die asiatische Kunst nicht neu erfinden: Das ist weder ihr Ziel noch ihr Zweck, aber sie kann dafür mit ihr in ein Gespräch eintreten und sie zum Lehrmeister nehmen. Das ist Mnouchkines Überzeugung. Letzten Endes ist die einzige Regel, die es zu bewahren gilt, die Wahrhaftigkeit des Kunstwerkes selbst. Diese schreibt Regeln vor und setzt Grenzen.

*Kulturellen Kolonialismus vermeiden*

Die Frage nach dem Interkulturalismus in der Kunst und ganz besonders in den Shakespeare-Stücken wirft eine Anzahl von Fragen allgemeinerer Natur auf, die sich heutzutage aufdrängen.

Diese Annäherung von Kulturen, diese Anleihen, Kreuzungen, Transfers werfen nämlich eine Reihe nicht zu vernachlässigender ideologischer, philosophischer und politischer Fragen auf nach den angewendeten Verfahren und deren Rechtmäßigkeit. Richard Schechner und Eugenio Barba gehören zu denen, die sich mit diesen Gegenüberstellungen von Orient und Okzident am meisten auseinandersetzten, sie zu bestimmen und das Prinzip dieser Übertragungen, Anpassungen und Vermischungen zu erforschen versuchten.[19] Peter Brook befaßte sich damit während seiner Arbeit am MAHABHARATA, noch häufiger Ariane Mnouch-

kine, nicht nur bei ihrer Arbeit an den Shakespeare-Stücken, sondern auch bei L'HISTOIRE INACHEVÉE DE NORODOM SIHANOUK, ROI DU CAMBODGE, in L'INDIADE und vor kurzem noch in ET SOUDAIN, DES NUITS D'ÉVEIL.

Es ist nicht leicht, bei diesen interkulturellen Aufführungen den wahren Anteil abzuschätzen, der dem gründlichen Wissen um die Kultur selbst und der sie begleitenden Kunst eingeräumt wurde. Einige entdecken fremde Länder und Kulturen durch Einfühlungsvermögen und fordern den Zuschauer auf, sich darin wiederzuerkennen. Daraus taucht dann das Bild einer gewissen Universalität des Menschen auf, der Grenzen überschreitet und so den anderen als seinesgleichen und zugleich als anderen zu erkennen vermag. Diese Beiträge machen uns den Fremden plötzlich vertraut. Sie stellen eine große Verantwortung des Künstlers in der Welt von heute dar. Diese niemals als künstlerische Priorität verstandene, aber als wichtiges Anliegen bestehende Aufgeschlossenheit für andere Kulturen leitet die künstlerische Arbeit zahlreicher Künstler, unter denen Mnouchkine eine Galionsfigur bildet.[20]

Dennoch müssen, jenseits dieser Euphorie, einige Fragen gestellt werden – wie sie Mnouchkine und Peter Brook übrigens bei verschiedenen öffentlichen Debatten gestellt bekamen –, Fragen nach der Rechtmäßigkeit solcher Vorgehensweisen. Mehrmals wurde ihnen der Vorwurf gemacht, sie achteten nicht die Ausgangskultur, folklorisierten, verwestlichten sie, anders ausgedrückt: Sie nähmen nur die Oberflächenmerkmale auf, ohne in ihren Geist und ihre Grundlagen einzudringen. Der Vorwurf erscheint demjenigen ungerechtfertigt, der die gründliche Dokumentationsarbeit, die Lektüren, das Anschauen von Filmen, Videos und Dias, die Reisen kennt, die im allgemeinen jede Produktion des Théâtre du Soleil mit sich bringt. Doch der Vorwurf spiegelt das Unbehagen wider, das der Zuschauer häufig empfindet, wenn er Anleiheverfahren gegenübersteht, die Elemente einer Kultur in eine andere verpflanzen.

Diese Verfahren können nicht als neutral gelten. Sie werfen Fragen auf nach der Natur der so vollzogenen Übertragungen und nach den philosophischen, sozialen, religiösen, ideologischen Grundlagen, innerhalb deren diese Kunstformen Platz finden. Wieviel muß ein Künstler über die Kunstform wissen, der er Dinge entnehmen will, um solche Übertragungen durchzuführen? Muß er das kulturelle und soziale Umfeld kennen, in das die künstlerische Praxis hineingehört, um eine solche Anleihe zu machen? Welches Maß an Meisterschaft in der künstlerischen Praxis selbst muß der Künstler haben, um diese kulturellen Verpflanzungen vorzunehmen? Diese Fragen sind grundlegend, und sie wurden von einem großen Teil der amerikanischen Kritik aufgeworfen. Diese Kritiker erinnerten an die Notwendigkeit, daß solche interkulturellen Formen nicht unter Vernachlässigung der Umstände, die sie entstehen ließen, zustande kommen dürfen.

*Zwei sich widersprechende Sichtweisen*

Die Reaktionen gegenüber kulturellen Anleihen teilen sich in zwei unterschiedliche Lager. Einige, vor allem akademische Forscher fordern in dem Bestreben, einen gewissen »kulturellen Kolonialismus« zu vermeiden, die Notwendigkeit, daß man sich mit einer fremden Kultur gründlich vertraut macht, ehe man sie zu eigenen Zwecken verwendet. Zu dieser Kategorie gehören Forscher wie Rustom Bharucha, Bonnie Marranca, Gautam Dasgupta, Una Chauduri, Daryl Chin, Richard Schechner.[21] In dem Bemühen, die Freiheit des Künstlers zu bewahren, erinnern andere hingegen daran, daß die Kunst immer das Vorrecht hatte, Entlehnungen aus anderen Kulturen uneingeschränkt und nach den vom Künstler gewünschten Modalitäten vorzunehmen. Zu dieser Kategorie gehören Ariane Mnouchkine, Peter Brook, Robert Wilson, Peter Sellars, Eugenio Barba und andere.

Die Grundlagen, auf die sich diese beiden Gruppen stützen, um ihre Positionen zu rechtfertigen, sind interessant, wenn man bedenkt, daß sie heute mit einer Debatte in Zusammenhang stehen, die in Nordamerika hochpolitisch geworden ist.

Worum es der ersten Gruppe geht, faßt die Meinung von Carl Weber sehr gut zusammen:

*Was in diesem fröhlich utopischen Denken überhaupt nicht beachtet wird, sind die Realitäten dieses zeitgenössischen »transkulturellen Geschäftes« [...] Die internationalen Theater- oder Performancefestspiele sind ebensosehr Handelsmessen wie kulturelle Veranstaltungen [...] Zahlreiche transkulturelle Projekte, die den Versuch unternehmen, Merkmale einer einheimischen Kultur mit denen einer fremden Kultur zu verbinden, zu verschmelzen, zu vermischen [...], gelangen zu Aufführungen, die die fremden Elemente als eine würzige Sauce verwenden, um einen altbekannten Brei wieder schmackhaft zu machen [...].*

*Sie scheinen mit wenig, wenn nicht gar ohne Rücksichtnahme auf die Geschichtlichkeit des ausgewählten Materials vorgegangen zu sein. Doch das Sichbewußtsein der geschichtlichen und sozialen Bedingungen einer bestimmten fremden Kultur und deren Ausprägung in allen Kunstwerken ist in unserem Zusammenhang ausschlaggebend. Die Vernachlässigung solcher Bedingungen und der durch sie geprägten Ideologie führt unweigerlich zu einer unangemessenen Vermischung von fremden und einheimischen Elementen, die sich letzten Endes weigern zu verschmelzen und auf eine Summe hinauslaufen, die viel weniger ist als ihre Bestandteile.[22]*

Carl Webers Kommentare sind recht provozierend und fassen gut die Reaktionen zahlreicher Forscher zusammen, für die der Interkulturalismus die Bedrohung mit sich bringt, daß eine dominierende Kultur sich eine andere, häufig eine

Minderheitenkultur unrechtmäßig aneignet, ohne etwas als Gegenleistung zu bieten.[23]

Im Gegensatz zu dieser kritischen Position steht die Haltung von Künstlern wie Ariane Mnouchkine, Robert Lepage, Peter Sellars, Eugenio Barba und ganz besonders Peter Brook, der eine polemische Haltung einnimmt und das Recht des Künstlers bekräftigt, frei über die kulturellen Entlehnungen, die er vornehmen will, zu verfügen, und der die Forderung aufstellt nach

> *einem Theater, das auf der Verschmelzung von Traditionen beruht (einschließlich der Vermischung von Schauspielern aus unterschiedlichen Kulturen und Sprachen in der Aufführung), wo die Zuschauer aufgrund der Aufführung, die verschiedene Kulturen vermengt, mit der spezifischen wie auch der allgemeingültigen Wahrheit konfrontiert werden*[24].

Die Kreuzung von Kulturen und Einflüssen nach diesem Verfahren zu fördern heißt, zu unterstreichen, daß es für den Künstler notwendigerweise von Vorteil ist, sein Bezugsfeld zu erweitern und sich der Andersartigkeit des Anderen bewußt zu werden. Wer könnte es leugnen? Das Theater und jede künstlerische Praktik leben von dieser wechselseitigen Bereicherung.

Die beiden Argumentationen werden auf unterschiedliche Weise verteidigt. Wenn die erste das Bemühen betont, die Kultur des anderen zu achten, sie nicht zu vereinfachen, sie nicht an sich zu reißen, sie nicht dadurch zu kolonisieren, daß man sie unberechtigterweise in eine Kultur oder Praxis importiert, für die sie ursprünglich nicht bestimmt war, so begünstigt die andere Argumentation die Freiheit des Künstlers, dessen Kunst von Natur aus mittels Anleihen und Einflüssen zu Werke geht.

Es liegt gleichwohl auf der Hand, daß diese kulturellen und künstlerischen Kreuzungen, dieser Interkulturalismus, um praktikabel zu bleiben, sich der *political correctness* entziehen muß, der sie zu bedrohen scheint. Sie muß die Einführung eines als einzig rechtmäßig anerkannten Modells

des Kulturaustausches vermeiden, eines Modells, das die Gefahr mit sich bringen würde, die künstlerische Praxis zu begrenzen und zu normieren. Es scheint also in diesem Zusammenhang notwendig zu sein, die Freiheit des Künstlers zu bewahren bei der Wahl der Anleihen, Einflüsse, Übertragungen, Anwendungen aus einer anderen Kultur wie auch bei der Art und Weise, wie diese Formen in das endgültige Werk eingefügt werden. In diesem Zusammenhang scheint uns Lee Breuers viel zweideutigere Haltung sowohl komplexer zu sein als auch den wirklichen Verhaltensweisen der Künstler nahezustehen:

> *Ich versuche verzweifelt, einen Überblick über das zu entwickeln, was es bedeutet, im Theater interkulturell zu arbeiten. Es gibt viele Ansichten. Sie fallen in das Muster von – entweder –: »Ich liebe die Welt, und die Welt liebt mich, laßt uns alle zusammenkommen und interkulturell feiern«, oder aber in die Vorstellung vom westlichen Kulturimperialismus – daß wir uns jede kulturelle Ikone, deren wir habhaft werden können, unter den Nagel reißen und sie dann verkaufen.*
>
> *Diese Ansichten über die interkulturelle Arbeit sind tief verstrickt in die augenblickliche Politik. Ich versuche, das Bild in einem größeren Rahmen zu sehen. Aber mir ist bewußt, daß unterschiedliche Positionen für verschiedene Standpunkte befriedigend und geeignet sind.*[25]

Daß die meisten künstlerischen Werke oftmals das Ergebnis dieser Dualität sind, auf die Lee Breuer hinweist, ist an sich eine offensichtliche Tatsache. Was diese Debatte jedoch betont, ist, daß die interkulturellen Praktiken im künstlerischen Bereich – was immer das gewählte Modell sein mag –, bewußt oder unbewußt, eine ideologische Position widerspiegeln. Sie bestätigt, daß Interkulturalismus auf künstlerischer Ebene nicht mehr ein neutrales Phänomen sein kann, im Théâtre du Soleil genausowenig wie anderswo.

*»L'orient revisité. L'interculturalisme au théâtre«.*
*Aus dem Französischen von Hans-Henning Mey.*

Anmerkungen

1 Äußerungen Mnouchkines zum Zeitpunkt der Vorstellung der Shakespeare-Stücke, *Libération*, 17. Januar 1984.

2. »Die zweite Haut des Schauspielers«, S. 120

3. Natürlich mit Ausnahme der strengen Praktiken von Grotowski, Barba und einigen Pädagogen wie Étienne Decroux, Jacques Lecoq, Anatoli Wassiliew ...

4 Jedoch mit mehr Erfolg bei RICHARD II. und HENRY IV. als bei LA NUIT DES ROIS, dessen indischer Charakter weniger überzeugt.

5 Sie besucht gern Schauspiele aus dem Orient: Japan, Bali, Indien und hat wiederholt Indien und Japan bereist. Ihre erste Indienreise war 1960.

6 Interview mit Lorette Cohen in *L'Hebdo* vom 29. Juli 1992.

7 Mnouchkine: »Der Dichter öffnet den Menschen, und der Schauspieler hat die furchtbare Rolle, das zu zeigen, was sich nicht zeigt«, in: *Libération*, 17. Januar 1984.

8 Zitiert von Althaus, J. P., in: *Voyage dans le théâtre*, Lausanne, Ed. Pierre-Marcel Favre, 1984, S. 167.

9 Hottier, Philippe, »Un texte masqué, entretien avec Georges Bigot et Philippe Hottier«, in: *Théâtre/Public*, Nr. 46–47, Juli–Oktober 1982, S. 12.

10 Aber auch vom Tai-Chi und vom Bharatanatyam aus wie auch von alten russischen Filmen über Iwan den Schrecklichen.

11 *Libération*, 17. Januar 1984.

12 Ibid.

13 »Japanisches« in RICHARD II., HENRY IV., »Indisches« in LA NUIT DES ROIS.

14 In LA NUIT DES ROIS mußten die Schauspieler ihr eigenes Illyrien und ganz besondere Fortbewegungs- und Verhaltensweisen erfinden. Die Aufführung war eine Mischung aus Persischem, Balinesischem, Clown nach westlicher Art und Kathakali. Die Augenbewegungen des Schiffskapitäns waren zum Beispiel vom Kathakali inspiriert, der Herzog Orsino war ein Maharadscha, Maria, die Dienerin, gleichsam eine »Huri«. Eine interkulturelle Bastelarbeit, die volkstümlichen Bilderbögen nahekommt.

15 Mnouchkine zitiert gern Brancusi, wobei sie sagt, er habe dem Stein nicht eine Form verliehen, sondern habe die Form, die diesem innewohnt, enthüllt. Robert Lepage sagt, wenn er von seiner Kunst spricht, dasselbe. (Siehe Féral, J., »Mise en scène et jeu de l'acteur«, Bd. II, JEU/Lansman, 1998, S. 156.)

16 Die Kostüme sind ein aufschlußreiches Beispiel für die Art der Integration, die das Soleil auf diese Weise vollzog. Obgleich die Kostüme durch ihre Farbe und ihr Volumen an gewisse Stile japanischer Kostüme erinnern, überlappten sie sich so mit Elementen der Gewänder des königlichen Hofes und der Kriege des 14. Jahrhunderts.

17 *France-Soir*, 11. Dezember 1981.

18 Kommentare, auf die schon Suzan Bennett, *Theatre Audiences, A Theory of Production and Reception*, New York, Routledge, 1997, S. 196–197, und

Sarah Bryant-Bertail, »Gender, Empire and Body Politics as Mise en scène: Mnouchkine LES ATRIDES« in: *Theatre Journal*, März 1994, 46.1, S. 30, hinwiesen.

19 Vgl. die von Eugenio Barba im Rahmen der ISTA (International School of Theatre Anthropology) durchgeführten Versuche des *Theatrum mundi*. Barba stellt künstlerische Formen sehr unterschiedlichen kulturellen Ursprungs – brasilianischen Tanz, Noh-Theater, skandinavisches Volkstheater, balinesische Tänze – nebeneinander, um zu sehen, wie sie ein Zwiegespräch untereinander führen können, und um die strukturellen Verwandtschaften zu beobachten, die dabei zutage treten.

20 Es gibt nur wenige Künstler, deren künstlerischer Weg so interkulturell ist wie der von Mnouchkine, vielleicht Peter Sellars, sicherlich Robert Lepage, Peter Brook und ohne jeden Zweifel Eugenio Barba.

21 Zu diesen Fragen siehe vor allem: Rustom Bharucha, *Theatre and the World, Essays on Performance and Politics of Culture*, New Delhi, Manohar Publications, 1990; Bonnie Marranca and Gautam Dasgupta, *Interculturalism and Performance*, New York, PAJ Publications, 1991; Richard Schechner, *Essays on Performance Theory*, New York, Drama Book Specialists, 1977; Patrice Pavis, *Le théâtre au croisement des cultures*, Paris, Corti, 1990.

22 Aus dem Englischen: »*What seems to be ignored in all this blissfully utopian thinking are the realities of the contemporary »transcultural business« ... The international theatre or performance festivals are just as much trade fair as cultural events [...] Great number of transcultural projects trying to combine, fuse, blend – or whatever you'd like to call it – features of the indigenous with those of alien culture, arrive at performances which use the alien component as a spicy sauce to make some old familiar gruel palatable again [...].*

*They seem to have proceeded with little if any regard for the historicity of the chosen material. Yet, awareness of a given foreign culture's historic and social conditions and their inscription in all works of art is paramount in our context. The neglect of such conditions, and the ideology inscribed through them inevitably leads to an incongruous mix of foreign and native elements which in the final analysis refuse to fuse, adding up to a sum which is much less than its components.*« Carl Weber: »ACTC: Currents of Theatrical Exchange« in *Interculturalism and Performance*, op. cit., S. 29–30.

23 Diese Position wurde auch von Edward Said in seinem Buch *Orientalism*, New York, Pantheon, 1987, betont.

24 Der englische Text lautet: »*a theatre that is based on the merging of traditions (including the mix of actors from different cultures and languages in performance) where audiences are confronted with the specific as well the universal truth by virtue of performance that blend various cultures.*« Zitiert von Carl Weber, op. cit., S. 29. Äußerungen Peter Brooks anläßlich des XVIe Congrès de l'Institut international de l'UNESCO.

25 Der englische Text: »*I am desperately trying to develop an overview of what it means to be working interculturally in the theatre. There are a lot of underviews. They fall in the pattern of either I love the world and the world loves*

*me, let's all get together and party interculturally, or, the notion of western cultural imperialism – that we are ripping off every cultural icon we can get hold of, and then selling it. These underviews of intercultural work are deeply enmeshed in the given politics of the moment. I am trying to see the picture in a larger sense. But I realize that different positions are satisfactory and proper for different levels of points of view.«* Gabrielle Cody: »Behaviour as Culture. An interview with Lee Breuer« in *Interculturalism and Performance*, op. cit., S. 208.

*Photo: Ariane Mnouchkine im Gespräch mit ihren Schauspielern während der Arbeit an der* INDIADE.

## Bernard Dort
## ZWISCHEN VERGANGENHEIT UND ZUKUNFT

Vor allem anderen muß hier gesagt werden, welch großes Vergnügen man als Zuschauer angesichts des ersten Entwurfs von L'ÂGE D'OR empfindet. Ein seltenes, selbstverständliches und fast sinnliches Vergnügen, das vielleicht das eigentliche Theatervergnügen ist, an dem wir jedoch im Laufe vieler Aufführungen die Lust verloren haben, ja, daß wir nicht einmal mehr den Wunsch danach verspüren.

### »Sanftheit« und Spiel

Zunächst beeindruckt der Ort. Seit 1789 ist die Cartoucherie etwas wie das Mekka des Pariser Theaters geworden. Sie hat etwas von einer Kirche (oder eher einem Tempel) und einem Bahnhof an sich. Man fühlt sich dort sofort wohl. Im ersten Saal passen die Nüchternheit des Raums, der (von den Schauspielern servierte) Rotwein und die Brötchen der Bar, die Andenken an 1789 und 1793, die Lenin- wie die Mao-Zitate gut zusammen. Und mit der Sinfonie von Monteverdis ORFEO-Ouvertüre (der fröhliche Volksmusik vorangegangen ist) beginnt auf einer Gerüstbühne ein Schauspiel: Da wird gefeiert, ein etwas ärmliches, fast dörfliches Volksfest, wie es vom Théâtre du Soleil stets erträumt wird. Doch bald ändert sich das Bühnenbild vollkommen: ruhig und ohne jene Eile oder jenen Elan, mit denen die Zuschauer vom Paradesaal in den Versammlungssaal der Sektion von 1793 liefen, treten sie hier in eine andere Welt. Diese märchenhafte Landschaft wurde schon oft beschrieben: vier Dünen, die Krater bilden und von einer hellen Fußmatte bedeckt sind, darüber ein Plafond aus rötlichbraunen Spiegeln, der von einem Netz von Glühbirnen überzogen ist, was wiederum an die Lichtergirlanden der Spiegelkabinette auf Jahrmärkten erinnert. Doch während diese Spiegelkabinette

oft kalt und eisig wirken, ist hier alles warm, ja fast mild. Natürlich sind die Fußmatten leicht rutschig. Es ist ratsam, sich nicht mit Stöckelschuhen darauf zu wagen und die Hände für den Fall eines Sturzes frei zu halten (an dem Abend, an dem ich L'ÂGE D'OR gesehen habe, regnete es, und die Schauspieler standen bei den beiden Eingängen, um den Zuschauern ihre Regenschirme oder Regenmäntel abzunehmen), doch selbst Ausgleiten und Stürzen gehört zum Vergnügen: das erinnert an eine Rutschbahn, und wird so von Beginn an der Ton angegeben: Hier wird nicht gedrängelt, das würde den Regeln des Ortes nicht entsprechen ... Fast möchte man seine Schuhe am Eingang lassen und barfüßig oder in Socken gehen – wie in einer Moschee! Also setzt man sich auf einen der Hänge des ersten Kraters: Man macht es sich bequem, die arabische Erzählerin Salouha (Lucia Bensasson), die durch das Stück führen wird, gibt den Zuschauern einige Ratschläge, und Schauspieler weisen ihnen Plätze an, an denen man gut sieht und hört ... Das Schauspiel kann nun wirklich beginnen. Doch eigentlich hat L'ÂGE D'OR bereits begonnen: Man ist schon woanders, in dem »sanften Klima«, in dieser Atmosphäre der »Sanftheit«, die Guy-Claude François, wie er erzählt sagt, zu schaffen suchte.[1]

Eine andere Ursache des Vergnügens ist das Spiel der Schauspieler – »Spiel« im stärksten Sinn des Wortes. Liegt es an den Masken (doch nicht jeder trägt eine: Einige – zum Beispiel Françoise Jamet als »alte Bernarda«, die spanische Hausgehilfin – begnügen sich damit, ihr Gesicht weiß zu pudern, und andere – zum Beispiel Jean-Claude Penchenat als Architekt Olivier – spielen mit bloßem Gesicht); liegt es an den achtzehn Arbeits- und Improvisationsmonaten, die zur Vorbereitung des Schauspiel gedient haben ...? Das Spiel nimmt sofort die größtmögliche Dimension an. Hier ist nichts von der verkrampften, in sich verschlossenen oder im Gegenteil extrovertierten und in beiden Fällen hysteroiden Spielweise der meisten Pariser Schauspieler zu sehen. Hier spielt man, während man erzählt, und erzählt, während man spielt. Der Wechsel zwischen Erzählung und Handlung besteht nicht nur in der Aufeinanderfolge der Erzählung durch die Erzählerin und der (auch gesprochenen) Pantomime der Schauspieler, sondern auf ihm baut alles auf. Fast alle Schauspieler – (doch hängt das weniger von ihnen selbst ab als von der Geschichte, die sie gestalten müssen) – stellen die jeweilige, nicht vorhandene Umgebung pantomimisch dar (oder weisen vielmehr darauf hin), zeigen uns mit Präzision und Intensität die Verhaltensweisen ihrer Figuren, ohne ihnen dabei in die Falle zu gehen: Ein Zwinkern, ein stummes Auflachen, eine Geste, die ein wenig weiter geht, als unbedingt notwendig – und wir sehen wieder klar, verlieren uns nicht im Schauspiel. Wenn der Polizist Max mit seinem falschen Bauch imaginäre Türen aufstößt, sind der Polizist und der Schauspieler Jonathan Sutton gleichermaßen beteiligt: Ihr heimliches Einverständnis wird deutlich gezeigt und tatsächlich gespielt – das unsere sowohl mit dem, der spielt, als auch mit dem, der gespielt wird, ebenso. Hinzu kommt noch, daß dieses Doppelspiel nicht nur darum doppelt ist, weil es sowohl »dramatisch« (im aristotelischen Sinn des Wortes) als auch narrativ (also episch, im ursprünglichen Sinn) ist, sondern auch, weil es zwischen zwei Epochen angesiedelt ist. Die Schauspieler des Théâtre du Soleil haben nämlich Techniken und Figuren der Commedia dell'arte (und des alten chinesischen Theaters oder anderer traditioneller Formen des Fernen Ostens, zum Beispiel des balinesischen Topeng[2]) übernommen, doch sind sie dabei nicht wie Archäologen vorgegangen: Sie haben diese Techniken und Figuren abgewandelt, ohne sie jedoch um jeden Preis aktualisieren zu wollen. Ihr Spiel ist also gleichsam in zwei Epochen verankert oder vielmehr in zwei Ausdrucksweisen: im theatralischen Schematismus, der Vergrößerung und

Veräußerlichung, die aus der volkstümlichen Tradition (oder dem, was wir dafür halten) kommen, und in der Sorgfalt, der Verinnerlichung, dem »Erfühlten« unseres abendländischen Theaters. Und auch das trägt zum Vergnügen von uns Zuschauern bei: Anstatt einer archetypischen Figur, die in irgendeinem Kulturkühlschrank aufbewahrt wurde – nichts ist langweiliger als die Repertoire-Harlekine, die heute alle mehr oder weniger Bastarde von Morettis bzw. Strehlers Arlequino sind –, sehen wir uns einer zusammengesetzten Figur gegenüber, die die Hose von Marcel Dassault[3] und die Maske des Pantalone trägt, mit einem Fuß in einem Jahrhundert steht und mit dem anderen in einem anderen … Man kann dabei nicht anders als an den Schauspieler denken, der uns im letzten Jahr großartig Unterricht im epischen Spiel erteilt hat: Dario Fo[4]. Vielleicht haben die Schauspieler des Théâtre du Soleil etwas von ihm gelernt, sie haben ihn aber nicht imitiert. Sie haben jenen Wechsel von Zeitgenössischem und Ewigem, von Konkretem und Abstraktem, von Notwendigkeit und von Spiel wiedergefunden, auf dem Dario Fo sein Mistero Buffo aufbaut und der allen großen Figuren der Komödie Nahrung bietet. Es ist kein Zufall und nicht einmal das Ergebnis einer bewußten politischen Entscheidung, wenn sich Harlekin in L'Âge d'or Abdallah (Philippe Caubère) nennt: Geschichte und Geographie, Gegenwart und Vergangenheit verbinden sich, um aus Abdallah ein Wesen zu machen, das gleichzeitig nahe und fern von uns ist – einen lebendigen Harlekin und keinen Hampelmann des Repertoires.

Mein Vergnügen an L'Âge d'or kam also von dieser Vertrautheit und dieser Distanz, dem heimlichen Einverständnis und der Fremdheit, dem sparsamen Einsatz theatralischer Zeichen und der Verschwendung, mit der uns diese übermittelt, von den Schauspielern sozusagen mit ausgestreckten Armen überreicht wurden. Paradoxerweise fällt dieses Vergnügen mit der Ausübung meiner Freiheit als Zuschauer zusammen. Diese Freiheit ist zwar gewiß alles andere als uneingeschränkt – sie wird von einem Schauspiel geleitet, orientiert, mobilisiert, dessen Zuschauer ich bin, ohne je eine andere Funktion darin übernehmen zu können –, doch sprudelte sie hier nichtsdestoweniger hervor. Ich fühlte die Freiheit, mich wiederzuerkennen, meine Sorgen, meine Überzeugungen und Zweifel zwischen den Zeilen wiederzuerkennen, zwischen den Bezugsepochen von L'Âge d'or bzw. zwischen den Fäden, aus denen Figuren gewebt sind, und den Fäden, die sie in Bewegung versetzen.

### Die Distanz der Utopie

Hier kommt die Hypothese, das heißt das Postulat des Schauspiels, zum Tragen. Die Handlung spielt einige Jahre nach 2000, und von dieser neuen Ära, diesem »Goldenen Zeitalter« aus erzählen uns die Schauspieler das Jahr 1975. Sie fordern uns auf, uns daran zu erinnern, was damals in jenem Zeitalter passiert ist, das bestenfalls ein Zeitalter des Goldes war, wie uns die Erzählerin allerdings nicht ganz am Anfang des Stücks mitteilt (da sind wir vom Neapel des Jahres 1720 in die heutige Zeit, und zwar ins Kielwasser von Abdallahs Boot gerutscht), sondern zu Beginn der zweiten Erzählung: der Erzählung vom »Abendessen«[5] bei den Großbürgern. Der theatralischen Dimension, deren Bezugspunkte ich zu entdecken versucht habe, entspricht in der Fabel die Dimension der Utopie. Eine verkehrte Utopie: Die Schauspieler spielen nicht den Traum von einem Goldenen Zeitalter im Gegensatz zur Gegenwart; sondern wir werden von der Wirklichkeit des Goldenen Zeitalters aus, die an diesem märchenhaften Ort Schauspieler und Zuschauer in »sanfter« Nähe versammelt, aufgefordert, uns an eine Vergangenheit zu erinnern, die nach dem Verlassen des Theaters wieder zu unserer Gegenwart werden wird. Das Schauspiel handelt also in der Vergangenheit der Zukunft. Unter den modernen Autoren hat meines Wissens nach allein Majakowski in der

Wanze eine solche Umkehrung gewagt. Im 18. Jahrhundert hingegen war das eine gängige Vorgehensweise, jedoch mit dem Unterschied, daß das Goldene Zeitalter damals oft durch eine Rückkehr oder Wiedereinführung des Naturzustands dargestellt wurde, es sei denn, es flüchtete sich in ein Phantasiepersien. Jedenfalls ging es darum, die Geschichte im Licht der Utopie zu erzählen.

Doch hier ist auch der Punkt, an dem das Schauspiel strauchelt oder zumindest zaghaft und unsicher bleibt. Und unser Vergnügen als Zuschauer beginnt zu stocken und erlahmt. Diese Distanz von der Zukunft zur Vergangenheit (die auch unsere Gegenwart ist) wird nämlich keineswegs immer aufrechterhalten. Einige Erzählungen werden zum Sittengemälde; sie neigen zur Anekdote oder begnügen sich damit, Szenen des gegenwärtigen Lebens zu veranschaulichen. So bleibt die Szene »Die Familie und die Drogen« eine »Stimmungsszene«,[6] was Sophie Lemasson auch immer darüber sagen mag. Zwar verhindern die verlangsamten Gesten der jungen Rauschgiftsüchtigen am Schluß der Szene, daß das Bild zur bloßen Reproduktion des täglichen Lebens wird, doch gleicht die Vorgehensweise eher einem Theatereffekt als einer Erzählart. Letztlich verstärkt sie noch die »Stimmung«. Wir haben hier den Abenteuern Abdallahs gegenüber die Dimension gewechselt – und auch den Blickwinkel. Das ist nicht nur eine Frage der Überfülle an Details (wie im ersten Sketch der Szene, in dem die Mutter das Abendessen zubereitet und dabei eine Sendung im Fernsehen ansieht): Es gibt mindestens ebenso viele Details und »wahre« Beobachtungen bei den Bemühungen Abdallahs, sich europäisch zu kleiden und sich heimlich in ein Hotelzimmer einzuschleichen, in dem bereits mehrere andere Gastarbeiter zusammengepfercht sind. Es geht hier tatsächlich um eine Frage der »Stimmung«, das heißt um die Wahl einer Erzählweise. Die Szene »Die Familie und die Drogen« bleibt ein »Stück Leben«: Sie spielt sich ganz in einem Präsens ab, das Schauspieler und Zuschauer teilen (ohne den

Umweg über die Utopie machen zu müssen) – daher kommt es unvermeidlich zu einem geheimen Einverständnis, wenn wir lachen, gerührt oder sogar entsetzt sind (»Kein extremer Konflikt: der Alltag! In diesem Alltag, ein gewisses Entsetzen«[7]). Und dieses geheime Einverständnis zwischen den Schauspielern und dem Publikum riecht gewissermaßen nach »Boulevard« und verhindert jedenfalls die genaue Sicht auf unsere Gegenwart, die uns der Umweg über die Utopie verschafft. Ganz anders steht es mit den Mißgeschicken Abdallahs: Hier wird das Präsens Erzählung, Legende, es nimmt episches Format[8] an. Sollten die Masken den Unterschied ausmachen? Die Gattin von Aimé Lheureux (die beim Kochen fernsieht) ist nicht maskiert; Harlekin-Abdallah und der schwarze Arbeiter M'Boro, der sein Führer ist, tragen Masken (außerdem wird die Männerrolle des M'Boro von einer Frau interpretiert: Joséphine Derenne), doch Lheureux und Mimi la Minette auch. Die Maske ist mehr Wirkung als Ursache: Sie ist Ausdruck der Epik, verursacht sie aber nicht. Das wird in der Episode »Der Strand« deutlich: Die beiden Liebenden tragen darin keine Masken und sind nackt … und dennoch hat diese Episode auf ganz natürliche Weise eine epische Dimension. Sie verbindet nämlich die Weite und Einfachheit der Gesten mit der Klarheit einer Sommernacht. Und der plötzliche Auftritt der zwei maskierten Pantaloni mitten in der Liebesszene ist sozusagen selbstverständlich: Die in der Vergangenheit erzählte Gegenwart stört, was bereits eine Vorwegnahme der Zukunft, des Goldenen Zeitalters, ist (es ist bezeichnend, daß der Ort hier voll und ganz mitspielt, und zwar nicht nur, weil diese Dünen aus Fußmatten tatsächlich an einen Strand erinnern, sondern weil der szenische Raum und der Saal zu einer Einheit zusammenwachsen und materiell dieselbe souveräne Utopie teilen). Mit dem Auftritt der beiden Pantaloni tritt aber der Widerspruch zutage: Als die Utopie gerade im Begriff ist, im Liebesakt (in dem Vergangenheit, Gegenwart und Zukunft zusammentreffen) wirklich und konkret zu werden, wird sie

auf den Sankt-Nimmerleins-Tag verschoben –, oder, besser gesagt, sie wird in einen Marktwert verwandelt, also in unser Zeitalter des Goldes zurückgeholt. Denn der (nicht maskierte) Architekt Olivier träumt: »Wir sind Erbauer eines neuen Imperiums« – »Erbauer«, die in Wirklichkeit nur »Immobilienmakler« sind.

### Die eschatologische Versuchung

Was unser Vergnügen in L'Âge d'or bedroht, ist vielleicht eine Spur von Komplizenschaft. Zwischen der von der Erzählerin übermittelten Utopie der Zukunft und der von den Schauspielern gespielten Wirklichkeit dieser Vergangenheit/Gegenwart ändert sich die Distanz manchmal so sehr, daß sie undeutlich wird oder ganz verschwindet. Dann droht die Genreszene, die Stimmungsmalerei mit der dazugehörigen stillschweigenden Zustimmung, einer leichten, sofortigen Befriedigung, sei es auch durch die Karikatur. Wir vergessen manchmal, daß das Goldene Zeitalter noch lange nicht angebrochen ist, daß es nur eine dichterische Fiktion (im ursprünglichen Sinn des Wortes) ist, deren Funktion eben darin besteht, von unserer Gegenwart zu sprechen – das Wesentliche und nicht das Nebensächliche darüber zu sagen und uns seine politische Dimension zu zeigen.

Liegt die Schuld daran beim Text? Bei der Dürftigkeit des Textes? Und seiner zweitrangigen Bedeutung in diesem Schauspiel? Er hat nämlich nur »im Zusammenhang mit der Gestik der Schauspieler« Konsistenz: »Ohne diese Gestik sind sie [die Dialoge] möglicherweise für den Leser unverständlich.«[9] Einige Kritiker (zum Beispiel Alfred Simon[10]) haben hierin den wunden Punkt des Schauspiels gesehen. Und Ariane Mnouchkine ist fast damit einverstanden. Mir scheint das nicht so sicher. Zweifellos ist eine Verbesserung der literarischen Qualität des Textes möglich und wünschenswert. Doch wenn man seine Funktion innerhalb des

Schauspiels verändert, so würde das nicht nur die Aufführung von Grund auf verändern, sondern auch ihre Struktur und die Arbeitsweise des Théâtre du Soleil. Eine solche Veränderung ist denkbar, doch würde sie das Wesen selbst des Soleil-Unternehmens ändern.

Das Unbehagen geht – jenseits des Vergnügens an L'ÂGE D'OR – auf etwas anderes zurück: auf einen Fehler oder auf eine Absicht, die in der Substanz des Projekts selbst liegt. Kommen wir auf unser Hin und Her zwischen Zukunft, Vergangenheit und Gegenwart zurück, zwischen Utopie und Geschichte. Und erinnern wir uns an das Ende des Schauspiels: Abdallah ist auf den sich im Bau befindenden Turm gestiegen (genau gesagt auf den »Balken in dreißig Meter Höhe«), ist Sprosse für Sprosse des (nicht vorhandenen) Gerüsts hinaufgeklettert, der Mistral hat in heftigen Böen geweht, dann hörte er auf zu brausen, doch »Abdallah hat ein kleines Problem«, Abdallah schwankt und fällt hinunter: Das ist Harlekins Tod! Die Musik des Verdi-Requiems begleitet ihn (»Sie hat einen dramatischen, strahlenden Charakter, der den Schauspieler dazu zwingt, in derselben Dimension zu spielen«)[11]. Darauf kommt es in einem sehr schönen, weißen Licht, das dem eines Letzten Gerichts gleicht, zum Ausbruch der Revolte, ja sogar der Revolution, der Ausgebeuteten gegen die Ausbeuter: Marcel Pantalon, sein »Stellvertreter« Herr Dussoille (der als Direktor des Unternehmens, von dem die Baustelle abhängt, auf der Abdallah gestorben ist, indirekt für dessen Tod verantwortlich ist), Max, der ehemalige Polizist, der Polier geworden ist, und andere fliehen und klettern auf die Mauer im Hintergrund – sie wirken auf dieser weißen Wand wie schwarze Kellerasseln –, um der Rache des Volkes zu entgehen, und suchen vergeblich einen unauffindbaren Ausweg ...

Die Szene ist an und für sich prachtvoll. Doch verrät sie im doppelten Sinn des Wortes das Hin und Her zwischen Utopie und Geschichte. Sie vermischt Gegenwart und Zukunft. So wie auch Verdis Musik sehr, ja zu ergreifend ist und

die Affäre Abdallah zur Dimension einer Apokalypse aufbläht und aus seinem Tod eine Passion macht. Das läuft darauf hinaus, eine Einheit, eine Übereinstimmung dort wieder einzuführen, wo es logischerweise keine geben kann, wo es sie nur als Spiel und durch das Spiel geben kann. Das bedeutet, einer Situation, die keine eschatologische Lösung beinhalten kann, eine solche Lösung zu geben, also die Distanz zwischen Geschichte und Utopie aufzulösen, auf der das ganze Schauspiel aufgebaut war.[12]

Es handelt sich im wesentlichen nicht um die mehr oder weniger gute Qualität des gesprochenen Textes, noch darum, daß eine Episode mehr oder weniger als eine andere gelungen ist – wobei Verbesserungen selbstverständlich hier und dort möglich und wünschenswert sind, und das Schauspiel im übrigen an jedem Abend variiert (oder sich sogar ändert): Es ist aber eine zutiefst politische Angelegenheit. Ich will damit nicht sagen, daß es, wie vorgeschlagen wurde,[13] ausreichen würde, die Arbeiterklasse in ihren Massenorganisationen auftreten zu lassen, damit das Stück vollständig und wie durch ein Wunder umgewandelt werde.

Tatsächlich spielt das städtische Proletariat in L'ÂGE D'OR eine minimale Rolle. Doch konnte das Théâtre du Soleil nicht alles auf einmal sagen. Es hat schon allzu sehr der Versuchung, alles zu umfassen, nachgegeben. Sicher wird der Platz, der dem Proletariat im zweiten oder dritten Entwurf (erinnern wir daran, daß L'ÂGE D'OR den Untertitel »Erster Entwurf« trägt) eingeräumt werden wird, bedeutender sein. Aber jedenfalls ändert sich in L'ÂGE D'OR der Blickwinkel der Erzählung und des Spiels: Vom Blick der Utopie gehen wir zu einer etwas zu detaillierten Nachbildung des Alltags über, um schließlich mit einer Apotheose zu enden, im hellen Licht eines »neuen Tags«, einer ergreifenden, aber suspekten Begegnung zwischen Zukunft und Gegenwart/Vergangenheit. Paradoxerweise neigt die theatralische Funktionsweise des Schauspiels dazu, die Distanz zwischen der Utopie und unserer gesellschaftlichen Wirklichkeit zu reduzieren – und läuft dabei Gefahr, die eine wie die andere zu verfälschen, kurz: die Widersprüche abzuschwächen, statt sie zu verstärken: Widersprüche zwischen den dargestellten sozialen Klassen, die sich in einer zwar nur imaginären Revolution auflösen, doch auch Widersprüche zwischen Schauspielern, die so tun, als hätten sie das Goldene Zeitalter erreicht, und einem Publikum, das in der »Sanftheit« der Dünen der Cartoucherie glauben kann, daß es tatsächlich dazu gekommen ist. Jenseits des intensiven Vergnügens, das uns L'Âge d'or vermittelt, stellt sich also die sowohl poetische als politische Frage des Theaters als Utopie – oder eventuell erneut die Frage des Theaters als Fest.

Das Théâtre du Soleil möchte uns »die Farce unserer Welt zeigen und ein heiteres, gewaltiges Fest schaffen, indem es die Prinzipien des traditionellen Volkstheaters neu erfindet«. Statt zu versuchen, sie »neu zu erfinden«, wäre es vielleicht besser gewesen, sie bewußt so zu benutzen, wie sie sind, und dabei deutlich zu machen, inwieweit man mit ihnen unsere Zeit beschreiben kann oder nicht. Das gilt auch für den Gebrauch der Utopie. Vielleicht hat das Théâtre du Soleil im Laufe seiner langen, intensiven Gruppenarbeit die kritische Dimension etwas aus den Augen verloren, ohne die der Einsatz dieser traditionellen Vorgangsweisen in Gefahr ist, nur eine Täuschung zu sein. Das Fest von L'Âge d'or ist etwas zu »heiter«, um wirklich »gewaltig« zu sein. Diesem souverän theatralischen Schauspiel fehlt nur eine Bühnenwirksamkeit: die eines Karnevals, bei dem die Utopie und die Gegenwart fröhlich und tragisch in Opposition stehen würden. Doch ist das erst ein »erster Entwurf« …

*»Entre le passé et le futur«.*
In: *Travail théâtral*, La Cité, Februar 1976, S. 141-147.
*Aus dem Französischen von Silvia Berutti-Ronelt.*

Anmerkungen

1 Siehe *L'Âge d'or. Erster Entwurf.* Text-Programm des Théâtre du Soleil, in: Reihe *Théâtre ouvert*, Paris: Stock 1975. »Einen Raum erschaffen«, Dialog zwischen Lucien Attoun und Guy-Claude François, S. 83.

2 Siehe Georges BANU, »Deux versions d'une légende«, *Travail théâtral*, XVI, Juli-September 1974, S. 132–134. Banu berichtet darin über zwei Fassungen der HEXE VON DIRAH, die von der Truppe von Sardono im Théâtre national de Chaillot (Salle de la Gaîté-Lyrique) aufgeführt wurden. Das Théâtre du Soleil hatte mit diesen Schauspielern einige Arbeitssitzungen über die Formen und Techniken des Topeng.

3 Französischer Industrieller (A. d. Ü.).

4 Siehe meinen Analyseversuch über diese Spielweise: »Dario Fo, ein epischer Schauspieler«, *Travail théâtral*, XV, April-Juni 1974, S. 112–117.

5 Zur Kennzeichnung der Episoden verwende ich die Titel, die ihnen im bereits zitierten Text-Programm des Théâtre du Soleil *Raconter l'Âge d'or* gegeben werden.

6 Siehe »Die Familie und die Drogen«, in: *Raconter l'Âge d'or* von Sophie Lemasson, op. cit. S. 128.

7 Siehe die Szene »Die Familie und die Drogen«, op. cit., S. 128.

8 Bei Dario Fo gab es einen Unterschied gleicher Art zwischen den meisten Sketches von MISTERO BUFFO und dem des deutsch-amerikanischen Physikers, der der zweite Sketch des im Palais de Chaillot aufgeführten Stücks war.

9 Siehe den Text, der *Raconter l'Âge d'or* vorangestellt ist, op. cit., S. 101.

10 Alfred Simon, französischer Literatur- und Theaterwissenschaftler (A. d. Ü.).

11 Siehe »Der Bauplatz«, in: *Raconter l'Âge d'or*, op. cit., S. 149–150.

12 Zwar weist die Erzählerin darauf hin, daß dieser Schluß nur in der Phantasie vorhanden ist: »Wir sind im Jahre 1975, und nichts von dem, was wir erzählt haben, ist geschehen«, doch fügt sie hinzu, daß »die Mächtigen« zwar »noch nicht die Mauern hochgeklettert sind, doch den Fuß bereits erhoben haben«. Doch das Bild ist hier stärker als das Wort: Was bleibt, ist die Vision eines neuen Beginns, einer erlebten Befreiung. Also eines wahren Zusammentreffens zwischen unserer Gegenwart und der Utopie.

13 Bei einer Diskussion mit Ariane Mnouchkine im Rahmen des »Institut d'études théâtrales« der Universität Paris III, am Freitag, dem 11. April 1975.

# ANHANG

## Chronologie des Théâtre du Soleil

27. Oktober 1959    Gründung der Association théâtrale des étudiants de Paris.

23. Juni 1961    Inszenierung von GENGHIS KHAN [DSCHINGIS KHAN] von Henry Bauchau in den Arènes de Lutèce.

29. Mai 1964    Entstehung des Ensembles im Umkreis von Ariane Mnouchkine und einer Gruppe von Schauspielern und Technikern, die aus der Studentenbühne hervorgingen.

1964–65    LES PETITS BOURGEOIS [DIE KLEINBÜRGER] von Maxim Gorki, Bearbeitung Arthur Adamov, Regie Ariane Mnouchkine, Bühnenbild Roberto Moscoso. M.J.C. der Porte de Montreuil, danach im Théâtre Mouffetard. 2.900 Zuschauer.

1965–66    CAPITAINE FRACASSE [CAPITAINE FRACASSE] nach Théophile Gautier, Bearbeitung Philippe Léotard, Regie Ariane Mnouchkine, Bühnenbild Roberto Moscoso, Kostüme Françoise Tournafond. Théâtre Récamier. 4.000 Zuschauer.

1967    LA CUISINE [DIE KÜCHE/THE KITCHEN] von Arnold Wesker, Bearbeitung Philippe Léotard, Regie Ariane Mnouchkine, Bühnenbild Roberto Moscoso. Cirque de Montmartre. 63.400 Zuschauer.

1968    LE SONGE D'UNE NUIT D'ÉTÉ [EIN SOMMERNACHTS-TRAUM/A MIDSUMMER NIGHT'S DREAM] von Shakespeare, Bearbeitung Philippe Léotard, Regie Ariane Mnouchkine, Musik Jacques Lasry, Bühnenbild Roberto Moscoso, Kostüme Françoise Tournafond. 47.000 Zuschauer.

L'ARBRE SORCIER, JÉRÔME ET LA TORTUE [DER ZAUBERBAUM – JÉRÔME UND DIE SCHILDKRÖTE] von Catherine Dasté nach einer von Schülern einer Schule in Sartrouville erfundenen Geschichte, Regie Catherine Dasté, Musik Jacques Lasry, Bühnenbild Jean-Baptiste Manessier, Kostüme Marie-Hélène Dasté. Cirque de Montmartre.

1969    LES CLOWNS [DIE CLOWNS], gemeinsam erarbeitetes Stück des Théâtre du Soleil, Regie Ariane Mnouchkine, Musik Teddy Lasry, Bühnenbild Roberto Moscoso, Kostüme Christiane Candries. Théâtre de la Commune d'Aubervillier, danach auf den Festspielen von Avignon und im Élysée Montmartre. 40.000 Zuschauer.

1970    Ende August: Einzug in die Cartoucherie.

1970–71    1789 [1789], gemeinsam erarbeitetes Stück des Théâtre du Soleil, Regie Ariane Mnouchkine, Bühnenbild Roberto Moscoso, Kostüme Françoise Tournafond. Uraufführung im Mailänder Piccolo Teatro. Wiederaufnahme in der Cartoucherie. Tournee in Frankreich und im Ausland: Martinique, Lausanne, Berlin, London, Belgrad. 281.370 Zuschauer.

1972–73    1793 [1793], gemeinsam erarbeitetes Stück des Théâtre du Soleil, Regie Ariane Mnouchkine, Bühnenbild Roberto Moscoso, Kostüme Françoise Tournafond. 102.100 Zuschauer.

15. November 1972    Wiederaufnahme von 1789, im Wechsel mit 1793 in der Cartoucherie bis März 1973.

1975    L'ÂGE D'OR [DAS GOLDENE ZEITALTER], gemeinsam erarbeitetes Stück des Théâtre du Soleil, Regie Ariane Mnouchkine, Bühnenraum Guy-Claude François, Kostüme Françoise Tournafond, Masken Erhard Stiefel. Cartoucherie. 96.080 Zuschauer. Tourneen: Warschau, Venedig, Louvain-la-Neuve, Mailand. 136.000 Zuschauer.

1977–78    DON JUAN [DON JUAN] von Molière, Regie Philippe Caubère, Bühnenausstattung Guy-Claude François, Kostüme Françoise Tournafond. Cartoucherie. 30.439 Zuschauer.

1979–80    MÉPHISTO, LE ROMAN D'UNE CARRIÈRE [MEPHISTO, ROMAN EINER KARRIERE] nach Klaus Mann. Bearbeitung und Regie Ariane Mnouchkine, Bühnenbild Guy-Claude François, Kostüme Nani Noël und Daniel Ogier, Musik Jean-Jacques Lemêtre, Masken Erhard Stiefel. In Zusammenarbeit mit dem Atelier Théâtral de Louvain-la-Neuve (Belgien). Uraufführung in der Cartoucherie. Tourneen: Festspiele von Avignon, Atelier Théâtral de Louvain-la-Neuve, Lyon, Rom, Berlin, München, Lons-le-Saunier. 160.000 Zuschauer.

1981–84    SHAKESPEARE-ZYKLUS. Übersetzung und Regie Ariane Mnouchkine, Bühnenbild Guy-Claude François, Masken Erhard Stiefel, Kostüme Jean-Claude Barriera und Nathalie Thomas, Musik Jean-Jacques Lemêtre, Choreographie Maïtreyi.

10. Dezember 1981    RICHARD II. [RICHARD II.] in der Cartoucherie.

10. Juli 1982    LA NUIT DES ROIS [WAS IHR WOLLT/TWELFTH NIGHT] bei den Festspielen von Avignon. Das Stück wurde in der Cartoucherie im Wechsel mit dem vorangegangenen gespielt.

18. Januar 1984    HENRY IV., *Première partie* [KÖNIG HEINRICH IV., *Erster Teil*] in der Cartoucherie. Das Stück wurde im Wechsel mit den beiden vorangegangenen gespielt. Tournee »Die Shakespeare-Stücke«: Münchner Festspiele, Los Angeles (Olympic Arts Festival), Festspiele von Avignon, Berlin (Berliner Festspiele). Shakespeare-Zyklus: 253.000 Zuschauer.

1985    L'HISTOIRE TERRIBLE MAIS INACHEVÉE DE NORODOM SIHANOUK, ROI DU CAMBODGE [DIE SCHRECKLICHE, ABER

UNVOLLENDETE GESCHICHTE VON NORODOM SIHANOUK, KÖNIG VON KAMBODSCHA] von Hélène Cixous. Regie Ariane Mnouchkine, Musik Jean-Jacques Lemêtre, Bühnenbild Guy-Claude François, Kostüme Jean-Claude Barriera und Nathalie Thomas, Figuren und Masken Erhard Stiefel. Cartoucherie. Tournee 1986: Amsterdam (Holland Festival), Brüssel, Madrid, Barcelona. 108.445 Zuschauer.

1987–88     30. September: Inszenierung von L'INDIADE OU L'INDE DE LEURS RÊVES [INDIADE ODER DAS INDIEN IHRER TRÄUME] von Hélène Cixous. Regie Ariane Mnouchkine, Musik Jean-Jacques Lemêtre, Bühnenbild Guy-Claude François, Kostüme Jean-Claude Barriera und Nathalie Thomas, Masken Erhard Stiefel. Cartoucherie. Tournee: Festspiele von Jerusalem. 89.000 Zuschauer.

1990–93     Cycle LES ATRIDES [DER ATRIDEN-ZYKLUS]. Regie Ariane Mnouchkine, Musik Jean-Jacques Lemêtre, Bühnenbild Guy-Claude François mit Skulpturen von Erhard Stiefel, Kostüme Nathalie Thomas und Marie-Hélène Bouvet.

16. November 1990     IPHIGÉNIE À AULIS [IPHIGENIE AUF AULIS] von Euripides in der Cartoucherie. Übersetzung Jean Bollack.

24. November 1990     AGAMEMNON [AGAMEMNON] von Aischylos in der Cartoucherie. Übersetzung Ariane Mnouchkine.

23. Februar 1991     CHOÉPHORES [DIE CHOÉPHOREN] von Aischylos in der Cartoucherie. Übersetzung Ariane Mnouchkine.

26. Mai 1992     EUMÉNIDES [DIE EUMENIDEN] von Aischylos in der Cartoucherie. Übersetzung Ariane Mnouchkine. Das Stück wurde im Wechsel mit den drei vorangegangenen gespielt. Tournee der ATRIDES: Amsterdam (Holland Festival), Essen (Theater der Welt), Sizilien (Orestiadi di Gibellina), Berlin (Berliner Festspiele), Lyon (T.N.P.), Toulouse (Le Sorano), Montpellier (Le Printemps des Comédiens), Bradford (European Art Festival), Montréal (Festival de théâtre des Amériques), New York (B.A.M.), Wien (Wiener Festwochen). Der Atriden-Zyklus: 286.700 Zuschauer.

15. Mai–6. Juni     L'INDE, DE PÈRE EN FILS, DE MÈRE EN FILLE, Regie Rajeev Sethi aufgrund einer Idee von Ariane Mnouchkine. Eine von 32 indischen Künstlern (Erzählern, Musikern, Tänzern, Akrobaten, Zauberern) dargestellte Aufführung. Cartoucherie: 8.414 Zuschauer.

1994     LA VILLE PARJURE OU LE RÉVEIL DES ERINYES [DIE MEIN-EIDIGE STADT ODER DAS ERWACHEN DER ERINNYEN] von Hélène Cixous, Regie Ariane Mnouchkine, Musik Jean-Jacques Lemêtre, Bühnenbild Guy-Claude François, Marionetten Erhard Stiefel, Kostüme Nathalie Thomas und Marie-Hélène Bouvet. Cartoucherie. Tournee 1995: Lüttich: (Théâtre de la Place), Recklinghausen (Ruhrfestspiele), Wien (Wiener Festwochen), Festspiele von Avignon. 51.200 Zuschauer.

1995     LE TARTUFFE [TARTUFFE] von Molière, Regie Ariane Mnouchkine, Musik Jean-Jacques Lemêtre, Bühnenbild Guy-Claude François, Kostüme Nathalie Thomas und Marie-Hélène Bouvet. Tournee 1995: Wien (Wiener Festwochen), Festspiele von Avignon, Saint-Jean d'Angely, Lüttich, (Théâtre de la Place). Vorstellungen in der Cartoucherie. Tournee 1996: La Rochelle, Vienne, Kopenhagen (Copenhagen '96), Berlin (Berliner Festspiele). 122.000 Zuschauer.

1996–97     AU SOLEIL MÊME LA NUIT, ein Film von Éric Darmon und Catherine Vilpoux in Übereinstimmung mit Ariane Mnouchkine. Eine Gemeinschaftsproduktion von La Sept/ARTE, Agat Film & Cie und dem Théâtre du Soleil. Gedreht in der Cartoucherie während der sechs Probenmonate bis zu den ersten Vorstellungen des TARTUFFE von Molière.

1997     ET SOUDAIN, DES NUITS D'ÉVEIL, ein gemeinsam erarbeitetes Stück in Übereinstimmung mit Hélène Cixous, Regie Ariane Mnouchkine, Musik Jean-Jacques Lemêtre, Bühnenbild Guy-Claude François, Malereien Danièle Heusslein-Gire, Kostüme Nathalie Thomas und Marie-Hélène Bouvet. Cartoucherie, Juni 1998, Gastspiel in Moskau (Tschechow-Festival), 55.000 Zuschauer.

1999     Film nach LA VILLE PARJURE OU LE RÉVEIL DES ERINYES [DIE MEINEIDIGE STADT ODER DAS ERWACHEN DER ERINNYEN] von Hélène Cixous, gedreht von Catherine Vilpoux, Bilder von Eric Darmon.

1999     TAMBOURS SUR LA DIGUE SOUS FORME DE PIÈCE ANCIENNE POUR MARIONETTES JOUÉE PAR DES ACTEURS [TROMMELN AUF DEM DEICH], ein von Schauspielern dargebotenes traditionelles Puppenspiel, von Hélène Cixous, Regie Ariane Mnouchkine, Musik Jean-Jacques Lemêtre, Bühne Guy-Claude François, Ysabel de Maisonneuve und Didier Martin, Kostüme Nathalie Thomas, Marie-Hélène Bouvet und Ysabel de Maisonneuve, Masken vom Schauspielerensemble und Maria Adelia. Cartoucherie. Tournee 2000-2002: Basel (Kaserne Basel), Antwerpen (DeSingel), Lyon (Les Célestins – Théâtre de Lyon), Montreal (Festival de Théâtre des Amériques), Tokio (Neues Nationaltheater Tokio), Seoul (Nationaltheater Korea), Sydney (Sydney Festival). 154.000 Zuschauer.

## Kurze Bibliographie

Die französischsprachigen Texte der Aufführungen des Théâtre du Soleil:

*1789. La Révolution doit s'arrêter à la perfection du bonheur.*
*L'Âge d'or,* première ébauche. Texte-programme, Paris, Édition Stock, coll. Théâtre Ouvert, 1975.
Ariane Mnouchkine, *Méphisto, Le roman d'une carrière,* d'après un roman de Klaus Mann, Paris, Solin, 1979.
Shakespeare, *La Nuits des rois* (trad. A. Mnouchkine), Paris, Solin, 1982.
Shakespeare, *Henry IV,* première partie (trad. A. Mnouchkine), Paris, Théâtre du Soleil, 1984.
Shakespeare, *Richard II* (trad. A. Mnouchkine), Paris, Théâtre du Soleil, 1984
Hélène Cixous, *L'Histoire terrible mais inachevée de Norodom Sihanouk, roi du Cambodge,* Paris, Théâtre du Soleil, 1984.
*L'Indiade ou l'Inde de leurs rêves,* Paris, Théâtre du Soleil, 1987.
*1793. La cité révolutionnaire est de ce monde,* Paris, Théâtre du Soleil, 1989.
Euripide, *Iphigénie à Aulis* (trad. Jean et Mayotte Bollack), Paris, Édition Minuit, 1990.
Eschyle, *L'Orestie: Agamemnon* (trad. A. Mnouchkine), Paris, Théâtre du Soleil, 1990.
Eschyle, *Les Choéphores* (trad. A. Mnouchkine), Paris, Théâtre du Soleil, 1992.
Eschyle, *Les Euménides* (trad. H. Cixous), Paris, Théâtre du Soleil, 1992.
Hélène Cixous, *La Ville parjure ou Le Réveil des Erinyes,* Paris, Théâtre du Soleil, 1994.
Hélène Cixous, *Tambours sur la Digue, sous forme de pièce ancienne pour marionnettes jouée par des acteurs,* Théâtre du Soleil, 2000.

### Fotobände

Zeitschrift *Double Page:*
SHAKESPEARE 1. Photos Martine Franck. Texte Claude Roy. 1982.
SHAKESPEARE 2. Photos Martine Franck. Texte Raymonde Temkine. 1984.
SHAKESPEARE 3. Photos Martine Franck. Texte Hélène Cixous. Nr. 49, 1987.
LES ATRIDES: *Iphigénie/Agamemnon.* Préface de Hélène Cixous. Photos Michèle Laurent, Paris, Théâtre du Soleil, 1992.
LES CHOÉPHORES/LES EUMÉNIDES. Préface de Hélène Cixous. Photos Michèle Laurent, Paris, Théâtre du Soleil, 1992.

## Filmographie des Théâtre du Soleil

1974   1789, Film nach dem Stück des Théâtre du Soleil. Filmische Umsetzung durch Ariane Mnouchkine.

1976–77   MOLIÈRE, Film, geschrieben und inszeniert von Ariane Mnouchkine zusammen mit dem Théâtre du Soleil. Bühnenbild Guy-Claude François, Kostüme Daniel Ogier, Fotografie Bernard Zitzermann, Originalmusik René Clémencic.

1979–80   MÉPHISTO, LE ROMAN D'UNE CARRIÈRE nach Klaus Mann. Videoverfilmung der Aufführung durch Bernard Sobel.

1986   À LA RECHERCHE DU SOLEIL, ein Film von Werner Schroeter, ein Dokument über das Théâtre du Soleil während der Vorstellungen von L'HISTOIRE TERRIBLE MAIS INACHEVÉE DE NORODOM SIHANOUK, ROI DU CAMBODGE.

1988   L'INDIADE OU L'INDE DE LEURS RÊVES von Hélène Cixous, Regie Ariane Mnouchkine, Musik Jean-Jacques Lemêtre, Bühnenbild Guy-Claude François, Kostüme Jean-Claude Barriera und Nathalie Thomas, Masken Erhard Stiefel. Filmfassung der Aufführung in der Cartoucherie durch Bernard Sobel.

1989   LA NUIT MIRACULEUSE [DIE WUNDERBARE NACHT] (Film). Ein Auftrag der französischen Nationalversammlung für den 200. Jahrestag der Erklärung der Menschenrechte. Regie Ariane Mnouchkine, Drehbuch Ariane Mnouchkine und Hélène Cixous, Dialoge Hélène Cixous, Musik Jean-Jacques Lemêtre, Bilder Bernard Zitzermann, Bühnenbild Guy-Claude François, Puppen Erhard Stiefel, Kostüme Nathalie Thomas und Marie-Hélène Bouvet.

1997   AU SOLEIL MÊME LA NUIT, ein Film von Éric Darmon und Catherine Vilpoux in Übereinstimmung mit Ariane Mnouchkine. Eine Gemeinschaftsproduktion von La Sept/ARTE, Agat Film & Cie und dem Théâtre du Soleil. Gedreht in der Cartoucherie während der sechs Probenmonate bis zu den ersten Vorstellungen des TARTUFFE von Molière.

1999   LA VILLE PARJURE OU LE REVEIL DES ERINYES, Film von Catherine Vilpoux, Bilder von Eric Darmon, nach dem Stück von Hélène Cixous in der Regie von Ariane Mnouchkine, Musik Jean-Jacques Lemêtre.

2002   TAMBOURS SUR LA DIGUE, SOUS FORME DE PIÈCE ANCIENNE POUR MARIONNETTES JOUÉE PAR DES ACTEURS, Theater- und Filmregie Ariane Mnouchkine, Text Hélène Cixous, Musik Jean-Jacques Lemêtre, Beleuchtung Bernard Zitzermann, Schnitt Catherine Vilpoux, Bühne Guy-Claude François, Ysabel de Maisonneuve und Didier Martin, Kostüme Nathalie Thomas, Marie-Hélène Bouvet und Ysabel de Maisonneuve, Masken von den Schauspielern des Théâtre du Soleil und Maria Adelia. Koproduktion Bel-Air Media/Théâtre du Soleil/ARTE

# ARIANE MNOUCHKINE – EINE BIOGRAPHISCHE NOTIZ

Ariane Mnouchkine, die 1939 geboren wurde und in einem Milieu aufwuchs, in dem das Kino allgegenwärtig war (ihr Vater ist Filmproduzent), studierte an der Sorbonne Psychologie. 1959 begründet sie das Studententheater ATEP (Association théâtrale des Étudiants de Paris) unter dem Vorsitz von Roger Planchon und macht in diesem Rahmen ihre ersten Aufführungen, vor allem GENGHIS KHAN (1961). Nach mehreren Reisen im Orient und durch Lateinamerika, wo sie Kunstformen und -praktiken kennenlernt, die ihre Theatervision ebenso stark prägen sollten wie später ihre Ausbildungszeit bei Jacques Lecoq, gründet Ariane Mnouchkine 1964 das Théâtre du Soleil. Darin schart sie Freunde aus der Universität um sich, von denen zu diesem Zeitpunkt niemand professionell Theater macht. Der Ansatz der Truppe beruht auf einer Kollektivarbeit, die sich ein Theater zum Ziel gesetzt hat, das auf seine Umwelt einwirkt. Die Anfänge der Compagnie, deren Funktionsweise dem Modell der Kooperative entspricht, sind zwar bescheiden, werden aber wahrgenommen: Maxim Gorkis LES PETITS BOURGEOIS (1964) und eine Adaption von CAPITAINE FRACASSE von Théophile Gautier (1965). Ohne über eine feste Spielstätte zu verfügen, bringt die Truppe LA CUISINE von Arnold Wesker im Cirque Montmarte (Médrano) zur Aufführung (1967). Die Inszenierung ist ein enormer Erfolg (63.400 Zuschauer). Plötzlich und unerwartet entdeckt das Publikum, das sich von der Inszenierung und der Spielweise begeistern läßt, eine neue Form des Theaters. Alle nachfolgenden Produktionen bestätigen diesen Eindruck. Das Interesse an einem volkstümlichen Theater und der Wunsch, neue Publikumsbezüge herzustellen, tritt in Shakespeares LE SONGE D'UNE NUIT D'ÉTÉ (1968) und vor allem in der Produktion LES CLOWNS (1969) zutage, die an das Volkstheater anknüpft.

Im Jahre 1970 läßt sich die Compagnie in der Cartoucherie von Vincennes nieder, einem verlassenen Ort, den Mnouchkine zu einem Aufführungsort verwandelt. Vor allem aber kommt im selben Jahr 1789 heraus, die Kultinszenierung des Théâtre du Soleil, die zunächst in Mailand, dann in Paris gezeigt wird. 1789 macht das Soleil in der ganzen Welt berühmt für seine ästhetische Form gleichermaßen wie für den politischen Ansatz, der sich vor dem Hintergrund dieser Improvisationsarbeit abzeichnet. Diese neue Lesart zeitgenössischer Geschichte setzt sich mit der Aufführung 1793 (1972) fort, die den Folgen der Französischen Revolution nachgeht, danach mit L'ÂGE D'OR (1975), die in der Form von Commedia dell'arte und Märchen den Blick auf die realen Bedingungen der Immigration in Frankreich richtet. Während die Produktionen des Théâtre du Soleil mit allen institutionellen Formen brechen, die die französischen Bühnen zu jenem Zeitpunkt beherrschen, wird gerade die Cartoucherie paradoxerweise zu einem der bestbesuchten Tempel des französischen Theaters.

Die Adaption des Romans MEPHISTO von Klaus Mann (1979) kennzeichnet einen Wendepunkt im Werdegang des Soleil. Die Compagnie läßt die Kollektivarbeit hinter sich und greift von nun an auf Texte zurück. Mnouchkine möchte sich vor allem mit Shakespeare näher auseinandersetzen. Sie hegt das ehrgeizige Unterfangen, zwölf seiner Stücke aufzuführen. Sie wird schließlich drei zur Aufführung bringen: RICHARD II. (1981), LA NUIT DES ROIS (1982) und HENRY IV. (1984). Diese Inszenierungen entwickeln die Pracht einer orientalisch geprägten Ästhetik, die von Kabuki und Kathakali inspiriert ist und einhergeht mit der Beherrschung einer dem Shakespearschen Text dienenden Körpersprache. Der Zyklus erreicht 253.000 Zuschauer.

Mit L'HISTOIRE TERRIBLE MAIS INACHEVÉE DE NORODOM SIHANOUK, ROI DU CAMBODGE (1985) beginnt Ariane Mnouchkine einen Aufführungszyklus von zeitgenössischen Texten, die Hélène Cixous für die Compagnie schreibt. Sie bekräftigen den politischen Ansatz, den Mnouchkine für das Theater hat, sowie ihre Stellungnahmen hinsichtlich gewisser Ereignisse von heute. Geschichte und Theatralität paaren sich hier gleichermaßen wie später in der Inszenierung L'INDIADE (1988), die Hélène Cixous als feste Autorin der Truppe bestätigt.

Alle nachfolgenden Aufführungen verbinden Tragödie und episches Theater. Mit LES ATRIDES (1990–1993) geht Mnouchkine erneut einen Zyklus an, der vom Modell der Antike und einer Rückkehr zu den Ursprüngen geprägt ist. Die Compagnie widmet sich dieser Trilogie vor dem Hintergrund der Überzeugung, daß trotz aller geographischen und zeitlichen Distanz durchaus eine Nähe zwischen der griechischen Welt und derjenigen heute besteht. Die antike Tragödie wandelt sich in die zeitgenössische Tragödie des Skandals um verseuchtes Blut in LA VILLE PARJURE OU LE RÉVEIL DES ERYNIES (1994). Ästhetischer Ansatz und wahrhaft politisches Bewußtsein paaren sich noch stärker im TARTUFFE (1995), der vom Théâtre du Soleil im Licht des religiösen Fundamentalismus interpretiert wird. Mit den letzten Inszenierungen ET SOUDAIN DES NUITS D'ÉVEIL (1997) und insbesondere TAMBOURS SUR LA DIGUE … (2000) knüpft das Théâtre du Soleil an die Narrativität von Volksmärchen an, die in einem vom Bunraku inspirierten Formalismus gegeben werden.

Theatralität, Inspiration durch orientalische Kunstformen und Stellungnahme in bezug auf heutige Geschichte sind die Elemente dieser Ästhetik, die auf dem Spiel des Schauspielers beruht, der unaufhörlich nach den Grundfesten des Theaters sucht. Als eine Hauptfigur des zeitgenössischen Theaters in Frankreich wahrgenommen und gewürdigt, verkörpert Ariane Mnouchkine die ästhetische Einzigartigkeit und die unablässige Suche nach einem theatralen Absolutum.

# ABBILDUNGSNACHWEIS

# NAMENREGISTER

# THEATERBÜCHER

PETER BROOK
DER LEERE RAUM

WANDERJAHRE – SCHRIFTEN ZU THEATER, FILM & OPER 1946-1987

VERGESSEN SIE SHAKESPEARE

YOSHI OIDA
ZWISCHEN DEN WELTEN
Mit einem Vorwort von Peter Brook

DER UNSICHTBARE SCHAUSPIELER
Mit einem Vorwort von Peter Brook

JERZY GROTOWSKI
FÜR EIN ARMES THEATER
Mit einem Vorwort von Peter Brook

THOMAS RICHARDS
THEATERARBEIT MIT GROTOWSKI AN PHYSISCHEN HANDLUNGEN
Mit einem Essay von Jerzy Grotowski

JAN KOTT
SHAKESPEARE HEUTE
Shakespeare-Interpretationen
Mit einem Vorwort von Peter Brook

GOTT-ESSEN
Interpretationen griechischer Dramen

DAS GEDÄCHTNIS DES KÖRPERS
Essays zu Theater und Literatur

LEBEN AUF RATEN – VERSUCH EINER AUTOBIOGRAPHIE

FRITZ KORTNER
ALLER TAGE ABEND
Mit einem Nachwort von Klaus Völker

JÖRG BOCHOW
DAS THEATER MEYERHOLDS UND DIE BIOMECHANIK

MIME CENTRUM BERLIN
DAS THEATER MEYERHOLDS UND DIE BIOMECHANIK (VHS-VIDEO)

LEE STRASBERG
SCHAUSPIELEN & DAS TRAINING DES SCHAUSPIELERS

JACQUES LECOQ
DER POETISCHE KÖRPER
Eine Lehre vom Theaterschaffen

KEITH JOHNSTONE
IMPROVISATION UND THEATER
Mit einem Nachwort von George Tabori

THEATERSPIELE
SPONTANFITÄT, IMPROVISATION UND THEATERSPORT

JO SALAS
PLAYBACK-THEATER

DAVID MAMET
RICHTIG UND FALSCH
KLEINES KETZERBREVIER FÜR SCHAUSPIELER

RICHARD BLANK
SCHAUSPIELKUNST IN THEATER UND FILM – BRECHT, STANISLAWSKI UND STRASBERG

SYLVÈRE LOTRINGER
ICH HABE MIT ANTONIN ARTAUD ÜBER GOTT GESPROCHEN

ANATOLJI VASIL'JEV
DEM EINZIGEN LESER. TEXTE ÜBER DAS THEATER

Bitte fordern Sie ein Gesamtverzeichnis an!
**ALEXANDER VERLAG BERLIN**
Postfach 19 18 24 – D-14008 Berlin
info@alexander-verlag.com – www.alexander-verlag.com